Lieve Joris
Der Tanz des Leoparden

SERIE PIPER

Zu diesem Buch

»Mein Baumwollschlafsack, das Moskitonetz, die Leselampe, die Wasserfiltertabletten, die parfümierte Seife, meine Notizbücher: all das gibt mir Sicherheit und eine Art ›Heim‹ für die aufregenden Momente meiner Reise, die vor mir liegen.« Unter Einsatz ihres Lebens versucht Lieve Joris ihr Gepäck zurückzubekommen, das in den Wirren des Machtwechsels verlorenging, als der »Leopard« Mobutu vom »Löwen« Kabila abgelöst wurde. Seit ihrer ersten Reise in den Kongo, ins Herz Afrikas, hat sie die Faszination für dieses Land nicht losgelassen. Sie trifft Menschen, die trotz der korrupten Diktaturen und der Bürgerkriege mit sprühendem Einfallsreichtum und Optimismus den Widrigkeiten des Alltags trotzen. Dabei bringt sie uns die Schönheiten und die einzigartige Atmosphäre eines Landes näher, wie wir sie aus Zeitungen und Fernsehen nie erfahren werden.

Lieve Joris, gebürtige Belgierin, ist eine der herausragenden europäischen Reiseerzählerinnen. Zu den Themen ihrer preisgekrönten Bücher gehören neben Schwarzafrika auch Ungarn und Syrien. Die Autorin lebt in Amsterdam. Zuletzt erschienen von ihr auf deutsch »Das schwarze Herz Afrikas. Meine erste Reise in den Kongo« und »Der Tanz des Leoparden. Mein afrikanisches Tagebuch«.

Lieve Joris
Der Tanz des Leoparden

Mein afrikanisches Tagebuch

Aus dem Niederländischen von
Barbara Heller

Mit 8 Seiten farbigem Bildteil

Ein MALIK Buch
Piper München Zürich

In der deutschsprachigen Ausgabe wurden umfangsbedingte Kürzungen vorgenommen. Die Übersetzung dieses Buches wurde gefördert durch den Flämischen Literaturfonds (Vlaams Fonds voor de Letteren, www.fondsvoordeletteren.be).
Die Fotos im Bildteil stammen von Marek Stawski.

Von Lieve Joris liegen in der Serie Piper vor:
Die Sängerin von Sansibar (2579)
Mali Blues (2977)
Die Tore von Damaskus (3088)
V. S. Naipaul. Eine Begegnung auf Trinidad (3671)
Das schwarze Herz Afrikas (4048)
Der Tanz des Leoparden (4247)

Für meinen Bruder Fonny (1950–1998)

Ungekürzte Taschenbuchausgabe
Oktober 2004

Titel der niederländischen Originalausgabe:
»Dans van de luipaard«

erschienen im Verlagsprogramm Malik
Umschlagkonzept: Büro Hamburg
Umschlaggestaltung: Birgit Kohlhaas
Fotos Umschlagvorderseite: Margaret Courtney- Clarke
(oben) und Christoph & Friends (unten)
Foto Umschlagrückseite: Hermann Selleslags
Satz: Uhl + Massopust, Aalen
Druck und Bindung: Clausen & Bosse, Leck
Printed in Germany ISBN 3-492-24247-2

www.piper.de

Inhalt

Der Wind aus dem Osten

Kinshasa

ICH HABE zu lange gezögert. Auf dem Flughafen von Zaventem sehe ich im Fernsehen Kabilas Kindersoldaten in Kinshasa einmarschieren. Gummistiefel, Plastikschlappen, staubiges Kraushaar – die *Kinois* jubeln, geben ihnen Wasser zu trinken. Da hätte ich dabeisein, da hätte ich in der Menge stehen müssen!

Den ganzen Flug über nagt der Ärger an mir. Seit ich vor elf Jahren in Zaïre war, wusste ich, daß ich wiederkommen würde. Ich war noch nicht fertig mit dem Kongo. Aber ich hatte Angst. Die letzten Jahre der Mobutu-Ära: In seinem Todeskampf wurde der alte Leopard immer gerissener. Er bezahlte seine Soldaten nicht mehr und ließ sie wie hungrige Wölfe auf sein Volk los. Nicht mit ihm da oben sollten sie sich befassen, sondern mit ihresgleichen da unten. Reisende berichteten, daß ihnen im Flugzeug der Paß abgenommen wurde und sie den Zollbeamten auf Gedeih und Verderb ausgeliefert waren. Mit allem Gepäck aus dem Flughafen herauszukommen war schier unmöglich. Und dann ging es erst richtig los! »Du musst einen Bodyguard anheuern, dann schaffst du's vielleicht...« Wie sollte das erst im Landesinneren werden?

Dann begann der Krieg, anfangs nur ein Ausläufer des Krieges in Ruanda, wie es schien. Hutu, die im Osten Zaïres von Tutsi verfolgt wurden – das erinnerte mich zu sehr an Israel und den Libanon; nie wieder wollte ich in solch einen gordischen Knoten hineingeraten. Kabila erschien auf der Bildfläche. Vorrückende Truppen, eine Interimsregierung in einem Hotel in Goma. Immer öfter rief mich Lukusa an. Er kannte einige der Rebellen, die über eine Website in den USA Kontakt miteinander aufgenommen hatten. »Soll ich unseren Minister Mawampanga anrufen und ein gutes Wort für dich einlegen?« *Unseren* Minister, und er selbst saß wohlbehalten in Kanada! »Hast du gehört, daß wir Mukendi zum Verkehrsminister ernannt haben?« *Wir!*

Je größer die Gebietsgewinne der Rebellen wurden, je mehr Reden Kabila über seine Sicht der Zukunft hielt, desto mehr erlahmte Lukusas Enthusiasmus. Der revolutionäre Jargon der sechziger Jahre war nichts für ihn, und das Blutbad, das die Rebellen auf ihrem Vormarsch in den Hutu-Flüchtlingslagern anrichteten, empörte ihn. Er war inzwischen Europa-Berater des kanadischen Außenministeriums, und der Kongo lag nicht mehr auf seinem Weg. Eines Abends rief er aus New York an. Er riet mir, noch abzuwarten, mich nicht in das Kriegschaos zu stürzen. Aber ich hatte genug gewartet. Allzuoft war ich mir in den vergangenen Jahren wie ein Feigling vorgekommen. Meine Abreise war unumgänglich geworden.

Der Flughafen N'Djili ist geschlossen, und wir landen in Brazzaville am gegenüberliegenden Ufer des Kongo. Bei meinem französischen Freund Nicolas läuft der Fernseher. »Mobutu ist geflohen, ich kann's kaum glauben!« ruft ein junger Mann. »Das ist, als würde man die Bibel aufschlagen und Gott wäre daraus verschwunden.« Plünderer sind in Mobutus Residenz im Militärlager Tshatshi eingedrungen, reißen Kristallüster von der Decke, zertrampeln sein Porträt. »Mobutu verkauft Sardinen in Togo«, singen junge Leute auf der Straße. »Sein Premier verkauft Wasser in Brazzaville.«

Wie komme ich nach Kinshasa? Der Fährbetrieb ist eingestellt worden, sagt Nicolas. Wir fahren zu dem Boulevard am Fluß. Neugierige stehen dort und schauen ans andere Ufer hinüber. Gestern hat man Schüsse gehört, und vom Lager Tshatshi stiegen Rauchwolken auf, heute sendet die Stadt keine Signale mehr aus. Will ich da wirklich hin? Wo doch alles von dort flüchtet! Szenen haben sich hier abgespielt! Soldaten zogen mitten auf dem Fluß ihre Uniformen aus und warfen ihre Waffen ins Wasser, und gestern kam ein Boot herüber, auf dem ein Mann in einem hellblauen Polstersessel saß. Nachdem Träger den Sessel ausgeladen und in den weichen Sand gestellt hatten, sank er, zu Tode erschöpft, wieder hinein.

Es ist Sonntag, ein Tag, an dem trübe Stimmung herrscht in den Straßen von Brazzaville. »Vergiß es«, sagt Nicolas, »heute erreichst du gar nichts.« Er setzt mich bei Bekannten ab, die ebenfalls nach Kinshasa müssen. Seit dem Morgen sitzen sie wie gebannt vor dem Fernseher, und plötzlich haben sie es gar nicht mehr so eilig. Ein pensionierter General Mobutus ist bei ihnen zu Besuch; er ist geflüchtet, hat aber seine Familie in Kinshasa zurückgelassen. Ich gehe mit ihm zu einer Telefonzelle, und da er kein Geld für eine Telefonkarte hat, benützt er mit größter Selbstverständlichkeit meine. Ich höre ihn reden und dann schreien. »Die plündern mein Haus«, empört er sich, nachdem er eingehängt hat. Den ganzen Rückweg über schimpft er. »Also plündern die Rebellen auch!« Er habe sich nichts vorzuwerfen, hat er zuvor noch gemeint, in Kürze werde er nach Kinshasa zurückkehren – nach dem Telefonat scheint er sich da nicht mehr so sicher zu sein.

Im Hotel Méridien haben sich wohlhabende Flüchtlinge einquartiert. Kinder laufen durch die Flure, Frauen sitzen in der Halle gelassen beieinander. Im dezent beleuchteten Garten gehen bullige Typen mit Moschino-Anzügen und goldenen Halsketten auf und ab und sprechen aufgeregt in ihre *telecels*, wie die Handys der Firma Telecel hier heißen. Ihrem nervösen Gang nach zu schließen, sind die Nachrichten von zu Hause nicht die besten.

Ich fahre mit dem Taxi zu Nicolas zurück. *Tour des coopérants* – Entwicklungshelferturm – wird das Gebäude genannt, in dem er wohnt. Es wimmelt darin von Franzosen, und ich komme mir doppelt heimatlos vor. Auch Nicolas fühlt sich dort nicht wohl. Früher hat er mitten unter Afrikanern gewohnt. »Warum bist du dann umgezogen?«

»Dringende Empfehlung der Botschaft. Bei den vielen Privatarmeen in der Stadt…«

»Hier auch schon?!«

»Ja, wußtest du das nicht? Jeder Politiker von einiger Bedeutung hat…«

Aber ich will es nicht wissen. Mein Blick wandert nach draußen, während er spricht: Die Nacht senkt sich über Kinshasa herab.

Im Hafen von Brazzaville herrscht Hochbetrieb. Fliegende Händler, Kongolesen, die von den Ereignissen überrascht wurden und nach Hause wollen, ausländische Journalisten. Der Besitzer des Rennbootes, mit dem Mobutus Sohn Kongolo vor ein paar Tagen nach Brazza geflüchtet ist, hat in dem Durcheinander gestern noch Leute nach Beach Ngobila gebracht, aber inzwischen hat Kinshasa seine Tore geschlossen, und auf normalem Weg kommt man nicht mehr hinein. Wilde Gerüchte machen die Runde, von Booten, mit denen man für fünfhundert Dollar übersetzen könne. Niemand weiß, wo sie abfahren und was einen am anderen Ufer erwartet.

In meinem Zimmer sehe ich meine Sachen durch. Stadtkleider, Busch-Ausrüstung, Schuhe, Sandalen, Bücher, Hefte, Medikamente, Geschenke – mit leichtem Gepäck reisen war noch nie meine Stärke. Ich packe das Allernötigste in einen kleinen Koffer und stelle ihn beiseite.

Am nächsten Tag erwähnt auch ein Bekannter von Nicolas die Privatarmeen in Brazzaville. Diesmal spitze ich die Ohren. Sie leben vom Schmuggel, sagt er. Einer der Milizführer hat in der Nähe der früheren Tanzbar La Main Bleue einen kleinen Hafen, von dem Händler gegen Bezahlung nach Kinshasa übersetzen. Ich würde staunen, meint er, was dort los sei. Er habe einen Bekannten, dessen Chauffeur mich hinbringen könne. Wir stehen in der Lobby eines Hotels am Hafen. Ein niederländischer Journalist nickt mir zu – er will mitkommen.

Von da an geht alles rasend schnell. Nachdem der Chauffeur uns seiner Kontaktperson übergeben hat, reißen kleine Jungen uns das Gepäck aus der Hand und laufen damit den schmalen Weg zum Fluß hinunter. Männer mit schweren Lasten auf dem Kopf kommen uns entgegen. Jetzt gibt es kein Zurück mehr. Soldaten treiben uns weiter, ans Wasser, wo Frauen in grellfarbigen *pagnes*, wie die Gewänder der Frauen hier heißen, das Ausladen ihrer Waren und den Weitertransport durch Träger beaufsichtigen. Sie lachen ungläubig, als wir den Weg heruntergeschlittert kommen. Weiße – benutzen die jetzt auch schon diesen Schleichweg?

Kaum sitze ich im Boot, fällt die Unsicherheit von mir ab. Der gemütliche Betrieb in dem kleinen Hafen, das rostbraune Wasser des Kongo, das gegen die verwitterten Planken unseres Bootes schwappt, der alte Mann, der routiniert seine Paddel eintaucht, die widerhallenden Stimmen: Das kenne ich, das ist mir vertraut. Ich bin zwischen den Fernsehbildern durchgeschlüpft und im normalen Leben dahinter gelandet.

Unser Bootsführer hat es eilig – in einer halben Stunde ist es dunkel, und bis dahin muß er wieder in Brazza sein. »Habt ihr Kontakt zu den Soldaten der *Alliance*?« fragt er besorgt. »Wir? Nein.« Wir suchen das Ufer ab. »Hoffentlich schießen die nicht auf uns.«

Aber der kleine Strand, an dem wir anlegen, ist leer. Erst als wir die Böschung hinaufsteigen, sehen wir halb verborgen unter einem Baum ein Auto stehen.

»Taxi?« Wir werfen unsere Taschen in den Kofferraum und fahren in die Stadt.

Mein belgischer Gastgeber Guido holt mich im Hotel Intercontinental ab. Schlank und hochgewachsen, Bürstenhaarschnitt, wachsame Augen – vor Jahren war er beim Militär. Er nimmt meinen Koffer und geht federnden Schrittes zum Ausgang. Draußen wettert er los: In der Lobby habe sich General Kikunda, ein Halunke ersten Ranges, seelenruhig mit einigen von den Neuen, wie die Rebellen genannt werden, unterhalten!

Es ist dunkel, und ich verstehe jetzt Guidos leichtes Zögern am Telefon: Außer uns ist praktisch niemand unterwegs. Abends bleiben die Kinois lieber zu Hause, denn es wird immer noch geplündert. Nicht alle Soldaten aus Mobutus gefürchteter Spezialeinheit DSP, der Division Spéciale Présidentielle, sind geflohen; einige haben sich den Rebellen als Führer zur Verfügung gestellt.

Über den verlassenen Boulevard Lumumba fahren wir in den Vorort Limete, in dem Guido mit seiner kongolesischen Frau Christine wohnt. Ein magerer Wachmann öffnet das eiserne Tor in der Mauer, die das Haus umgibt. Papa Jacques schläft in der Holzhütte am Eingang und scheint mir nicht die Statur zu haben, um sich Plünderern entgegenzustellen, aber nach Guidos Worten besitzen alle Nachtwächter kleine Plastikpfeifen, mit denen sie sich bei Gefahr gegenseitig warnen.

Christine sitzt vor dem Fernseher auf dem Sofa. Seit Tagen tut sie nichts anderes mehr, gesteht sie, nur so kann sie herausfinden, was in der Stadt vor sich geht. In der Cité versammeln sich jubelnde Menschen um die schwelenden Leichen von Mobutisten, die mit einem brennenden Autoreifen um den Hals zu Tode gekommen sind, ein Brauch aus Südafrika, der sich über den ganzen Kontinent verbreitet hat. Guido ist empört. »Die Kleinen zerren sie aus ihren Häusern«, sagt er, »aber aalglatte Typen wie General Kikunda kommen ungeschoren davon.«

Christine zeigt mir mein Zimmer am Ende eines langen Flurs, der das Wohnzimmer von den Schlafzimmern trennt. Meine Tür sieht aus, als wäre sie mit einer Machete aufgebrochen worden. Unversehens stehe ich mit der Klinke in der Hand da. »Ist bei euch auch geplündert worden?«

»Nein, nein, das ist noch vom letzten Mal«, sagt Christine. »Wir haben alles so gelassen; man weiß ja nie, wann es wieder soweit ist.«

Christine stammt wie Kabila aus Katanga und hat den Vormarsch ihres »Bruders« mit Spannung verfolgt. Sie ist auf die Straße gelaufen, als die *kadogos* – die Kleinen, wie die Kindersoldaten genannt werden – in die Stadt einmarschiert sind. Was hat man ihnen für mythische Kräfte angedichtet! Kugeln könnten sie nicht treffen, hieß es, ihre Gummistiefel seien minensicher, sie hätten Geräte, mit denen sie aus großer Entfernung Waffen aufspüren könnten. Für Christine waren sie nichts als ein armseliger Haufen. Matratzen auf dem Kopf, da und dort ein Koffer; manche hatten nur eine Sandale an, andere nur eine Socke. Die Kinois schrien, lachten, wollten mit ihnen reden und stellten dann verwundert fest, daß sie sie nicht verstanden. »*Speak not, speak not*«, sagten die Soldaten.

Vor dem Fernseher trinke ich mein erstes Tembo-Bier seit elf Jahren, und ein Gefühl des Triumphs überkommt mich bei dem Gedanken, daß ich gestern noch einsam durch Brazzaville gelaufen bin und jetzt in einem Wohnzimmer in Kinshasa sitze. In dieser Nacht schlafe ich beim Rattern der Klimaanlage ein, glücklich wie ein heimgekehrtes Kind und doch auch mit der leichten Unruhe, die man empfindet, wenn man in eine neue, fremde Stadt kommt.

Am nächsten Morgen ist der Himmel bewölkt, die Luft warm und drückend – die Trockenzeit kündigt sich an. Der Boy ist wieder aufgetaucht. Er hat die ganze Stadt durchquert und berichtet, daß alles wieder an die Arbeit gegangen ist. Im Nachbarhaus hat der Staatsbetrieb CMZ – Compagnie Maritime Zaïroise – seinen Sitz. Fünfzehn Leute sitzen dort plaudernd herum; aus Walkie-Talkies und dem Fonie, der Funkverbindung mit dem Landesinneren, knackt und pfeift es. Der Parkplatz steht voller verrosteter Autowracks, und hinter den schmutzigen Fenstern stapeln sich Akten, in die niemand je einen Blick zu werfen scheint.

Der Direktor hat das letzte Frachtschiff des Betriebs verkauft, sagt Guido, und das Geld in die eigene Tasche gesteckt. Einmal wäre das Gebäude beinahe geräumt worden, weil er es ebenfalls verhökert hatte. Guido erzählt es mit ausdrucksloser Stimme – so etwas ist hier inzwischen gang und gäbe, alle Staatsbetriebe sind in den letzten Jahren systematisch ausgeplündert worden. Selbst die Kriegssteuer zur Finanzierung des Kampfes gegen die Rebellen ist in dunklen Kanälen versickert. Früher hieß das Viertel *quartier industriel,* weil dort viele Unternehmen ansässig waren, die dann aber eines nach dem anderen geschlossen wurden. In die leeren Lagerhäuser zogen religiöse Gemeinschaften ein, und heute heißt die Gegend *quartier spirituel.*

Nach einigem Zögern beschließt Christine, in ihr Stoffgeschäft im Zentrum zu fahren. Esel, *pousse-pousseurs,* die Handkarren vor sich herschieben, hupende Busse und Autos – sie manövriert ihr klappriges kleines Gefährt geschickt zwischen ihnen durch. »*Yo!* Du da! Aus dem Weg!« Einem Busfahrer bedeutet sie, daß sie ihm die Ohren abschneiden wird, wie die Rebellen es auf ihrem Vormarsch mit Dieben und Gehorsamsverweigerern getan haben, und schickt eine Flut von Beschimpfungen hinter ihm her. Als sie meine erschrockene Miene sieht, muß sie lachen. »Ja, ja, Kabila muß hier noch eine Menge Ohren abschneiden!«

Zwei Soldaten am Straßenrand wollen mitgenommen werden. »Da, schau, da sind sie, die Speak-not.« Sie kommen aus dem Osten, und die meisten von ihnen sprechen wie Christine Swahili. »Ich mußte hier Lingala lernen – jetzt sind die Kinois dran, jetzt müssen die unsere Sprache lernen«, sagt sie resolut. Sorgen macht ihr nur, daß so viele Tutsi unter den Soldaten sind. »Die muß Kabila schleunigst nach Ruanda zurückschicken. Den Tutsi kann man nicht trauen, die wollen überall die Herren sein.«

Sie sagt es beiläufig, als sei sie Widerspruch in diesem Punkt nicht gewöhnt, und so schlucke ich meinen Kommentar hinunter. Ich muß an ein Fernseh-Interview mit dem niederländischen Entwicklungshilfeminister Pronk denken, das ich kurz vor meiner Abreise gesehen habe. Begeistert sprach er von dem frischen Wind, der durch das Gebiet der Großen Seen wehe: Über die kolonialen Grenzen hinweg reichten der ugandische Präsident Museveni, der ruandische Vize-Präsident Kagame und der künftige kongolesische Präsident Kabila einander die Hand. Sie würden ihre Probleme gemeinsam anpacken, meinte er, eine einzige Front bilden, auch wirtschaftlich, und damit ihre Verhandlungsposition gegenüber dem Westen nachhaltig stärken. Ich hätte ihm gern geglaubt, aber das Mißtrauen hinsichtlich der Rolle Ruandas und Ugandas, das ich in den Monaten davor unter Zaïrern in Belgien und Frankreich gespürt hatte, dämpfte meinen Optimismus.

Christine ist in eine Straße eingebogen, die sich durch die letzten Regenfälle der Saison in einen Sumpf verwandelt hat. Ich schaudere. »Kommst du da durch?«

»Klar!« Sie gibt Gas und rast auf eine spiegelnde Pfütze zu. Das Wasser spritzt gegen die Fenster, und für einen Sekundenbruchteil ist es, als würden wir untertauchen, aber da braust sie schon in die nächste Pfütze.

In ihrem Laden in der Avenue du Commerce sitzen zwei Angestellte auf hohen Hockern inmitten von Stoffballen, an denen der Zahn der Zeit nagt; in der Auslage stehen Schuhe und Damenhandtaschen, die Christine in Kommission zu verkaufen versucht. Das Geschäft geht schlecht, niemand hat Geld. Die Kundinnen kommen aus alter Gewohnheit herein, sehen sich die Stoffe an, erkundigen sich nach dem Preis und gehen wieder – es gibt Tage, an denen Christine überhaupt nichts verkauft. *Mbongo ezali te*, es ist kein Geld da – schon nach wenigen Tagen singt sie diesen Satz vor sich hin, den ich überall höre, wie eine lästige Fliege, die mich umschwirrt.

Aber ihr Laden ist auch ein Beobachtungsposten, von dem aus sie den Markt überblickt. Die libanesischen Händler sind freundlicher geworden, stellt sie fest. Früher standen sie unter dem Schutz der Mobutisten und wurden mit der Zeit genauso niederträchtig, aber seit die Rebellen da sind, kuschen sie. Sie versuchen herauszufinden, ob man mit den neuen Herren kooperieren kann.

Und dann die Gerüchte, die hier aus allen Teilen der Stadt zusammenlaufen, ein Kapital, das Christine virtuos verwaltet. Ich schaue regelmäßig bei ihr vorbei und bin froh, in dieser Stadt einen Fixpunkt zu haben. »*Quoi de neuf* – was gibt's Neues?« ruft sie mir schon von weitem zu, wenn ich komme. Sie thront hoch hinter ihrem Ladentisch, das Telecel in Reichweite, in der Ecke ein kleiner Spiegel, in dem sie verstohlen ihr schönes, volles Gesicht, ihren leicht ausgeschnittenen Pagne, ihre goldenen Ohrringe betrachtet. Sie ist zehn Jahre jünger als ich, und bald ist sie mir so vertraut wie eine Schwester.

Abends erzählt sie, was sie am Tag so gehört hat. Die Ruander räumen Häuser von Mobutisten aus und verfrachten deren Autos und Polstergarnituren per Flugzeug in die ruandische Hauptstadt Kigali. Mobutus Sohn Nzanga hat seiner Sekretärin gefaxt, sie solle sein Inventar unter dem Personal verteilen. Im Lager Tshatshi hat man ein unterirdisches Gefängnis entdeckt; dreihundert Mann sollen dort eingesperrt sein. Niemand kann hinein, denn das Gelände ist vermint. »Da muß ein westlicher Minenräumdienst her«, sagt Christine. Einige Tage später hat sich das Gefängnis auf wundersame Weise geöffnet, und es beherbergt nicht dreihundert Häftlinge, sondern nur sieben. Sie haben lange Bärte, manche sind blind und wie Affen behaart, einer ist ein General, von dem man geglaubt hatte, er sei bei einem Flugzeugabsturz ums Leben gekommen.

Anfangs weiß ich nicht recht, was ich von diesen Geschichten halten soll, aber in Kinshasa sagt man: Was gestern noch Gerücht war, kann morgen Nachricht sein. Zum Beispiel, daß im Haus des geflohenen Generals Baramoto Fetische gefunden wurden. Seine Villa mit Swimmingpool wird lang und breit im Fernsehen gezeigt. »Und das Volk hat gehungert«, kommentiert der Sprecher mit Grabesstimme. Soldaten von Kabilas Befreiungsfront AFDL, der Alliance des Forces Démocratiques pour la Libération du Congo, präsentieren die *gris-gris*, die dem General geholfen haben, seine Macht aufrecht- und Feinde fernzuhalten: ekelerregende Schlangen und Kröten in Spiritus, ein ganzes Regal voll. Später hören wir, daß Soldaten bei einem Unfall mit einem seiner Autos, das sie bei der Gelegenheit gestohlen hatten, ums Leben gekommen sind. Denn die Gris-gris haben ihre Wirkung natürlich nicht von heute auf morgen verloren.

In der Lobby des Hotels Intercontinental – *l'Inter* nennen es die Kinois – begrüßen sich zwei Männer in makellosen Anzügen: Sie drücken ihre Schläfen aneinander, erst links, dann rechts, dann noch einmal links, als würden sie sich seitliche Kopfstöße versetzen. Alle machen es hier so, wie ich bald feststelle, und auch anderswo in der Stadt sehe ich diese Art der Begrüßung. Es ist ein Brauch aus dem Osten, wie die Swahili-Anrede *mzee*. Anfangs war sie Kabila vorbehalten, aber schon bald wird jeder ehrwürdige Papa so genannt.

Der Wind weht aus dem Osten, und wer ihn schnuppern

will, muß ins Hotel Inter kommen, denn hier haben sich die Neuen einquartiert. Das Hotel ist eine Festung, wie es sie in Ländern, die sich im Krieg befinden, immer wieder gibt, ein Ort, an dem die Illusion der Harmonie erhalten bleibt. Bis vor einer Woche war es Freistatt der Mobutisten, die unter den Silberkugeln der Diskothek L'Atmosphère noch tanzten, als die Rebellen bereits am Flughafen waren. Wegen der drohenden Unsicherheit in der Stadt haben sich ganze Familien hier einquartiert. Manche checkten mittags ein und verschwanden abends Hals über Kopf nach Brazzaville. Mit halboffenen Koffern, aus denen Teddybären hervorsahen, stolperten sie aus dem Aufzug.

Andere waren der Meinung, sie hätten sich nichts vorzuwerfen, und blieben. Doch als ihre Häuser geplündert und sogar von AFDL-Führern in Besitz genommen wurden, bekamen sie es mit der Angst zu tun. Sie halten sich in ihren Suiten versteckt und schicken ihre Kinder als Kundschafter aus.

Eines Tages sehe ich Bondo, einen *baron* des Mobutu-Regimes, mit dem ich 1985 in die Äquatorprovinz gereist bin. Er ist gealtert und vor allem abgemagert. Dicht gefolgt von einem Mitarbeiter mit dem Telecel am Ohr, hastet er von einem Hoteleingang zum anderen. Er scheint seinen Chauffeur zu suchen und ist so aufgeregt, daß ich gar nicht auf die Idee komme, ihn anzusprechen. Wer ihn erkennt, schaut ihm verwundert nach. Die beste Methode, einem Mobutisten Angst einzujagen, besteht in diesen Tagen darin, ihn zu fragen: »Was, du bist noch hier?«

Vor dem Hotel drängen sich Menschen, die mit den Neuankömmlingen sprechen wollen. Manche flehen einen Bekannten drinnen per Telecel an, die strengen Türhüter umzustimmen, andere hoffen, jemandem zu begegnen, der sie hineinschleusen kann. Unterdessen bestaunen sie die ankommenden und abfahrenden Autos und versuchen einen Blick auf die Insassen zu erhaschen, die zwar keine Kadogos mit minensicheren Gummistiefeln, aber vom selben magischen Nimbus umgeben sind.

Die Neuen wissen um ihr Image, wenn sie durch die kühlen Gänge des Hotels gehen, vorbei an den Boutiquen mit teurer Markenkleidung: Juliana Lumumba, Tochter des 1961, sechs Monate nach der Unabhängigkeit, ermordeten Ministerpräsidenten; Justine Kasavubu, deren Vater von Mobutu abgesetzt wurde; Bizima Karaha, der vieldiskutierte, aber ungeliebte Interims-Außenminister, ein Tutsi aus dem Osten, von dem hinter vorgehaltener Hand behauptet wird, er sei Ruander; der kleine, immer aufgeregte Kakudji, ein Cousin Kabilas, der bis vor kurzem in Lüttich gelebt hat und Gouverneur von Katanga ist, sich aber lieber im Dunstkreis der Machthaber in der Hauptstadt aufhält; Mawampanga, Lukusas Bekannter mit der Website, immer ungekämmt und in einem Batikhemd. Schwer zu sagen, was diese Menschen verbindet, außer daß sie mit Mobutu ein Hühnchen zu rupfen haben. Da Mobutu aber über Togo nach Marokko ins Exil gegangen ist, ist dieses Band noch dünner geworden.

Eines Abends kommt Aubert Mukendi ins Hotel spaziert, der gerade mit dem Flugzeug aus Lubumbashi eingetroffen ist. Er trägt einen Hut, auch so eine Mode aus dem Osten. Wir kennen uns aus Paris, wohin er sich zurückgezogen hatte, nachdem er 1992 zum zweiten Mal vor dem Mobutu-Regime geflohen war. Er ist ein alter Kampfgefährte Kabilas, aber auch Mitbegründer der UDPS, der Oppositionspartei seines Stammesbruders Etienne Tshisekedi, der in Kinshasas Presse als Favorit für das Amt des Ministerpräsidenten gehandelt, von den Neuen aber vorerst noch ignoriert wird. Ich habe Mukendis Aktivitäten in den vergangenen Monaten aus der Ferne verfolgt: seine Ankunft im Rebellenhauptquartier Goma, seine Ernennung zum Interims-Verkehrsminister. Er hat sich nicht verändert, stelle ich fest, er redet noch genauso bedächtig, sieht sich noch mit dem gleichen leicht abwesenden Blick um.

Wir treffen uns am nächsten Morgen zum Frühstück. Hungrige Kadogos drängen sich an den langen Tischen des Büffets. Cornflakes, Omelett, Huhn, Kirschmarmelade, Croissants – sie stapeln alles aufeinander, hasten damit an ihre Tische und kämpfen sich dann, ungeschickt mit Messer und Gabel hantierend, durch die Berge auf ihren Tellern. Im Handumdrehen sieht das Büffet aus wie ein Schlachtfeld. Mukendi schaut zerstreut lächelnd zu. »Tja, denen hat niemand die Philosophie des Büffets beigebracht.« Später bekommt die ADFL einen eigenen Saal zugewiesen, in dem ein sehr viel bescheideneres Frühstück serviert wird.

Leute begrüßen Mukendi, wollen mit ihm sprechen, aber er schaut besorgt auf die Uhr: Er möchte auf sein Hotelzimmer; Kabila hat ihn gebeten, nach Kinshasa zu kommen, und könnte anrufen. Ich begleite ihn. Wir warten stundenlang, aber was immer er versucht – er bekommt Kabila nicht zu fassen. »Na ja, jedenfalls weiß er, wo ich zu finden bin«, sagt er schließlich.

Vor einigen Monaten hat er sich in einem Interview noch voller Verständnis für das kleine überbevölkerte Ruanda geäußert und für durchlässige Grenzen zwischen dem riesigen Kongo und seinem östlichen Nachbarn plädiert, aber als der Tag fortschreitet und seine Versuche, Kabila an die Strippe zu bekommen, vergeblich bleiben, gesteht er, daß er sich Sorgen macht. Die Tutsi wollen zuviel Macht – schon oft hat er dagegen protestiert. Wenn er früher Kabila sprechen wollte, mußte er sich immer erst an sie wenden, worauf sie sich auf Kinyarwanda berieten, bevor sie ihn einer Antwort würdigten. Und seit Kabila in der Hauptstadt ist, erreicht er ihn überhaupt nicht mehr. »Kabila ist ein Gefangener«, sagt er, »und Gefangene bekommt man nicht zu Gesicht.«

Dank seiner Vergangenheit könnte er zwischen Kabila und Tshisekedi, zwischen Osten und Westen vermitteln, aber er weiß nicht, ob es ihm gelingen wird. Er befindet sich zwischen zwei Booten, ein Bein im ersten, das andere im zweiten. Driften die Boote auseinander, könnte es sein, daß er ins Wasser fällt. Als ich ihm erzähle, wie ich von Brazzaville nach Kinshasa gekommen bin, horcht er auf. »Wo genau bist du gelandet? Es kann nicht schaden, im Notfall einen Fluchtweg zu haben.«

Gegen Abend ist das Zimmer voller Verwandter. Sie wollen Mukendi willkommen heißen, ihn aber auch darüber informieren, was in der Stadt vor sich geht, wie man in der Cité über die Neuen denkt. Es hagelt Beschwerden, und in den kommenden Wochen wird sich das noch verstärken, denn die Soldaten aus dem Osten schießen beim geringsten Anlaß, sie schlagen mit Stöcken zu, und durch Kinshasa läuft eine Welle der Panik. Mobutus Soldaten haben geplündert und gestohlen, aber schießen ... nein. Und Stockschläge sind seit dem Abzug der Belgier abgeschafft; sie rufen bittere Erinnerungen wach.

»Ein alter Papa«, sagt Mukendis Bruder, »ich hab's mit eigenen Augen gesehen. »Sie haben ihn auf die Knie gezwungen und ihn gefragt, wie alt er ist, und dann hat er sechsundfünfzig Stockschläge gekriegt, auf den Bauch!«

»Wenn man in ein Dorf kommt, in dem alle auf einem Bein tanzen, dann muß man das auch tun«, sagt seine Schwester. »Erst später bringt man den Leuten bei, auf zwei Beinen zu tanzen.«

Eine Cousine erzählt, ein AFDL-Funktionär habe im Fernsehen verkündet, die Frauen müßten sich sittsam kleiden, um die Soldaten nicht in Versuchung zu führen. Seitdem halten die Kadogos überall in der Stadt Mädchen an und schlitzen mit Bajonetten Leggings und enge Kleider auf. »*Weye pale, kaa chini* – du da, auf den Boden!« Wenn man sie nicht versteht, schreien sie noch lauter. Sie setzen voraus, daß jeder Swahili spricht, Lingala, das sei die Sprache Mobutus, die Sprache der Plünderer.

Mukendi hört zu, wiegelt ab, erklärt. »Das ist das Trägheitsgesetz«, sagt er. »Monatelang mußten die Kadogos auf alles schießen, was sich bewegt; sie haben nicht gelernt, wie man sich in Friedenszeiten verhält.«

»Wir sind doch keine Affen«, sagt seine Schwester bitter. »Und selbst wenn wir welche wären – auch Affen haben ihre Gewohnheiten.«

Die ersten Wochen in Kinshasa lebe ich von einer Stunde zur nächsten. Alle meine Ängste vor dieser Reise haben sich bewahrheitet: Ich bin zu langsam, ich habe nicht den richtigen

Rhythmus für diese Stadt, in der alles gleichzeitig abläuft. Manchmal habe ich einen Moment lang das Gefühl, ich komme zurecht, aber wenn ich dann auf dem Boulevard des dreißigsten Juni in der sengenden Sonne auf ein Sammeltaxi warte, komme ich mir wieder vor wie ein Vogel, der aus dem Nest gefallen ist. Die Leute starren mich an – als Weißer hat man hier ein Auto. Auch meine Jeans werden angestarrt, oder bilde ich mir das nur ein? Nachts träume ich in endlosen Varianten immer wieder dasselbe: Ich bin in Amsterdam, unterwegs zu Freunden, weiß aber nicht mehr, wo sie wohnen, und verlaufe mich immer wieder.

Christine steht jeden Morgen vor ihrem Kleiderschrank und überlegt, was sie anziehen soll. Ein weites Kleid, einen Pagne – Hosen sind von Übel. Ich selbst habe wenig Auswahl, denn mein Gepäck ist noch in Brazzaville, und der Hafen ist immer noch geschlossen; zu viele DSP-Soldaten sind ans andere Ufer geflohen und könnten versuchen zurückzukommen. Manchmal denke ich: Ich hole meine Sachen, mit einem Boot, auf der bekannten Route. Aber man warnt mich, ich solle die Götter nicht versuchen.

Jeden Abend gegen sechs bekomme ich Herzklopfen: Wie komme ich nach Hause? Am Ende des Boulevards stehen die Taxis, die in die Vororte fahren. »Kisangani! Matete!« Jeder hat es eilig, niemand ist in diesen Tagen gern im Dunkeln unterwegs, auch die Taxifahrer nicht. »Limete?« Ein Junge läuft vor mir her und zeigt mir den Weg, ruft einem ankommenden Taxi etwas zu, läuft zurück. Ich quetsche mich neben zwei dicke *mamans* mit einer Unzahl Taschen auf dem Schoß. Als der Fahrer den Motor anläßt, erscheint das erhitzte Gesicht des Jungen im offenen Fenster. Er schreit mich an, aufgeregt, aggressiv. Seine Augen sind blutunterlaufen. Drogen, schießt es mir durch den Kopf, und instinktiv greife ich nach der Kurbel, um das Fenster zu schließen. Da reißt er die Tür auf und zerrt mich fast aus dem fahrenden Wagen!

Der Fahrer hat angehalten. »Du mußt ihm etwas geben«, beschwichtigt die Maman neben mir.

Zitternd hole ich einen Geldschein hervor. Hart sind die

Menschen hier geworden – so viel Aufhebens um tausend Zaïre, acht Dollarcent! Als ich im Weiterfahren ein lautes »Uff!« ausstoße, müssen meine Mitfahrer lachen, und es entspinnt sich eine angeregte Unterhaltung. Jeder läßt Dampf ab, erzählt, was er an diesem Tag erlebt hat. Der Mann auf dem Beifahrersitz arbeitet im Hafen; die Luxusjacht Kamaniola liegt dort, mit der Mobutu den Kongo überquert hat, als ihm die Kinois das Leben immer schwerer machten. Der Mann war heute an Bord. Fünfzehn Kisten mit Kleidern und Schuhen von Mobutu und seiner Frau Bobi stehen in der Kajüte.

»Und die sind noch nicht gestohlen worden?«

»Nein, da wagt sich niemand dran!«

»Wie – wird die Jacht von der AFDL bewacht? Wie kommt dann überhaupt jemand an Bord?«

Der Mann dreht sich um. »Die Sachen sind verhext, die faßt niemand an. Mobutu ist ein Teufel, der eigentlich schon lange tot ist, hast du das nicht gewußt?« Die anderen nicken zustimmend – das haben sie auch gehört.

Eines Abends verpasse ich das letzte Taxi am Ende des Boulevards und muß einen Umweg über Victoire machen, den Verkehrsknotenpunkt in der Cité Matonge. Das Zentrum liegt bereits in tiefer Ruhe, am Kreisverkehr Victoire aber herrscht genausoviel Betrieb wie tagsüber. Während ich gegen den Menschenstrom zum Taxistandplatz haste, steigt Wehmut in mir auf. Hier bin ich früher mit François auf dem Motorrad herumgefahren. Irgendwo weiter vorn im Labyrinth der Gassen haben wir in braunes Papier gewickeltes Grillhähnchen gegessen und sind dann in ein Konzert mit Victoria Eleison gegangen, oder wir haben unter den baumelnden Glühbirnen einer Caféterrasse getanzt. Wie vertraut mir die Stadt damals war – überall gab es Orte und Menschen, die mir ans Herz gewachsen waren. Nie werde ich den Jungen vergessen, der den Kopf aus François' Autofenster streckte, sich den Wind durch die Haare wehen ließ und seufzte: »Ah, jetzt weiß ich, wie es ist, der Hund eines Weißen zu sein!« Damals glaubten wir noch, Mobutu werde es nicht mehr lange machen, das Land könne nicht mehr tiefer sinken, die Zaïrer hätten genug gelitten.

Ein liegengebliebener Jeep mit acht Kindersoldaten hält den Verkehr auf. Die Leute bleiben am Straßenrand stehen und schauen aufmerksam zu. Ich sehe das nicht zum ersten Mal: Die Kinois beobachten die Neuen; jeder Vorfall hat zahllose Zeugen. Erst als sich der Jeep wieder in Bewegung setzt, gehen sie weiter.

Kaum habe ich mich in ein klappriges Taxi gezwängt, hält der Fahrer an einer Tankstelle. Hätte er nicht früher tanken können? Wir müssen im voraus zahlen – er braucht das Geld fürs Benzin. Plötzlich taucht aus dem Nichts ein Mann auf, der mir durchs offene Fenster drei kleine Holzkästchen hinhält. Souvenirs – natürlich, auch das noch. Sechshunderttausend Zaïre will er dafür haben. Ich mache eine abwehrende Geste, und der Preis schnellt nach unten. Dann beugt der Mann sich vor und sagt: »Madame, ich habe kein Geld, um nach Hause zu fahren.« Erst jetzt sehe ich ihn mir genauer an, und mir bricht schier das Herz. Er hat den fiebrigen Blick eines Menschen, der den ganzen Tag noch nichts gegessen hat. Ein spindeldürrer Papa, Vater von wer weiß wie vielen Kindern. Wie lange er seine Kästchen wohl schon feilbietet? Tiefe Niedergeschlagenheit überfällt mich. Was ist hier während meiner Abwesenheit passiert, was hat Mobutu aus diesen Menschen gemacht?

Zu Hause finde ich Christine in ebenso düsterer Stimmung vor. Die neue Regierungsmannschaft ist bekanntgegeben worden; Außenminister ist Bizima Karaha. Ein früherer Außenminister soll ihm vorgeworfen haben, daß er Ruander sei, und er soll erwidert haben: »Und du? Du behauptest, du bist Kongolese, aber was hast du für dein Land getan?« Den ganzen Tag hat Christine daran denken müssen. »Vielleicht müssen wir die Ruander einfach eine Zeitlang regieren lassen«, sagt sie zweifelnd. »Die sollen ruhig erst einmal Ordnung schaffen, hier herrscht ja das totale Chaos.«

Ihr Telecel klingelt. Sie wandert im Zimmer auf und ab, während sie redet, und ihre Stimme wird immer aufgeregter.

Als das Gespräch beendet ist, hat sie Tränen in den Augen. Es war der jüngere Bruder einer nach London geflüchteten Freundin. Er hütet ihr Haus, das letzte Woche von einem Soldaten geplündert worden ist. Nachdem er die AFDL verständigt hatte, kamen ein paar Kadogos, und sie gingen zusammen zum Haus des Täters, den er kannte. Dessen Frau versuchte sie hinters Licht zu führen, sie weinte und behauptete, nicht zu wissen, wo ihr Mann sei. Die Kadogos wurden wütend und riefen, sie seien nicht zweitausend Kilometer marschiert, um sich für dumm verkaufen zu lassen. Die Frau lief in Panik davon, einer der Kadogos setzte ihr nach, stolperte, stürzte zu Boden, rappelte sich wieder auf und erschoß sie.

»Der Bruder meiner Freundin ist noch keine zwanzig, er ist völlig verstört und fühlt sich schuldig. Er wollte nur die Sachen seiner Schwester zurückholen, und jetzt ist seinetwegen eine Frau getötet worden.« Niedergeschlagen läßt Christine sich aufs Sofa fallen. »Wir kennen so etwas nicht, wir haben Achtung vor dem Leben, bei Mobutus Soldaten gab es so etwas nicht!« Gleich darauf ist sie wieder wütend auf Mobutu, weil seine Armee so geschwächt war, daß eine fremde Macht das Land mühelos erobern konnte.

Am Eingang des Rundfunkgebäudes, hinter dem großen eisernen Tor, das von Soldaten bewacht wird, liegt ein Stapel vom Regen durchweichter Uniformen. Die Soldaten drehen meinen Paß lange hin und her. Französisch verstehen sie nicht, und mit Englisch komme ich auch nicht weiter, aber nachdem ich mehrmals Zizis Namen und das Wort »Verabredung« erwähnt habe, lassen sie mich endlich durch. Aus dem Augenwinkel sehe ich einen Cadillac mit zerschossenen Reifen auf dem Parkplatz stehen. Und ist der dicke Mann, der dort hinter dem Gitter auf und ab geht, nicht General Kikunda? Das Gerücht stimmt also – Guido wird sich freuen. Als er ihn am Abend meiner Ankunft im Hotel Inter mit einigen der Neuen reden sah, dachte er, Kikunda hätte es wieder einmal geschafft. Doch dieselben Neuen haben ihn am Kragen gepackt und in das Hotel auf dem Rundfunkgelände verfrachtet, in dem sie Barone des Mobutu-Regimes gefangenhalten.

Ich gehe mit meinem Passierschein auf den Rundfunkturm zu. Zwei Kadogos liegen rauchend im Gras, neben sich einen halboffenen Koffer mit Damenkleidern, aus dem ein kaputter Spiegel herausragt. Weitergehen – man sieht hier noch mehr seltsame Dinge. In der Avenue des Trois Z in dem Nobelviertel am Kongo beispielsweise liegt eine Uniform im Gras. Niemand kommt auf die Idee, sie wegzunehmen, nicht einmal die Anwohner, die doch jeden Tag in ihren schönen Autos daran vorbeifahren. Ob ein flüchtender Soldat sie dort zurückgelassen hat und in der Unterwäsche weitergelaufen ist? Die Frage hat mich eine ganze Weile beschäftigt, bis mir jemand sagte, daß die Mobutu-Soldaten unter der Uniform stets Zivilkleider trugen.

Die Treppe hinauf und durch die Glastür in die Marmorhalle. »*Le grand tam-tam d'Afrique* – das große Tam-Tam Afrikas« hat Mobutu das achtzehnstöckige Gebäude des Senders La voix du peuple – Stimme des Volkes – getauft. Leute warten auf den einzigen noch funktionierenden Aufzug, unter ihnen ein schlanker Mann mit angegrautem Haar, sauber gebügeltem Hemd und einem braunen Umschlag unterm Arm. »Zizi?« Wir fallen uns in die Arme. »Grau bist du geworden.« »Ja, was dachtest du denn?« Aber sein Gesicht mit den breiten Wangenknochen und den sanften hellbraunen Augen ist unverändert.

»Du hast Glück, daß du mich antriffst, ich bin zur Zeit kaum noch hier.« Er faßt mich am Arm. »Komm, wir gehen zu Fuß, das wird hier nichts mehr.«

Im Treppenhaus ist es stockdunkel. Zizi nimmt mich an der Hand, faßt mit der anderen das Geländer und redet weiter, damit wir nicht mit jemandem zusammenstoßen. »Wofür haben wir so ein hohes Gebäude gebraucht? Wir haben nichts als Ärger damit.« Es war ein einmaliges Geschenk Mobutus – ohne Ersatzteile. Einer der vier Aufzüge wurde von Anfang an ausschließlich als Ersatzteillager benutzt. Im Lauf der Jahre hat man sich an die Tücken des Gebäudes gewöhnt – das Umhertappen im dunklen Treppenhaus ist ein allseits bekanntes Ritual. Auch die Entgegenkommenden reden, Warnungen und Begrüßungen schwirren durch die Luft. Manchmal geht auf einer Etage die Schwingtür zum Treppenabsatz auf, und ein schwacher Lichtschein fällt auf eine Gestalt, ein Gesicht.

Zizis Hand fühlt sich kühl und vertraut an. »War's nicht schwierig, hier hereinzukommen?«

»Nein… Was für eine Sprache sprichst du eigentlich mit den Soldaten am Tor?«

»Swahili, aber manche sprechen nur Kinyarwanda.«

Zizi schiebt die Tür zur fünften Etage auf und holt den Schlüssel zu seinem Büro hervor. »Die Direktoren sind alle suspendiert, aber den Schlüssel hab ich noch.« Am Ende des Flurs stehen einige seiner Kollegen. Sie schauen auf, als wir näher kommen, und reden dann beruhigt weiter. »Die AFDL hat eine Liste mit Journalisten gefunden, die vom Geheimdienst bezahlt worden sind«, sagt Zizi. »Da macht sich natürlich jeder Sorgen.«

Die Fenster sind trübe, die Deckenvertäfelung kommt herunter, aber sonst herrscht in Zizis Zimmer die nüchterne Ordnung, die ich von ihm kenne. Ein Schreibtisch mit Aktenstapeln darauf, ein niedriger Schiebetürenschrank, eine Sitzecke mit grünen Sofas. Er weiß, welcher Sessel am wenigsten durchgesessen ist; den bietet er seinen Gästen an.

Elf Jahre haben wir uns nicht mehr gesehen, aber ich habe ihn nie aus den Augen verloren. Anfangs kam ab und zu ein Brief von ihm – eng beschriebene Bögen in seiner kleinen, regelmäßigen Schrift, immer ernst und philosophisch, so wie er auch sprach. Einmal hatten François und ich ihn überredet, mit uns in die Diskothek Mayaza zu gehen. Der Schnappschuß, den ein Fotograf dort von uns machte, offenbart schmerzlich, wie unwohl Zizi sich in dieser Umgebung fühlte. Noch nie hatte ich einen Zaïrer kennengelernt, der nicht tanzen konnte.

Zizi war in Internaten fern der bewohnten Welt auf den Priesterberuf vorbereitet worden, doch unmittelbar vor der

Konsekration hatte er es sich anders überlegt. Jahrelang lebte er wie ein Asket; Frauen sahen in ihm nur den verhinderten Priester. Mit neunundzwanzig schlief er zum ersten Mal mit einem Mädchen, das er an der Kasse im Bon Marché angesprochen hatte. Schließlich heiratete er und wurde Vater, aber seinem kontemplativen Geist blieb er treu. Wenn er von seiner Frau und seinen Kindern sprach, war es, als nehme er kaum an ihrem Leben teil, als beobachte er sie von außen. Für mich war er ein einsamer Mann, in einer Umgebung, in der Individualismus tabu ist. Er hätte Schriftsteller werden können, aber in einem Land wie Zaïre wählte man seine Bestimmung nicht, sie wurde einem aufgezwungen.

Später hörte ich über Freunde von ihm. 1991 begleitete er die Presse während der turbulenten Nationalkonferenz, die Mobutus Ende einzuläuten schien, dann aber in jahrelange Verhandlungen mündete. Er wurde Berater des Informationsministers. Nein, er habe sich nicht verändert, versicherten mir gemeinsame Freunde, er sei noch ganz der alte. Als sein Minister als Botschafter nach Frankreich ging, wurde er wieder Direktor der audiovisuellen Abteilung des Rundfunks.

Zizi ist kurz den Flur hinuntergegangen und kommt händereibend zurück, geschäftig, sichtlich erfreut über den unerwarteten Besuch. »Was hier die letzten Wochen alles passiert ist! Und so schnell! Wir hatten ja keine Ahnung. Und ich war gerade umgezogen, in ein Haus nicht weit vom Lager Tshatshi – wir dachten, unser letztes Stündlein hat geschlagen!« Er stolpert fast über seine Worte. In den Tagen nach der Befreiung sahen sich seine Nachbarn in den reichen Vierteln um und kamen fassungslos zurück. Sie waren im Haus eines Beraters von Mobutu gewesen. Ein Luxus herrschte dort, wie in einem amerikanischen Film! Ein Kühlraum voller tiefgefrorener Eßwaren, ein ganzes Zimmer voller Evian-Flaschen. Bei Mobutus Sohn Kongolo – besser bekannt als Saddam Hussein – wurden stapelweise Fußballtickets gefunden, die er vor jedem Spiel konfiszierte, um sie selbst zu verkaufen. »Dieser kleine Saddam hat ein wahres Terrorregiment geführt, das war ein richtiger Mafioso. Einmal hat er bei einem Händler eine ganze

Flotte Mercedeswagen gestohlen, neuestes Modell, und dann ist er mit seinem Gefolge über den Boulevard gerauscht, am hellichten Tag, mit aufgeblendeten Scheinwerfern. Wenn er ein Mädchen sah, das ihm gefiel, ließ er sie von seinen Bodyguards abschleppen. Mobutu wußte, was sein Sohn treibt, aber es war ihm gerade recht, so konnte er sein Volk besser terrorisieren.«

Es sprudelt nur so aus ihm hervor, als hätte er sich noch kaum erholt von dem Schock, daß alles vorbei ist. Er sitzt mir gegenüber, die Ellenbogen aufgestützt, das Kinn auf den gefalteten Händen. »Das System war völlig verrottet, die Rebellen sind ins Land geglitten wie das Messer durch die Butter. Niemand hat Widerstand geleistet, im Gegenteil: Die Generäle, die Mobutu in den Osten geschickt hatte, um Krieg zu führen, haben ihre Waffen an die Rebellen verkauft, weil sie selbst nicht mehr an den Sieg glaubten. Statt ihre Truppen zu befehligen, haben sie Plantagen gekauft und Rinder gezüchtet! Aber die Rebellen führen sich auf, als ob …«

Er sieht mich forschend an. »Warst du im Inter, hast du sie gesehen, die Leute von der AFDL?« Ich nicke. »Erst wollte ich nicht hin, aber dann hat mich ein Freund mitgenommen. Zu meiner Überraschung bin ich dort mehreren Leuten begegnet, die ich kenne. Einer von ihnen war seit einiger Zeit verschwunden, alle dachten, er ist verreist. Dabei war er bei den Rebellen in Lubumbashi!« Mit einem anderen hatte Zizi in Paris studiert. Er war der Typ des ewigen Studenten – weil er keine Erfolge vorzuweisen hatte, verlor er sein Stipendium, und um in Frankreich bleiben zu können, wurde er kurzerhand Regimegegner. »Einer von meinen früheren Studenten aus Lubumbashi war auch da. Er hat mir auf die Schulter geklopft und gesagt, in seiner neuen Position beim Informationsministerium würde er demnächst meinen Rat brauchen. Wie stellt er sich das vor? Ich bin doch suspendiert!«

Die Neuen betrachten Zizi als einen der Ihren, weil er in Lubumbashi geboren ist und jahrelang dort gearbeitet hat, aber er fühlt sich nicht wohl in ihrer Gesellschaft. Er versteht sie zwar – Mobutu hat den Osten immer ausgebeutet, und Kinshasa ist für sie die Hauptstadt der Korruption –, aber sie sind alles andere als bescheiden in ihrem Triumph, und der Ruf, den sie genießen, entbehrt jeder Grundlage, denn Kabilas Armee hat kaum gekämpft. »Trotzdem sprechen sie sich untereinander mit *directeur* und *président* an, als wäre bereits alles geregelt.« Und dann die Leute um sie herum, die sich bei ihnen einschmeicheln – zu seinem eigenen Mißfallen hat er sich dabei ertappt, daß er sie wie Insekten studiert.

»Und noch etwas ...« Er zögert und fährt mit dem Zeigefinger zerstreut die Kanten des braunen Umschlags entlang, den er auf den Tisch gelegt hat. »Ich sag's nicht gern, und du weißt, daß ich kein *tribalist* bin, aber in der kurzen Zeit, die ich im Inter war, habe ich mindestens fünf Tutsi gesehen ...«

»Jetzt fängst du auch schon an! Was hast du denn gegen die Tutsi, was haben sie dir getan?«

»Nichts, gar nichts, wir haben zusammen studiert, wir haben sie immer als Zaïrer betrachtet. Aber sie haben selbst Verwirrung gestiftet, als sie nach dem Völkermord von 1994 nach Ruanda gegangen sind. Offenbar hatten sie sich die ganze Zeit als Ruander gefühlt. Die Gesichter von früher jetzt wiederzusehen ... Andere haben als Ruander hier studiert und behaupten jetzt, ohne eine Miene zu verziehen, sie seien Kongolesen!«

»Und wenn sie etwas Gutes bewirken, bist du dann auch gegen sie?«

Ein trauriges Lächeln gleitet über sein Gesicht. »Niemand kann mich gegen meinen Willen glücklich machen.«

Er hat Angst, gesteht er, daß die Rebellen alle Posten unter sich aufteilen, daß sie nur Technokraten aus der Diaspora rekrutieren werden.

»Vielleicht haben sie wirklich ein Wörtchen mitzureden«, sage ich vorsichtig. »Immerhin haben sie Mobutu vertrieben. Was ihr in sieben Jahren friedlicher Verhandlungen nicht geschafft habt, haben sie in sieben Monaten erreicht.«

»Zumindest behaupten sie das. Aber das Mobutu-Regime war korrupt, so korrupt, daß es sich selbst zerstört hat. Und wie können sie sagen, wir hätten nichts getan! Mobutu hat am Schluß kaum noch gewagt, sich in Kinshasa blicken zu lassen, wir haben ihn gezwungen, mit einem Schiff den Kongo hinunter zu fahren, wir haben ihn in sein Äquatordorf Gbadolite verbannt!«

Zizi hat die Tür offengelassen, und von Zeit zu Zeit streckt jemand mit fragender Miene den Kopf herein. Zizi winkt ab. »Komm«, sagt er, »setzen wir uns in die Sessel, da redet es sich leichter. Ich mach die Tür zu und tu so, als wär ich nicht da.«

Ich trete ans Fenster und blicke über die Stadt, die unter dem schweren milchweißen Himmel der Trockenzeit schmort. Die Scheiben waren vermutlich einmal getönt; im Lauf der Zeit sind sie matt geworden, so daß die Aussicht wie ein verblaßtes Foto wirkt. In der Ferne das Militärlager Kokolo: kleine Häuschen mit noch kleineren Bewohnern, die in diesen Tagen den Atem anhalten, denn Mobutu-Soldaten, die ihre Uniform nicht abgegeben haben, wurden nach Kitona in ein Umerziehungslager gebracht, und eine Flut von alarmierenden Nachrichten läuft durch die Stadt. Sie würden dort auf Swahili angeschrien, heißt es, eine Sprache, die sie nicht verstehen, sie würden gedemütigt, auf den Bauch geschlagen, und eine Ruhr-Epidemie habe zahllose Opfer gefordert. Die Zeitungen sprechen von einem Vernichtungslager. Das Trägheitsgesetz, von dem Mukendi gesprochen hat, gilt nicht nur für die Rebellen, sondern auch für die Kinois. So verrottet das System auch war – die Menschen hatten sich daran gewöhnt, und jetzt, da es in Scherben liegt, wissen sie nicht, wohin, und reagieren auf die neuen Herren mit einer Panik, die an Hysterie grenzt.

Zizi ist zu mir getreten, die Hände in den Taschen. Ich sehe, daß sein Kragen vom vielen Waschen zerschlissen ist.

»Du bist angespannt.«

Er seufzt. »Ja. Nicht, daß ich Angst um mich selbst hätte, ich komme schon zurecht. Notfalls höre ich auf. Dreißig Jahre sind genug. Aber die anderen … Man mag ihnen vorwerfen, daß sie eine Schwäche für schöne Häuser und schnelle Autos hatten, aber sie haben ihr Fach verstanden. Wenn die Neuen ihnen wenigstens etwas beibringen könnten, aber das bezweifle ich …«

Er legt mir den Arm um die Schultern und führt mich zu dem guten Sessel. »Und du, was hast du all die Jahre gemacht?«

Ich erzähle ihm von Mali, wo ich in den vergangenen Jahren oft war. »Die Leute dort kommen mir plötzlich so viel klüger vor«, sage ich. »Als das Friedensabkommen mit den Tuareg im Norden unterzeichnet war, hat der malinesische Präsident ein Happening veranstaltet, bei dem die Waffen, mit denen man sich jahrelang bekämpft hatte, in ein loderndes Freudenfeuer geworfen wurden. Aber hier …«

»Du hast recht«, sagt Zizi. Er hat es früher schon festgestellt, in seinem Studentenwohnheim in Paris: Die Westafrikaner haben mehr Geschichtsbewußtsein als die Kongolesen. Ihre Griots geben die Geschichte von Generation zu Generation weiter – im Kongo existiert eine solche Kontinuität nicht. »Außerdem waren sie härter mit sich selbst, opferbereiter als wir. Man hat gemerkt, daß sie aus Ländern kamen, in denen man ein Samenkorn in die knochentrockene Erde legt und dann abwarten muß, ob es regnet. Wir dagegen, mit unserem ganzen Reichtum über und unter der Erde … Gott hat uns verwöhnt, zu unserem Unglück, denn dadurch sind wir bequem geworden, sind nicht mehr leidensfähig. Schau dir unsere Soldaten an: Sobald sie Hunger bekommen, machen sie Dummheiten.«

»Aber du bist anders. Irgend etwas hat dich vor dieser Bequemlichkeit bewahrt. Was eigentlich?«

»Hm, wie soll ich sagen … ein ganzes Leben, eine Welt, die radikal weggefegt worden ist.«

»Eben deswegen.« Teile seiner Geschichte kenne ich schon, aber ich hätte gern, daß er mir mehr von früher erzählt.

Er lacht. »Das fing natürlich schon mit meinem Vater an …«

Sein Vater arbeitete in der Kolonialzeit in Lubumbashi, dem früheren Elisabethville, bei der mächtigen Eisenbahngesellschaft, die den Transport von Kupfer, Uran und Kobalt abwickelte. Er war ein *évolué* – ein Fortgeschrittener – mit einem einstöckigen Haus, drei Kindern und einer Frau, die außer einem Fahrrad auch eine Singer-Nähmaschine besaß. 1974 – Zizi war gerade sieben geworden – wurde sein frisch gestrichenes Haus dem belgischen Prinzen Karel als Musterwohnung vorgeführt.

Von seinem zwölften Lebensjahr an wollte Zizi Priester werden, denn Priester waren die einzigen, die mit den Weißen bei Tisch sitzen durften. Da die Patres der Meinung waren, die Schwarzen behielten immer einen Anflug von Heidentum an sich, holten sie die Kinder schon sehr früh aus ihrer häuslichen Umgebung heraus. Das Kleinseminar in Mwera lag hundertdreißig Kilometer von Elisabethville entfernt in einer völlig abgeschlossenen, romantischen, ganz von den Benediktinern beherrschten Welt. Morgens um fünf wurden die Schüler geweckt und sahen die Sonne über den endlosen taufeuchten Rinder- und Schafweiden aufgehen. Sie arbeiteten auf der Farm, auf der Käse, Schinken und Räucherspeck hergestellt wurden, und lernten jagen: Mit Elefanten fingen sie an, mit Vögeln hörten sie auf. Einmal schenkte ihnen das belgische Museum Tervuren ein Harmonium, zum Dank für die Insekten, die sie gefangen hatten. Das Instrument war hohl: Jagdgewehre lagen darin.

Manchmal wanderten sie zur Eisenbahnlinie und betrachteten verstohlen die Reisenden auf dem kleinen Bahnhof. Die Sprache, die sie dort hörten, erschien ihnen fremd und unwirklich, denn sie selbst sprachen Lateinisch, sogar beim Bridge- oder Tischtennisspielen, und die Patres paßten auf, daß sie keine Fehler machten. Sie waren Auserwählte. Sie lernten Tennis spielen, um sich später in Kreisen der Elite, die sie evangelisieren sollten, bewegen zu können.

Ab und zu kamen ein belgischer Beamter und seine Assistenten auf Inspektionsreise vorbei. Sie waren mit dem Fahrrad unterwegs, trugen kurze Hosen und hatten von der Hitze Blasen an den Beinen. Sie aßen im Garten, und die Seminaristen durften mitessen. Zizi lauschte ihren Gesprächen und bewunderte sie insgeheim. Er kannte Belgien nur aus Fotobänden: prächtige Kathedralen, der Park von Tervuren, der königliche Palast von Laken. All den Luxus hatten diese Weißen hinter sich gelassen, um unter der glühenden Tropensonne zu arbeiten. Sie beherrschten einheimische Sprachen, verhandelten mit Dorfältesten, redeten über die Baumwollernte, über den Hunger in einer bestimmten Region. Zizi spürte ihren Enthusiasmus; sie liebten ihre Arbeit, waren bereit, Entbehrungen auf sich zu nehmen. Auch deshalb sollte ihm Luxus später nie viel bedeuten.

Das Großseminar lag in Moba im Osten des Landes. Drei Jahre Philosophie, drei Jahre Theologie. Innerhalb der Internatsmauern herrschten absolute Ruhe und Ordnung, außerhalb aber wurde es immer unruhiger. Der Kongo war unabhängig geworden, Lumumba war ermordet worden, Katanga hatte sich abgespalten, und Zizis Eltern waren von den Vereinten Nationen in die Provinz Kasai evakuiert worden. Aber auch dort schlug man sich die Köpfe ein. Der sichere Kokon, in dem er gelebt hatte, bekam Risse, Haß und Zwietracht sickerten ein. Die Seminaristen, die stets eine feste Einheit gebildet hatten, zerfielen in verschiedene ethnische Gruppen und führten oft erbitterte Diskussionen.

Zizi, ein in Katanga aufgewachsener Luba aus der Kasai-Region, wußte nicht so recht, wo er hingehörte. Bis dahin hatte er in einer heilen Welt gelebt, Gott war gut gewesen, aber jetzt sah er die menschliche Begrenztheit. Berichte von furchtbaren Grausamkeiten erreichten ihn. Soldaten, die Frauen den Bauch aufschlitzten – wie konnte Gott so etwas zulassen? Und wie konnte er selbst in dieser behüteten Umgebung bleiben und so tun, als ginge ihn das alles nichts an?

Das Klima hatte sich so politisiert, daß der Bischof erwog, die Seminaristen nach Belgien zu schicken, aber Zizi wollte nicht. Sie glaubten, er mache eine Glaubenskrise durch, und rieten ihm, eine Woche in Klausur zu gehen. Er blieb ein ganzes Jahr weg und begann dann ein Romanistikstudium an der Universität von Lubumbashi.

Als er sich wieder frei unter seinen Landsleuten bewegte, merkte er, was seine Ausbildung angerichtet hatte: Um ein guter Priester zu werden, durfte man nicht schwarz sein. Er war ein *mundele ndombe* geworden, ein schwarzer Weißer. Léopold Senghors Négritude, die im gesamten französischsprachigen Afrika Furore machte, sagte ihm nichts – er war kulturell völlig entwurzelt. Sein Vater, der inzwischen wieder in seinem Heimatdorf in der Kasai-Region lebte, seufzte oft: »Mein Gott, Junge, meine weißen Freunde verstehen mich besser als du!« Wenn Zizi zu Besuch kam und Geschenke mitbrachte, beschwor sein Vater ihn, die Sachen im Auto zu lassen, bis es dunkel wurde – die Leute sollten sie nicht sehen. Dennoch tanzte einmal der Dorfhäuptling ausgelassen mit einer Decke umher, die Zizi am Tag zuvor seiner Mutter mitgebracht hatte. Sein Vater hatte sie ihm geschenkt, damit er ihn in Ruhe ließ.

Es gab damals so wenig Führungskräfte im Kongo, daß selbst Studenten Berater von Ministern wurden. Zizi wollte nach Belgien und eine Doktorarbeit über Baudelaire schreiben, aber das Informationsministerium schickte ihn nach Frankreich und ließ ihn zum Fernsehregisseur ausbilden. Als Mobutu 1969 nach Paris kam, durften sich alle Studenten auf den Champs-Elysées fünf Anzüge mit Weste aussuchen. Zwei davon schickte Zizi nach Hause.

Unmittelbar nach seiner Rückkehr fing er beim Fernsehen an. Der Sender wurde sehr locker geführt, und er konnte dort mehr oder weniger machen, was er wollte. Wenn er die Nationalparks erkunden wollte, zog er mit einem Kamerateam los und filmte sie einen nach dem anderen.

Zizi wirkt in sich gekehrt, während er erzählt. Jetzt sieht er mich an, als würde er gerade aufwachen. »Mobutu war damals noch nicht der Mann, der er später war«, sagt er. »Er war noch dabei, seine Macht zu festigen, denn er wollte wiedergewählt werden. Verrückt wurde er erst um 1974, als Sékou Touré, der Staatspräsident von Guinea, und andere ihm sagten, er sei ein Genie an der Spitze eines großen revolutionären Landes. Früher hatte er auf seinen Reisen immer bei uns hereingeschaut, um zu hören, was wir von diesem oder jenem hielten, jetzt war er es plötzlich, der alles diktierte. Nachdem er in Belgien im königlichen Palast von Laken empfangen worden war, zog er durchs ganze Land und sagte: ›Ihr müßt stolz sein, denn ich habe in einem goldenen Bett geschlafen und in eurem Namen Könige und Präsidenten geduzt.‹

Mobutu hatte nicht studiert, und das wurmte ihn, aber trotzdem umgab er sich mit Intellektuellen; manche haben von Anfang an für ihn gearbeitet. Sie brauchten Villen, also schmeichelten sie ihm und gaben ihm in allem recht. Im Fernsehen schwebte er aus den Wolken herab, wir mußten ihn ›Führer‹ und ›Pharao der modernen Zeit‹ nennen, und überall im Land wurden Tanzbrigaden gegründet, die Lieder für ihn sangen. ›Geben wir ihm fünf Jahre? Nein! Zehn Jahre? Nein! Hundert Jahre? Ja!‹«

»Und du, wolltest du nie höher hinaus?«

Zizi zögert, dann sagt er: »Ganz kurze Zeit vielleicht. Ich dachte, von innen heraus könnte ich… Aber nein, ich sah ja, was mit den anderen passiert. Wenn ein Minister gut war und die Leute in der Cité anfingen, Lieder über ihn zu singen, flüsterten Mobutus Spione das Mobutu ins Ohr, und der Minister mußte weg. Und wer blieb…« Wieder schweigt er einen Moment, als versuchte er, die Gesichter vor sich zu sehen. »Was sich da alles abgespielt hat! Einmal bekam Zaïre von Rumänien Lastwagen geschenkt. Mobutu hat sie an eine Gruppe von Parlamentariern weitergegeben, damit sie in deren Heimatregion eingesetzt werden konnten. Und was haben die gemacht? Verkauft haben sie sie. Denn die Bantu-Philosophie lautet: Wenn du zehn Millionen hast, gehören fünf Million der Verwandtschaft.

Solange Regierungsbeamte nicht begreifen, daß sie sich nicht aus der Staatskasse bedienen dürfen, kommen wir in diesem Land nicht weiter. Hohe Beamte sollten ihre Verwandten von sich fernhalten, denn die raten ihnen nur, Gris-gris zu gebrauchen, um an der Macht zu bleiben. Manche Minister haben sich im Lauf der Zeit völlig ihren Ahnen ausgeliefert. Auch Mobutu selbst: Unsummen hat er an Marabuts gezahlt!

Er wurde immer größenwahnsinniger. Die Geheimdienste bekamen mehr Macht, und alle zwei Jahre wurde ein angeblicher Putschversuch vereitelt; jedesmal wurden dann hohe Offiziere erschossen. Er hat die Armee regionalisiert, und schließlich waren sechzig von achtzig Generälen Ngbandi, wie er. Man soll sich von seinem Stamm lösen, hat er gepredigt, aber er selbst hat genau das Gegenteil getan. Nbgandi-

Frauen standen hoch im Kurs, die Männer wollten Nbgandi-Frauen heiraten, *pour faire avancer leur dossier*, wie man es nannte – um Karriere zu machen.«

Eine jüngere Schwester Mobutus hatte ein Auge auf einen attraktiven Fernsehmoderator geworfen und wollte ihn unbedingt haben. Er wurde zum Journalisten im Präsidialamt befördert, und die beiden fingen eine Affäre an. Das Problem war nur, daß beide verheiratet waren. »Und was glaubst du, was passiert ist? Seine Eltern kamen angereist und sagten ihm, er müsse sich auf der Stelle scheiden lassen!« Das tat er, und wenig später wurde er Minister.

»Aber heute will niemand mehr Ngbandi sein«, lacht Zizi. »Jetzt muß man Lubakat sein, wie Kabila! Oder Tetela, wie Lumumba.« Er sieht es überall: Lubakat, die früher Mobutisten waren, denunzieren andere Mobutisten bei der AFDL. »Und so sieht das dann aus: Auf eine Technikerstelle wird ein Apparatschik gesetzt, der Informationen darüber sammelt, wer die Guten und wer die Bösen sind. Das haben wir schon einmal erlebt: Mobutus MPR hat es genauso gemacht.«

Er schaut durch das trübe Fenster nach draußen. »Und dann die Schlagworte, mit denen sie daherkommen… Kommunismus, Sozialismus – auf afrikanischer Haut haftet so etwas nicht. Schau dir nur die Länder um uns herum an, die ganzen Doktrinen – alles hohl. Sobald die Führung wechselt, kommt eine neue Lehre.«

Die Kongolesen glauben ihre Probleme nicht selbst lösen zu können, sagt er, sie brauchen immer einen Messias, einen *homme providentiel* – einen Retter. Er hat das früher schon gemerkt, als er mit seinen Kamerateams durchs Landesinnere gereist ist. Immer wieder klammerten sich Menschen an ihn, in der Hoffnung, er könnte in der Hauptstadt ein gutes Wort für sie einlegen. »Dieselben Mamans, die früher für Mobutu getanzt haben, habe ich vor ein paar Tagen bei Kabilas Amtseinführung im Stadion wieder tanzen sehen, diesmal für ihn.«

Zizi ist aufgestanden. »Sag mal, weißt du, wie spät es ist?« Es ist still geworden auf dem Flur, das Gebäude scheint verlassen. Zizi geht zum Schreibtisch und kramt in der Schublade. »Wo hab ich denn meine Erdnüsse...« Es gibt Ratten in seinem Büro; immer wenn er da ist, legt er auf einem kleinen Pappestück in der Ecke mit Erdnüssen vermischtes Gift aus.

In der hereinbrechenden Dunkelheit wirken die Gestalten im Lager Kokolo noch kleiner, und von Holzkohlenfeuern hinter den Hütten steigt Rauch auf. Auf der Straße herrscht viel Betrieb; um diese Zeit fahren die Sammeltaxis in die Vororte. »Ja, schau noch mal raus«, sagt Zizi. »Vielleicht ist es das letzte Mal, daß du mich hier antriffst.« Es klingt munter, als wollte er sich selbst Mut zusprechen. Doch einige Wochen später wird er zum Leiter der französischsprachigen Rundfunkprogramme ernannt, und die ganze Maschinerie, die erschrocken zum Stillstand gekommen war, läuft wieder an. Seine direkte Vorgesetzte wird Juliane Lumumba, und die Zusammenarbeit mit ihr klappt gut.

Ich komme oft hierher; mit meiner Taschenlampe taste ich mich in den fünften Stock hinauf. La voix du peuple ist wie Christines Laden ein Beobachtungsposten: In Zizis Büro, dessen Tür immer offensteht, werden beängstigende Gerüchte auf das rechte Maß zurückgestutzt. So angespannt wie beim ersten Mal sehe ich ihn später nicht mehr; bald gewinnt er seine frühere Ruhe zurück. Er trägt immer die gleichen Sachen, sauber gewaschen und gebügelt, wenn auch vom Zahn der Zeit angenagt – müde Kleider, wie man hier sagt.

Ich bin nicht die einzige, wie ich bald feststellen werde, für die Zizi ein moralischer Kompaß ist. Der Kameramann, der mit Kabila auf Dienstreise war, ein Reporter, der in der Kasai-Provinz arbeitet, ein jüngerer Kollege, der mit einem Apparatschik aus dem achtzehnten Stock im Clinch liegt – sie alle erstatten ihm Bericht. Zizi hört zu, beschwichtigt. Der neue Staatssekretär des Informationsministers, ein Drogist aus Goma, der von Verwaltung keine Ahnung hat, gerät eines Tages in Wut auf alle in dem Gebäude, die sich Chef nennen und in dieser Eigenschaft Dokumente unterzeichnen. Er sei der Verwaltungschef, und damit stehe er an der Spitze aller Abteilungen, erklärt er. Als er trotz seiner Warnungen auf einen vom Personalchef unterschriebenen Brief stößt, läßt er dem Mann, einem alten Papa, eine Tracht Stockschläge verabreichen. Der Mann schreit wie am Spieß, und von überallher kommen Leute angerannt. Die erschütternde Neuigkeit verläßt das Direktionszimmer und bahnt sich ihren Weg durch das dunkle Treppenhaus nach unten. Durch die Schwingtüren schlängelt sie sich in die Flure, wo bald flüsternde, lachende und jammernde Grüppchen beisammenstehen. Bis die Nachricht all die Kilometer über abgewetzte Teppichböden, vorbei an Räumen mit trüben Fensterscheiben, verstaubten Akten und Pappestücken mit Rattengift zurückgelegt hat, sind zahllose Versionen davon in Umlauf, eine blumenreicher als die andere, so daß man glauben könnte, es handle sich um ein Gerücht. In Würde tritt sie dann ihren Gang durch die Stadt an.

Ein Landsmann leiht mir seinen Deux-chevaux, ein lustiges Spielzeug mit Rolldach, und liefert auch gleich einen Fahrer mit, wodurch sich mein Leben in Kinshasa von Grund auf verändert. José kommt schon in aller Herrgottsfrühe, wienert die Autofenster, staubt die Sitze ab, macht sich unter der Motorhaube zu schaffen. Jeden Morgen sind die Zündkerzen verschmutzt. »Als würde nachts ein Unsichtbarer mit dem Auto fahren«, sagt er. »Wenn man Ohren in der anderen Welt hätte, könnte man ihn hören.« Während er die Kerzen reinigt, bespricht er mit Papa Jacques die Ereignisse der vergangenen Nacht. Beide sind klein und schmächtig, und beide reden so schnell, daß schon frühmorgens das angenehme Geschnatter des in Gang gekommenen Tages durchs offene Fenster dringt.

Das Fonie im Haus nebenan beginnt zu knistern, und Guido fährt zum Tor hinaus, nicht ohne vorher aus dem Eßzimmerfenster den Boulevard abgesucht zu haben, denn Toyota-Jeeps sind bei den Militärs sehr begehrt, und er wäre nicht der erste, der auf einmal sein Auto los ist. Eine weitere ständige Gefahr sind die Studenten, die Autos, Busse und Lastwagen anhalten, um zum Campus, zu einer Demonstration oder einer Beerdigung zu gelangen. Plötzlich stürmen sie von allen Seiten heran und stürzen sich lachend, drohend, übermütig auf alles, was vier Räder hat. Johlend hängen sie sich an das Fahrzeug, das unter dem Gewicht quälend langsam und tief über dem Boden dahinkriecht. Vorn sieht man durch das Guckloch, das sie freigelassen haben, gerade noch das beklommene Gesicht des Fahrers.

Als ich zum ersten Mal einen solchen Überfall miterlebe, bleibe ich wie vom Donner gerührt stehen, aber in Kinshasa ist man daran gewöhnt, und die Autofahrer ergeben sich zähneknirschend in ihr Schicksal. Wer aus der Ferne eine Geiselnahme beobachtet, macht sofort kehrt, greift zum Telecel und warnt seine Freunde. Manchmal bekommt Guido morgens solch einen Anruf und geht erst aus dem Haus, wenn die Gefahr vorüber ist. Für mein Autochen interessiert sich zum Glück niemand, die Studenten sehen sofort, daß es nichts aushält, sie rufen »Töfftöff!« oder »Louis de Funès!« und lassen uns lachend passieren.

Christine hat es selten eilig, denn das Geschäft will nicht in Gang kommen. Sie versucht einen Auftrag über eine Stofflieferung an das Präsidialamt zu ergattern, scheitert aber schon an der Sekretärin. Seit Kabila Präsident ist, ist ihr katangisches Bewußtsein aufgeblüht. Einer der neuen Minister stammt aus ihrem Viertel in Lubumbashi, und sie hat ihn mit ein paar Freundinnen sofort aufgesucht, um ihm zu gratulieren. Doch der Besuch war ein Reinfall. Der Minister ist in das Haus eines Mobutisten eingezogen, eine protzige Villa mit gigantischen Ledersofas, Teppichböden und einer geräuschlosen Klimaanlage. Seine Frau kommt vom Land, sie weiß nicht, wie man ein solches Haus bewohnt, sie weiß nicht, wie man sich als Gastgeberin verhält.

In einer Wolke von goldfarbenen Kissen thronend, versuchte sie krampfhaft ein Gespräch in Gang zu halten. Bier war keines im Haus, aber in der Vorratskammer des früheren Bewohners hatte sie offenbar ganze Kisten mit Orangensaft vorgefunden, denn der war im Überfluß vorhanden. Da sie aber nicht wußte, wie man so eine Packung aufmacht, spritzte der Saft auf den Boden. »Glaubst du, die hätte das aufgewischt?« Christine schaudert. »Was meinst du, wie der Teppich in kürzester Zeit aussieht – ich darf gar nicht dran denken.« Später ließ Christine eine Bekannte der Familie wissen, daß sie der Ministersgattin gern mit Rat und Tat zur Seite stehen würde. »Aber die hat getan, als wüßte sie schon alles. Da ist Hopfen und Malz verloren, fürchte ich.«

Ich muß lachen. Die Kinois haben schon das mondäne Leben kritisiert, das Mobutu und Konsorten führten, aber die Rebellen treiben es für ihre Begriffe denn doch zu bunt. Die Art und Weise, wie Kabila seine Antrittsrede abgelesen hat, mit der Hand in der Hosentasche – das sollte er sich schleunigst abgewöhnen. Und hätte ihm nicht jemand sagen können, daß man bei der Vereidigung die Hand hebt? Kürzlich hat er sich im Fernsehen mit dem Handrücken den Schweiß von der Stirn gewischt – so etwas tut ein Präsident doch nicht! Und wie er sich manchmal kleidet: Neulich ist er in einer weißen Hose mit dem Hemd lose darüber aus dem Flugzeug gestiegen; es sah aus wie ein Schlafanzug! Und diese Latschen – als ob er die Gicht hätte! Er muß sich unbedingt einen Couturier zulegen. Und so lässig, wie er die Flugzeug-Gangway herunterkommt – selbst Kinder mokieren sich darüber. Nein, dann doch lieber Mobutu, der wußte wenigstens, wie man sich präsentiert!

Christine selbst darf alles sagen, sie darf einen von Kabilas minderbemittelten Mitarbeitern einen Neandertaler nennen, aber wehe, wenn Guido oder ich …

Wir sitzen zu dritt vor dem Fernseher, als Kabilas Cousin Kakudji – von dem das Gerücht geht, er sei in Belgien Tellerwäscher gewesen – erklärt, die Macht im Land verteile sich folgendermaßen: An der Spitze stehe der Präsident, dann komme die AFDL und ganz zum Schluß die Regierung.

»Hört, hört, der Tellerwäscher hat gesprochen«, sage ich.

»Laß meinen Bruder in Ruhe!« braust Christine auf.

»Na ja, also, was er da sagt, klingt auch nicht anders als das, was Mobutu …«, beginnt Guido.

»Du immer mit deinen Mobutu-Vergleichen! Wer hat denn Mobutu all die Jahre im Sattel gehalten? Ihr Westler!«

»Aber Christine«, protestiere ich, »wenn Kakudji etwas falsch macht, dann dürfen wir das doch sagen.«

Ihre Augen sprühen Funken. »Ach, du und dein Bruder!« Denn in solchen Momenten sind Guido und ich plötzlich Verwandte, als würden unsere Ansichten dadurch bestimmt, daß wir Belgier sind.

Ich verstehe sie nicht. Sie ist so weltläufig, sie ist weit gereist, sie erfaßt schnell, worum es in einer anderen Kultur geht. Sie hat in Belgien gelebt, spricht Französisch, Englisch und sogar etwas Flämisch. Oft bringt sie mich zum Lachen. Sie durchschaut Menschen schon nach einer einzigen Begegnung und kann sie herrlich nachahmen.

»Du machst dich kleiner, als du bist«, sage ich. »Du bist so viel mehr als eine Katangerin.«

»Ach, was weißt du schon von Katanga.«

Anfangs kabbeln wir uns munter drauflos, und für mich ist es fast ein Spiel, aber mit der Zeit werden unsere Meinungsverschiedenheiten schärfer, unsere Diskussionen mühsamer. Immer wieder stoße ich an eine verschlossene Tür, hinter der ihr katangischer Luftschutzkeller zu liegen scheint. Was verbirgt sie dort, wovor versteckt sie sich? Ich komme nicht dahinter. Kabila ist ihr Präsident, so scheint es. Ihre Mannschaft hat gewonnen, und sie muß alles tun, damit es so bleibt. Denn wie eine Freundin von ihr sagt: »Wenn die Katanger nicht aufpassen, laufen sie Gefahr, die Macht wieder zu verlieren. Aber wieso haben sie die Macht überhaupt?«

Unsere Zusammenstöße tun mir hinterher jedesmal leid, aber am nächsten Morgen laufen wir im Flur schmollend aneinander vorbei, und es kann Tage dauern, bis die dunklen Wolken sich verziehen. Ich nehme mir vor, nicht mehr über Politik zu reden, aber wie soll das in dieser Stadt gehen? Auf CNN sehen wir Oppositionsführer Tshisekedi, den großen Verlierer dieses Krieges, der vom lokalen Fernsehen totgeschwiegen wird. Seit einigen Tagen steht er unter Hausarrest. Vor seinem Haus haben sich Sympathisanten versammelt, und er streckt den Kopf aus der Tür, ruft, daß er gegen die Diktatur sei, und macht das Victory-Zeichen. »Gut, daß der ausgeschaltet worden ist«, schnaubt Christine.

»Wieso?«

»Du kennst die Luba nicht. Die reißen immer die Macht an sich.«

»Das sagst du von den Tutsi auch.«

»Ja, die machen's genauso.«

Wenig später organisieren die Katanger eine Demonstration gegen Tshisekedi, die des langen und breiten im Fernsehen gezeigt wird. Verwundert schaue ich zu. Zu meiner Zeit war Mobutu noch der *unificateur*, der Mann, der die Zaïrer zu einem einzigen Volk geeint hat; erst später hat er seine gefährlichsten Gegner, die Katanger und die Kasaier, gegeneinander aufgehetzt – nicht ohne Erfolg, wie es scheint.

»Ich versteh nicht, daß Kabila das zuläßt«, sage ich. »Demonstrationen sind doch verboten. Das ist reine Provokation.«

»Provokation! Und was glaubst du, was die Luba in Lubumbashi gemacht haben, nachdem Tshisekedi dort von der Nationalkonferenz zum Ministerpräsidenten gewählt worden war?«

»Was denn?«

»In der Cité haben sie Hunden Halstücher mit den Namen katangischer Politiker umgebunden. Mitten in der Nacht sind sie laut hupend mit Autos herumgefahren, sie haben Zucker und Bier auf die Straße geschüttet, zum Zeichen, daß für sie eine Zeit des Überflusses angebrochen ist. ›Jetzt sind wir dran!‹ haben sie geschrien. Damals kamen Luba in meinen Laden und haben gesagt: ›Jetzt müssen alle Zaïrer Tshiluba lernen.‹«

»Genau das gleiche hat ein Katanger mit einer Ngbandi-Nachbarin gemacht, als Kabilas Soldaten in die Stadt kamen. Er hat an ihre Tür gehämmert und geschrien, die Leute aus der Äquatorprovinz würden demnächst nicht mehr so ruhig schlafen, jetzt sei seine Zeit gekommen.«

»Sie wird's nicht anders verdient haben.«

»Aber das ist doch kein Grund, es ihr mit gleicher Münze heimzuzahlen!«

Von da an nennt Christine mich eine Luba, weil ich die Luba unbedingt in Schutz nehmen müsse, aber auch, weil ich genauso eine große Klappe hätte wie sie. Ich freue mich insgeheim darüber und bin dankbar, daß sie mich in die kongolesische Begriffswelt einbezieht. Solange sie nur nicht »du und dein Bruder« sagt oder »ihr Westler«.

Tshisekedi ist kaltgestellt worden, aber sein Stammesbruder Aubert Mukendi ist nach vier Tagen des Wartens im Hotel Inter endlich zu Kabila durchgedrungen und zum Kabinettschef ernannt worden. Er geht nicht mehr selbst ans Telefon, aber ich kann wie seine Verwandten ohne jedes Protokoll seine Suite betreten.

Eines Sonntag morgens treffe ich ihn, auf dem Bett sitzend, an, mit schmutzigem Kragen, der Aschenbecher auf dem Nachttisch voller Kippen. Schon um sechs hat man ihn geweckt, er hatte nicht einmal Zeit, sich zu waschen, geschweige denn zu frühstücken. Juliana Lumumba kommt vorbei, um ihm zu sagen, daß es höchste Zeit ist für die Vorbereitung der Feiern zum dreißigsten Juni, dem Tag der Unabhängigkeit. Ein ehemaliger Mobutist will wissen, warum er das Land nicht verlassen darf, und im Vorzimmer werden die Wartenden immer mehr. Sie schauen still vor sich hin, wie bei einer Beerdigung. Im Lauf des Vormittags werden es so viele, daß sie auf den Flur und den Balkon ausweichen müssen.

Die meisten sind Luba – Freunde, Händler, Ex-Botschafter –, die am liebsten von den Schrecken der Mobutu-Ära sprechen, als wollten sie sich damit reinwaschen. Alle wollen etwas von Mukendi: Fürsprache bei diesem oder jenem, einen Posten im Präsidialamt, ein Projekt, das ihren Geschäften wieder auf die Beine hilft. Auf Mukendis Schreibtisch stapeln sich die Bewerbungen. Manche bieten ihm gleich einen Prozentsatz ihres künftigen Einkommens an, wenn er sich für sie verwendet. »Ich bin doch kein Arbeitsamt!« stöhnt er, als sie weg sind. »Ich bin Kabinettschef, ich soll Kabila nachdenken helfen!«

Auf einer Karte Zentralafrikas, in der die alten Königreiche eingezeichnet sind, zeigt er mir, daß das Luba-Reich die größte Ausdehnung innerhalb der Grenzen des heutigen Kongo hatte. Ohne die Luba könne man in diesem Land keine Wahl gewinnen, sagt er, aber Mobutu habe sie gefürchtet und von Anfang an klein gehalten. Damit sei jetzt zum Glück Schluß. Er läßt seine Phantasie schweifen: ein Schiff auf dem Kasai, ein Frachtflugzeug mit Baumaterial für die Diamantenstadt Mbuji Mayi, eine Zugverbindung von Ilebo nach Kinshasa… Es tut gut, ein Weilchen auf diesem Strom mitzuschaukeln und zu vergessen, daß wir uns in einem schwer angeschlagenen Land befinden. Der Kongo wird zum Legoland, Häuschen werden hingestellt, Gleise gebaut, Schiffe tuckern auf Flüssen, überall gibt es Elektrizität. Ich muß an Christine denken, die davon träumt, daß Lubumbashi Hauptstadt des Kongo wird, und frage mich, wovon die Tetela, die Stammesgenossen Lumumbas, wohl träumen.

Am Ende jedes Tages bleibt Mukendi mit seiner immer größer werdenden Verwandtschaft zurück. Aus irgendwelchen Winkeln tauchen Cousins auf, die er noch nie gesehen hat; mit Stammbaum und allem Drum und Dran werden sie ihm vorgestellt. Abends haben sie kein Geld, um nach Hause zu fahren, und Mukendi beginnt in seiner Hosentasche zu kramen. »Die glauben, ich hätte einen eigenen Raum, in dem sich das Geld bis unter die Decke stapelt«, klagt er. So fängt es immer an. Wenn Mobutu in Gbadolite war, strömten die Menschen von nah und fern herbei, und einmal seufzte er: »Ich wußte gar nicht, daß ich so viel Verwandtschaft habe!«

Im Einkaufszentrum Galeries Présidentielles bietet ein junger Mann gebrauchte Damenschuhe aus einer prall gefüllten Plastiktüte zum Kauf an. Er läuft den Sekretärinnen, die zu den Büros in den oberen Etagen wollen, bis zum Lift nach. Es sind Markenschuhe – ob sie aus der geplünderten Villa eines Mobutisten stammen? Oder verkauft er sie im Auftrag einer auf den Hund gekommenen Mobutistin? Alles ist möglich in dieser Stadt, in der die alte Ordnung so gründlich auf den Kopf gestellt worden ist. Frauen, die noch vor wenigen Wochen im neuesten Mercedes-Modell durch die Stadt chauffiert wurden, sieht man jetzt zu Fuß über den Boulevard gehen, und die Schmetterlingssammlungen hinter Glas, die dort verkauft werden, sind aus dem Museum gestohlen. In der Avenue des Trois Z bietet ein fliegender Händler einen Perserteppich an, und auch die Herkunft seines Waffeleisens – neu, noch originalverpackt – ist unschwer zu erraten.

Im Gebäude der Galeries Présidentielles hatte Bondo früher seine Büros. Wenn er, wie immer mit leicht verstörter Miene, im Anmarsch war, liefen seine Leute voraus und blockierten den Aufzug. Er trug tagaus, tagein den *abacost* der Mobutu-Getreuen, eine grellfarbige, glänzende Jacke im Mao-Look. Als junger Mann war er mit einem Fahrrad voller Handelsware über staubige Äquatorpfade von Dorf zu Dorf gefahren. Später führte ihn seine Freundschaft mit dem Präsidenten in eine Welt, in der er sich nicht immer wohl fühlte. Er sah stur geradeaus, wenn er unterwegs war – ein Mann, der beschlossen hatte, seine Unzulänglichkeiten hinter einer stoischen Miene zu verbergen.

Die Reise, auf der ich ihn 1985 begleitet habe, führte uns von Mobutus Gbadolite in Bondos Heimatdorf Yolo. Wir überflogen den tropischen Regenwald, fuhren in Mercedes-Jeeps durch Dörfer ohne Elektrizität und machten Station in Villen, in denen Diener Servierwagen mit Whisky und ausländischen Bieren und Weinen heranrollten. Wir aßen Affen- und Krokodilfleisch mit silbernem Besteck und hörten Lieder, in denen Mobutu besungen wurde.

Auf dieser verrückten Reise konnte ich einen Blick auf das Leben werfen, das die Mobutu-Elite führte. Es war eine dem Untergang geweihte Welt, das war mir schon damals klar. Bondo verdankte seinen Reichtum der *zaïrianisation* – der Zairisierung – von 1973, durch die viel ausländisches Eigentum in die Hände von Mobutu-Vertrauten überging. Der Präsident schenkte ihnen Holzbetriebe, Kaffee- und Kakaoplantagen, und Bondo baute mit ausländischen Entwicklungsgeldern mehrere Fabriken.

Wo immer er hinkam, benahm er sich wie ein Pascha. Auf Spaziergängen ließ er sich von einem Diener einen Sonnenschirm über den Kopf halten und regte sich über die faulen

Schwarzen auf, die untätig vor ihren Hütten saßen. Seine Häuser wurden von einer belgischen Dame verwaltet; vor seiner Ankunft bereitete sie dort alles für ihn vor, und wenn er abreiste, schloß sie sie nach einer genauen Bestandsaufnahme des Inventars wieder ab.

Damals lernte ich Kivilu kennen, Bondos Sekretär und Wirtschaftsberater. Anfangs hielt ich auch ihn für einen Mobutisten, doch dann entpuppte er sich als ein anregender Gesprächspartner, der kein Blatt vor den Mund nahm und sehr genau erklären konnte, wo die Schwachpunkte des Mobutismus lagen. Er hatte früher im Wirtschaftsministerium gearbeitet und eine Untersuchung über die Chancen einer Fabrik durchgeführt, die Bondo in der Äquatorprovinz bauen wollte. Da die Rohstoffe von weither herangeschafft werden mußten, war das Ergebnis der Untersuchung negativ ausgefallen, aber aus politischen Gründen wurde die Fabrik dennoch gebaut. Bondo kam ins Ministerium, um sich zu bedanken, und bot Kivilu eine Stelle an.

Kivilu hatte mich verwirrt: Was machte ein aufgeweckter Wirtschaftswissenschaftler wie er in dieser absurden Welt des Geldes und der Verschwendung? Doch eines Tages vertraute er mir an, daß er von einer Karriere im diplomatischen Dienst träume; in mobutistischen Kreisen verkehrte er nur, um, wie er hoffte, eines Tages ins Ausland entsandt zu werden.

Sobald ich die zentrale Galerie des Gebäudes verlasse, gelange ich in dessen graue Höhlen. Die plündernden Soldaten, die Anfang der neunziger Jahre hier wüteten, haben den Galeries Présidentielles einen Schlag versetzt, von dem sie sich nie wieder erholt haben. Die meisten Läden und Büros stehen leer, hinter schmutzigen Scheiben häuft sich der Unrat.

Die Holztür zu Bondos Büroetage gibt nach. Der Portier im Flur hat den Kopf auf den Tisch gelegt und döst. Ich frage ihn, ob er weiß, wo Kivilu sich aufhält. Ohne aufzusehen, deutet er in den dunklen Gang hinter sich. »Letzte Tür links.« Es riecht nach Feuchtigkeit, der braune Teppich wellt sich, und auch hier kommen die Deckenplatten herunter. Und dann stehe ich wirklich und wahrhaftig vor Kivilu.

»Ich hätte nicht erwartet, dich hier zu finden«, sage ich. »Ich dachte immer, du willst Diplomat werden.«

Kivilu lacht. »Hast du dir unsere Diplomaten in den letzten Jahren mal angeschaut? Unser Botschafter in Polen hat in Warschau unter einer Brücke geschlafen, der in Japan hat das Botschaftsgebäude verkauft, um zu überleben. Da verstehst du sicher, daß meine Ambitionen sich verflüchtigt haben.« Er selbst ist nicht überrascht, mich zu sehen – er wußte, daß ich irgendwann wiederkommen würde.

Er trägt keinen Abacost mehr, hat aber nach wie vor etwas Förmliches an sich, wie es zu dieser Tracht gehört hat. Die zerrissenen, zum Schutz vor der prallen Mittagssonne zugezogenen Gardinen, die vergilbten Aktenstapel auf dem Fensterbrett – man sieht, daß in diesem Raum still und unauffällig gelebt wird. Ich zeige auf die Wand. »Hing da nicht früher ein Bild von Mobutu?« Kivilu folgt meinem Blick. »Das hab ich abgenommen, als Lubumbashi den Rebellen in die Hände fiel.« Die Sekretärin hat ihn gebeten, alle Erinnerungen an Mobutu aus Bondos Zimmer zu entfernen.

»Und was hast du damit gemacht?«

»Verbrannt natürlich.«

»Du arbeitest also immer noch für Bondo?«

»Ja, soweit Arbeit da ist. Jeder kümmert sich um seinen eigenen Kram, Bondo läßt im Moment ein bißchen die Zügel schleifen.« Er hat noch immer mit dieser vermaledeiten Fabrik in der Äquatorprovinz zu tun. Gerade war eine Delegation spanischer Geschäftsleute auf der Suche nach Investitionsmöglichkeiten bei ihm, vielleicht könnten die ...

»Ich hab Bondo im Inter gesehen«, sage ich.

»Und?«

»Er ist abgemagert. Müde sah er aus.«

»Er schläft schlecht. Aber das sind auch bewegte Zeiten für ihn. Er traut sich kaum noch auf die Straße, seit er keine Militäreskorte mehr hat, und die wird er von der AFDL nicht kriegen.« Als die Rebellen bereits in Kenge waren – etwa dreihundert Kilometer von Kinshasa entfernt –, tönte er noch, daß die Soldaten der DSP ihnen eine Lektion erteilen würden. Kurz darauf wurde seine Villa in Gbadolite von derselben DSP geplündert.

»Weißt du, daß die AFDL Bondo vor den Plünderern gerettet und ihn ins Inter gebracht hat?« Sie waren ihm etwas schuldig, denn als Mobutu im Jahr zuvor nach der ruandischen Invasion im Osten eine Haßkampagne gegen die Tutsi startete, schleuste Bondo einen prominenten Tutsi, der Abgeordneter und Mitglied des Zentralkomitees gewesen war, aus dem Land. Seit die Rebellen da sind, hat er regelmäßig Kontakt mit dem Generalsekretär der AFDL. Vor ein paar Tagen sagte der zu ihm: »Bisher haben Sie nur für sich selbst gearbeitet. Jetzt müssen Sie für Ihr Land arbeiten.« »Und was glaubst du, was er mit ›für sich selbst arbeiten‹ gemeint hat?«, fragt Kivilu. »Stehlen natürlich! Denn das hat Bondo immer getan.«

»So hart hast du früher nicht über ihn geurteilt.«

»Seit du das letzte Mal hier warst, ist alles noch viel schlimmer geworden.« Zu Beginn seiner Karriere stand Bondo in ständigem Kontakt mit dem Präsidenten, doch mit der Zeit sahen sie sich seltener. Er bekam nach wie vor Geld von Mobutu, aber seine Geschäfte gingen schlecht, vor allem seit seine Söhne sich darum kümmerten. Sie rieten ihm, den belgischen Leiter einer seiner Holzfirmen zu entlassen, gaben den Export auf – durch den die nötigen Devisen zum Kauf neuer Maschinen beschafft worden waren – und beschränkten sich auf den Binnenmarkt. Von dem Geld, das sie verdienten, gaben sie rauschende Feste im Hotel Inter. Das Materiallager des Betriebs, einst scheinbar unerschöpflich, leerte sich, denn immer wenn Bondos Söhne kamen, ließen sie Ersatzteile verpacken und nach Kinshasa fliegen. Auf diese Weise plünderten sie das Unternehmen innerhalb weniger Jahre restlos aus.

Unterdessen tat ihr Vater, was alle Barone des Regimes taten. Wenn ihm das Haus eines anderen gefiel, beschlagnahmte er es kurzerhand. Er war ein notorisch säumiger Zahler. Wollte ein Weißer, der ein Gutachten für ihn angefertigt hatte, sein Honorar haben, rief Bondo in seinem Beisein den Staatsanwalt an und befahl ihm, den einen oder anderen Ausländer, den er hatte verhaften lassen, noch eine Weile festzuhalten –

worauf der Experte seine finanziellen Forderungen wohlweislich hinunterschluckte und so tat, als sei er zu einer reinen *visite de courtoisie* gekommen, einem Höflichkeitsbesuch. Ein Weißer, gegen den Bondo etwas hatte, mußte binnen vierundzwanzig Stunden seine Sachen packen und das Land verlassen.

Dennoch arbeiteten nach wie vor viele Weiße für ihn, und im Grunde waren sie die einzigen, denen er vertraute. Sie berieten ihn in der Frage, welches Rolls-Royce-Modell er kaufen sollte, an sie wandte er sich, wenn in einem seiner Betriebe zuviel gestohlen wurde. »Wir müssen da jemanden hinsetzen«, sagte er dann, und seine Mitarbeiter wußten genau, daß er damit keinen Schwarzen meinte.

»Bondo steckt voller Komplexe«, sagt Kivilu, »und die hat er damit kompensiert, daß er die Leute bedroht hat. Einschüchterung, das war die Taktik aller Barone des Mobutu-Regimes.« Inzwischen werden seine Besitztümer als *biens mal acquis* bezeichnet, unrechtmäßig erworbene Güter. Er hat immense Schulden beim Staat, weil er Kredite von Entwicklungsbanken für Mercedeswagen und andere Luxusgüter verwendet hat. Auch seine privaten Gläubiger fühlen sich jetzt stark und strengen einen Prozeß nach dem anderen gegen ihn an. Ein Architekt, dem er dreitausend Dollar schuldet, hat Anzeige gegen ihn erstattet; Kivilu hat ihn zur Staatsanwaltschaft begleitet. Bondo beim Staatsanwalt, und zwar vorgeladen – wer hätte das je zu träumen gewagt!

Ein paar Tage später rief Bondo den Manager einer Ölgesellschaft an, um einen Termin zu vereinbaren. Der Mann war kurz angebunden. Kannte er Bondo und wollte ihm eine Lektion erteilen, oder wußte er nicht, mit wem er es zu tun hatte? Früher hätte Bondo in drohendem Ton gesagt: »Sie wissen wohl nicht, wenn Sie vor sich haben!« Das braucht er jetzt gar nicht erst zu versuchen. Der Mann empfahl ihm, einen Brief zu schreiben. Bondo und einen Brief schreiben!

In Bondos Haus im Nobelviertel Mont Fleuri wohnt jetzt ein Oberst der AFDL, was Kivilu in Ordnung findet, denn eigentlich gehört das Haus dem Staat. Bondo versucht mit allen Mitteln, die Villa zurückzubekommen, aber Kivilu sagt ihm, das kann er vergessen. Er würde sich dort auch nicht mehr sicher fühlen, denn auf dem ganzen Hügel wohnen jetzt AFDL-Leute. Kivilu rät ihm, sein Verhalten zu ändern, keine Bestechungsversuche mehr zu unternehmen. »Im Einzelfall mag er damit Erfolg haben – jedes Regime hat seine Schwachstellen –, aber dieses Regime ist anders als das vorige, man wird ihn bestrafen, wenn man ihm auf die Schliche kommt.«

Ein junger Mann mit einer modischen Brille kommt herein, reicht Kivilu eine Mappe und bittet ihn, sie seinem Vater zu geben. Kivilu macht eine abwehrende Geste. »Gib sie ihm lieber selbst.« Als der Mann wieder draußen ist, sagt er: »Das war ein Sohn von Bondo. Er hat seinen Vater jahrelang bestohlen, und jetzt muß er ihm Rechenschaft ablegen.« Er weiß, was die Mappe enthält: Besitzurkunden von Häusern, die Bondos Sohn an sich gebracht hat.

Kivilu ist aufgestanden. »Fahren wir ein Stück?«

»Wohin?«

»Einfach so, aus der Stadt raus, das geht ja jetzt wieder.«

Auf dem Flur begegnen wir einem anderen Mitarbeiter Bondos. Wir unterhalten uns eine Weile und lassen die Ereignisse der letzten Wochen Revue passieren. Weder er noch Kivilu wundern sich darüber, auf welche Weise die Neuen versuchen, die Kinois ihrem Willen zu unterwerfen. »Wir dachten, die Abrechnung würde gewalttätiger ausfallen«, sagt der Mitarbeiter, »wir selbst wären mit mehr Härte vorgegangen.« Zum ersten Mal bekomme ich mit, daß Fehler des neuen Regimes bagatellisiert werden – und das unter Mobutisten! Hängt das damit zusammen, daß sie das System von innen kannten, daß sie wissen, wie sich die Elite an ihre Privilegien geklammert hat, haben sie erwartet, daß man ihr diese Privilegien ebenso rabiat entreißen würde? Auch ihr Optimismus, was die Absichten der Neuen anbelangt, erstaunt mich. Sie scheinen sie bereits akzeptiert zu haben, egal, was kommt.

Über Limete fahren wir in Kivilus kleinem Auto aus der Stadt hinaus. Am Morgen waren Dutzende von Männern auf dem breiten Grünstreifen zwischen Guidos Haus und dem

Boulevard an der Arbeit. Ich dachte, sie jäten Unkraut zwischen den Gemüsepflanzen, Papayabäumen und Bananenstauden der kleinen Gärten, aber jetzt sehe ich, daß sie die Obstbäume umgehauen, den Mais gekappt und das hohe Gras auf dem Mittelstreifen gestutzt haben. Über dem Boulevard, wo es normalerweise nur nach Auspuffgasen stinkt, hängt der würzige Duft frisch geschlagenen Holzes.

»Weiter vorn ist es noch kahler«, sagt Kivilu. »Kabilas Eskorten wollen freie Sicht haben, wenn sie ihren Chef zum Flughafen begleiten. Das ist ein alter Rebellenreflex – wer aus dem Wald kommt, hat Angst, irgendwann aus dem Wald bedroht zu werden. Die Roten Khmer in Phnom Penh haben es anscheinend genauso gemacht.« Anderswo in der Stadt haben Kadogos die Straßen, in denen hohe AFDL-Funktionäre wohnen, mit Ästen und leeren Bierkästen abgesperrt. In schattigen Wohnvierteln leben die Soldaten zum Teil wie im Busch. Kleine Freilichtmuseen sind dort entstanden, die den Kinois unbeabsichtigt demonstrieren, was für ein Leben die Rebellen in den letzten Monaten geführt haben.

Kivilu fühlt sich zum ersten Mal seit langem wieder sicher in Kinshasa. Durch manche Straßen hat er aus Angst vor einer Autopanne gar nicht mehr zu fahren gewagt, denn dann schlugen Mobutus Soldaten zu. Aber er hatte wenigstens ein Auto; der kleine Mann in der Cité war ihnen schutzlos ausgeliefert. Kaufte sich jemand in einem Laden ein kleines Radio, warteten vor der Tür schon Soldaten, die es ihm auf der Stelle abnahmen. Sie ließen sich nicht einmal die Papiere ihrer Opfer zeigen, sondern räumten ohne viel Federlesens ihre Taschen aus. Hatte man dummerweise Geld bei sich, wollten sie einen Beleg darüber sehen – es konnte ja gestohlen sein –, und steckten es dann in die eigene Tasche.

»Weißt du, daß ich sogar meine Waffen abgeliefert habe?«

»Waffen? Wozu hast du Waffen gebraucht?«

»Oh, ich hatte eine Pistole und eine Kalaschnikow. Zum Schutz vor Dieben.«

Wie Zizi hat auch Kivilu das Bedürfnis, über Mobutu zu sprechen, wie ich im Weiterfahren merke, ein Bedürfnis, den großen Mann, der so plötzlich verschwunden ist, in die richtige Perspektive zu rücken. 1969 ist er ihm zum ersten Mal begegnet, als der Präsident die Universität von Lubumbashi besuchte, an der Kivilu damals Volkswirtschaft studierte. Die Organisatoren holten Mobutu vom Flughafen ab, und er stieg kurzerhand in den Studentenbus und übergab Kivilu als Schatzmeister einen Scheck für den Bau mehrerer Universitätsgebäude. Er hatte gerade an einer afrikanischen Gipfelkonferenz in Äthiopien teilgenommen, und auf dem Empfang erzählte er, daß er verspätet zu der Eröffnungsveranstaltung gekommen sei. Als er den Saal betreten habe, sei alles aufgesprungen und habe ihm stehende Ovationen bereitet. Haile Selassie, Nyerere – während er unter rauschendem Beifall durch den Mittelgang nach vorn schritt, wußte er die Blicke der Großen Afrikas auf sich gerichtet. »In diesem Moment«, sagte er, »spürte ich, daß der Geruch des Führers von mir ausging.«

Nach seinem Staatsstreich 1965 hatte Mobutu immer wieder erklärt, er wolle nur fünf Jahre an der Macht bleiben, aber an diesem Abend sagte Kivilu zu seinen Freunden: »Der bleibt länger, der ist auf den Geschmack gekommen.« Später begegnete er dem Präsidenten regelmäßig. Einmal kam Mobutu einfach in Bondos Haus in Gbadolite hereingeschneit, worauf Bondo erschrocken in sein Zimmer flüchtete. »Er zieht sich gerade an«, sagte Kivilu. »Ach – war er denn nackt?« scherzte der Präsident. Als Bondo geschniegelt und gebügelt wieder zum Vorschein kam, hielt Mobutu ihm vor, daß er kein guter Nachbar sei, weil er sich so förmlich benehme. Kivilu fragte den Präsidenten, was er trinken wolle. »Das weiß mein Oberst«, sagte Mobutu. Der Oberst brachte ihm eine Kalebasse mit einem braunen Getränk. »Wahrscheinlich ein Aphrodisiakum«, sagt Kivilu. »Das haben chinesische Spezialisten für ihn hergestellt.« Mobutu betrank sich und sagte, er werde später versuchen, heimlich durch die Himmelspforte zu schlüpfen, aber wahrscheinlich werde Petrus ihn am Kragen packen und sagen: »Du da, Moment mal, du hast ein *dossier très lourd* – du hast einiges auf dem Kerbholz.«

»Mit der Zeit wollte Mobutu nur noch eins: an der Macht bleiben«, sagt Kivilu, »und dem hatte sich alles unterzuordnen. Es kam vor, daß er seine Minister in aller Öffentlichkeit schlug, und da sie von ihm abhängig waren, haben sie sich nicht gewehrt.« Die westafrikanischen Marabuts, die Mobutu berieten und ihm Fetische besorgten, logierten gewöhnlich bei Bondo, der die Gelegenheit nutzte und sie ebenfalls konsultierte.

»Kam Bondo überhaupt noch manchmal nach Yolo?«

»Immer seltener – die Straße war zu schlecht. Aber er hatte angefangen, einen Flugplatz zu bauen.« Kivilu sieht mich von der Seite an und lacht. »Statt die Straßen instand zu setzen, schafften sich die Mobutisten Jeeps an, und wenn sie auch damit nicht mehr durchkamen, bauten sie Landepisten. Hubschrauber waren der letzte Schrei; über kurz oder lang hätte jeder Mobutist, der etwas auf sich hielt, einen Hubschrauber gehabt!«

1988 flog Kivilu in Bondos Gefolge nach Europa, um den Geburtstag von Mobutus Frau Bobi und ihrer Zwillingsschwester Kossia zu feiern, mit der Mobutu ebenfalls ein Verhältnis hatte. Kossia feierte in Portugal, Bobi und Mobutu in seiner Residenz an der Côte d'Azur. Hubschrauber flogen Gäste und Bands zwischen den beiden Festen hin und her. Um die gleiche Zeit ersuchte Mobutu Frankreich um Unterstützung und bekam sie auch, obwohl die Franzosen genau wußten, wohin das Geld floß, denn sie sind alle auf dem Fest erschienen.«

Wir haben den Flughafen N'Djili passiert und befinden uns jetzt auf einer leeren Schnellstraße. Am Rand steht ein Auto mit zerschossenen Reifen und einem Schild an der Windschutzscheibe: *A vendre. Voir Mobutu* – zu verkaufen. Bei Mobutu melden. Ich sehe mich ängstlich um. »Weißt du genau, daß wir hier sicher sind?« Kivilu grinst. »Ja, nur die anderen wissen's noch nicht.« Das einzige andere Auto, das wir sehen, hat eine Panne. Der Fahrer schwenkt die Arme und ruft »*Au secours* – Hilfe!«, aber Kivilu traut ihm nicht und fährt weiter. Einmal ist er auf dieser Straße von einem anderen Auto abgedrängt worden. Vier bewaffnete Männer in Zivil sprangen heraus. Kivilu stieg aus, tat so, als würde er ihre Revolver nicht sehen, und schnauzte sie an, sie könnten doch nicht einfach in ihn hineinfahren. »Wieso nicht? Wie heißt du?« Er nannte einen bekannten Namen aus der Äquatorprovinz, worauf die Männer zurückwichen und sich entschuldigten. »Damals wollte jeder aus der Äquatorprovinz kommen, heute will das niemand mehr.«

Weiter vorn steht ein gepanzertes Fahrzeug auf dem Mittelstreifen. Eine klägliche weiße Fahne flattert an der Seite. Der Kommandant muß von den Rebellen aus der Kuppel geschossen worden sein. Kivilu verlangsamt die Fahrt. »Davon hatte ich gehört«, sagt er. »Ich wollte es nicht glauben, ich wollte es selbst sehen.« Nachdem wir das Fahrzeug passiert haben, wendet er und fährt in die Stadt zurück.

»Aus dem Gröbsten sind wir raus«, sagt er erleichtert. »Wie es weitergeht, werden wir sehen.«

»Wie verhalten sich die Leute eigentlich dir gegenüber, jetzt, wo alles vorbei ist? Du hast ja immerhin dazu beigetragen, Mobutus Herrschaft aufrechtzuerhalten.«

Kivilu erstarrt, faßt sich aber gleich wieder. »Jeder weiß, daß man als Volkswirt nur bei den Herrschenden Arbeit finden konnte, die hatten ja alles in der Hand.« Einen Moment lang scheint er seinen Worten nachzulauschen, dann sagt er bestimmt: »Nein, ich glaube nicht, daß man mir das ankreidet. Außerdem war ich nicht der einzige.«

Gegen Abend besuchen wir Bondo im Hotel Inter. Er wohnt drei Stockwerke über Mukendi. In der Kochnische bereitet ein Diener das Essen, Schulhefte der Enkelkinder liegen im Zimmer herum, und auf dem Sofa telefoniert einer von Bondos Söhnen und zappt dabei durch die Fernsehprogramme, während seine Mutter ihm die Füße massiert. Bondo selbst sitzt am Tisch, genauso niedergeschlagen wie der pensionierte General, den ich in Brazzaville kennengelernt habe. Die Situation sei schrecklich, sagt er. »Vor allem die Plünderungen. Alle unsere Kleider haben sie uns gestohlen! Die Minister machen, was sie wollen, es gibt nicht einmal mehr ein Parlament, das sie kontrolliert.« Gequält sieht er mich an. »Können denn die Vereinten Nationen nicht eingreifen?« Ausgerechnet er spricht von einem Parlament! Und von Plünderungen – als hätte es die zu Mobutus Zeiten nicht gegeben. Aber da hatte er noch seine Leibwächter. Er versteht nicht, was passiert ist, aus seiner Sicht haben ihm seine Privilegien rechtmäßig zugestanden, und er ist der Bestohlene. »Ich bin bereit, der AFDL mit Rat und Tat zur Seite zu stehen«, sagt er. »Die werden Leute mit Erfahrung brauchen.«

Mama Bondo setzt sich zu uns. Ihre Augen liegen tief in den Höhlen. Sie will nach Hause, sagt sie mit dünner Stimme, seit ihrem überstürzten Aufbruch aus Mont Fleuri hat sie keinen Fuß mehr vor die Tür gesetzt.

Das Telecel klingelt. Bondo hört zu, runzelt die Stirn. »*Je suis en réunion* – ich bin in einer Besprechung«, sagt er barsch und unterbricht die Verbindung. Danach hat er Mühe, zu seinem Jammerton zurückzufinden.

Später stehen Kivilu und ich uns im Lift schweigend gegenüber. »Bondo sollte das alles nicht so persönlich nehmen«, seufzt er auf dem Weg zum Parkplatz. »Da ist ohne sein Zutun eine Bewegung in Gang gekommen, die einfach nicht mehr aufzuhalten ist, das müßte er sich klarmachen. Aber er ist ein richtiger Dinosaurier, und genau darin unterscheiden sich Dinosaurier von anderen Tieren: Sie ändern sich nicht, sie können sich nicht an neue Bedingungen anpassen.«

Ich finde Kis nicht. Jeder, mit dem ich über ihn rede, macht ein besorgtes Gesicht. »Kis? Nein, den sieht man in letzter Zeit nicht mehr oft...« Man schaut mich forschend an: »Hast du gehört...?« »Ja, ja«, sage ich, »sogar in Europa wissen wir, daß er sich ganz aufs Beten verlegt hat.« Die Zeitung, für die er damals seine vielbeachtete Kolumne *Les commérages de Kis* – Kis' Klatschspalte – geschrieben hat, existiert nicht mehr. Das letzte, was jemand von ihm gelesen hat, war ein religiöses Blättchen, das er in eigener Regie herausgegeben und auch allein verfaßt hat. Zizi sieht ihn gelegentlich, weiß aber nicht, wo er wohnt, seit er von seiner Frau geschieden ist. Manchmal kommt er mit Fragen zu Bibeltexten bei ihm vorbei. Erst wenn er wieder geht, merkt Zizi, daß sie die ganze Zeit über Gott geredet haben und er gar nicht versucht hat herauszufinden, wie es um Kis selbst steht. Dabei sieht man ihm an, daß es ihm nicht gutgeht.

»Ich mache mir Sorgen um ihn«, sagt Zizi eines Tages zu mir. »Kis hatte immer einen Hang zum Marginalen, zu allem, was nicht im Gleichgewicht ist. Deshalb war seine Kolumne über den Bauch von Kinshasa auch so erfolgreich: Man hat gespürt, daß er nicht besser dran war als die Menschen, über die er schrieb. Er ist hochsensibel, aber im Moment ist das gefährlich. Es ist, als wäre eine Feder gesprungen, er steht mit dem Rücken zur Wand und schreit es heraus: Alles muß anders werden, und zwar sofort. Die Religion ist wie eine Droge für ihn, er denkt, Beten genügt. Man muß beten und arbeiten, sage ich immer zu ihm, wie die Mönche im Mittelalter, man darf die Politik nicht den Lumpen überlassen.«

Ich suche weiter, denn Kinshasa ohne Kis ist nicht Kinshasa. Mit ihm saßen wir früher bis tief in die Nacht in den Straßencafés von Matonge, mit ihm besuchte ich Künstler, die in seiner Schuld standen, weil er einen lobenden Artikel über sie geschrieben hatte. Manchmal war das Opfer nicht zu Hause, und Kis führte mich in seinem Atelier herum. Ich schämte mich für ihn, besonders wenn der Künstler da war, kein Geld hatte und uns bat, ein andermal wiederzukommen. Aber Kis focht das nicht an: Sie wüßten ja, worauf sie sich einließen, wenn er mit dem Vorschlag an sie herantrete, über sie zu schreiben.

Im französischen Kulturzentrum, wo wir uns damals oft getroffen haben, hinterlasse ich eine Nachricht für ihn und bekomme als Antwort mehrere Briefchen voller kryptischer Bibelstellen. Schließlich verabreden wir uns in dem Haus, in dem sein Vater mit seiner soundsovielten Frau und einem Stall voll Kinder wohnt. Kis wartet draußen auf mich, eine Bibel unterm Arm. Er komme nur zum Schlafen hierher, sagt er, als er eilig ins Auto steigt, der Höllenspektakel, den seine Familie tagsüber mache, treibe ihn zum Wahnsinn. Morgens um sechs verläßt er das Haus und beginnt seine Pilgerfahrt durch die Stadt. Als erstes begibt er sich nach Victoire, um die Schlagzeilen der Zeitungen zu lesen, die auf der Straße zum Verkauf ausliegen. Seine *revue de presse* nennt er das, seine Presseschau. Und er ist nicht der einzige, der es so macht; es gibt genug Kinois, die kein Geld haben, um sich eine Zeitung zu kaufen. Sie geben zu allem, was sie lesen, ihre Kommentare ab und erzählen, was sie sonst noch so alles wissen. Der Zeitungsverkäufer ist zufrieden: Ein kleiner Auflauf entsteht, das lockt Kunden an. Wenn Kis fertig ist, weiß er genau Bescheid über die Stimmung in der Stadt. Dann ist es Zeit, zu den *parlementaires debout* zu gehen, einer Art Speaker's Corner, wo hitzige Debatten über die jüngsten politischen Entwicklungen geführt werden. »Gott wacht über mich«, sagt er. »Meistens gehe ich ohne Geld und ohne etwas zu essen aus dem Haus, aber ich finde immer jemanden, der mich im Auto mitnimmt, der mir eine Mahlzeit und sogar ein Bier spendiert. Du siehst ja, heute hat Gott dich geschickt.«

»Schmal bist du geworden«, sage ich. »Auf der Straße hätte ich dich nicht wiedererkannt.«

»Gott hat mich gereinigt. Ich hatte zwanzig Kilo zuviel drauf, Fett vom Unglauben, von dem schlechten Geld, das ich verdient habe.« Er spricht mit schallender, exaltierter Stimme, als hörten nicht nur José und ich zu, sondern eine ganze Kirche voller Menschen. Nach zehn Minuten bin ich fix und fertig, und ich merke, daß auch José nervös hinterm Steuer sitzt. Dabei muß er höllisch aufpassen, denn wir sind in den verkehrsreichen Boulevard des dreißigsten Juni eingebogen, auf dem die Soldaten der AFDL Auto fahren lernen. Manchmal bremsen sie so abrupt, daß er beinahe in sie hineinfährt. Und wehe, wenn das tatsächlich passiert – als Zivilist ist man immer schuld.

Die Kinois mögen diese Soldaten nicht, tönt Kis, in den Bars bezahlen sie nicht, dem Barkeeper sagen sie, er soll die Rechnung an Kabila schicken. »Die AFDL-Soldaten stinken nach Blut«, sagt er. »Sie haben das Leben banalisiert, sie töten an jeder Straßenecke. Gott wird sie strafen, denn Gott ist gerecht. Ich habe das alles vorhergesagt, niemand wollte mir glauben, aber jetzt ist es genau so gekommen. Und es ist noch nicht vorbei: Gott verfolgt Mobutu bis nach Marokko, der macht es nicht mehr lange, das sag ich dir. Und auf Kabila wartet das gleiche Schicksal.«

»Schrei nicht so, Kis, sonst fährt José noch irgendwo rein.«

»Sorry, ich hab ein Megaphon in der Lunge. Aber keine Angst, der Herr ist mein Leibwächter, in meiner Nähe kann euch nichts passieren.« Einen Moment lang ist er still, dann beginnt er zur Abwechslung mit den Fingern gegen meine Rückenlehne zu trommeln. José und ich wechseln einen Blick. »Mit dem darfst du dich nicht auf den Markt stellen«, sagt er später, »der wird sofort verhaftet.«

Zizi hat mich gewarnt: Aus unserem Kolumnisten ist ein Pfarrer mit Paulus-Syndrom geworden: Er muß predigen, er kann nicht anders. Ich war auf das Schlimmste gefaßt, aber es ist noch schlimmer. Kis trägt ein schmutzstarrendes geblümtes Synthetik-Hemd, und er schwitzt schrecklich. Das Weiße seiner Augen ist gelb; er sieht aus, als stünde er unter Drogen.

»Wollen wir kurz bei Zizi vorbeischauen?« Zizis Segen für diesen Tag können wir gut gebrauchen, wie mir scheint.

Kaum haben wir Zizis Zimmer betreten, verstummt Kis. Zizi ist für ihn eine Autorität auf religiösem Gebiet, wie mir Zizi später sagt, in seiner Gegenwart wagt Kis nicht draufloszuschwadronieren. Er steht am Fenster und schaut hinaus, wie ein Kind, das darauf wartet, daß die Erwachsenen ihr Gespräch beenden. Zizi begleitet uns zum Ausgang und zwinkert mir zu. »Nicht zu viele Prophezeiungen heute, ja, Kis?« Aber er stößt auf taube Ohren.

Es ist schwierig herauszufinden, was genau mit Kis passiert ist, er ist nicht sehr freigebig mit Berichten über seine Vergangenheit. 1989 hat er nach der Lektüre eines religiösen Buches das Licht gesehen. Im selben Jahr hat ihn seine Frau verlassen und die beiden Kinder mitgenommen. »Aber das ist ein anderes *dossier* – ein Kapitel für sich –, darüber müssen wir mal extra reden.«

Während er spricht, dirigiert er José geschickt zu einer lärmenden *nganda* – einer Bar – in der Cité. Er scheint öfter hier zu sein, denn er weiß genau, was auf der Speisekarte steht, welches Bier ausgeschenkt wird und was alles kostet. An einem wackligen Campingtisch sitzt er mir gegenüber und vertilgt binnen kürzester Zeit beeindruckende Mengen. Er muß Hunger gehabt haben, und Durst hat er auch. Zum Glück trinkt er noch, außer spät abends, da verbietet es seine Religion. »Welche Religion?« frage ich. »Ach, eigentlich gehöre ich nirgends dazu, ich stelle meine eigenen Regeln auf.« Zizi hatte also recht, als er sagte: »Kis? Der braucht keine Kirche, der kommuniziert mit Gott persönlich, per Telecel!«

»Manchmal gehe ich in eine Kirche in deiner Gegend«, vertraut er mir an. Er meint einen von einer Mauer umgebenen Hangar mit Holzbänken, den Sitz des Centre des Miracles, das ganz Limete auf den Kopf stellt. Der Pfarrer brüllt, die Gläubigen fallen während der Zehn Gebote in Ohnmacht, sie machen Reisen ins Paradies und kommen mit den unwahrscheinlichsten Geschichten zurück. Die ganze Stadt steht im Bann dieser Sekten und Gebetsgemeinschaften, die in der Spätphase der Mobutu-Ära aufgeblüht sind. Die Leute sind überzeugt, den Satan Mobutu in die Flucht geschlagen zu haben, und nehmen es Kabila übel, daß er in seinen Reden nichts davon erwähnt.

»Ich gebe Kabila noch drei Monate«, sagt Kis.

»Und dann?«

»Dann ergreift er die Flucht, und ich werde Ministerpräsident.«

Ich weiß nicht, ob er es ernst meint, denn er hat noch wie früher dieses intelligente Funkeln in den Augen – vielleicht nimmt er mich auf den Arm. Auch sein Interesse für profane Musik hat er nicht verloren. In seine Reden streut er abwechselnd Song- und Bibeltexte ein. »Hör zu«, sagt er. Die sinnliche Stimme von Koffi Olomidé erklingt zwischen den Campingtischen.

Wir leben wie in der Hölle,
Wir brennen,
Doch wir verbrennen nicht.

»So war es hier«, sagt Kis. »Es war unerträglich, aber wir haben's überlebt. Hätte ich die Bibel nicht gehabt, ich hätte einen Bombenanschlag verübt.« Dann springt er wieder auf seine Rednertribüne. »Aber Kabila soll bloß nicht glauben, er hat das Recht, alle Kongolesen wieder in den Dschungel zu schicken, nur weil er Mobutu vertrieben hat!«

Er redet so laut, daß die Leute an den Tischen ringsum herschauen, neugierig, aber auch etwas beunruhigt, als wollten sie uns warnen – bei den vielen Neuen in der Stadt weiß man nie, wer mithört. Kis merkt nichts, er orakelt unverdrossen weiter. »Nichts hat sich verändert. Kabila hat Petrus ausgezogen, um Paulus anzuziehen. Wir stecken noch mitten im Mobutismus, nur daß Mobutu nicht mehr da ist.«

»Schrei nicht so«, flehe ich ihn an, »willst du, daß man dich verhaftet? Und mich dazu?«

»Ich habe vor nichts Angst. Hab ich dir nicht gesagt, daß Gott über mich wacht? Er hat mich beschützt, wenn ich Mobutu angegriffen habe, er wird mich auch vor Kabila beschützen.«

Zizi lacht, als ich ihm später davon erzähle. Kis werde in Ruhe gelassen, meint er, weil er keine politische Macht habe und somit ungefährlich sei. Als man Stalin einmal sagte, daß der Papst nicht mit ihm einverstanden sei, zuckte er nur die Schultern und sagte: »Der Papst – wie viele Divisionen hat der?«

Nach einer Weile gebe ich meinen Protest auf. Ich freue mich, Kis wiederzusehen, aber es ist, als wäre ich mit seinem Bruder unterwegs – ich kann nur versuchen, das Beste daraus zu machen.

»Siehst du Riva noch manchmal?«

»Riva? Ja, sicher.«

»Wohnt er noch in derselben Gegend? Meinst du, du würdest sein Haus wiederfinden?«

Die Straßen in Matonge werden immer schmaler, wir passieren die Nganda Température 40, und dort, unter einem Baum gegenüber einem Haus mit sauber gefegtem Hof, sitzt Riva, genau wie vor elf Jahren, und unterhält sich mit Freunden. Er holt noch Stühle, läßt Bier bringen, und schon sitzen wir wieder wie früher zusammen.

Riva hat eine kleine Werbeagentur im Hotel Inter, aber mit seinem letzten prestigeträchtigen Auftrag, einem Werbespot für die Firma Telecel, ist er wegen des Krieges kläglich gescheitert. In allen Provinzen hatten sie Leute gefilmt: einen Mann beim Diamantensortieren in Mbuji Mayi, einen Bauern bei der Feldarbeit in Kivu, einen Ingenieur in den Minen von Katanga. Alle riefen in Kinshasa an und sagten: »Hier läuft alles bestens!« Als der Spot fast fertig war, befand sich Mbuji Mayi in den Händen der Rebellen, und die munteren Telefonate hatten einen subversiven Unterton angenommen.

Ich hatte gehofft, Riva würde Kis' apokalyptische Sicht der Dinge etwas dämpfen, aber wie sich herausstellt, sind sich die beiden, was die Neuen betrifft, rührend einig. Riva hat während der Befreiung ein Fernsehteam des französischen Senders Canal+ herumgeführt, er hatte überall die Nase vorn. »Mobutu-Soldaten haben mir einmal meine Armbanduhr, meine goldene Kette und mein ganzes Geld abgenommen«, sagt er, »aber wenn man sie angeschnauzt hat, bekam man manchmal wieder etwas zurück. Aber die Soldaten jetzt ... die Selbstverständlichkeit, mit der sie Leute erschießen ... man merkt, daß sie schon früher getötet haben, das machen die mit links.«

Kis sieht mich triumphierend an: »Was hab ich dir gesagt? Die stinken nach Blut! Da hörst du's!«

»Sie nennen sich Befreier«, sagt Riva, »aber wovon haben sie uns eigentlich befreit? Waren wir vielleicht im Gefängnis?« Kürzlich ist er im Hotel Inter dem Berater eines hohen AFDL-Funktionärs begegnet. »Der hatte früher in Brüssel ein Tanzlokal – und so jemand will meine Mentalität verändern!« Er lacht verächtlich. »Hier darf man sich nicht wie ein Gorilla auf die Brust schlagen, damit kommt man nicht weit. Kinshasa ist nicht der Kongo, aber wer den Kongo erobern will, muß die Kinois auf seiner Seite haben.«

Sein Nachbar war Kommandant der Gendarmerie in Kinshasa. Als er aufgefordert wurde, seine Dienstkleidung und seine Waffen abzuliefern, bat er Riva mitzukommen – er hatte Angst. »Er dachte, die Sachen werden registriert, aber dann mußte er sie in der Kaserne auf einen Haufen werfen, und die Soldaten fingen vor seinen Augen an, in seinen Kleidern herumzukramen, wie auf dem Markt! Einer hat sich seine Stiefel geschnappt, ein anderer hat seine Galahose angezogen und die Beine hochgekrempelt, der dritte hat seinen Säbel begutachtet.« Innerhalb von Minuten sah der Mann seine Karriere in Scherben gehen – er war am Boden zerstört, als er nach Hause kam.

»Müssen wir das alles hinnehmen?« fragt sich Riva. »Wir haben Mobutu gewähren lassen, und unsere Kinder werden uns das später zum Vorwurf machen. Müssen wir jetzt Kabila gewähren lassen und das Risiko eingehen, daß unsere Kinder uns auch das einmal vorwerfen?«

Als einer von Rivas Freunden etwas über die Ruander sagt, geht es erst richtig los. »Weißt du, was ›etwas auf Tutsi regeln‹ bedeutet? Alle abschlachten!«

Ich bekomme jedesmal einen Schreck, wenn ich höre, wie die Kinois über die Tutsi reden. Ich habe noch die Bilder der Tutsi im Kopf, die 1994 in Ruanda mit Macheten niedergemetzelt wurden, aber hier sieht man die Tutsi nicht als Opfer, sondern als Täter. Wer war Mobutus Kabinettschef während der Zairisierung, die den wirtschaftlichen Niedergang des Landes eingeläutet hat? Der Ruander Bisengimana. Wer ist mit der Staatskasse durchgebrannt, als deutlich wurde, daß Mobutus Tage gezählt waren? Ministerpräsident Kengo wa Dondo, dessen Mutter eine Tutsi war. Wer hat die Hutu-Flüchtlinge ins Landesinnere des Kongo verfolgt und sie gnadenlos niedergemäht? Die Tutsi. Und jetzt wollen die Bewohner dieses miesen kleinen Landes Ruanda den großen Kongo beherrschen, dabei haben sie es nur deshalb so weit gebracht, weil Mobutu Prostatakrebs hatte!

Kis rutscht wieder auf seinem Stuhl hin und her. Ich kenne das von früher: Waren wir erst einmal unterwegs, mußten wir in Bewegung bleiben, vor allem wenn wir ein Auto zur Verfügung hatten. »In N'Djili probt eine Band«, sagt er, »wollen wir hin?« Es ist bereits dunkel, als wir in der Cité von N'Djili ankommen. Irgendwo muß ein Wasserrohr gebrochen sein, denn die Straßen sind überflutet, und die Frauen waten mit gerafften Pagnes durch den Matsch. Hinten in unserer heftig federnden Ente reibt sich Kis die Hände. »Für manche Straßen in Kinshasa braucht man ein Amphibienfahrzeug!«

Wir halten in einer Gasse, in der Mamans an kleinen Tischen mit flackernden Teelichtern sitzen. Süßkartoffeln, gegrillter Fisch, Streichhölzer, Mehl – der Kleinhandel, mit dem sich die Familien in der Cité über Wasser halten. Ein schmaler Durchgang, in dem uns die Musik schon entgegentönt, führt uns in einen Hof. Als ich die jungen Leute sehe, die dort auf einem Lattenrost stehen und spielen, verzeihe ich Kis, daß er mich den ganzen Tag mit seiner Hektik verrückt gemacht hat. Allein hätte ich das nie entdeckt – ich wußte nicht einmal, daß es so etwas noch gibt, ich dachte, der Krieg hätte das alles weggefegt.

Die sechs jungen Männer auf dem Podium sind mit allen Attributen der Großstadt ausgestattet: Schlaghosen, enge Jacken, kurzgeschorene Haare, Schuhe mit Plateausohlen und eckigen Kappen. Der Drummer schlägt mit bloßen Händen auf einen Bierkasten, der Sänger hat ein Kinderlähmungsbein und schwenkt seinen Stock. Zu ihren Füßen sitzen kleine Jungen im Sand und schauen mit großen Augen zu ihnen auf.

Die Band hat sogar einen richtigen Manager, der uns Stühle bringen läßt. Kis grinst, als ich ihn frage, ob ihm das alles nicht zu profan ist. Der Soziologe in ihm ist wieder erwacht. »Du hast die Pentagon-Mode verpaßt, ganz Kinshasa lief in Tarnanzügen herum.« Als der Krieg im Osten ausbrach, wurde diese paramilitärische Tracht verboten, weil sie den Uniformen der Rebellen zu ähnlich war.

Zum ersten Mal sehe ich Kadogos in ihrer Freizeit, drei Jungen, die in einem Hotel in der Nähe wohnen und der Musik nachgegangen sind. Schüchtern stehen sie am Rand des Podiums und schauen zu. Einer von ihnen schielt; er trägt ein T-Shirt mit Flammenmuster über seiner Armeehose und eine falsche Goldkette. Provinzler, schießt es mir durch den Kopf.

»Die glauben, wir können etwas von ihnen lernen«, sagt Riva, »aber du wirst sehen: Sie werden von uns lernen, wie man's macht!« Einer der Jungen verschwindet und kommt mit drei Flaschen Bier zurück, die er den Bandmitgliedern gibt. »Die Kadogos haben gerade ihren Sold bekommen«, flüstert Kis. »In meiner Nachbarschaft sind zwei, die haben sich Plastikautos gekauft.«

Die Pentagon-Mode mag zwar abgeschafft sein, aber die Art, wie die Musiker tanzen, kommt mir vor wie eine paramilitärische Exerzierübung. Sie gehen in die Knie, machen Ausfall- und Rückzugsbewegungen und boxen in die Luft. Kis muß lachen, als er meinen erstaunten Blick sieht. »Das ist der *ndombolo*«, sagt er. Seit Kabila in der Stadt ist, gibt es eine Variante davon, den *lokolo* – das Bein: die Tänzer ahmen Kabila nach, der das rechte Bein nachzieht.

»Woher weißt du das alles eigentlich?« necke ich Kis. »Wo du doch den ganzen Tag betest!«

»Na, glaubst du, wir tanzen in der Kirche nicht? Komm am Sonntag mal mit, da tanzen wir den *ndombolo spirituel*!«

Auf dem Flughafen N'Djili kommt der Inlandsverkehr nur zögernd wieder in Gang. Patres kehren in ihre Missionsstationen zurück, die Ärzte ohne Grenzen fliegen frische Medikamentenvorräte in geplünderte Krankenhäuser, ausländische Firmen versorgen ihr Personal mit Nachschub – Gelegenheit genug, um unter sicherem Schutz die ersten Schritte ins Landesinnere zu wagen. Aber ohne mein Gepäck kann ich nirgendwohin, und die Grenze zu Kongo-Brazzaville ist immer noch geschlossen.

Manchmal, wenn ich im Hotel Inter in den Spiegel schaue, denke ich an meine Pumps, meine Hosen, Röcke und Leinenjacken am anderen Ufer des Flusses. Auch die identischen Notizbücher mit festem Einband habe ich dort zurückgelassen. Meine Hefte sind fast voll, und ich hasse es, ein »Bastardheft« kaufen zu müssen, das dann ewig aus der Reihe heraussticht. Der Leinenschlafsack mit Reißverschluß, das Moskitonetz, die Leselampe, die Wasserreinigungstabletten, die parfümierte Seife – das alles ist Teil meiner kleinen schocksicheren Welt, es hilft mir, unter widrigen Umständen den Kopf oben zu behalten.

Als ich einmal am frühen Abend schläfrig daliege und Radio höre, wird gemeldet, daß in Kongo-Brazzaville Regierungstruppen die Residenz des Oppositionsführers Sassou Ngessou umstellt und sich einen Schlagabtausch mit dessen Privatarmee geliefert haben. Sofort sitze ich senkrecht im Bett. Mein Gepäck! Als ich Nicolas anrufe, lacht er über meine Sorgen. »Kein Problem, das geht vorbei.«

In den folgenden Tagen bleibt es unruhig in Brazzaville. Ich fahre auf gut Glück nach Beach Ngobila – man weiß ja nie, ob nicht doch ein Boot die Überfahrt wagt. Ich überrede die Wachen am Zaun, mich durchzulassen, und gehe zum Fluß hinunter. Auf dem Deck der Fähre stehen ein paar Arbeiter, und an der Reling lehnt ein etwa neunjähriger Kadogo, das Gewehr locker über der Schulter. Sonst rührt sich nichts. Ich schaue zur Skyline von Brazzaville hinüber, dem goldenen Elf-Turm mit den getönten Fensterscheiben, den hellen Gebäuden ringsum – seltsam, daß eine so nahe Stadt so still sein kann. So reglos wie Kinshasa, als ich von Brazza… Alles dachte, die Bombe würde in Kinshasa platzen, viele haben ihre Sachen unmittelbar vor der Befreiung nach Brazza gebracht, und jetzt…

»Was suchst du?«

Ein Mann ist neben mir aufgetaucht. Ich zucke die Schultern. »Da drüben sind meine Koffer.« Unwillkürlich drehe ich mich um und schlendere zum Ausgang.

Er folgt mir. »Dann hol sie doch. *Où est le problème* – wo ist das Problem?«

Er hat kräftige Arme, und sein tiefschwarzes Gesicht ist sonnenverbrannt – bestimmt ein zwielichtiger Typ, der zwischen den Ufern hin und her pendelt. Weitergehen, Desinteresse heucheln. »Der Hafen ist doch geschlossen. Ich seh keine Boote abfahren.«

Er schnaubt geringschätzig. »Hier nicht, aber von Ndolo fahren dafür um so mehr ab.«

»Ndolo? Wo ist das?«

»Ganz in der Nähe. Ich kann dich hinbringen, jetzt gleich.«

»Nein, danke, ich warte lieber, bis der Hafen wieder offen ist.«

Am Abend sitze ich über dem Stadtplan von Kinshasa. Ndolo – wie sich herausstellt, komme ich jeden Tag auf der Fahrt ins Zentrum daran vorbei. Es herrscht immer viel Betrieb dort, Männer schaffen auf Handkarren Fässer mit Palmöl heran, das von den Mamans am Straßenrand in Flaschen umgefüllt und verkauft wird. Ein ranziger Geruch hängt in der Luft, und alles watet mit bloßen Füßen durch den orangefarbenen Matsch.

Die Lage in Brazza spitzt sich rapide zu. Hätte ich nur besser zugehört, als Nicolas mir von den Politikern und ihren Privatarmeen erzählt hat, dann hätte ich meine Sachen nicht dort zurückgelassen! Die Kobras von Oppositionsführer Sassou verfügen über ein beeindruckendes Waffenarsenal und treiben die Zulus von Präsident Lissouba zum Flughafen. Sie erobern Straße um Straße und jagen die Einwohner aus ihren Häusern. Geflüchtete Soldaten von Mobutus DSP sollen sich ihnen angeschlossen haben, denn jetzt wird auch auf Kinshasa geschossen. Das Lager Tshatshi liegt unter Feuer, im Garten des Hotels Inter schlagen Mörsergranaten ein. In Angola verstärkt die DSP angeblich die Truppen von Rebellenführer Jonas Savimbi, und auch in der Zentralafrikanischen Republik, wohin die DSP von der Äquatorprovinz aus geflohen ist, gärt es. *Le Congo en feu, c'est toute l'Afrique qui s'embrase* – wenn der Kongo brennt, fängt ganz Afrika Feuer. Wer hat das noch gleich gesagt?

Flüchtlinge aus Brazzaville mit zusammengerollten Matratzen und hastig gepackten Taschen strömen auf den kleinen Strand, an dem ich vor ein paar Wochen gelandet bin. Sie wandern zu ihren Botschaften am Boulevard des dreißigsten Juni, schlafen auf Pagnes vor dem Tor, hängen ihre Wäsche in den Bäumen zum Trocknen auf und kochen mit aufgelesenem Holz.

Ein belgischer Industrieller lädt mich in seine Villa in den Hügeln Kinshasas ein. »Wir sitzen gerade auf der Terrasse und schauen uns das Feuerwerk an«, sagt er vergnügt, als ich anrufe. Brazzaville ist in Dunkel gehüllt, rote Feuerpfeile leuchten am Himmel auf, und ab und zu bricht ein Donnergetöse los. Bei jedem Einschlag muß ich an mein Gepäck denken: Wie soll ich es je aus dieser Hölle herausbekommen? Meine Landsleute lachen mich aus. »Du hast vielleicht Sorgen! Du hättest mal während der Plünderungen hiersein müssen! Irgend jemand läuft schon in deinen Kleidern herum, verlaß dich drauf. Am besten, wir schicken ein Kommando rüber, das deine Koffer in die Luft jagt, dann siehst du mal, was wir in den letzten Jahren durchgemacht haben!«

Nach einer Weile halte ich es nicht mehr aus. »Kann ich mal telefonieren?«

Nicolas hat seit drei Tagen keinen Fuß mehr vor die Tür gesetzt, aber er hört sich noch ganz gelassen an. Er ißt gerade den Käse, den ich ihm mitgebracht habe, und trinkt ein Glas französischen Wein dazu. Den ganzen Tag hat er mit dem Fernglas die Flüchtlinge beobachtet, die über den Boulevard des Armées zum Flughafen ziehen. Sie haben Bündel auf dem Kopf und schwenken weiße Fähnchen, wie die ruandischen Flüchtlinge vor ein paar Jahren. Das alles kommt ihm ganz unwirklich vor, und er glaubt nicht, daß es lange dauern wird.

»Gehst du nicht weg?« frage ich hoffnungsvoll. »Bleibst du?«

»Ich wüßte nicht, warum ich weggehen sollte. Außer natürlich, die Ausländer werden evakuiert.«

Zwei Tage später ist es soweit: Die Franzosen in Brazzaville werden aufgefordert, sich in bestimmte Gebäude zu begeben, unter anderem in den Tour des Coopérants. Nicolas klingt gehetzt, als ich ihn anrufe: Zwanzig Personen sind bei ihm einquartiert, sie schlafen auf dem Boden, die Kinder weinen. Sie sollen mit einer französischen Militäreskorte im Konvoi zum Flughafen gebracht werden. Jeder darf nur eine einzige Tasche mitnehmen. »Kannst du mein Geld aus meinem Koffer holen? Und mein Flugticket?« Mehr fällt mir im Moment nicht ein. Als ich am nächsten Tag noch einmal anrufen will, ist die Leitung tot.

Fieberhaft durchforsche ich mein Gedächtnis. Wen kenne ich sonst noch in Brazzaville? Ein belgischer Bekannter hat seine kongolesische Frau dort zurückgelassen. Sie wohnt nicht weit von Nicolas entfernt, vielleicht könnte ich über sie …?

Als ich gerade bei ihrem Mann bin, platzt seine Frau herein, total verschwitzt, eine Handtasche unterm Arm, nervös lachend. Tagelang hat sie die Flüchtlinge draußen vorbeilaufen sehen, und plötzlich erkannte sie einige Gesichter: Es waren ihre Nachbarn, die von den Zulus aus dem Haus gejagt worden waren. Es werde gekämpft, sagten die Soldaten, die Zivilisten sollten besser zusehen, daß sie wegkämen, bis es vorbei sei.

»Ich bin ins Haus gelaufen, und dann stand ich im Zimmer und wußte nicht, was ich machen soll, wo ich anfangen soll, was ich einpacken soll.« Wieder muß sie lachen und zeigt auf die Schlappen an ihren Füßen. »Da bin ich eben so gekommen!« Sie hatte immer gesagt, sie würde auf keinen Fall den Fluß überqueren, und wenn ihre Mutter am anderen Ufer im Sterben liege; jetzt ist sie brav der Menge gefolgt und in ein Boot gestiegen, als sei sie es nicht anders gewöhnt.

Mir rutscht das Herz in die Hose, als ich ihren Bericht höre, aber ihr Mann lacht und holt zwei Flaschen Bier aus dem Kühlschrank. »Auf den Schreck müssen wir was trinken. Wenn ich allein an die hundert Paar Schuhe denke, die meine Frau hatte, dann bin ich jetzt ein ganzes Stück ärmer.« Ich sehe ihn an; ich wünschte, ich könnte so gelassen reagieren wie er. »Es wandelt niemand ungestraft unter Palmen«, sagt er beim Einschenken. »Kennst du den Spruch nicht?«

Zu Hause falle ich erschöpft aufs Sofa. »In Brazzaville passieren schreckliche Dinge«, sagt Christine. »Gott ist hinter den Mobutisten her. Ihre Häuser werden in Trümmer geschossen, sie fliehen in alle Himmelsrichtungen.« In den Nachrichten sehen wir ein trostloses Stadtzentrum mit geplünderten Läden. Die Milizionäre posieren vor der Kamera wie Popstars, grinsend, das Gewehr wie eine Gitarre im Anschlag. Zulus, Kobras, Ninjas – sie haben Namen aus Horror- und Kung-Fu-

Filmen und tragen einen Mischmasch aus Kampf- und Discokleidung, der von denselben Filmen inspiriert ist.

Die Kamera schwenkt zu einem Hauseingang, in dem ein Junge mit einem Schulranzen auf dem Rücken liegt – tot. Ich merke, daß mich die Bilder nicht berühren – meine Welt hat sich auf mein Gepäck reduziert. Wie oft war ich in den letzten Tagen in Gedanken im Tour des Coopérants. Der Aufzug müht sich lärmend durch den Bauch des Gebäudes nach oben und kommt im fünften Stock mit einem Ruck zum Stillstand. Ein paar Stufen hinauf, eine hölzerne Tür ohne Namensschild, im Wohnzimmer der süßliche Geruch von Nicolas' Pfeife – das bordeauxrote Päckchen Amphora-Tabak liegt auf dem Couchtisch. Vom Flur aus rechts das Gästezimmer. An der Wand mein schwarzer Samsonite-Koffer und die große blaue Ledertasche ordentlich nebeneinander. Ein Klavier, auf dem Boden eine Matratze mit gestreiftem Bettzeug, ein Fenster mit Blick auf Kinshasa.

Was dort jetzt wohl vor sich geht? Haben die Zulus von Präsident Lissouba dieses Paradies für Plünderer schon entdeckt, oder stehen sie noch unten an der Schranke und bewachen das Gebäude, bis die Weißen zurückkommen? Die Stadt ist groß, und meine Koffer sind klein – weshalb sollte sich eine Granate der Kobras ausgerechnet mein Zimmer aussuchen? Aber dann sehe ich das Gebäude wieder vor mir, wie ein Puppenhaus, mit weggesprengter Front, das Innere ein Ausstellungsraum.

Mein Notizbuch ist voll. Ich klappere sämtliche Schreibwarengeschäfte ab und kaufe schließlich widerstrebend ein Schulheft mit flexiblem Umschlag und einem albernen Löwen darauf. Meine Kleinlichkeit macht mir zu schaffen: Was bedeutet schon der Verlust meines Gepäcks in einem Land, in dem so viele Menschen alles verloren haben, warum kann ich nicht einfach darüber hinweggehen? Ich wollte Zeuge des Krieges sein – hatte ich denn geglaubt, ich käme ungeschoren davon? Aber vielleicht erkaufe ich mir mit diesem Opfer ein wenig Glück für meine weitere Reise. Gleich darauf bin ich wieder ganz Protest. Ich muß einfach wissen, was in dem Gebäude passiert ist.

Im Radio wird ein dreitägiger Waffenstillstand verkündet, der dem Roten Kreuz Gelegenheit geben soll, die Leichen zu bergen, um eine Epidemie zu verhindern. »Halt mal kurz am Hafen«, sage ich auf dem Weg in die Stadt zu José, »vielleicht fährt heute ein Boot.« Die Wachen kennen mich schon und lassen mich passieren. Die Fähre liegt reglos im Wasser. Am anderen Ufer ist es ruhig, aber die Skyline von Brazzaville zeigt Spuren der Kämpfe. Der goldene Elf-Turm, der alles so stolz überragt hat, ist voller Dellen und rußgeschwärzter Löcher.

Als ich zum Auto zurückkomme, unterhält sich José mit dem Mann, der mich letztes Mal angesprochen hat. Sie kennen sich, beide wohnen in N'Djili. *Bois Noir* – Schwarzes Holz – heißt er. »Den mußt du anheuern, wenn du rüberwillst«, sagt José. »Der kennt Brazza wie seine Westentasche.«

»Weißt du, wo der Boulevard des Armées ist?«

Bois Noir nickt. »Da ist man vom Hafen Mpila aus zu Fuß ganz schnell.«

»Jedenfalls, wenn man unterwegs nicht beschossen wird.«

Er wirft mir einen beleidigten Blick zu. »Hast du heute schon Schüsse gehört? Drei Tage Ruhe hat es geheißen – da halten die sich auch dran.« Er lehnt sich ans Auto und wendet den Blick ab, schaut zu den Leuten auf dem Hafengelände hinüber. Jetzt, da ich weiß, daß er ein Bekannter von José ist, erscheint er mir vertrauenswürdiger. »Was ist, gehen wir?« Sein beiläufiger Ton gefällt mir – eine Tour nach Brazza und zurück macht er angeblich mit links. Ich schaue auf die Uhr: halb zwei, das schaffen wir nicht mehr. »Morgen früh?« José wird ihn abholen. Unterwegs wollen sie noch ein Zylinderschloß kaufen, für den Fall, daß wir Nicolas' Tür aufbrechen müssen.

In dieser Nacht schlafe ich schlecht. Und wenn auf mich geschossen wird? Sind meine Sachen das wert? Meine belgischen Bekannten würden mich für verrückt erklären, aber außer Guido und Christine weiß niemand, was ich vorhabe. Zum Glück versuchen sie nicht, mich zurückzuhalten. Bois Noir scheint sich im übrigen keinerlei Sorgen zu machen. Wir haben nicht einmal über Geld geredet. Wenn er sich traut, warum soll ich mich nicht trauen?

An dem schmalen Tor zum Hafen von Ndolo drängen sich schreiende Menschen. Männer mit schweren Mehlsäcken auf dem Rücken schieben sich wie Stiere durch die Menge. Sie müssen einen Deal mit den Wachen haben, denn sie schlüpfen an allen anderen vorbei hinein, was lautstarken Protest hervorruft. Mamans schlagen mit ihren Taschen auf sie ein, Mehl stäubt auf, und als Bois Noir und ich endlich durchkommen, sind wir über und über weiß und husten uns die Lunge aus dem Leib.

Bois Noir hatte recht: Ndolo ist ein vollwertiger Hafen. Dutzende zierlicher Boote mit Außenbordmotor schaukeln auf dem Wasser, ungeduldig, startbereit. Mamans schleppen Säcke mit Lebensmitteln an Bord, Kommissionäre zupfen mich am Ärmel: »*Ici, madame, par ici* – hier, Madame, hier lang!« Ich reiße mich los, laufe hinter Bois Noir her und mache mich möglichst klein. Als wir in einem der Boote Platz gefunden haben, springen in den Nachbarbooten kleine Jungen auf und betteln lautstark um Geld. Wir winken ihnen zu, geben ihnen aber nichts.

Neben mir kauern zwei besorgte Senegalesen; sie wollen nachsehen, was von ihrem Laden übriggeblieben ist. Eine Maman bringt täglich hundert Brote nach Brazzaville; seit Kriegsausbruch kostet das Brot dort dreimal so viel wie in Kinshasa. Mir gegenüber sitzt ein junger Mann mit einer Glasplatte auf dem Schoß. Eine Fensterscheibe? Eine Tischplatte? Ich schaue wie gebannt darauf – die Soldaten drüben schießen alles kurz und klein, und hier meint jemand, das sei der richtige Moment, um eine Glasplatte hinüberzubringen! Der Mann lächelt, als ich ihm zunicke. Letzte Woche ist er nach Kinshasa geflüchtet, und jetzt kehrt er mit Frau und zwei Kindern zurück. Auch er hat einen Laden – wenn sich die Lage in Brazza nicht bessert, will er seine Sachen packen und ins Landesinnere gehen.

Ich zeige auf die Glasplatte. »Was hast du damit vor?«

»Ich weiß noch nicht.« Er streicht zärtlich darüber. »Die hab ich von meinem Onkel.«

Wir steuern auf eine kleine Insel zu. Mit Gewehren bewaffnete junge Männer, die dort im Gras gelegen und gedöst haben, springen auf und rufen uns zu, wir sollen anhalten. »Sassous Kobras«, flüstert Bois Noir mir zu. Es ist noch nicht einmal neun, und sie haben schon getrunken; da und dort liegen leere Bierflaschen herum. Kleine Jungen schauen von einer Anhöhe aus zu, wie Schlachtenbummler bei einem Wettkampf. Die Leute im Boot kramen ängstlich in ihren Taschen: Wir müssen zahlen, tausend CFA-Franc – anderthalb Dollar – pro Person. Der Bootsführer sammelt das Geld ein. Als sich herausstellt, daß nicht alle bezahlt haben, schnauzen die Soldaten ihn an und schießen drohend in die Luft, bis er ihnen die restliche Summe gibt. Sie machen ein Riesengeschrei, aber Bois Noir bleibt ruhig. Ich verkrieche mich in meine Khaki-Regenjacke und schaue auf meine Schuhe hinab.

Im Hafen vom Mpila geht das Theater wieder von vorn los: Bevor wir an Land gehen, müssen wir zahlen. Auf der Uferböschung laufen Jungen mit Baguettes und Bier herum. Es ist ein Chaotenhaufen, einige tragen Uniformhose oder -hemd, andere sind in Zivil. Oben werden wir zum drittenmal abkassiert. Bois Noir schaut besorgt drein. »Die Soldaten nutzen den Waffenstillstand, um sich Geld zu beschaffen«, sagt er.

Die Leute aus dem Boot gehen hintereinander her durch die Gassen und beratschlagen, welche Route die sicherste ist. Ab und zu taucht ein Soldat auf, der uns mit dem Gewehr zeigt, in welche Richtung wir müssen. Aus der Stadt kommen uns Leute entgegen, die uns im Vorbeigehen sagen, was uns weiter vorn erwartet. Bois Noir spricht Lingala mit ihnen. Viele Kinois hätten hier Verwandte, sagt er. Die Kobras würden ihm nichts tun, denn er gehöre wie sie dem Kongo-Volk an und ihr Anführer Sassou sei mit einer entfernten Verwandten Mobutus verheiratet.

Aus dem Labyrinth der Gassen gelangen wir auf einen breiten Boulevard. Ich habe keine Ahnung, wo wir sind. Bois Noir hat mir versichert, daß wir weniger als einen Kilometer zu laufen hätten, aber meinem Gefühl nach wohnt Nicolas am anderen Ende der Stadt. »*Mundele!* Weiße! Ja, du da!« An einem kleinen Tisch unter einem Baum sitzt ein Soldat. »*Passeport* – Paß!« Ich könnte ja Israeli sein, dann hätte ich nichts zu lachen, denn Israel unterstützt Präsident Lissouba, den Erzfeind der Kobras. Gut auch, daß ich nicht Französin bin, denn die Franzosen treiben hier ein seltsames Spiel. Mein Paß stimmt den Mann milde – Belgier sind zum Glück nicht in diesen Konflikt verwickelt.

Wir gehen weiter, von einer Straßensperre zur nächsten. Während sich die Soldaten meinen Paß ansehen, stellen sie Fragen. Was ich hier wolle? Meine Koffer holen? Ob ich denn keine Angst hätte? Alle Weißen seien doch aus Brazzaville geflohen! Ob ich vielleicht etwas Geld für sie hätte oder eine Zigarette?

Es herrscht wenig Betrieb in den Straßen. Ab und zu kommt mit quietschenden Reifen ein Auto angerast, Gewehre ragen furchterregend aus den Fenstern, dunkle Augen spähen heraus, doch bis die Insassen mich entdecken, sind sie schon vorbei. Ein Wagen schleppt einen Mercedes mit zerschossenen Reifen ab und hinterläßt einen scheußlichen Geruch nach verbranntem Gummi. Wir kommen an einem Medikamentendepot vorbei, das fachkundig ausgeräumt wird: Große weiße Kartons mit roten Etiketten wandern von Hand zu Hand und verschwinden in einem bereitstehenden Kleinbus.

An der Straßenecke schreit ein Mann seine Frau an. Seine Kinder klammern sich an den Pagne ihrer Mutter und schauen angstvoll zu ihm auf. In einer Schubkarre neben ihm liegt eine alte Frau, die das Gebrüll mit halb geschlossenen Augen über sich ergehen läßt. Bois Noir wendet sich widerstrebend von der Szene ab. »Der Mann will zurück«, sagt er, »er will seine alte Mutter nicht so weitertransportieren, lieber stirbt er in seinem Haus.«

Wir nähern uns dem Stadtzentrum. Leute mit Schnapsflaschen, Elektrogeräten und Kartons undefinierbaren Inhalts kommen aus den Seitenstraßen. »Plünderer«, flüstert Bois Noir. Sie wirken verstört, wie Menschen, die aus dem Dunkeln ins grelle Licht treten. Eben noch waren sie unter sich, und plötzlich sind sie von Flüchtlingen und arglosen Passanten umgeben. Sie drücken sich an den Hauswänden entlang und versuchen das Diebesgut unter ihren Kleidern zu verbergen.

»Hast du auch schon mal geplündert, Bois Noir?«

»Nein, das verbietet meine Religion.« Plündern sei gefährlich, sagt er, oft komme es zu Schießereien, weil Soldaten und Zivilisten sich um die Beute stritten.

Von Zeit zu Zeit ist Bois Noir plötzlich verschwunden; dann sieht er sich nach Feuer für seine Zigarette um, oder er steht hinter einer Mauer und pinkelt. Ich glaube, er fühlt sich unbehaglich. Die Soldaten sind nervös, sie brauchen Geld für Alkohol, und wenn sie betrunken sind, werden sie gefährlich. Zum Glück sind wir früh aufgebrochen.

»Ist es noch weit?« Wir sind bereits anderthalb Stunden unterwegs, und die Sonne brennt mir ins Gesicht. Bois Noir hat offenbar keine Ahnung, wie lang ein Kilometer ist.

»Nein, nein, nur ...« Er zeigt auf die Soldaten an der nächsten Kreuzung. »Das ist die letzt Straßensperre der Kobras. Danach kommen Lissoubas Zulus.« Da will er lieber nicht hin – die Zulus gehen davon aus, daß die Kinois mit den Kobras sympathisieren.

Wir sind vor einem Haus stehengeblieben, in dessen Hof eine Familie zusammensitzt. Ein Mann kommt heraus. Ich frage ihn, ob er den Tour des Coopérants kennt. »Ja, der wird von Lissouba-Soldaten bewacht. Mein Nachbar Monopoly war erst gestern dort... da ist nichts los.«

Bois Noir zeigt ihm seinen Ausweis. »Hm...«, macht der Mann bedenklich, »damit könntest du Probleme kriegen.« Ich solle besser mit seinem Nachbarn gehen, aber der sei am Morgen weggegangen und er habe keine Ahnung, wann er wiederkomme. Die Frauen in dem Hof sind neugierig näher getreten. Wie in aller Welt ich hierhergekommen sei? Mit dem Flugzeug? Nein, das könne nicht sein, ich käme ja von der anderen Seite. Aber wie dann? Und warum ich zu Fuß sei, ob ich kein Auto hätte?

»Wir warten besser auf Monopoly«, schlägt Bois Noir vor.

»Und wenn er erst heute abend kommt?«

»Dann übernachten wir hier, und du gehst morgen mit ihm weiter.«

Ich muß lachen. In Brazza übernachten, na klar! Aber Bois Noir meint es ernst. »Ich hab Verwandte hier«, sagt er, »wir können schlafen, wo wir wollen.«

Ich betrachte die Frauen im Hof. Sie haben sich eine dicke Schicht Clere ins Gesicht geschmiert, eine Creme, die die Haut aufhellen soll. Dabei können sie jeden Moment aus dem Haus gejagt werden! Sie lachen mich aufmunternd an. »Ja, bleib hier, dann erlebst du das auch mal.«

Ich habe José gebeten, das Auto nach Hause zu fahren, falls wir nicht bis Einbruch der Dunkelheit wieder am Hafen sind. Aber Guido und Christine – sie werden sich Sorgen machen, wenn ich über Nacht wegbleibe.

»Kann ich hier irgendwo telefonieren, hat jemand ein Telecel?«

Die Frauen lachen. »Wer sich ein Telecel leisten kann, der ist längst weg!«

»Und warum seid ihr noch hier?«

»Wir wissen nicht, wo wir hinsollen, wir haben kein Geld, nicht einmal für die Überfahrt nach Kinshasa.«

Ich sehe Bois Noir an. »Was machen wir jetzt?«

»Wir gehen.«

»Bist du sicher?«

Er nickt.

Nach dem Kreisverkehr beginnt Niemandsland, eine breite, leere, unheilverkündende Straße. »Haltet euch in der Mitte«, sagen die Kobras an der Straßensperre. »Wenn sie euch kommen sehen, tun sie euch nichts. Nicht ducken, wenn sie schreien, sonst ist es aus mit euch.«

Sie wissen, wovon sie reden, denn als wir etwa zweihundert Meter über den totenstillen Boulevard gegangen sind, springt die Disco-Version eines Soldaten aus einem Hauseingang hervor, schwenkt das Gewehr und brüllt uns in einer Sprache an, die ich nicht verstehe. »Er will Geld«, sagt Bois Noir beklommen.

Der Junge hüpft aufgeregt auf und ab, um uns einzuschüchtern. »*Vite, vite! Deux mille par personne! Sinon, je vous descends sur place* –Tempo, Tempo! Zweitausend pro Person! Sonst knall ich euch auf der Stelle ab!«

Ich habe mein Geld an mehreren Stellen versteckt. Ich greife in eine Tasche meiner Jacke und gebe ihm mit zitternden Händen zweitausend CFA-Franc. »Mehr hab ich nicht, sorry.«

»Weg hier, aber schnell!« Er deutet mit dem Gewehr auf eine Querstraße, in der wir dankbar verschwinden, denn dort laufen Leute wie eine breite Ameisenkolonne in beide Richtungen. Mit Kleiderbündeln auf dem Kopf und Kindern auf den Schultern wandern sie in andere Stadtviertel, die sie für weniger gefährlich halten. Wir reihen uns rechts ein und folgen dem Strom. Alles redet durcheinander; ohne den Schritt zu verlangsamen, warnt man sich gegenseitig vor den Soldaten weiter vorn und fragt, wie es auf der anderen Seite aussieht. Die Leute wundern sich über die Weiße in ihrer Mitte, und immer wieder höre ich »*Mundele!*«-Rufe. Später erzählt mir Bois Noir, was sie sonst noch sagen: »Wo will die Weiße hin? Sucht sie den Tod?«

Wir werden gerempelt und geschubst, aber nach dem schlimmen Weg über den Boulevard genieße ich das warme Menschenbad. Wo Frauen und Kinder sind, ist man sicher. Ab und zu stockt die Kolonne, und es entsteht ein kleiner Tumult: Soldaten kontrollieren das Gepäck und verlangen Geld. Ich sehe, daß andere ihnen Münzen geben, und folge ihrem Beispiel. Das hätte ich von Anfang an tun sollen!

Die Reihen lichten sich immer mehr, und plötzlich sind wir fast allein. Weiter vorn sei es gefährlich, sagt man uns, wenn wir erst dort seien, kämen wir nicht wieder zurück. Ich habe Mühe, mich zu orientieren, glaube aber das Wäldchen bei Nicolas' Haus zu erkennen. Im Weitergehen sehe ich den Tour des Coopérants durch die Bäume schimmern. Mein Herz schlägt schneller: Wir befinden uns hinter dem Gebäude! Ich winke Bois Noir zu. »Wir sind da!« Wir spähen durch das Laub hinüber: Nichts regt sich. Was nun? Wir schleichen um das Gebäude herum, bis wir die Vorderseite sehen können.

In den oberen Etagen stehen Soldaten an den zerbrochenen

Fenstern, den Gewehrlauf nach draußen gerichtet. Durch die offenen Glastüren des Haupteingangs werden Sessel, Stereoanlagen, Fernseher, Taschen und Kartons herausgeschleppt, nicht nur von Soldaten, sondern auch von Mamans und sogar Kindern. Sie stellen die Sachen auf dem Parkplatz ab und gehen wieder hinein. Es wirkt wie ein Umzug; sie gehen so systematisch vor, daß man den Eindruck hat, sie machen das nicht zum ersten Mal. So also sieht es aus, wenn ein Gebäude geplündert wird. Ich habe so oft davon gehört, und jetzt sehe ich es zum ersten Mal mit eigenen Augen. Und das ist erst der Anfang. Wenn das Inventar ausgeräumt ist, werden Toiletten und Waschbecken abmontiert und Steckdosen aus der Wand gerissen. Ob sie schon im fünften Stock sind, ob sie mein Gepäck schon gefunden haben?

Ich merke, daß Bois Noir wenig Lust hat weiterzugehen. »Warte hier«, sage ich, »ich geh allein.« An der Schranke bleibe ich stehen, bis mich ein Zulu entdeckt. Ich strecke den Finger hoch. »*Commandant, s'il vous plaît* – Bitte, Kommandant.« Träge kommt er herangeschlendert. Ich sei Lehrerin, sage ich, meine Lehrbücher befänden sich im fünften Stock und ob ich sie bitte holen dürfe. Er wirft den Kopf in den Nacken und mustert mich von Kopf bis Fuß. »Bücher, sagst du?« Ein Lächeln spielt um seinen Mund. »Bücher liegen hier in allen Stockwerken herum. Komm mit.«

Auf dem Weg zum Eingang ergeht er sich in wirren Entschuldigungen. Die Kobras hätten sich den Waffenstillstand heute nacht zunutze gemacht und seien in das Gebäude eingedrungen. Zum Glück hätten die Zulus es bemerkt: Im Moment hätten sie alle Hände voll damit zu tun, den Schaden zu beheben. Aus dem Augenwinkel schaue ich zum Parkplatz hinüber. Stehlampen, Bürostühle, Kühlschränke, Telefone – es sieht aus wie ein Flohmarkt. Meine Koffer sehe ich nicht.

Meine Eskorte berät sich mit den Soldaten an der Glastür und bedeutet mir dann mitzukommen. Irgendwo in dem Gebäude muß ein Rohr gebrochen sein, denn über die Treppen tropft Wasser herab. Ich stolpere fast über eine kleine Holzfigur, die an der untersten Stufe liegt, als hätte ihr jemand einen kräftigen Tritt versetzt. Afrikanische Skulpturen – so etwas kann hier niemand gebrauchen. »Vorsicht, Madame…« Überrascht drehe ich mich um: Bois Noir ist mir gefolgt.

Die Wohnungstüren, an denen wir vorbeikommen, sind aufgebrochen; drinnen inspizieren dicke Mamans den Hausrat. Sie sind Verwandte der Soldaten, wie Bois Noir mir später sagt, sie helfen die Sachen herausholen. Eine Kommode, aus deren offenen Schubladen Kleider hängen, ein Kinderbett mit einer Puppe darin, eine elektrische Orgel, Glasscherben – auf dem Weg nach oben schaue ich in die Zimmer und rechne meine Chancen aus, noch etwas von meinem Gepäck vorzufinden. Über mir höre ich Holz splittern; bestimmt wird dort eine Tür mit der Machete aufgestemmt. Den Schaden beheben, wie unsere Eskorte das nennt.

Sind wir schon im fünften Stock? Ich habe nicht mehr mitgezählt. Aus der Tür, vor der wir stehen, ist ein großes Viereck herausgeschnitten. Mein Herz macht einen Satz – da paßt mein Koffer nicht durch. Als ich mich bücke und hineinschaue, sehe ich, daß es auch gar nicht Nicolas' Wohnung ist.

»Was ist?« Unsere Eskorte wird ungeduldig. »Überleg dir, was du willst, sonst kriegst du Probleme.«

»Ich weiß nicht, wo wir sind«, gestehe ich. »Ich bin immer mit dem Aufzug gefahren…«

Wir steigen noch eine Treppe hinauf. Die Tür zu Nicolas' Wohnung steht offen. Sein Tabakgeruch, Schnapsflaschen auf dem Boden, ein Faxgerät auf dem Tisch, fertig zum Abtransport. Die Türen des Schranks mit den Frühstückssachen sind aus den Angeln gerissen. Nur Nicolas' Bücher stehen unberührt im Schrank. Mechanisch gehe ich weiter, um die Ecke, in mein Zimmer. Das Klavier, die Matratze auf dem Boden – die Stelle, an der mein Gepäck stand, ist leer. Mir bricht der Schweiß aus, und das Herz schlägt mir bis zum Hals. Das war's dann also.

Ich muß mich an die Wand lehnen. Da sehe ich meine Hefte in der Ecke liegen, neben meinen Büchern. Auch das T-Shirt auf dem Klavier erkenne ich wieder. Und da sind auch meine gelbe Leinenjacke, mein Rock aus Mali, meine Khakihose – die

Soldaten hatten Zeit, die Sachen auszusortieren; was sie nicht interessiert hat, haben sie dagelassen.

Ein zweiter Soldat ist hereingekommen und redet aufgeregt auf unseren Begleiter ein. »Beeil dich«, flüstert Bois Noir mir zu. »Sie wollen nicht, daß eine Weiße sieht, was sie hier machen.«

Ratlos stehe ich im Zimmer. »Meine Koffer sind weg, wie soll ich meine Sachen da transportieren?« Ich haste in den Flur hinaus, durchsuche Nicolas' Schränke, finde eine rote Plastikplane und fange an, meine Kleider, Bücher und Hefte daraufzuwerfen. Ein Kindersoldat kommt mit einem Koffer an, den er offenbar in der Nachbarwohnung gefunden hat. Er hält ihn mir hin und sieht mich fragend an. »Geht der?« Es ist ein stabiler Koffer – dankbar nehme ich ihn und lege ihn neben die Plastikplane auf den Boden.

Während ich alles zusammensuche, denke ich fieberhaft nach. Sie haben erst angefangen zu plündern, meine restlichen Sachen können also nicht weit sein. Wie bekomme ich sie wieder? Als ich unseren Begleiter darauf anspreche, macht er eine ausweichende Geste und sagt, ich solle mich beeilen. Dann nehme ich eben Sachen von Nicolas mit. Ich gehe ins Wohnzimmer, nehme einige Wandteppiche aus der Kasai-Region von der Wand und hole auf gut Glück Hemden und Hosen aus dem Schrank im Flur. Als ich zurückkomme, liegt zwischen meinen Kleidern ein grellfarbiges Stück Stoff auf der roten Plane. »Was ist das?«

»Ein Pagne«, sagt Bois Noir, »für meine Frau ...« Trotz meiner Nervosität muß ich lachen. In Nicolas' Wohnung hat Bois Noir zum ersten Mal geplündert! Mit Draht schnürt er die Plane zu einem Bündel, ich klappe den Koffer zu, und wir folgen unserer Eskorte nach unten. An der Schranke studiert ein Hitzkopf mit dem Gewehr im Anschlag eingehend meinen Paß und fragt, ob ich Französin sei, denn dann sei es aus mit mir. Aber inzwischen bin ich unempfindlich gegen solche Drohungen: Mein Herz klopft triumphierend, ich denke nur noch an meine Sachen und daran, wie ich sie auf die andere Seite der Stadt bekomme.

Mit dem Gepäck auf dem Kopf treten wir den Rückweg an. Wieder auf Kobra-Gebiet, beginnt Bois Noir wie ein Wasserfall zu reden. Er hatte eine Todesangst vor den Zulus, die mit ihren Macheten durch das dunkle Treppenhaus liefen: So bösartig, wie sie seien, würden sie nicht davor zurückschrecken, einem Kinois damit zu Leibe zu rücken. »Jetzt hab ich doch geplündert«, sagt er. »Ein bißchen jedenfalls ...« Eigentlich hätten wir mehr mitnehmen sollen, meint er, denn bei dem Tempo, mit dem die Zulus durch das Gebäude fegen, sei in ein paar Tagen alles weg.

Ich bekomme Nackenkrämpfe von dem Koffer, und auch Bois Noir schwitzt unter dem Gewicht des Pakets auf seinem Kopf. »Und wie hätten wir das alles transportieren sollen?«

»Ich kann noch viel mehr tragen!«

»Dann können wir ja morgen noch mal herkommen.«

Schweigend gehen wir weiter. Ich versuche eine Liste der Gegenstände aufzustellen, die ich verloren habe. Meine neue Hose, mein blauer Rock, meine Abendtasche, mein teures Parfüm, die Geschenke ... Auch meine sämtlichen Schuhe sind weg, aber bei dem Libanesen in den Galeries Présidentielles finde ich bestimmt neue. Zum Glück habe ich meine Hefte und Bücher wieder und das Foto von dem Abend in Mayaza, das ich für Zizi mitgenommen hatte. Nicolas wird sich freuen, daß ich die Wandteppiche gerettet habe. Das Zylinderschloß kann José behalten; er findet bestimmt einen Käufer dafür.

Bois Noir hat eine Abkürzung durch die Cité genommen. Da und dort sitzen Männer vor ihren Häusern und trinken. Französischer Rotwein, Whisky – man braucht nicht lange zu raten, woher die Sachen stammen. Meine Kehle ist ausgedörrt, ich habe seit dem Morgen nichts mehr getrunken. »Ob wir hier etwas bekommen?« Die Männer machen Stühle für uns frei, Bois Noir holt gegrilltes Fleisch von gegenüber, und ich trinke zwei kleine Flaschen lauwarmen Gin Tonic hintereinander aus. Das weiße Zeug steigt mir sofort angenehm in den Kopf. Ein junger Mann rast im Stehen auf einem Moped vorbei. »Jippiiieee! Jippiiieee!« schreit er, und das Echo zittert noch in der leeren Straße nach, als er längst verschwunden ist.

Je näher wir dem Hafen kommen, desto bedrohlicher wird die Atmosphäre. Die Soldaten haben getrunken und versuchen noch schnell Geld für die Nacht lockerzumachen. An einer der Straßensperren haben sich die Kobras mit lila Tüll herausgeputzt. Tüll um die Lenden, Tüllschleifen um den Kopf, Tüll über die Stühle drapiert – karnevalesk sehen sie aus, und wir müssen für das Schauspiel bezahlen, in einen Helm, der vor ihnen auf dem Tisch liegt. Ein Stück weiter vorn werden wir mit einem Revolver bedroht, von dem immer wieder die Trommel abfällt.

Als wir endlich in einem überladenen Boot sitzen, kleben mir die schweißnassen Kleider am Leib. Ich klopfe Bois Noir auf die Schulter: Wir haben's geschafft! »Gott hat uns beschützt«, sagt er. »Er hat entschieden, daß unsere letzte Stunde noch nicht geschlagen hat.« Ich sage nichts dazu, aber ich habe mich heute bei ähnlichen Gedanken ertappt. Die Lage hier ist so unsicher, daß man automatisch anfängt, auf die göttliche Vorsehung zu vertrauen.

Der Motor springt nicht an, und wir steigen unter heftigem Protest des Bootsführers und Herumgeknalle der Kobras in ein anderes Boot um. Ein Mann ohne Beine, der eine beeindruckende Menge Ambassade-Zigarettenstangen transportiert, wirft seinen Karren hinüber und sich selbst mit seinem ganzen Gewicht hinterher. Ein anderer Mann wechselt mit seiner mageren Mutter auf den Armen in das neue Boot. Wie ein Vögelchen zitternd, kauert sie auf dem Boden und sieht ihn an. Fürsorglich legt er ihr einen Pagne um die Schultern.

Bois Noir sagt, gestern habe er sich krank gefühlt, wie vor einem Malariaanfall. »Aber heute ist alles wieder gut.« Er leiht sich einen Plastikbecher von einem anderen Passagier, füllt ihn mit braunem Flußwasser und trinkt ihn in einem Zug leer. Der Mann mir gegenüber starrt mich an. »Deine Jacke ziehst du besser aus, bevor du nach Kinshasa kommst«, sagt er, »sonst denken Kabilas Soldaten, du bist beim Militär.« Ich lache. Über Kinshasa braucht mir zum Glück niemand mehr etwas zu erzählen!

Im Keller in Limete teile ich meine Beute mit Bois Noir und

bringe meinen Anteil dann in mein Zimmer. Am nächsten Morgen wache ich zum ersten Mal seit Wochen wieder in heiterer Stimmung auf. Mein Zimmer ist ein Schlachtfeld, fast so wie Nicolas' Wohnung am anderen Ufer. Vom Bett aus betrachte ich meine Sachen und mache in Gedanken eine Liste der Dinge, die ich kaufen, leihen oder mir schicken lassen muß. Ich bin angekommen. Ich habe einen Schuß vor den Bug bekommen, aber ich habe überlebt. Meine Reise kann beginnen.

Wenn der Hirte geht

Gbadolite

»WO STECKEN DIE NUR? Warum antworten sie nicht?« Erik, der belgische Pilot, versucht vergeblich, Verbindung mit dem Tower von Gbadolite aufzunehmen. In der Mobutu-Zeit hätte er längst zum Landeanflug angesetzt, aber bei den Rebellen ... Man weiß nie, ob sie einen nicht aus der Luft herunterschießen. In Angola hat er auf diese Weise einmal ein Flugzeug verloren.

Gerade sind wir über den Präsidentenpalast von Kawele hinweggeflogen: ockergelbe Gebäude, in der Mitte ein hellblauer Swimmingpool; nichts regt sich dort. Nachdem Erik eine Runde über der Stadt gedreht hat, beschließt er, die Landung zu wagen. Angespannt nähert er sich der Rollbahn und späht dabei nach den Soldaten in der Ferne. Sie schauen reglos zu, wie wir auf sie zurollen. Erik steigt aus, schätzt ab, wer der Verantwortliche ist, und tritt zu ihm: »*Mon commandant* – Kommandant!« Kräftig schüttelt er den Soldaten der Reihe nach die Hand.

Neben einem verbeulten Mercedes steht ein hochgewachsener, sonnengebräunter Mann mit kurzgestutztem Schnurrbart und besorgter Miene. Bove, der italienische Manager des Bauunternehmens Safricas, ist zur Zeit der einzige Weiße in Gbado. Für ihn sind die Kartons mit Äpfeln, Gemüse, Käse, Fleischwaren und Trinkwasserflaschen bestimmt, die aus der Beechcraft ausgeladen werden. »Man muß die Leute im Landesinneren verwöhnen«, sagt Erik, »sonst halten sie nicht durch.«

Er hat Verstärkung für Bove mitgebracht: Christian, einen Mechaniker mit dichtem Schnurrbart, der aus Südfrankreich stammt und schon einmal hier war, und den jungen Mauro, der vier Jahre in den angolanischen Diamantminen des Rebellenführers Savimbi gearbeitet hat und ganz blaß ist vom vielen Drinnensitzen und Schutzsuchen vor den Bombenangriffen. »Und die charmante Dame hier hab ich euch zur Gesellschaft mitgebracht«, sagt Erik mit einer galanten Geste in meine Richtung.

Sein Flug nach Gbadolite kam gestern ganz zufällig zur Sprache. Er mußte Leute dorthin bringen, die er in zehn Tagen wieder abholen soll. »Kann ich mit?« Ich dachte, er würde nein sagen, denn Gbadolite ist vier Wochen nach Mobutus Flucht noch immer ein heikles Pflaster, aber er überlegte nur kurz und sagte dann: »Warum nicht?«

Erik ist im Kongo zu Hause, seine Familie lebt schon seit 1945 hier, und er spricht drei lokale Sprachen. Er hat die natürliche Autorität vieler Piloten in diesem Land, wahrscheinlich ein Produkt der schwierigen Umstände, unter denen sie arbeiten. Ich wußte, daß er ab und zu nach Brazza fliegt, und rief ihn zu Beginn des Krieges einmal an. Die Verbindung war schlecht, und plötzlich wurde mir klar, daß er in der Luft war. »Was sagst du? Gepäck? Ich evakuiere hier Menschen!« Bei unserer nächsten Begegnung war er so taktvoll, diesen beschämenden Anruf nicht mehr zu erwähnen.

Innerhalb weniger Minuten hat er erreicht, daß jeder auf dem Flugplatz von Gbado zufrieden ist. Die Soldaten nehmen das Flugzeug in Augenschein, ein Träger bringt die Lebensmittelkartons zu dem Mercedes. Dann kommt unter tausend Entschuldigungen das Flughafenpersonal anspaziert: Im Moment müßten sie die fünf Kilometer hierher zu Fuß gehen – als sie uns landen sahen, seien sie noch unterwegs gewesen.

Der Kommandant fragt, ob zwei der Soldaten mit nach Kinshasa können. Erik mustert sie kurz. »Ja, aber sie müssen ihre Gewehre entladen. Wenn da oben eins losgeht, ist es aus mit uns.« Er nimmt die Mangos entgegen, die Bove für ihn gepflückt hat, und dann ist er wieder startbereit. »Meine kleine Schwester hier«, sagt er zu dem Kommandanten und legt mir schützend die Hand auf die Schulter, »vertraue ich eurer Obhut an.«

Die Scheinwerfer von Boves Mercedes sind zerschossen, die Windschutzscheibe ist gesplittert, eines der Seitenfenster ist durch eine Hartfaserplatte ersetzt worden. »Der Wagen scheint einiges abgekriegt zu haben«, sage ich, nachdem ich eingestiegen bin.

Bove fummelt unter dem Steuer mit zwei losen Drähten herum und sagt betrübt: »Warte, bis du den Rest siehst.«

Nachdem Mobutu mit seiner Familie aus Gbadolite geflohen war, machten sich die Soldaten der DSP sofort zu seinem Palast auf, um zu plündern. Zwei Tage fegten sie durch die Stadt, packten Autos voll und flüchteten dann; weitere Plünderungen überließen sie der Bevölkerung. Zwei Tage später machten die Soldaten der AFDL der allgemeinen Euphorie ein Ende.

Vier Tage Plündern genügen, um eine Stadt wie Gbadolite in eine Geisterstadt zu verwandeln. Die stattlichen Villen am breiten Boulevard Mobutu, in denen die Barone des Regimes gewohnt haben, wenn sie hierherkamen, sind leer, ihr Inventar ist in alle Winde verstreut. Noch im zweihundert Kilometer entfernten Gemena sind Kleidungsstücke des Präsidenten und seiner Frau Bobi aufgetaucht.

Es hat Leute gegeben, sagt Bove, die haben Autos auf ihren Hof gefahren und Hütten darum herumgebaut; erst viel später werden die Wagen wieder zum Vorschein kommen, ebenso wie die Videogeräte, Fernseher und Hi-Fi-Anlagen, die im Busch versteckt worden sind. Und dann all die Geräte, die die Leute im Eifer des Gefechts mitgenommen haben, ohne überhaupt zu wissen, wozu sie gut sind. Bove selbst kann nicht mehr fernsehen, denn die Parabolantenne von Gbado ist zerstört. Was wollen Leute, die keinen Strom in ihren Hütten haben, mit den Einzelteilen einer Parabolantenne?

Kurz vor diesen Ereignissen war Bove nach Kinshasa geflogen, und als er zurückkam, war in den Häusern des Safricas-Personals alles abmontiert, bis hin zu den Lichtschaltern und Stromleitungen. Eines der Häuser hat er wieder bewohnbar gemacht. Die Löcher in den Wänden sind mit Zement gefüllt, überall stehen Drähte heraus, die kahlen Räume werden von ungemütlichen Neonröhren erhellt. Ich bekomme ein Zimmer, das auf die Einfahrt hinausgeht. Ein Eßtisch ohne Stühle, eine dünne Matratze auf einer harten Pritsche, das Bad ohne Licht, das Waschbecken ohne Spiegel – nach meiner Odyssee durch Brazzaville kann ich mir vorstellen, was sich hier abgespielt hat. Nicht ein einziges Fenster hat die Plünderungen überlebt; die Scheiben sind durch Blaupausen von Bauprojekten ersetzt worden.

Punkt zwölf wird gegessen. Bove ist ein Mensch, der nach der Uhr lebt; in den nächsten Tagen schaut er jedesmal ungehalten auf die Uhr, wenn einer von uns auch nur ein paar Minuten zu spät kommt. Er bestimmt, was wir essen, und achtet darauf, daß die Vorräte aufgefüllt werden. In der Küche steht alles in Kartons. Die Äpfel, die er aus Kinshasa mitgebracht hat, sind schon ganz verschrumpelt, so lange hat er sie aufgehoben. Der Koch hat zwei Flammen zur Verfügung und stellt das Essen im Topf auf den Tisch, denn das Geschirr haben die Plünderer weggeschleppt. Kartoffeln, Beefsteak, Salat – der Salat wird in einer Kasserolle serviert.

Ich bin noch benommen von dem Flug über den Regenwald und finde es aufregend, so kurz nach dem Fall Gbadolites hierzusein, aber mir gegenüber sitzt ein gebrochener Mann, der keinerlei Sinn für das Poetische der Situation hat. Er ist seit 1986 in Gbado. Safricas hat hier goldene Zeiten erlebt, Zeiten, in denen Erik mit einem Flugzeug voller Geld nach Kinshasa zurückgeflogen ist. Die Firma hat das Wasserkraftwerk in Mobaye gebaut, das Gbado mit Strom versorgt, und den Präsidentenpalast in Kawele, in dem es eine Bar aus Malachit gibt. »Sieben Tonnen Malachit«, sagt Bove melancholisch. »Der Präsident war immer so stolz, wenn er das seinen Gästen sagen konnte.«

Zeitweise sah Bove den Präsidenten viermal am Tag. Daß er versetzt wurde, kam nicht in Frage: Mobutu hatte am liebsten immer dieselben Menschen um sich. In gewisser Weise waren viele der Ausländer in Gbadolite Geiseln, festgehalten an einem Ort fernab der bewohnten Welt, von einem Präsidenten, dem sein Realitätssinn mehr und mehr abhanden kam. Und die Geiseln machten mit. Ich hatte es schon 1985 bemerkt, als ich zum ersten Mal hier war: Die Weißen fanden die verrücktesten Dinge normal und waren pikiert, wenn man sie auf ihre Mitschuld ansprach.

Selbst die Maschinen von Safricas hatte der Präsident konfisziert. Als die Firma Bulldozer und Kräne in die benachbarte Zentralafrikanische Republik bringen wollte, wo ein großes Straßenbauprojekt auf sie wartete, sagte er entschieden: »Die Maschinen bleiben hier. Bei dem vielen Geld, das ihr von mir bekommen habt, gehören sie praktisch mir.« Bove hat den delikaten Auftrag, alles Safricas-Material unter Aufsicht der Neuen über die Grenze zu schaffen. Christian und Mauro sollen das Inventar des Ersatzteillagers aufnehmen, danach werden sie in der Zentralafrikanischen Republik arbeiten. »Vorausgesetzt, es bleibt dort ruhig«, seufzt Bove. Das Gebiet, durch das die geplante Straße verläuft, wird teilweise von Rebellen unsicher gemacht, denen sich aus dem Kongo geflohene DSP-Soldaten angeschlossen haben.

Boves gedrückte Stimmung färbt unwillkürlich auf uns ab, und mir tut Mauro leid, der in dieser trübsinnigen Atmosphäre seine neue Stelle antreten muß. Von seiner Zeit in Angola hat er noch etwas Schreckhaftes an sich. Seine Arbeit dort sei geheim gewesen, vertraut er mir an, aber er habe viel Geld verdient und überlebt, indem er nur an seinen Auftrag gedacht habe. Christian ist älter und erfahrener als er, aber auch er macht keinerlei Versuch, Bove aufzumuntern.

Nach dem Essen zieht sich jeder in sein Zimmer zurück. Nach zwölfeinhalb Stunden Fahrt sind wir in einer anderen Jahreszeit gelandet – die feuchte Hitze der Regenzeit ist mir schon auf dem Flughafen entgegengeschlagen. Ich falle auf mein hartes Bett und sinke in einen tiefen Schlaf.

Ein anhaltendes Klopfen an meiner Tür weckt mich. »Falsch«, sagt Bove, als ich schlaftrunken aufmache. »Erst fragen, wer da ist. Es könnte ja ein Soldat sein.« Die Soldaten bekommen keinen Sold, und er fürchtet, sie könnten wieder anfangen zu plündern. Verloren steht er in der Tür. Christian und Mauro sind in der Werkstatt – er sucht Gesellschaft. »Wollen wir einen kleinen Spaziergang machen?«

Wir kommen an den Häusern vorbei, die Safricas in den goldenen Jahren für das ausländische Personal gebaut hat. Mobutu, dessen Vater von hier stammte, hatte große Pläne: Er wollte Gbadolite zur Hauptstadt des Kongo machen. Doch nach der Demokratisierung, zu der er 1990 gezwungen wurde, verloren seine Träume ihre Kraft. Der Bau von fünfzig Verwaltungsgebäuden wurde aus Geldmangel eingestellt, viele Ausländer gingen weg, und Safricas vermietete die Häuser an das Personal des Präsidenten.

»Hier hat Mobutus Chefkoch gewohnt«, sagt Bove, als wir am Ende der Straße angelangt sind. »Er mußte alle Speisen vorkosten – der Präsident hatte eine panische Angst, vergiftet zu werden.« Wenn Bove Gäste aus Kinshasa hatte, gab er dem Chefkoch einen Wink, und der Mann lieferte ihm eine Kiste Wein aus dem Keller des Präsidenten.

Das Gras im Garten ist hoch aufgeschossen, und da und dort ragen Termitenhügel auf. Ich habe es schon bemerkt, als wir nach Gbado hineinfuhren: Die Wildnis hat sich kräftig ausgebreitet. »Diese Termitenhügel«, sage ich, »die können doch nicht in vier Wochen …«

»Nein, nein«, erwidert Bove, »die Verwahrlosung hat schon früher eingesetzt. Man darf nicht vergessen, daß Mobutu zum Schluß oft krank war und sich manchmal wochenlang in Europa aufgehalten hat.«

Wir gehen hinein. Kahle Wände, ein Tisch, auf dem Boden ein Teppich aus Papieren – Korrespondenz mit dem grünen Briefkopf der Einheitspartei MPR, eine Aufstellung der Benzinvorräte in der Garage des Präsidenten … Ich hebe ein Blatt auf, lasse es aber gleich wieder fallen: Es ist feucht. Ich muß an die Treppe in Nicolas' Haus in Brazza denken, über die das Wasser herunterrann. Aber das hier ist anders. Die unheimliche Stille, die uns umgibt, der schale Geruch in diesem Raum – es ist, als hätte darin ein Verbrechen stattgefunden.

»Hier stinkt's nach Urin.«

»Was dachtest du denn?« sagt Bove grimmig. »Die Soldaten wissen schon, wie man einen Ort entweiht.« Er steht in der Tür, ein eleganter Mann in einem schneeweißen italienischen Hemd, einer Hose mit Bügelfalten, Seidensocken in den schwarzen Schuhen, das Telecel in der Hand. »Gehen wir?«

Wir biegen nach rechts in eine breitere Asphaltstraße ein, an der eine von einer Mauer umgebene Villa liegt. »Die Mauer haben die Chinesen gebaut«, sagt Bove. »Fünf Kilometer – ein Vermögen hat das gekostet.« Sämtliche Lampen auf der Mauer, die das Haus abends in grelles Licht tauchten, sind zerschossen. »Da hat sich jemand einen Riesenspaß gemacht, nicht eine einzige Lampe hat er ausgelassen.«

»Wer hat da gewohnt?«

»Mama Kossia, die Zwillingsschwester von Mobutus Frau.«

Ich schaue durch die Bäume zu dem Haus hinüber. Die Terrassentüren sind offen. Auf dem Marmorboden des Wohnzimmers stehen zwei große chinesische Vasen. Eine unbeholfene kleine Melodie weht durch die Türen, tanzt in den Garten hinaus und bleibt in der heißen Mittagsluft hängen. Ich sehe Bove unsicher an. »Da drin scheint jemand...«

»Ja, ja, das ist das Klavier von Kossias Tochter. Kinder gehen in das Haus und spielen mit den Sachen, die die Plünderer zurückgelassen haben.«

»Und sie haben keine Angst vor den Soldaten?«

»Die Soldaten!« Er zuckt verächtlich die Schultern. »Die lassen sie in Ruhe: Es sind die Häuser der Dämonen – warum sollten sie die schützen?«

An der offenen Haustür lehnt das vergoldete Fußende eines Bettes, als hätte ein Plünderer es sich im letzten Moment anders überlegt. »Ach ja, Mama Kossia hat so an ihrem Haus gehangen«, sagt Bove nachdenklich. »Wenn sie sehen würde, was daraus geworden ist...« Auf dem Parkplatz steht ein Luxus-Wohnmobil ohne Räder. Kossia fuhr damit zu Mobutu, wenn er die Felder in der Umgebung inspizierte, die von den Chinesen bebaut wurden. Sie machten Picknick, tranken Champagner und zogen sich dann in das Wohnmobil zurück. Zwei Soldaten hielten Wache, und am nächsten Tag wußte ganz Gbadolite bis ins Detail, was sich darin abgespielt hatte.

Die Zwillingsschwestern Bobi und Kossia rivalisierten um Mobutus Gunst und Geld. Wenn Bobi mit Mobutu in Paris einkaufen ging, gab sie an einem einzigen Tag anderthalb Millionen Franc aus – zweihundertfünfzigtausend Dollar. »Seine Frauen wollten ihn in den letzten Jahren nicht mehr nach Kinshasa lassen, aus Angst, er könnte einem Attentat zum Opfer fallen; dann hätten sie ihn nicht mehr ausnehmen können.«

Mama Kossia hatte acht Kinder von Mobutus Onkel Litho und drei von Mobutu selbst. »Sie hatte nicht viel Glück mit ihren Kindern«, sagt Bove. »Die haben allesamt nichts getaugt. In Gbadolite haben sie ihre Prüfungen bestanden, weil die Lehrer bestochen waren, aber im Ausland kamen sie damit nicht durch. Ein Sohn flog von sämtlichen Internaten, weil er drogensüchtig war. Sie hat versucht, ihn über mich an einer italienischen Schule unterzubringen, aber ich hab mich dumm gestellt.«

Kossia konnte kaum lesen und schreiben, aber sie führte ein eisernes Regiment. »Früher konnte man hier nicht durchfahren«, sagt Bove. »Die Soldaten hatten die ganze Straße abgesperrt.« In ihrem Garten stand eine Walze von Safricas, die sie nicht zurückgeben wollte. Bove schickte einen Mitarbeiter, um die Maschine zu holen, angeblich zur Reparatur. »Sag Bove, irgendwann muß er das Land innerhalb von vierundzwanzig Stunden verlassen«, schnauzte sie ihn an.

Wenn Mobutu mit ihr zusammen war, wurde auch er gemein. »Herr Bove, vergessen Sie nicht, daß ich Präsident der Republik bin!« rief er, wenn Bove sich zu freimütig äußerte, und als Bove einmal in aller Eile zu ihm gerufen wurde und ohne Krawatte erschien, sagte Mobutu streng: »Ziehen Sie sich erst einmal um, und kommen Sie dann wieder.«

Doch Bove hielt sich an ihm schadlos. Mit Kossias Erlaubnis durfte er zweimal in der Woche von ihrer Villa aus nach Italien telefonieren, aber er rief jeden Tag an – von ihrer Garage aus. Dasselbe tat er im Palast von Kawele, auch wenn der Präsident nicht da war; er hatte die Wachen bestochen. Ich höre so etwas nicht zum ersten Mal. Ein Belgier, der in der im Osten gelegenen Stadt Bukavu gelebt hatte, erzählte mir, daß die Ausländer dort alle in Mobutus Residenz telefonierten, in der sich der Präsident nur selten aufhielt. Für hundert belgische Franc ließen die Wachen sie hinein. Eines Tages entdeckten die heimlichen Telefonierer den Zugang zum Keller und nahmen bei jedem Besuch rosa Champagner mit, *Cuvée présidentielle*.

»Sein Personal mußte ihn bestehlen, denn er bezahlte die Leute kaum«, sagt Bove. »Wenn sein Leibwächter eine Cola trinken wollte, mußte er die Flasche in seinem Stiefel verstecken, und wehe, der Präsident merkte das.«

Sonntags wurde Bove regelmäßig zum Essen beim Präsidenten eingeladen. Manchmal waren vierzig Gäste da, aber es konnten auch siebenhundert sein. Die Damen durften sich als erste bedienen, dann kam der Präsident an die Reihe, dann die männlichen Gäste. Die Frauen packten ihre Teller voll und kippten das Essen bei Tisch heimlich in ihre Taschen.

Die Erinnerung läßt ein vages Lächeln über Boves Gesicht gleiten. Einmal wollte er gerade sein Dessert in Angriff nehmen, als der Präsident sich erhob, was bedeutete, daß das Essen beendet war. Voll Bedauern sah Bove auf seinen Teller: Kirschen, Pfirsiche, Feigen, alles aus Europa eingeflogen. Nach kurzem Zögern steckte er die Früchte in seine Taschen. Der Präsident sah es und rief: »Herr Bove, nimm soviel Obst, wie du willst, aber den Teller laß stehen, ja?«

»Was Sie alles erlebt haben«, sage ich, »darum würden Sie viele beneiden. Wenige Ausländer waren Mobutu so nahe wie Sie. Warum sehen Sie's nicht so? Als etwas, das Sie Ihren Enkelkindern erzählen können?«

Er sieht mich geistesabwesend an. »Ich war noch ein Kind, als der Krieg in Italien ausbrach«, seufzt er. »Der Krieg selbst war nicht schlimm, aber die Leere danach … schrecklich.« Er zeigt auf die desolaten Gebäude ringsum. »Wie das hier.«

Wir gehen eine ansteigende Straße hinauf. Hier haben die belgischen Lehrerinnen gewohnt, die am Gymnasium von Gbadolite unterrichteten. Sie hatten Freunde unter dem Safricas-Personal, mit denen sie sich abends in der Bar des Motels Nsekele trafen, in dem ich 1985 abgestiegen bin. Eine der

Wohnungstüren steht offen, Schulhefte und korrigierte Prüfungsarbeiten liegen auf dem Boden. »Am Schluß wurden die Lehrkräfte nicht mehr bezahlt«, sagt Bove, »und eine nach der anderen ging weg.« Schließlich waren nur noch zwei übrig. Sie hatten einheimische Freunde und kamen hin und wieder zu Bove, um aufzutanken, denn sie ernährten sich hauptsächlich von *chikwangue*, in Blätter gerollter Maniokpaste. Wenn sie wieder gingen, gab er ihnen ein Glas Marmelade oder ein Stück Käse mit.

»Ich muß mal eben meine Frau anrufen.«

Deshalb wollte er also diesen Spaziergang machen – näher am Flughafen und weiter weg von den Häusern ist der Empfang besser.

Er geht vor mir her, und ich höre ihn mit müder Stimme mit seiner Frau sprechen. Selbst von hinten wirkt er niedergeschlagen. Als zwei Kadogos am Horizont auftauchen, unterbricht er die Verbindung, macht kehrt und bedeutet mir, das gleiche zu tun. Die Kindersoldaten laufen uns nach, und mein Herz schlägt schneller. Dürfen wir uns hier vielleicht gar nicht aufhalten? Aber sie wollen nur Zigaretten. Bove weist sie barsch ab.

Nach dem Telefongespräch ist er in Gedanken versunken. »Meine Frau möchte, daß ich zurückkomme«, sagt er schließlich, »aber bis zu meiner Pensionierung sind es noch zwei Jahre. Sie würden mich gern als Kapitän auf ein Schiff setzen. Wieder Mücken und Ungeziefer …« Er schaudert. »Ich darf gar nicht dran denken!« Seine Frau hat es in den Tropen nicht ausgehalten, sie war allergisch gegen Malariatabletten – die letzten zwanzig Jahre haben sich die beiden kaum gesehen. »Früher haben wir jeden Tag miteinander telefoniert, aber jetzt … Jetzt kostet mich das fünf Dollar pro Minute! Nein, das macht wirklich keinen Spaß mehr.«

Beim Frühstück staucht Bove seinen Boy zusammen. Hat er etwas anbrennen lassen, etwas umgestoßen? Nichts scheint mir in dieser absurden Stadt ein solches Donnerwetter zu rechtfertigen, aber Bove ist nicht zu bremsen. Der Boy läßt es mit gesenktem Kopf über sich ergehen – es scheint nicht das erste Mal zu sein. Christian, Mauro und ich warten peinlich berührt ab, bis es vorbei ist.

»Dein Chef ist ja ganz schön ausgerastet«, sage ich später zu Christian.

»Der hatte zuviel Macht«, sagt Christian, »und jetzt, wo er sie los ist, weiß er nicht, wo er sie suchen soll. Jeder, der viel mit dem Präsidenten zu tun hatte, hat irgendwann angefangen, sich zu Hause wie ein kleiner Mobutu aufzuführen.«

Am Abend gehe ich mit in die Werkstatt. Kurz vor seiner Abreise nach Kinshasa ließ Bove möglichst viele Lastwagen, Pick-ups und Personenwagen fahruntüchtig machen, damit die Mobutu-Soldaten nicht damit flüchten konnten. Aus Wut schossen sie ihre Magazine auf den Wagenpark leer. Karosserien, Rahmen, Räder und sogar die Sitze der Fahrzeuge sind von Kugeln durchsiebt. Als die Soldaten sahen, daß auch der Safe leer war, ließen sie ihren Zorn an der Werkstatt aus. Der Boden ist mit Ersatzteilen, Muttern und Bolzen übersät; sogar die Waage haben sie zerstört.

Dutzende von Leuten sind damit beschäftigt, den Schaden aufzunehmen, und im weiten Umkreis suchen Boves Arbeiter nach gestohlenen Sachen. Für Lastwagenräder bezahlt er fünfundzwanzig Dollar das Stück. Nur so kann er sie zurückbekommen, denn niemand kann sie gebrauchen, und jeder weiß, daß sie ihm gehören.

Am Mittag fahren Arbeiter einen verloren geglaubten Laster auf das Gelände. Sie werden mit Jubel begrüßt. Ihre Gesichter sind grau vor Erschöpfung, und ihre Kleider starren von Schmutz. Zweihundert Kilometer entfernt haben sie das Fahrzeug im Busch gefunden – die flüchtenden Soldaten waren damit liegengeblieben. Selbst Boves Miene hellt sich auf, als er ihren Bericht hört. Eine Woche lang waren sie zu siebt unterwegs. Sie haben unter freiem Himmel geschlafen, haben sich von den Patres einen Wagenheber geliehen und alle technischen Probleme vor Ort gelöst. »Hundert Dollar hatten sie dabei«, sagt er. »Die haben Stehvermögen, das muß man ihnen lassen.« Es ist das einzige Mal während meines Aufenthaltes in Gbado, daß ich ihn mit Achtung von den Kongolesen reden höre.

Gegenüber dem Safricas-Gelände residierte Mobutus allmächtiger Schwager Fangbi, der örtliche Repräsentant der Tabakfirma Tabazaïre. Auch er war berüchtigt für seine Bösartigkeit und drohte Bove immer wieder mit Ausweisung. Seine Lager waren bis unters Dach voll mit Geschenken anläßlich der bevorstehenden Präsidentschaftswahlen. Ganz Gbado fuhr mit nagelneuen Fahrrädern herum, und auch die weißen T-Shirts mit dem Bild seiner Schwester Bobi stammen von ihm. Bobi hatte italienische Vorfahren und war daher etwas heller als die Ngbandi normalerweise; auf dem T-Shirt ist sie weiß.

Mitten auf der Straße steht Fangbis silbergrauer Mercedes. Anfangs hatten die Menschen Angst vor Kabilas Soldaten, aber jetzt merken sie, daß sie in Ruhe gelassen werden, und fangen an, den Wagen auseinanderzunehmen, in minuziöser Kleinarbeit, der sie sich mit Hingabe widmen. Sie montieren Radkappen und Räder ab, schrauben die Scheinwerfer ab, heben die Fenster aus den Rahmen und nehmen dann die Türen in Angriff.

Nach ein paar Tagen liegt das Auto wie ein sterbender Kakerlak auf dem Rücken, und die Leute machen sich von der Unterseite darüber her, bis nur noch ein Gerippe übrig ist. Wo die Räder waren, sind jetzt gemütliche Nischen, in denen kleine Jungen kauern und nach gegenüber schauen. Frauen stellen auf dem Rückweg vom Markt ihre Taschen ab und halten ein Schwätzchen, Männer geben ihre Kommentare zu dem Zerstörungswerk ab, der Zigarettenverkäufer am Tor macht gute Geschäfte. Nebenbei beobachten sie, was sich auf dem Safricas-Gelände und in dessen Umgebung tut.

Viele Menschen sind in den Busch geflohen, als Mobutu Gbadolite letzten Monat Hals über Kopf verlassen hat. Sie hatten Angst, die Soldaten der AFDL würden sich an ihnen rächen und ihr letztes Stündlein hätte geschlagen. Jetzt kommen sie zögernd wieder hervor. Sie gehen durch die Stadt und versuchen, an den schwachen Signalen, die sie aussendet, ihre

Zukunft abzulesen. Gibt es noch Arbeit für sie, oder ist es damit endgültig vorbei? Gegenüber dem Safricas-Gelände bleiben sie stehen und schauen zu: Nehmen die Weißen die Arbeit wieder auf, oder packen sie ihre Sachen? Manche der Zuschauer haben mit Sicherheit gestohlenen Safricas-Besitz zu Hause oder wissen zumindest, wo er sich befindet.

Meine Anwesenheit bleibt nicht unbemerkt. Auf dem Weg über das Gelände werde ich immer wieder von Safricas-Mitarbeitern angesprochen. Der eine will fünfhundert belgische Franc wechseln, der andere fragt, ob ich Antiquitäten kaufen möchte. Ob ich nicht die belgische Journalistin sei, die Mobutu im Fernsehen immer so peinliche Fragen gestellt hat? Sie meinen Colette Braeckman, die hier über die Jahre große Popularität erlangt hat. Oder ob ich vielleicht die neue Buchhalterin von Safricas sei? »Daß du da bist, das gibt ihnen Hoffnung«, sagt Boves engster Mitarbeiter Bruno lachend. »Sie glauben, die Belgier kommen zurück.«

Ich habe Bruno schon am Flughafen gesehen. Er war es, der den Kommandanten beruhigt hat, als plötzlich Eriks Beechcraft über Gbadolite aufgetaucht ist. Ein hochgewachsener, beweglicher Mann, der Autorität ausstrahlt – ein Luba, wie Zizi. Er scheint nicht viel zu tun zu haben, denn wie Bove streift er über das Gelände, inspiziert den wiedergefundenen Lastwagen, gibt den Arbeitern Anweisungen und zeigt mir die Büros, in denen stapelweise Bauzeichnungen aus den Regalen gerissen, auf den Boden geworfen und zertrampelt worden sind.

Auch Bruno freut sich, eine Belgierin zu sehen, denn er hat in Doornik studiert. Er führt mich in sein Büro, bietet mir einen wackligen Stuhl an, und im Handumdrehen sind wir ins Gespräch vertieft. Ich merke es immer wieder: Die Leute wollen ihre Lebensgeschichte erzählen, als könnten sie dadurch die so gründlich aus dem Gleichgewicht geratene Wirklichkeit wieder in den Griff bekommen.

1965, nach seinem Studium in Doornik, ging Bruno zum Militär. »Ich habe den jungen Mobutu in seiner besten Zeit gekannt«, sagt er, »als er vor Selbstvertrauen nur so strotzte, morgens um vier aufstand und nie krank war. Ich war stolz darauf, für ihn zu arbeiten.« Jeden Abend fuhr Bruno mit einem dicken Bündel Banknoten in einer Tasche seines dreiteiligen Anzugs ins Vergnügungsviertel Matonge. Seine Freunde freuten sich, wenn er kam, denn Militärs genossen hohes Ansehen. Sie ahnten nicht, daß er Berichte über das schrieb, was sie ihm erzählten, und auch nicht, woher es kam, daß der Präsident, wie aus seinen Reden hervorging, so genau wußte, wie man in der Cité über ihn dachte.

»Die Armee wurde von der CIA bezahlt, die Feinde Amerikas mußten aufgespürt werden, und ich bin ihnen bis nach Togo und Belgien gefolgt, um sie zu beobachten. Sobald man dann über ihre Aktivitäten Bescheid wußte, bekamen sie Besuch von Frauen, die sie vergifteten.« Er sagt es leichthin, und als ich ihn frage, ob ihm diese Praktiken nicht gegen den Strich gingen, lächelt er: »Ich hab nur meinen Job gemacht, nach meiner Meinung hat mich niemand gefragt.«

Nach und nach aber traten die Mißstände auf, in denen er später die beginnende Desintegration der Armee erkannte. Schlechter ausgebildete Leute als er machten Karriere. Er spürte den Frust der gebildeteren Offiziere, die von inkompetenten Leuten dominiert wurden. Die Armee politisierte sich. Generäle tanzten vor Mobutu, mit dem Parteiabzeichen am Revers, wie in Maos China.

Bruno wurde Leibwächter von Mobutus erster Frau Marie-Antoinette. »Sie war eine starke Frau, die ihren Mann ziemlich fertiggemacht hat, wenn ihr etwas nicht gepaßt hat«, sagt er. »Sie wollte nicht, daß er Verräter aufhängen und Dissidenten vergiften ließ, das würde ihren Kindern später Unglück bringen, hat sie immer gesagt.« 1977, während eines Aufenthaltes in der Schweiz, machte sie ihrem Mann eine Szene wegen seines Verhältnisses mit Bobi, und er schlug sie so heftig, daß sie ihren Verletzungen erlag. Es ist ein offenes Geheimnis, das in diesen Tagen durchsickert; auch Zizi und Kivilu haben mir davon erzählt.

Seit Marie-Antoinettes Tod ging es mit Mobutu bergab, meint Bruno. Zwei Jahre später fand Brunos militärische Karriere ein abruptes Ende. Mobutu verdächtigte Offiziere, die in Amerika und Israel Lehrgänge absolviert hatten, sie planten einen Putsch. Er heiratete Bobi und umgab sich zunehmend mit Leuten aus seiner Heimatregion.

»Auf meinen Reisen hatte ich gemerkt, was für bescheidene Menschen Könige und Präsidenten in Europa sind«, sagt Bruno. »König Baudouin und Königin Fabiola kannte man kaum aus einer größeren Gruppe heraus, den französischen Staatspräsidenten mußte man sich eigens zeigen lassen. Bei Mobutu war das ganz anders, wenn der irgendwohin kam, wurden erst einmal hundert Militärs vorausgeschickt, die einen Riesenspektakel machten. Und wenn Kongolo Mobutu in Gbadolite landete, wurden als erstes seine Autos und Motorräder aus dem Flugzeug ausgeladen; er hatte immer eine Militäreskorte dabei und hielt nie an, wenn er durch die Straßen fuhr, für niemanden.«

Bruno arbeitete inzwischen bei Safricas und merkte, daß der Widerstand gegen Mobutu zunahm. Die Armee wurde ausgehöhlt, die Soldaten bekamen kaum Sold. Hin und wieder wurde er von Militärs gefragt, ob er ihnen nicht helfen wolle, einen Aufstand anzuzetteln. Aber sein Patriotismus war erloschen, er hatte sich mit Frau und Kindern in eine sichere Welt zurückgezogen: Er hatte Arbeit, ein Auto, Geld.

Als die Rebellen von Osten her vorrückten und Mobutu seine allenthalben propagierte Blitzoffensive startete, tauchten serbische Söldner in Gbadolite auf, ein schwacher Abklatsch jener Söldner, die Mobutu in früheren Krisen eingesetzt hatte. Mit den Einheimischen verständigten sie sich in Gebärdensprache, und die veralteten russischen Flugzeuge, die man ihnen zuwies, konnten sie nicht bedienen. »Ein Pilot war auf einem Testflug über Gbadolite so betrunken, daß er mitten in der Stadt abgestürzt ist, auf das Gebäude einer Fluggesellschaft!«

Bruno hatte geglaubt, Gbadolite würde nie erobert werden, aber als ein Oberst in die Stadt gebracht wurde, der in einem Dorf in der Nähe gefallen war, machte er sich klar, daß die Rebellen nicht mehr weit entfernt waren und es Zeit wurde zu fliehen.

»Seid ihr fertig?« Bove streckt den Kopf durch die Tür. Draußen lerne ich Brunos Frau kennen, eine schöne Ngbandi, die die Tankstelle im Zentrum von Gbado betreibt. Sie wohnen zwölf Kilometer entfernt in Mobaye an der Grenze zur Zentralafrikanischen Republik und fahren mit einem verbeulten Lastwagen von Safricas hin und her. Wie viel lieber würde ich mit ihnen kommen! Aber Bove sitzt bereits im Auto und hupt. Offiziell gibt es in Gbadolite keine Ausgangssperre, doch er will vor Einbruch der Dunkelheit zu Hause sein. Und schon sitze ich wieder in meinem Zimmer mit den zugeklebten Fenstern und warte, bis Essenszeit ist.

Um halb sieben treffen wir uns unter der Neonlampe im Wohnzimmer. Wir essen Chicorée mit Schinken und Käse in Béchamelsauce, und Christian erzählt von Mobaye, wo er, als das Wasserkraftwerk gebaut wurde, jahrelang gelebt hat. Eines Sonntags saßen sie draußen und faulenzten – einer ließ sich die Haare schneiden, ein anderer lag in der Sonne –, als plötzlich zwei Mercedeswagen vorfuhren. Der Präsident! Lachend stieg er aus: Er komme nur auf einen Plausch vorbei. Christian bekam weiche Knie und wäre am liebsten ins Haus gelaufen, um sich anzuziehen, aber Mobutu beruhigte sie, öffnete den Kofferraum seines Wagens, in dem sich eine gut bestückte Bar befand, und fragte sie, was sie trinken wollten.

»Das waren noch Zeiten!« seufzt Christian. »Alles war zollfrei; ich habe damals sogar Aktentaschen für meine Freunde in Frankreich gekauft. An Neujahr wurden wir zu einem Diner im Präsidentenpalast eingeladen. Es gab eine eigens eingeflogene Torte von dem Pariser Patissier Lenôtre, und zum Abschied bekam jeder ein Geschenk: Die Männer ein Dupont-Feuerzeug, die Frauen eine große Flasche Parfüm.«

»Was hat das eigentlich gekostet«, frage ich, »ein Flugzeug aus Europa nach Gbadolite kommen zu lassen?«

Bove weiß es genau: hundertzwanzigtausend Dollar. Mobutu behauptete immer, er lebe von seinen Zinsen, aber Bove hat jahrelang den Zentralbankpräsidenten und die Direktoren der Diamant- und Energieunternehmen bei ihm aus und ein gehen sehen, und sie kamen nie mit leeren Händen. Im Gegensatz zu den Ministern, die nur zum Betteln kamen. Sie sagten, sie hätten die Lage im Land unter Kontrolle, und zogen mit Kartons voller Geld wieder ab.

»Schade, daß Sie den dritten Palast nicht sehen können, mit dessen Bau wir begonnen hatten.«

»Einen dritten Palast?«

»Ja, zweitausend Mann haben daran gearbeitet. Kawele war dagegen gar nichts!«

»Und was ist daraus geworden?«

Ein Schatten gleitet über Boves Gesicht. »Das gleiche wie aus allen anderen Projekten. Vor fünf Jahren sind die Bauarbeiten aus Geldmangel eingestellt worden.«

Ich traue meinen Ohren nicht. 1985 habe ich den Palast von Kawele besichtigt, der damals noch im Bau war. Er hatte pharaonische Ausmaße, und die Probleme der Materialbeschaffung waren ebenso groß: Der weiße Bauleiter wartete seit Wochen auf ein Flugzeug mit Fensterscheiben aus Oostende. Damals war Mobutus Macht schon so geschwächt, daß ich mich fragte, ob er je in Kawele wohnen würde. Und da begann Safricas ein noch gigantischeres Projekt!

»Sind Sie eigentlich nie in Gewissenskonflikte geraten?«

Bove sieht mich verständnislos an. »Wieso?«

»Na ja, das Volk wurde immer ärmer, und der Präsident hat in Gbadolite das Geld nur so zum Fenster rausgeworfen.«

»Aber die Menschen in Mobutus Umkreis waren nicht arm, er hat seinen Reichtum mit ihnen geteilt.«

»Mit seinen Verwandten, ja, aber er war doch Präsident des ganzen Landes!«

Bove schüttelt den Kopf. »Nein, nein, nicht nur mit seinen Verwandten.« Manchmal habe Mobutu mit Bobi und Kossia eine Fahrt in die Umgebung gemacht, erzählt er. Unterwegs hielt er an, öffnete das Fenster und verstreute Geld. Er fuhr den Wagen selbst, und die Dorfbewohner brachen ihm in ihrer Gier schier den herausgestreckten Arm. Belustigt schaute er zu, wie sie sich um das Geld balgten, und auch seine Frauen kicherten.

»Geld unters Volk streuen – damit hilft man den Leuten doch nicht.«

»Aber er hat auch Schulen gebaut und Krankenhäuser…«

»In Gbadolite vielleicht, aber anderswo nicht.«

»Doch, in Mbandaka auch.«

»Mbandaka! Das liegt doch auch in der Äquatorprovinz!« Ich gebe auf: Gegen so viel Unverstand kommt man mit Argumenten nicht an.

Mobutu hatte eine riesige Verwandtschaft, sagt Bove, zwölfhundert Personen, und alle wollten etwas von ihm. Manchmal rief ihn der Präsident abends an, wenn er Besuch von einer armen Witwe gehabt hatte, und bat ihn, ein Haus für sie zu bauen. Gleich am nächsten Morgen sollte er anfangen. »Wir hatten so ein Haus in drei Wochen fertig«, sagt er stolz.

Mauro hat seinem Chef ein paarmal schmunzelnd beigepflichtet, und auch Christian hat unser Gespräch mit einem belustigten Lächeln verfolgt. »Was regst du dich auf?« sagt er. »Hätten wir's nicht gemacht, hätten es andere gemacht.«

»Ihr fandet das also ganz normal, was hier passiert ist, schlaflose Nächte hattet ihr deswegen nicht.«

»Ach, wo!«

Mauro kneift die Augen zu schmalen Schlitzen zusammen und lacht komisch – er ist in seinem Element, plötzlich gehört er dazu: drei gegen eine.

»Du kennst die Afrikaner nicht«, sagt Christian. »Die kriegen ihren Kram einfach nicht geregelt, die stehlen und lügen und betrügen. Du glaubst doch nicht…« – er verzieht spöttisch den Mund – »daß das Gehirn bei denen genauso groß ist wie bei uns? Oder daß sie genauso viele Chromosomen haben wie wir?«

Grimmig sitze ich nach dem Essen in der Tür meines Zimmers und schaue in die Nacht hinaus. Bove hat früher in Nigeria gearbeitet, Christian und Mauro sind in Katanga aufgewachsen – sie leben in Afrika, um bestimmte Jobs zu übernehmen, wie Söldner. Christian gehörte zu dem Safricas-Team, das 1990 nach den Studentenunruhen in Lubumbashi die blutbespritzten Wände der Universitätsgebäude frisch gestrichen hat; über andere heikle Aufträge schweigt er. Im Lauf der Jahre sind die beiden in eine zweifache Isolierung geraten: Sie haben die Entwicklungen in Europa nicht mitbekommen, und in Afrika leben sie in einem weißen Mikrokosmos, der nicht eben von neuen Erkenntnissen genährt wird.

»Wie geht's?« Christian steht vor mir, ein Grinsen im Gesicht. »Haben wir dich auch nicht zu sehr genervt?« Ich zucke die Schultern. Er lehnt sich mit dem Rücken an die Wand und betrachtet mich verstohlen. »Ich mach mir Sorgen um dich«, sagt er.

»Ach, ja?«

Irgend etwas scheint ihn zu beschäftigen, aber er weiß nicht recht, wie er es sagen soll. »Ich würde dich gern was fragen«, beginnt er nach einer Weile, »aber ich will nicht indiskret sein.«

»Nur zu, nächste Woche bin ich weg, und du siehst mich nie wieder, also was soll's?«

»So wie du von den Schwarzen redest – das klingt, als hättest du nichts gegen … intime Beziehungen mit ihnen.«

Ich muß lachen. Für einen Söldner ist er reichlich schüchtern. »Bist du noch nie mit einer Schwarzen ins Bett gegangen? Die Bars in Kinshasa sind doch voll von Weißen wie dir.«

»Bei Männern ist das was anderes. Aber Frauen verlieben sich … In Katanga hab ich eine Belgierin gekannt, die hat ihr ganzes Geld an einen üblen Typ gehängt, der sie dann hat sitzenlassen. Ich will nicht, daß dir auch so was passiert.«

»Als ob es das unter Weißen nicht gäbe!«

Er seufzt. Mit mir kann man einfach nicht reden. »Von dir werden wir noch hören«, sagt er entmutigt. »Du fällst noch mal fürchterlich auf die Nase. Ich würd's mir nie verzeihen, wenn ich dich nicht gewarnt hätte.«

Bruno holt mich zu einer Fahrt nach Mobaye ab. Sein Lastwagen macht einen Höllenlärm, und im Führerhaus hängt ein penetranter Ölgeruch, aber er sitzt in seinen Jeans hinterm Steuer, als wäre alles in bester Ordnung. Ich muß daran denken, daß er früher im dreiteiligen Anzug mit seinem schnellen Auto durch Matonge gefahren ist, und bewundere ihn im stillen. Unterwegs holen wir seine Frau an der Tankstelle ab. Sie trägt einen prächtigen Pagne, und ich mache mir an ihrer Stelle Sorgen wegen der schmutzigen Sitzbank, aber auch sie nimmt neben mir Platz, als sei sie es nicht anders gewöhnt.

Sie ist eine typische Ngbandi-Schönheit: imposante Figur, rundes Gesicht mit hohen Wangenknochen und Mandelaugen. Bevor wir nach Mobaye fahren, will sie noch schnell auf den Markt, denn sie haben durch die Plünderungen alles verloren und manchmal taucht dort etwas auf, was sie gebrauchen kann. Die Boulevards von Gbado heißen nach wie vor Mobutu Sese Seko und Mama Mobutu, auch wenn der Name des Präsidenten da und dort durchgestrichen ist. Die Läden im Stadtzentrum sind leer, von der Reinigung existiert nur noch der Name, vor der einstigen Konditorei steht ein Junge und verkauft Brötchen aus einem gestohlenen Supermarktwagen. Nur am Büro der Alliance Airlines herrscht Betrieb: Heute nachmittag geht ein Flug nach Kinshasa.

Der Markt unterscheidet sich auf den ersten Blick nicht von anderen Märkten im Landesinneren. Stände mit Namen wie *Qui vivra verra* – die Zukunft wird es lehren – und *Lutte contre la hausse des prix* – Kampf der Teuerung –, Holztische mit Obst- und Gemüsebergen, Gewürzen, Salz, Kosmetika. Während wir daran vorbeischlendern, kommen Leute heran und fragen mich flüsternd, ob ich Champagner will oder Château Pétrus oder Châteauneuf du Pape, fünfzig Dollar die Flasche, verkauft wird aber nur kistenweise. Ein Mann faltet ein weißes Taschentuch auseinander und bietet mir ein Collier mit dazu passenden Ohrringen aus Elfenbein an, ein anderer fragt mich, ob ich an Gold oder Diamanten interessiert sei.

»Als Weiße bist du natürlich die ideale Kundin«, sagt Bruno. »Wer sonst wäre bereit, Geld für Luxusgüter auszugeben, die hier niemand gebrauchen kann?«

»Fünfzig Dollar für eine Flasche Wein, die seit Wochen in einer Hütte vor sich hin gärt? Ich darf gar nicht dran denken!«

Überall werden Pagnes mit dem Porträt Mobutus und Bobis feilgeboten, und viele Frauen tragen sie auch. Die Versuchung, einen als Souvenir mitzunehmen, ist groß, aber ob der Zoll am Flughafen N'Djili Verständnis für solch einen nostalgischen Impuls hätte? Schließlich kaufe ich nur Erfrischungstücher mit der lodernden Fackel des MPR darauf.

Auf dem Gelände gegenüber dem Markt stehen langgestreckte Hütten, nicht großer als Einmannzelte. »Was ist das?«

Brunos Frau folgt meinem Blick. »Da waren DSP-Soldaten untergebracht.«

»DSP! Ich dachte, die haben nur in Luxushotels gewohnt.«

»Die Offiziere vielleicht, aber die einfachen Soldaten waren arm dran.« Sie zeigt auf das Maisfeld und die Papayabäume hinter den Hütten. »Ohne die wären sie verhungert.«

»Also waren sogar die DSP-Soldaten unterbezahlt! Wer ist hier eigentlich nicht betrogen worden?«

»Sie waren sogar noch schlechter dran als die Soldaten im übrigen Land«, sagt Bruno. »Plündern konnten sie nicht, denn sie hätten ja Verwandte von Mobutu erwischen können, und dann wäre es ihnen übel ergangen. Wenn Soldaten anderswo im Land geplündert haben, sagten sie immer: ›Wartet's ab, wir kommen auch noch dran!‹ Kossia war besonders gemein zu ihnen. Sie hat sie öffentlich abgekanzelt und sie angeschrien, ihre Demokratie würde sie nicht interessieren. Ihre Leibwächter schworen, sie irgendwann umzubringen.«

Verständnis schwingt in seinen Worten mit, Sympathie sogar, und doch stand er auf der anderen Seite. Warum hat er nichts getan, um den Verfall aufzuhalten? Ist er durch seine Passivität nicht mit schuld an der Unmoral, die sich im Laufe der Jahre in das tägliche Leben jedes einzelnen Zaïrers eingeschlichen hat? Fragen, die mir schon bei unserer ersten Begegnung durch den Kopf gingen, aber auch jetzt scheint nicht der richtige Moment dafür zu sein.

Wir sind wieder eingestiegen. »Kennst du Bondos Haus?« Bruno nickt. »Können wir da kurz vorbeifahren?« Es liegt etwas von der Straße zurückgesetzt, und ich erkenne es sofort wieder. Die Fensterläden sind geschlossen. Auf der *barza*, der überdachten Terrasse, wo uns damals ein Diener in weißer Livree augenzwinkernd Martini on the Rocks serviert hat, döst ein Hund in der prallen Sonne. Alles wirkt friedlich – ein Ferienhaus, dessen Besitzer sich in der Hauptstadt aufhalten. »Ist hier nicht geplündert worden?«

»Doch, doch, und ob!«

Gegenüber liegt die Coca-Cola-Fabrik, die damals noch im Bau war. Nach Brunos Worten ist sie längst wieder außer Betrieb, wie so viele sang- und klanglos untergegangene Projekte in Gbadolite. »Argentinische Schafe! Der ausländische Pilot, der sie nach Gbado brachte, hatte nach drei Flügen sein Schäfchen im trockenen, aber die echten Schafe haben das Äquatorklima nicht vertragen und sind eins nach dem anderen verendet.«

»Wie war das eigentlich«, frage ich Brunos Frau auf der Fahrt nach Mobaye, »in einer Stadt wie Gbadolite eine Tankstelle zu betreiben?«

»Ein Horror war das«, sagt sie. »Mobutu tat so, als würde alles ihm gehören, und jeder, der mit ihm zu tun hatte, hat es genauso gemacht.« Wegen offener Rechnungen wurde sie von ihrer Direktion regelmäßig gerügt. Der Präsident rückte zwar hin und wieder Geld heraus, aber das verschwand in dunklen Kanälen. »Ich wurde mit der Zeit immer strenger. Wenn jemand zwanzig Liter Benzin wollte, habe ich erst das Geld verlangt. ›Was, ich bin mit dem Präsidenten verwandt, glaubst du etwa, ich hätte kein Geld? Ich zahle später!‹ Manchmal haben sie behauptet, Mobutu selbst hätte sie geschickt, aber das konnten sie nicht beweisen, und dann hieß es: ›Was, glaubst du etwa, der Präsident kann nicht zahlen?‹«

Letztes Jahr um die gleiche Zeit verlangten zwei Männer Treibstoff für das Flugzeug des Präsidenten, aber sie gab ihnen nichts. Der Vorfall kam dem Präsidenten zu Ohren, und noch am selben Tag wurde sie von einem Jeep voller Soldaten abgeholt. Eine Frau, die dem Präsidenten keinen Kredit geben wollte – der würde man eine Lektion erteilen! Sie wurde nach Kinshasa gebracht und im Lager Tshatshi eingesperrt. Nach einer Woche Betteln und Flehen bekam Bruno sie wieder frei. »Aber nur, weil sie eine Ngbandi ist, sonst hätte ich's nicht geschafft«, sagt er.

Das Städtchen Mobaye am Fluß Ubangui hat sich noch Reste seines kolonialen Charmes bewahrt. Das Haus des einstigen Provinzverwalters steht noch, und an dem kleinen Hafen herrscht Hochbetrieb. Boote fahren zur Schwesterstadt Mobaye in der Zentralafrikanischen Republik hinüber und wieder zurück. Bruno und seine Frau wohnen auf dem ehemaligen Safricas-Gelände in den Hügeln. Als Christian hier gearbeitet hat, gab es ein Schwimmbad und sogar eine belgische Schule, aber beides ist nicht mehr in Betrieb. Das Personal des Elektrizitätswerks von Mobaye ist in die Häuser eingezogen, und nichts deutet darauf hin, daß seitdem etwas daran gemacht worden ist.

Brunos Frau hat am Hafen einen Eimer Fisch gekauft und verschwindet in der Küche. Bruno holt zwei Stühle und stellt sie in den Garten mit Blick auf den Fluß. »Die haben die Plünderungen zum Glück überlebt«, sagt er. Er und seine Frau waren gerade in Mobaye, als Mobutu nach seiner Flucht aus Kinshasa in Gbadolite eintraf, um seine Koffer zu packen. »Wir dachten, das würde ein paar Tage dauern«, sagt er nachdenklich, »und wir hätten genug Zeit, um unser Haus in Gbado auszuräumen. Aber plötzlich ging alles rasend schnell. Soldaten rückten auf der Flucht von der Front auf Gbado vor, und auch die DSP wurde nervös. Sie merkten, daß ihr Chef drauf und dran war, sie zu verlassen, und wollten ihren Sold haben, nicht in Zaïre, sondern in Dollar.«

Aus Gbado kamen immer besorgniserregendere Nachrichten, und Bruno machte sich klar, daß er nicht mehr dorthin zurückkonnte. Aus zahlreichen Augenzeugenberichten rekonstruierte er die dramatische Flucht des Präsidenten. »Die DSP hat ihn bis auf den Flughafen verfolgt«, sagt er und kneift die Augen zusammen, als könnte er die Szene so besser heraufbeschwören. »Ein Korporal hat ihn mit dem Gewehr bedroht, und ein Leibwächter ist mit Bobis Handtasche auf und davon, in der die Pässe der beiden waren. Bobis Bruder Fangbi mußte zweitausend Dollar zahlen, um auf das Rollfeld zu kommen.«

Die einzige Maschine, die in Gbadolite am Boden stand, war ein Frachtflugzeug des angolanischen Rebellenführers

Savimbi. Sie wurde mit dem eilig zusammengesuchten Gepäck beladen, und Mobutu hatte größte Mühe, ein paar getreue DSP-Obersten zum Mitkommen zu bewegen. Andere DSP-Angehörige befahlen dem Präsidenten im letzten Moment, sein Lieblingsauto wieder auszuladen, und fuhren damit zum Plündern nach Kawele.

Bruno blickt auf den Ubangui hinab. »Als der Präsident weg war, brach unter den Zurückgebliebenen Panik aus. Der Menschenstrom kam unaufhaltsam näher, die Straße von Gbado nach Mobaye war völlig verstopft von wild hupenden Autos flüchtender Verwandter des Präsidenten. Im Hafen stellten sie die Autos auf Flöße aus vier Baumstämmen und fuhren ans andere Ufer.«

In der Nacht, als die Nachricht vom Fall Kinshasas eintraf, nahm das Gedränge am Fluß so zu, daß die Leute ihre Wagen stehenließen und Koffer und Kartons mit Geld und Diamanten in bereitstehende Boote warfen. Einige blieben hilflos am Ufer zurück, denn es gab Bootsführer, die sich im Schutz der Dunkelheit mit den Sachen davonmachten. Auch Bruno und seine Frau waren unter den Flüchtenden. Alles mußte so schnell gehen, daß sie kaum Zeit zum Packen hatten.

»Am anderen Ufer war's nicht viel besser«, sagt Bruno. »Wir haben ein Haus gemietet, aber nachts kamen Soldaten, und wenn sie Geld fanden, nahmen sie es mit. Das haben wir auf die Dauer nicht ausgehalten, und so sind wir hierher zurückgekommen.« Während ihrer Abwesenheit waren ihre Häuser in Gbado und Mobaye restlos ausgeräumt worden. Sogar die Sachen ihres Sohnes, der in Molegbe im Internat ist, waren weg.

»Meine Brille, meine Schulzeugnisse, meine Militärpapiere – alles weg«, sagt Bruno tonlos. »Es gab Leute, die waren neidisch auf uns – wir hatten ein Haus, ein Auto, wir waren privilegiert. Viele haben bei ihren Arbeitgebern geplündert. Mein früherer Koch läuft in meinen Sachen herum!«

Es ist fünf Uhr vorbei, und ein weiches Licht hat sich über das Wasser gebreitet. »Jeden Abend spulen meine Frau und ich den Film von Anfang bis Ende noch einmal ab«, sagt

Bruno. »Immer neue Szenarien denken wir uns aus, andere Fluchtwege. Hätten wir unsere Sachen verkauft, dann hätten wir wenigstens Geld gehabt, aber das hätten uns die Soldaten am anderen Ufer womöglich wieder abgenommen. Und so überlegen wir hin und her.«

Ich habe schweigend zugehört. Brunos Geschichte hat mir meine Tour nach Brazza in Erinnerung gerufen. Wieder bin ich mit Bois Noir in das schwankende Boot gestiegen; sein schweißnasses Gesicht, die nervösen Soldaten am Hafen, die alte Frau auf dem Boden des Bootes – alles sehe ich wieder vor mir. Im nachhinein bin ich fast froh, daß auch ich in diesem ausgeraubten Land Federn lassen mußte.

Zu Hause sehen mich drei Männer mit unverhohlener Neugier an. Ob ich den ganzen Tag in Mobaye gewesen sei? Ob ich überhaupt Trinkwasser dabeigehabt hätte? Ob Brunos Laster nicht den Geist aufgegeben habe? Allmählich zweifeln sie ernstlich an meinem Verstand. Daß mir nie etwas passiert! »Am Montag nehmen wir sie mit in die Werkstatt«, sagt Mauro, der bei den Hänseleien, denen ich seit Tagen ausgesetzt bin, die Führung übernommen hat. »Da müssen dringend ein paar lockere Schrauben nachgezogen werden.« Nach Boves und Christians Vorbild läßt er sich einen Schnurrbart wachsen, ein flaumiges Etwas, das nicht recht gedeihen will.

Sie hassen das Wochenende. Sonntags langweile er sich manchmal so, daß er den halben Tag im Bett verbringe, gesteht Bove.

»Gibt's hier denn nichts zu tun?«

»Nämlich?«

»Spazierengehen, mit Leuten plaudern?«

»Ach, und an wen denken Sie da?«

»An den Wachmann zum Beispiel.«

»Das überlassen wir dir«, sagt Christian, der mich nachmittags ab und zu bei dem Wachmann Simon unter dem Strohdach hat sitzen sehen.

Am Vormittag hat Bove an der Haustür einen großen Karton Waschpulver gekauft, und am Abend klopft es wieder.

Zwei junge Männer stehen im Halbdunkel vor der Tür und heben vorsichtig einen Gegenstand aus einer Tasche: ein sich aufbäumendes goldenes Pferd auf einem hölzernen Sockel. Bove und Christian betrachten es interessiert, suchen den Goldstempel. Oder ist es nur vergoldet? Sie kennen es: Es stammt aus dem Palast von Kawele. Bestimmt ein Geschenk, das Mobutu von einem Staatsbesuch mitgebracht hat. Der filigrane, mit kleinen Saphiren und Rubinen besetzte Sattel ist leicht beschädigt. Achtzehnhundert Dollar wollen die beiden dafür haben.

Sie sind Kommissionäre, Bove kennt die Spezies. Früher haben sie mit Personal aus dem Präsidentenpalast zusammengearbeitet und hatten das ganze Jahr über Kaviar, Salami und Champagner im Angebot. Seit Bove aus Kinshasa zurück ist, stehen sie alle naselang vor der Tür. Er sucht sie nicht, aber wenn sie vorbeikommen, schaut er sich an, was sie haben. Vorige Woche hat er ihnen Silberbesteck aus dem Präsidentenpalast abgekauft, und kurz vor unserer Ankunft hat man ihm eine Kuh angeboten, höchstwahrscheinlich von einer Farm der Jesuiten. Bobi besaß herrliche Juwelen – wenn die zu verkaufen wären, würde er keinen Augenblick zögern.

Als Bove und Christian wieder ins Haus gegangen sind, unterhalte ich mich noch eine Weile mit den beiden. Sie könnten noch viel mehr liefern, sagen sie. Woran ich Interesse hätte – Gold, Diamanten, Juwelen? Das Pferd verstauen sie wieder in der Tasche; wenn sie es in Gbado nicht loswerden, geht es nach Kinshasa, wo einer von ihnen einen Bruder hat.

Am Sonntag morgen weckt mich Glockengeläut. Erstaunt lausche ich – manche Rituale haben den Umbruch offensichtlich überlebt. Beim Frühstück kündigt Bove einen Ausflug nach Molegbe an, ein anderes Kolonialstädtchen in der Nähe. Als wir auf die Straße hinausfahren, sehen wir einen Kadogo an der Spitze einer Schar Kinder aus dem Haus von Mama Kossia kommen. Gewichtig stapft er vor seinen neuen Freunden her, im Gleichschritt, das Gewehr über der Schulter, wie ein aufgezogener Spielzeugsoldat. Bove hat sich ein paarmal mit ihm unterhalten; er ist zu Fuß aus dem äußersten Osten des Landes gekommen und brüstet sich damit, wie viele Menschen er getötet hat.

Die Plünderungen gehen weiter. Vor einigen Tagen wurde der Zaun um das Haus von Kossias Tochter abgebaut, und auch unterwegs sehen wir Leute mit ihrer Beute: eine hölzerne Palette, eine Packung Wipp-Waschmittel, eine kaputte Neonröhre, eine blaue Quaste von einem Sessel des Präsidenten.

Es herrscht wenig Verkehr, aber jedes Auto, an dem wir vorbeikommen, hat eine Geschichte, die Bove und Christian bis ins traurige Detail kennen. Ein röhrender, tief über dem Boden liegender Mercedes 600 des Präsidenten überholt uns. Am Steuer sitzt ein Soldat in einem weißen T-Shirt. »Wenn der noch länger damit fährt, kann er ihn demnächst zum Schrottplatz bringen«, brummt Christian.

Es ist keine natürliche Welt, die wir an der Asphaltstraße nach Molegbe sehen. Überall anderswo lachen und winken die Kongolesen, wenn man vorbeifährt, hier schauen sie nur, ausdruckslos, distanziert. Jemand hat vergessen, die Straßenbeleuchtung auszuschalten; völlig unsinnig brennen Laternen in der hellen Äquatorsonne. Vor einer Hütte steht ein Luxussessel, der vor nicht allzu langer Zeit rosa gewesen sein muß, ein Stück weiter prangt ein bunter Sonnenschirm, der früher am Rand eines Swimmingpools gestanden haben dürfte. Ab und zu wird das einheitliche Bild der Hütten von einem phantasielos rechteckigen, gemauerten Haus unterbrochen, das Safricas für einen Freund oder Verwandten des Präsidenten gebaut hat. Mit ihren schmutzigen Wänden, die wohl nie mehr einen Klecks Tünche sehen werden, stechen diese Häuser unangenehm aus der sepiabraunen Landschaft hervor. Es waren einmalige Geschenke, so wie der Rundfunkturm in Kinshasa, dann mußten sich ihre Bewohner selbst darum kümmern. Diese beschränkte Entwicklungsphilosophie – daß der Westen Mobutu darin unterstützt hat!

Doch Bove kennt keine Schuldgefühle. Die Menschen in der Äquatorprovinz seien Schnorrer, sagt er, erst hätten sie den Präsidenten um ein Haus gebeten, später wollten sie Möbel, ein Auto, fließendes Wasser – ihre Forderungen nahmen kein Ende. Ein Mann wollte eine Bar haben. Ein Jahr lang lieferte Mobutu gratis die Getränke, dann sollte der Mann allein zurechtkommen. Daraus wurde natürlich nichts. Außer einer verwitterten Bierreklame an der Fassade ist von der Bar nichts übriggeblieben.

»Die Häuser müßten Sie mal von innen sehen«, sagt Bove. »Schwarze Löcher sind das – schrecklich!«

»Wundert Sie das?«

»Ja, natürlich, wenn man bedenkt, wie wir sie übergeben haben!«

»Aber was erwarten Sie denn von Leuten, die gewohnt sind, in Hütten zu leben? Ihre Hütten sind übrigens viel sauberer, sie …« Ich höre mich selbst reden und verschlucke den Rest.

Christian und Mauro wechseln einen vielsagenden Blick. »Was glauben Sie, warum die Menschen hier schwarz sind?« fragt Bove grimmig. »Gott hat sie zu lange im Ofen gelassen, da sind sie verbrannt.«

In Molegbe haben die Brüder von Oostakker in den zwanziger Jahren eine prächtige rostrote Kirche gebaut. Sie erinnert mich an die massiven Kirchenbauten, die ich gesehen habe, als ich auf den Spuren meines Onkels durchs südliche Zaïre gereist bin. Vergnügt steige ich die Stufen hinauf, froh darüber, nach all den verwaisten neuen Gebäuden in Gbadolite endlich wieder eines mit Vergangenheit zu betreten. Drinnen ist es totenstill. Eine alte Frau fegt den Boden zwischen den Holzbänken. Die Patres und Schwestern seien alle in die Zentralafrikanische Republik geflohen, sagt sie, heute nachmittag finde nur ein »Animationstreffen« statt. Ich glaube, ich weiß, was ich mir darunter vorzustellen habe – die Sorte Versammlung, bei der der *ndombolo spirituel* getanzt wird.

Neben der Kirche liegt das noch unfertige Haus, das Safricas für den Bischof von Molegbe gebaut hat. Es war auf eine Million Dollar veranschlagt. »Komischer Bischof«, sagt Bove. »Er hat dem Präsidenten junge Nonnen zugeführt, aber ich glaube, auf dem Rückweg hat er auch schon mal selbst zugegriffen.« Einmal traf ein Arbeiter von Safricas im Wohnzimmer des Bischofs zwei Nonnen an, die sich einen Pornofilm ansahen. Es war Bove ein Rätsel, wie die Nonnen hier ihre Gelübde abgelegt hatten: Einige von ihnen konnten kaum schreiben.

»Wollten Sie nicht Kawele sehen?« fragt Bove auf dem Rückweg.

Auf der Hinfahrt sind wir an dem imposanten goldenen Tor vorbeigekommen. Vier Soldaten in schäbigen Uniformen hielten dort Wache. »Ja, sicher, wenn man uns reinläßt...«

»Wär's nicht besser, wir holen uns erst eine Genehmigung?« fragt Christian.

Bove zuckt die Schultern. »Ach was, jetzt sind wir schon mal da, wir probieren's einfach.«

Aus der Nähe wirken die Soldaten noch verwahrloster. Einer trägt einen löchrigen Schlapphut, ein anderer ein zerrissenes T-Shirt. Sie sprechen kaum Französisch und sehen uns mürrisch an. Bove fordert sie auf, uns durchzulassen, erreicht aber mit seinem autoritären Ton genau das Gegenteil. Die Soldaten spähen mißtrauisch ins Auto und mustern uns der Reihe nach. Ob wir eine Erlaubnis des Kommandanten hätten? Ohne Genehmigung können sie uns nicht hineinlassen.

Wir seien von Safricas, sagt Christian beschwichtigend, der Firma, die den Palast gebaut habe, wir wollten sehen, was daraus geworden ist. Ich wende peinlich berührt den Blick ab. Einer der Soldaten versucht über sein Walkie-Talkie den Kommandanten zu erreichen, aber ohne Erfolg. Bove dringt weiter in sie, mißmutig, verärgert. Gleich fängt er an zu schimpfen, wie mit seinem Boy! »Fahren wir weiter«, sage ich, »das wird hier nichts mehr.«

Den ganzen Rückweg über wettert Bove gegen die Soldaten. Was bilden die sich ein! Christian versucht ihn zu besänftigen, und auch ich rede beruhigend auf ihn ein. »Die machen doch nur ihre Arbeit«, sage ich. »Hätten sie uns reingelassen, hätten sie Ärger mit ihrem Kommandanten bekommen – das können sie nicht riskieren.«

Am Nachmittag zieht sich jeder in sein Zimmer zurück; ich lege mich aufs Bett und höre Radio. In Kinshasa ist Tshisekedi verhaftet worden. Um sein Haus in Limete herum ist es unruhig, seine Anhänger haben Autos und Busse in Brand gesteckt. Ich muß an Guido und Christine denken, die nur ein paar Straßen entfernt wohnen. Sie werden doch nicht…? Aber dann rufe ich mir in Erinnerung, wie Nachrichten durch die Entfernung verzerrt werden: Am Abend vor meiner Abreise kam Christine mit der Meldung nach Hause, Gbadolite befinde sich wieder in Händen der DSP.

Ich mache mich auf die Suche nach Simon, dem Wachmann. Er kommt gerade von seiner Runde um die Safricas-Gebäude zurück. »Was gibt es da eigentlich noch zu kontrollieren?« frage ich. »Es ist doch alles geplündert.«

»O nein, Madame, wenn Sie wüßten…« Gestern hat er einen Soldaten vertrieben, der sich in einem Zimmer an einem Mädchen vergreifen wollte, und heute morgen hat er in einem der Häuser einen Dieb erwischt, der gerade dabei war, die Klimaanlage auszubauen; sein Pousse-pousse stand draußen schon bereit. Und ob ich nicht gemerkt hätte, daß sein kostbarer weißer Stock verschwunden sei?

Simon sucht beim Reden atemlos nach Worten, als würde er sie aus einem Grabbelsack hervorkramen, und vergewissert sich immer wieder, ob er auch das richtige getroffen hat. Er ist bei den Scheutisten in Lisala zur Schule gegangen und scheint die französische Sprache durchaus zu beherrschen, ist aber offenkundig nicht mehr daran gewöhnt, sie zu benutzen. Es ist rührend zu sehen, wie er sich abmüht, und die feierlichen Sätze, die er schließlich konstruiert, klingen oft noch lange in meinem Kopf nach. Ich muß Abstand halten, wenn ich mit ihm rede, denn wenn ich ihm zu nahe komme, weicht er erschrocken zurück. Diese altmodische Ehrbezeigung gegenüber Weißen haben ihm vermutlich die Patres beigebracht.

Auch er hat sich gestern Sorgen um mich gemacht. Ob Madame am Morgen nicht ohne Frühstück losgefahren sei? Ob ich bequem gesessen hätte, da oben im Führerhaus des Lastwagens? Und ob ich etwa hätte essen müssen, was die Leute, bei denen ich den Tag verbracht hätte, mir vorgesetzt hätten?

Er selbst ist klapperdürr und steht jeden Morgen um halb fünf auf, um von seinem Buschdorf in die Stadt zu laufen. Er gehört zu den Ngbaka, einem kriegerischen Stamm, der mit den Ngbandi auf gespanntem Fuß steht. Sie würden Gbadolite plündern, wenn Mobutus Stunde geschlagen habe, hatte es immer von ihnen geheißen. Als Simon aber in der Nacht nach dem Fall Kinshasas Schüsse nordwärts flüchtender Soldaten hörte, lief er wie alle anderen in den Wald. Sie waren zu vielen, und abends machten sie große Feuer, um Mücken und wilde Tiere fernzuhalten. Die Kinder weinten ununterbrochen, und manche starben an Malaria. Nach ein paar Tagen unternahmen die mutigsten der Männer einen Erkundungsgang und kamen mit der Nachricht zurück, daß die Luft wieder rein sei. Noch nicht alle haben sich wieder hervorgewagt, aber Simon entschloß sich, mit seiner Familie den Wald zu verlassen.

»Und wie ist es, wieder hierzusein?«

Er sieht mich traurig an. »O Madame… Wenn der Hirte geht, schwärmen die Lämmer aus.« Aber Kabila hat Mobutu ja kürzlich mitgeteilt, er könne nach Gbadolite zurückkehren, und Simon hofft inständig, daß der Präsident das Angebot annimmt. Seine Häuser stünden ja noch, was ihn also hindere, alles wieder herzurichten?

»Aber Mobutu ist schwer krank!«

»Dann eben seine Erben. Alles, was er in Kawele zurückgelassen hat, gehört schließlich seinen Kindern, nicht wahr?«

Früher waren Ngbandi und Ngbaka Ackerbauern, sagt er, aber als der Präsident nach Gbadolite kam, gingen sie kaum noch aufs Feld: Sie warteten darauf, daß er Geld verstreute. Simon selbst hat nie etwas bekommen, nicht einmal einen Pagne. Das war seiner Meinung nach Mobutus einziger Fehler: daß er den einen etwas gab und den anderen nicht.

»Und jetzt, wo er nicht mehr da ist, haben alle angefangen zu plündern, sogar in meinem Dorf, in meinem eigenen Hof!« Ich stelle mir radikale Plünderungen vor, wie Bruno sie erlebt hat, aber er meint die Ente, die man ihm gestohlen hat. Es dauert eine Weile, bis ich aus seinem atemlosen Französisch das Ausmaß des Dramas heraushöre. Elf Küken hatte die Ente; seit sie weg ist, laufen sie kreuz und quer über den Hof, und sechs sind bereits verendet. »Ich versteh das nicht«, sagt er verzweifelt, »Gott muß an dem Tag nicht dagewesen sein, oder er war zornig. Sonst hätte den Dieb doch auf der Stelle der Blitz erschlagen!«

Es hat angefangen zu regnen, und Simon späht besorgt die Straße hinunter: Wo bleibt nur seine Ablösung, der Mann müßte doch längst da sein? Ein kleiner Zigarettenverkäufer stellt sich bei uns unter. »Und du«, frage ich ihn, »hast du auch geplündert?«

»Nein, nein«, lacht er. Aber er sei beim Palast von Kawele gewesen. Ein Bündel Geldscheine habe dort auf dem Boden gelegen, aber er habe es nicht angerührt. Und er sei beinahe in eine Pfütze *mercure rouge* – rotes Quecksilber – getreten, aber auch das habe er liegenlassen. Rotes Quecksilber – was nährt die Phantasie dieser Kinder?

Simon blickt verträumt in den Regenvorhang hinaus. So gern würde er einmal Kossias Haus von innen sehen, sagt er, es soll ja so schön sein. Wenn er nur einmal hineinschauen könnte! Im Wohnzimmer steht ein Klavier an der Wand, hat man ihm erzählt. Es war zu schwer zum Mitnehmen, deshalb haben die Plünderer es dagelassen.

Ich höre verwundert zu. Das Haus ist kaum hundert Meter entfernt, und selbst jetzt noch, da es den Glanz von einst verloren hat und sich alles mögliche Gesindel darin herumtreibt, ist es unerreichbar für ihn.

Es regnet weiter, die Ablösung ist nicht erschienen, und so hole ich eine Packung italienische Kekse aus meinem Zimmer und teile sie mit Simon. Er ißt sie mit Bedacht, damit ihm nichts von dem ausgefallenen, fremdländischen Geschmack entgeht, und bittet mich, einen Keks für später aufheben zu dürfen. Ich gebe ihm die leere Packung, und er legt ihn hinein und faltet sie vorsichtig zusammen. Er werde ihn seiner Tochter geben und ihr sagen, daß er ihn von Madame bekommen hat. Sein dankbarer Ton schneidet mir ins Herz. Ein Keks aus Italien, in einer Stadt, in der ein Mann rosa Champagner zum Frühstück getrunken hat!

In der Einfahrt schwenkt ein Offizier sein Gewehr. Bove thront mit seiner ewig gereizten Miene hoch über ihm im Führerhaus des Lasters und redet mit gerunzelten Brauen auf ihn ein, was den Mann nur noch mehr aufbringt. Auf der Straße stehen mindestens acht Soldaten mit dem Gewehr im Anschlag.

Christian und ich beobachten die Szene von der Tür aus und beschließen, langsam hinzugehen. Wir kommen nicht dahinter, welche Sprache der Kommandant spricht, und auch der Dolmetscher, den er dabeihat, bringt nicht viel zustande. »*Matchine! Matchine!*« sagt er immer wieder. Nach einer Weile dämmert mir, daß der Kommandant Englisch spricht und Bove beschuldigt, ein *mercenary*, ein Söldner, zu sein. Was er gestern in Kawele zu suchen gehabt habe, warum er heimlich in den Palast gewollt habe, ob man ihn etwa beauftragt habe, den Palast zu renovieren? Wenn er unbedingt in Mobutus Nähe sein wolle, dann solle er doch nach Belgien gehen. Belgien? Der Mann ist nicht gerade auf dem neuesten Stand.

Sieben Jahre hat er gegen Mobutu gekämpft, sagt er, und jetzt versuchen vier Weiße hintenherum, in den verhaßten Palast zu gelangen! Bove schlägt seinen Jammerton an: Auch er habe gelitten, wie oft habe ihm nicht Mobutus Schwager Fangbi übel mitgespielt! Christian probiert sein Swahili an dem Kommandanten aus, kommt damit aber nicht weit. Woher die Soldaten in Gbadolite stammen, ist nicht klar. Aus Uganda, aus Ruanda, aus Tansania? Französisch sprechen sie alle nicht, und ihr Swahili ist »schwerer« als das hiesige, sagen die Kongolesen und meinen damit das authentische Swahili aus Ostafrika. »Sieben Jahre gegen Mobutu gekämpft« – selbst von blutjungen Kadogos hört man diesen Spruch.

Der Kommandant hat sein Gewehr auf den Boden gelegt und schwenkt jetzt sein Walkie-talkie. Wenn wir ihm nicht genau erklären könnten, was wir in Kawele gewollt hätten, werde er seine Vorgesetzten in Kinshasa verständigen, dann könnten wir denen erzählen, was wir vorhatten! Mir rutscht das Herz in die Hose. Nein, nur nicht nach Kinshasa, nicht in dieses Wespennest von Argwohn, Mißverständnissen und Rache!

Ich trete einen Schritt vor. Meine Gastgeber hätten mich gestern an ihrem freien Tag zu einer alten belgischen Kirche in Molegbe mitgenommen, sage ich, und auf der Rückfahrt... Mein Englisch scheint ihn zu besänftigen, er hört zu und läuft nicht mehr wütend auf und ab. »Aber warum haben Sie denn keine Genehmigung eingeholt?« murrt er. »So ist das doch höchst verdächtig!«

»Es tut uns leid, Kommandant, Sie haben natürlich recht, aber wir haben uns das erst überlegt, als wir an dem Palast vorbeikamen.«

»Können Sie das aufschreiben, genau so, wie Sie's jetzt sagen? Auf englisch?«

Sein Dolmetscher hat einen Notizblock dabei, und ich setze mich damit an Simons Tisch. Die Feindseligkeit hat sich verflüchtigt. Bove entschuldigt sich für das Mißverständnis, und Christian lädt alle zu einem Kaffee ein, was höflich abgelehnt wird. Der Kommandant wirft einen kurzen Blick auf meinen Bericht und nickt beifällig, dann klappt er den Block zu, hebt sein Gewehr vom Boden auf, winkt seine Leute heran und steigt in den bereitstehenden Jeep.

»Uff! Das war knapp!« Erleichtert schauen wir ihnen nach.

»Daran bin natürlich ich schuld«, sage ich reuevoll. »Hätte ich nicht gesagt, ich will in den Palast...«

»Schwamm drüber«, sagt Christian. »Reden wir nicht mehr davon.«

Es ist der dreißigste Juni, der Tag der Unabhängigkeit, ein freier Tag für die drei. Ich muß an die Festlichkeiten denken, die Juliana Lumumba und Aubert Mukendi in dessen Suite im Hotel Inter vorbereitet haben. »Findet hier keine Parade statt?« frage ich Christian, als sich die Aufregung des morgendlichen Zwischenfalls gelegt hat und der Tag uns wieder in all seiner Endlosigkeit angähnt. Christian ist der neugierigste von den dreien; in den vergangenen Tagen haben wir uns ein paarmal aus der erstickenden Atmosphäre des Hauses davongestohlen.

»Wer weiß?« Er sieht mich an und lacht. »Was ist – willst du nachsehen?«

Auf dem Boulevard Mobutu Sese Sekou herrscht tatsächlich mehr Betrieb als sonst. Leute laufen mit Transparenten hin und her, und man hat eine Tribüne aufgebaut, die sich schnell mit Honoratioren füllt. Ein junger Mann überquert die Straße und fordert uns freundlich auf mitzukommen. Wir sträuben uns, aber er bleibt fest: Sein Chef habe ihn geschickt. Händereibend erwartet uns der Zeremonienmeister auf der Tribüne. Nachdem er uns einen Platz angewiesen hat, blickt er zufrieden die Reihen entlang. So, jetzt ist die Ausländergemeinschaft auch vertreten.

Ich muß mich erst umstellen: Vor einer knappen Stunde waren wir noch Parias, die beinahe in ein Flugzeug nach Kinshasa gesetzt worden wären, und jetzt sitzen wir auf einer Tribüne zwischen den Honoratioren von Gbadolite, die uns wohlerzogen zunicken. In seiner Rede führt der *commissaire régional* – der Gebietskommissar – unsere Anwesenheit später sogar als Beweis dafür an, daß in der Stadt Sicherheit herrscht.

»Kennst du hier jemanden?«

Christian zeigt mit einer Kopfbewegung auf einen Soldaten in der Reihe vor uns. »Wie wär's mit dem?« Der Kommandant von heute morgen! Als unsere Blicke sich kreuzen, lacht er herzhaft. Na ja, so übel sind die Rebellen gar nicht.

Ich suche den Kommandanten vom Flughafen, den Erik mir bei meiner Ankunft vorgestellt hat, kann mich aber beim besten Willen nicht mehr erinnern, wie er aussieht. Neben dem Soldaten von heute morgen sitzt ein besonders gut aussehender, hochgewachsener junger Mann – der Kommandant von Kawele. Bei dem Empfang später gibt er uns etwas widerstrebend die Hand.

Der städtische Beamte neben mir kennt alle hier. Die Blaskapelle des Präsidenten ist in den Wald geflohen, vertraut er mir an, die Kapelle, die der Tribüne gegenüber Aufstellung genommen hat, gehört zu einer Kirche. Die Musikanten sehen rührend aus in ihren Hemden mit den steifen Kragen und ihren Jacken, die vom vielen Bügeln glänzen. Ihre Gesichter strahlen erwartungsvoll, ungeduldig hantieren sie mit ihren Instrumenten, und plötzlich hebt ein ungeheures Getöse an, das die unterschwellige Düsterkeit der letzten Tage mit einem gewaltigen Schlag wegfegt. Selbst die Soldaten, die teilnahmslos vor sich hin geschaut haben, fest entschlossen, diesen Kelch möglichst schnell an sich vorübergehen zu lassen, fangen an, auf ihren Stühlen herumzurutschen, und sehen neugierig nach links, wo sich eine farbenprächtige Parade in Bewegung gesetzt hat.

Sehe ich recht? Dort hinten tanzt das mürrische Gesicht mit der Leopardenmütze zwischen den Pagnes, und auch das helle Gesicht der Ngbandi-Frau mit den breiten Wangenknochen erkenne ich wieder. Die Bewohner von Gbadolite tragen ihre neuesten Kleider: jene Pagnes und T-Shirts, von denen die Magazine der Stadt überquollen. Tanzend und lachend nähern sie sich der Tribüne, auf der früher der Vater der Nation gethront hat, der große Baobab, der jetzt in Marokko darniederliegt, der Mann, der sie genährt und gekleidet hat, ohne den sie heute nicht einmal ihren Feststaat hätten.

Ecole Mobutu Sese Seko, Ecole Mama Yema, Ecole belge – die Schilder, die die einzelnen Gruppen mit sich führen, verweisen auf Schulen, deren Mobiliar jetzt in Hütten im weiten Umkreis steht, während mit den Seiten der Schulhefte das Schmalzgebäck auf dem Markt eingewickelt wird.

An der Tribüne angelangt, wenden sich die Gruppen uns zu, und die Gesichter Mobutus und Bobi Ladawas sehen uns direkt an. Der Fahrradschlosser in seinem skurrilen Karnevalsaufzug und der MPR-Mütze vollführt Kapriolen auf seinem Rad, die dicken Mamans vom Markt fordern die Soldaten schamlos tanzend heraus, die *Groupe Agricole Litho Moboti* schwenkt grüne Palmwedel, drei Männer vom Roten Kreuz halten einen Kranken waagerecht an sich gedrückt und drehen ihn gefährlich im Kreis. Der ernste Kommandant von Kawele, der sich lange beherrscht hat, neigt den Kopf diskret nach links, sucht hinter schützend vorgehaltener Hand den Blick seines Kollegen und lacht los.

Die Sprache des Buschs

Kinshasa

ZU HAUSE beäugt Christine mißtrauisch die präsidialen Erfrischungstücher mit der Fackel des MPR darauf, die ich ihr mitgebracht habe. Auch die Blaupause des Erdgeschosses von Mobutus Residenz kann sie nicht begeistern. Ob ich nicht gehört hätte, daß Mobutu vor seiner Abreise alle seine Besitztümer mit Gift besprüht habe? »Das sind doch Ammenmärchen«, lache ich. »Der hatte anderes zu tun!« Aber sie glaubt mir nicht – sie wird meine Souvenirs aus Gbadolite jedenfalls nicht anrühren.

Als ich mit José in die Stadt fahre, sehe ich zwei Kindersoldaten, die sich lachend mit ein paar Leuten unterhalten und dann auf einen fahrenden Bus aufspringen, wie es die Kinois zu tun pflegen. »Aha, die Kadogos passen sich an«, sage ich. José brummt nur irgend etwas. Er wohnt in N'Djili, einer unruhigen, dichtbevölkerten Cité voller Tshisekedi-Anhänger, die das neue Regime genau beobachten. »Oder nicht?«

»Komm mal zu uns nach N'Djili, dann siehst du, was die so machen«, sagt er böse. »Wenn dein Nachbar dir Geld schuldet und du gehst zur AFDL, dann bekommst du natürlich recht, weil du der erste bist, der sich beschwert; damit bist du ihr Freund. Die andere Seite hören sie gar nicht erst an!« Er schnaubt verächtlich. »Rebellen – wie sollen die Recht sprechen können! Persönliches Eigentum ist geschützt, sagt die AFDL, also müssen die Soldaten einen Befehl haben, wenn sie ein Haus beschlagnahmen. Aber glaubst du, die halten sich daran? Von wegen!«

Einmal in Fahrt, ist José nicht mehr zu bremsen. Zwei junge Männer, die mit ihrem Fernseher zu einem Freund wollten, weil bei ihnen der Strom ausgefallen war, wurden auf offener

Straße erschossen – die Kadogos hielten sie für Plünderer. Auf diese Weise kommen in der Cité täglich Menschen zu Tode, und im Fernsehen tun die Minister das alles als »kleines Problem« oder »kleines Mißverständnis« ab! »Nein, wenn das noch ein halbes Jahr so weitergeht, dann kommt der große Knall, das halten wir nicht durch. Schon gar nicht nach dem, was wir die letzten Jahre mitgemacht haben. Wir dachten, wir hätten schon alles erlebt, aber offenbar geht es noch schlimmer!« Kabila muß mit der Opposition Frieden schließen, meint er, ein Einparteienstaat, wie Mobutu ihn damals ausgerufen hat, kann der Kongo nie wieder werden. »Damals hatten wir von nichts eine Ahnung, aber das hat sich geändert!«

»In Gbadolite glauben die Leute, Mobutu kommt zurück«, sage ich.

»Ach, am Anfang war Mobutu gar nicht so schlecht. Er war wenigstens beliebt, nicht so wie Kabila, der es in zwei Monaten geschafft hat, alle gegen sich aufzubringen. Dafür hat Mobutu dreißig Jahre gebraucht. Aber das Problem bei uns Bantus ist: Je älter wir werden, desto dümmer werden wir.« Es kommt aus tiefster Seele, und wir müssen beide lachen.

»Da mußt du eben Swahili lernen, dann kannst du die Rebellen besser verstehen.«

»Swahili! Diese Buschsprache! Sollen die doch Lingala lernen!«

Swahili eine Buschsprache! Die Kinois halten Kinshasa allen Ernstes für den Nabel der Welt – Kabila geht schweren Zeiten entgegen. Ich muß an die steifen Statements der Minister denken, die ich gestern abend im Fernsehen gehört habe. Woran liegt es nur, daß hier auf dem Weg nach oben so viel unverfälschtes Rednertalent verlorengeht? Später wird jemand einen Zipfel des Schleiers für mich lüften: Während der allwöchentlichen Ministerratssitzung redet Kabila stundenlang und wettert dermaßen gegen jedermann los, daß sich am Ende alle klein und häßlich fühlen und nur noch tun können, was er sagt.

Freunde nehmen mich mit in ein Open-air-Konzert des kongolesischen Sängers Pepe Kallé, das erste Konzert seit der Befreiung. Gegen zwei Uhr morgens kommt eine Gruppe von

Leuten in Begleitung von Militärs. Der Türsteher fordert die Soldaten auf, draußen zu bleiben. Die Gesellschaft würdigt ihn keines Blickes und geht wie selbstverständlich hinein, ohne zu bezahlen. An den Tischen um uns herum wird getuschelt: »AFDL!« Eine Frau, die zu der Gruppe gehört, aber einen Moment zurückgeblieben ist, wird vom Türsteher aufgehalten. Sie reißt sich los und geht weiter. Als sie merkt, daß der Mann ihr folgt, dreht sie sich um und läßt eine Schimpfkanonade auf ihn los. Ihr Gesicht ist wutverzerrt, ihre weit aufgerissenen Augen sprühen Funken. Dann läßt sie den armen Kerl einfach stehen und geht zu dem Tisch, an dem sich die AFDL-Gesellschaft inzwischen niedergelassen hat. Bis sie sich dazusetzt, haben sich ihre Züge wieder geglättet. Alle haben die Szene verfolgt. »Der Fahrer hat gewechselt, aber der Lastwagen ist derselbe geblieben«, ist es dem früheren Gouverneur von Kinshasa entschlüpft. Der Spruch macht Furore in der Stadt und wird bei jeder passenden und unpassenden Gelegenheit zitiert.

Eines Abends bekommt Guido einen besorgten Anruf nach dem anderen: Im Lager Tshatshi werde geschossen, und auch auf dem Boulevard des dreißigsten Juni sei es unruhig – wie es in Limete aussehe? Guido schaltet sofort sein Walkie-talkie ein, mit dem er die Wachdienste der Betriebe in der Umgebung abhören kann. Im Fernsehen werden die Einwohner von Kinshasa aufgerufen, Ruhe zu bewahren: Zwischen verschiedenen Fraktionen der Armee sei es zu Zusammenstößen gekommen, die Lage sei jedoch unter Kontrolle.

Am nächsten Tag wird in der Stadt heftig über die Ursachen der Gefechte spekuliert. Die Soldaten hätten ihren Sold bekommen, heißt es, die Ruander allerdings in Dollar, die Kongolesen in Zaïre; Katanger und Tutsi kämpften um die Vorherrschaft in der Armee; Kabila habe ein Flugzeug mit fünfhundert ruandischen Soldaten nach Kigali geschickt, aber Vizepräsident Kagame habe sie wieder zurückgeschickt. Ich stelle mir vor, wie Kagame an Bord der Maschine geht und seinen Soldaten sagt, sie seien im Kongo noch nicht fertig, sie müßten noch einmal zu Mzee Kabila zurück.

Einige Tage nach meiner Rückkehr aus Gbado bin ich wieder mittendrin in der politischen Kungelei. Am liebsten würde ich wieder ins Landesinnere fahren, der langsameren Unterströmung dieser Umwälzungen entgegen, aber instinktiv weiß ich, daß es in unsicheren Zeiten gut ist, die Temperatur in der Hauptstadt zu messen – alles ist besser, als im Landesinneren von einem politischen Umbruch überrascht zu werden. Es ist so, wie der amerikanische Botschafter es einmal bei einem Diner beschrieben hat: »Man muß hier sein, um zu wissen, was los ist, denn von einem Moment zum anderen kann sich etwas ändern. Es ist, als wäre man in einem Zimmer, in dem eine Schlange in sicherer Entfernung in der Ecke liegt. Wenn man kurz rausgeht und dann zurückkommt, ist sie inzwischen auf den Stuhl gekrochen.«

Oppositionsführer Tshisekedi ist wieder freigelassen worden. Nach den Worten von Kabinettschef Mukendi hätte er nie verhaftet werden dürfen. »Die Militärs sehen die Dinge nicht politisch«, klagt er. »Sie machen sich nicht klar, daß man Tshisekedi nicht einfach wie ein Paket zur Seite schieben kann, daß das politische Konsequenzen hat.«

Die Minister nennt er Milchbärte. Die meisten haben bis vor kurzem im Ausland gelebt, sie kommen also aus der Diaspora, ein Begriff, der auf dem besten Wege ist, zum Schimpfwort zu werden. Ein Minister ist bereits in einen Finanzskandal verwickelt: Er soll einen Boten mit zweihundertfünfzigtausend Dollar in die USA geschickt haben, für seine Frau, die dort zurückgeblieben ist.

Wir sitzen in Mukendis Suite im Hotel Inter, als ein Minister anruft und sich über einen Kollegen beschwert. »Ihr aus der Diaspora«, herrscht Mukendi ihn an, »ihr macht alles kaputt. Warum packt ihr nicht eure Koffer? Bis zur Grenze ist es nicht weit, ihr braucht bloß in ein Boot zu steigen.« Ich bin beeindruckt: So also redet man hier miteinander! Kabinettschef, Minister – unter den Titeln ist alles brüchig. Mukendi hat Sekretärinnen, die grauenvolle Rechtschreibfehler machen, das Alphabet nicht kennen und nicht begreifen, daß ein Computer mehr ist als eine Schreibmaschine, daß man einen Standardbrief nicht x-mal neu zu tippen braucht. Wenn zwei Briefe pro Tag hinausgehen, schätzt Mukendi sich glücklich.

Jeden Abend versammelt sich Mukendis Familie in seinem Zimmer und beugt sich besorgt über ihn. Einer sagt, er dürfe nicht so viel rauchen, ein anderer meint, er esse nicht genug, ein dritter, er schlafe zu wenig – als sei er ein Preisboxer, und sie müßten dafür sorgen, daß er in Form bleibt. Sie wollen, daß er einen Sekretär einstellt, der ihm Besucher vom Leib hält. Als er einen gefunden hat, erweist der sich als so ruppig und ungeschickt, daß manche ihn am liebsten über den Haufen schießen würden, und so muß Mukendi ihn wieder entlassen.

Daraufhin kommt der Besucherstrom von neuem in Gang. Die Kongolesen wenden sich eben lieber an Gott selbst als an seine Heiligen. Ein Mann, dem Mukendi in Lubumbashi in irgendeiner Sache geholfen hat, ist ihm nachgereist, und Mukendi weiß nicht, wie er ihn wieder loswerden soll. Der Mann schläft in seinem Vorzimmer, er ißt sein Frühstück, und jetzt will er auch noch Geld für ein Rückflugticket, um seine Frau in Lubumbashi zu besuchen!

Bei einem Bekannten in der schicken Avenue des Trois Z lerne ich ein älteres belgisches Ehepaar kennen, das bedrückt auf dem Sofa sitzt. Sie sind aus Belgien gekommen, um das Haus eines befreundeten Kaffeehändlers zu hüten, der mit seiner Familie in Urlaub gefahren ist, und heute morgen … Das Haus liegt ein Stück die Straße hinunter, ich war einmal dort, eine prächtige Villa mit Marmorfußböden und einem idyllischen Garten, ein kleiner Palast, wie man ihn hinter den phantasielosen Eisentoren in dieser Gegend öfter findet.

Die Frau ist klein und zerbrechlich, und ihre Stimme zittert noch von dem Schreck. Um acht bekamen sie Besuch von Militärs. Anführerin war eine Frau, die den Soldaten befahl, die Hunde zu erschießen, was die Belgier gerade noch verhindern konnten. Die Soldaten beschlagnahmten ihr Telecel und ihr Walkie-talkie und forderten sie auf, das Haus zu verlassen. »Die Frau war … giftig, gemein, verlogen. Das sei nicht unser

Haus, hat sie gesagt, wir seien Söldner. Sie könnte uns auf der Stelle erschießen lassen, und kein Hahn würde nach uns krähen. Wir sollten schleunigst dorthin zurückgehen, wo wir hergekommen seien, der Staat erhebe Anspruch auf das Haus.«

Unterdessen machten sich die Soldaten über den Kühlschrank her, tranken Alkohol, stopften sich Brotschnitten und Wurst in den Mund und warfen einander Brotlaibe aus der Gefriertruhe zu, um sie in ein bereitstehendes Auto zu packen. Sie schwärmten über das ganze Haus aus, und im Handumdrehen hatten sie das Auto vollgeladen. Als sie auf einige verschlossene Türen stießen, verlangten sie die Schlüssel. »Wir haben protestiert, aber da wurde alles nur noch schlimmer. Ich soll machen, daß ich wegkomme, hat die Frau geschrien, ob ich nicht wüßte, was die Soldaten mit Frauen machen? Ob ich schon vergessen hätte, was mit den beiden französischen Geschäftsleuten passiert sei, die während der Befreiung von Kinshasa ihren Betrieb in Limete gegen Plünderer verteidigt hätten? Kaltgemacht hätte man die.«

Ihr Mann sieht sie schweigend an. Er war früher Direktor der Banque du Zaïre, er hat einiges mitgemacht, aber so etwas hat er noch nicht erlebt, das ist … nicht kongolesisch. Ob die Frau aus einem der östlichen Nachbarländer sei, werden die beiden gefragt. Sie wissen es nicht. Ob sie unter Drogen gestanden habe oder betrunken gewesen sei? Jedenfalls war sie absolut rücksichtslos, ohne jedes Gefühl. »Sie wollte das Haus«, sagt der Mann, »mit allem, was darin war. Sie sei schon einmal dagewesen, hat sie behauptet, aber da hätte sie niemanden angetroffen, also seien wir illegal eingezogen.« Einer der Soldaten kam mit einem Kosmetikkoffer an; vielleicht hielt er ihn für eine Geldkassette. Als er ihn aufmachte und den Inhalt sah, warf er ihn auf den Boden und trampelte darauf herum.

Innerhalb kürzester Zeit richteten sie eine enorme Verwüstung an und brachten die Belgier dazu, das Haus zu verlassen, wobei sie nur einen Bruchteil ihres Gepäcks mitnehmen konnten. »Eigentlich gehört uns das auch nicht, hat die Frau gemeint.« Als später Sicherheitskräfte der belgischen Botschaft kamen, taten die Soldaten so, als würden sie nur Portugiesisch sprechen. Sie behaupteten, nicht sie hätten geplündert, sondern das Ehepaar selbst und die Hausangestellten.

Fassungslos höre ich zu. Die Frau spricht bedächtig, als sei ihr das alles völlig klar. Ihr Mann bewahrt Haltung, wie Männer es unter solchen Umständen tun, aber seine Erregung verrät sich darin, daß er sich beim Reden ständig verhaspelt. Die mutwillige Gemeinheit diesen wehrlosen Menschen gegenüber, das völlige Unverständnis ihrer Kultur, die Leichtigkeit, mit der man die mühsam aufgebaute Welt des Kaffeehändlers zerschlagen zu können glaubt – ich bin fix und fertig.

Jeder, der vorbeikommt, versucht herauszufinden, was geschehen ist. War die Frau vielleicht die Geliebte eines hohen Offiziers, war sie auf der Suche nach einem Haus, das seinem Rang entspricht? Oder betreibt sie das berufsmäßig und wird darauf angesetzt, durch Einschüchterung Häuser für die neue Elite freizumachen?

Der belgische Kaffeehändler bricht seinen Spanienurlaub ab und trifft zwei Tage später in Kinshasa ein. Ein ruhiger Mann – keine Spur von der Empörung, die Weiße mitunter an den Tag legen, wenn ihnen Afrikaner so etwas anzutun wagen. Er geht sofort in sein Haus und kommt bestürzt zurück. Überall stehen angebrochene Schnapsflaschen herum, und auf dem Klavier liegt Hackfleisch, das die Soldaten aus der Gefriertruhe genommen haben: Blut tropft über das Mahagoni. »Der Kadogo am Tor war barfuß und hat mich gefragt, ob ich ihm nicht Schuhe kaufen kann!« Ein anderer Kindersoldat trippelte in den Ballettschuhen seiner Tochter umher, und in der Einfahrt probierten zwei Kadogos die Kinderfahrräder aus. Dem Ältesten versprach der Mann ein Geschenk, wenn er das Haus gut bewachen würde. Schon nach einer Stunde wollte er sein Geschenk haben, und er wußte auch schon, was: Das Motorrad in der Garage.

Der Besitzer wird sein Haus wohl verlieren, bedingt sich aber aus, daß er seine Sachen mitnehmen darf. Er geht systematisch vor, läßt Lastwagen seiner Firma vorfahren, und seine Angestellten beginnen das Haus fachkundig auszuräumen.

Der General, der inzwischen eingezogen ist, schaut tatenlos zu. Die Bilder werden von den Wänden genommen, das Geschirr wird in Kartons gepackt, die Gardinen verschwinden – das Haus wirkt plötzlich gar nicht mehr so reizvoll.

Dann kommt von höherer Stelle die Meldung, daß ein Irrtum vorliege: Man habe geglaubt, das Haus habe einem Mobutisten gehört. Als der General das hört, geht er nach oben und packt seine Sachen. Er bleibt lange weg, und dann kommt er mit einem schweren Koffer die Treppe herunter – voller Kleider, Bettwäsche und Frottiertücher des Besitzers, wie sich später herausstellt.

Die Geschichte von dem geplünderten Haus beschäftigt mich noch tagelang. Daß die neuen Machthaber die Häuser ihrer Vorgänger an sich zu bringen suchen, verstehe ich noch halbwegs, aber daß jetzt auch ausländische Unternehmer nicht mehr sicher sind! »Banditenwesen«, besänftigt Mukendi, »das gibt es in solchen Übergangsperioden immer.« Trägheitsgesetz, Banditenwesen – das klingt wie »kleines Problem« oder »kleines Mißverständnis«, jene Ausdrücke, die José so verabscheut. »Gott hat Satan zur Erde geschickt«, sagt er, als ich ihm davon erzähle. »In den Kongo als erstes.«

Zerstörung, nichts als Zerstörung überall. Ein düsterer Satz von V. S. Naipaul kommt mir in den Sinn: »Die Wut der Rebellen war eine Wut auf Metall, Maschinen, Kabel, auf alles, was nicht zum Busch und zu Afrika gehörte.« Das Gesicht dieser Befreiung ist häßlich, von Haß und Zerstörungsdrang verzerrt. Wie sicher bin ich eigentlich in dieser Stadt? »Bisher ist dir nichts passiert«, sagt Guido, »aber sollte es doch einmal so weit kommen, dann wirst du merken, daß du völlig rechtlos bist.«

Der Kaffeehändler nimmt sein Haus wieder in Besitz. Sein Telecel ist kaputt, und täglich stellt er fest, was noch alles verschwunden ist. »Aber es gibt Dinge, die mir mehr Sorgen machen«, sagt er. Die Schiffe, die den Kongo hinauffahren, um Kaffee zu holen – früher wurden sie auf der Hinfahrt mit Bier beladen, das im Binnenland verkauft wurde, jetzt konfiszieren AFDL-Soldaten das Bier und halten die Schiffe auf der

Rückfahrt endlos auf, um sie nach Waffen zu durchsuchen. Auf diese Weise ist sein Geschäft dem sicheren Untergang geweiht.

Wie soll das Land unter diesen Umständen ausländische Investoren interessieren oder ausländische Hilfe bekommen? Wer soll dieses Chaos finanzieren? Der belgische Minister für Entwicklung und Zusammenarbeit hat seinen Besuch angekündigt. Sein kongolesischer Kollege signalisiert ihm, daß er, wenn er die Absicht habe, Forderungen zu stellen, gar nicht erst zu kommen brauche, er sei nur willkommen, wenn er Geld mitbringe. Wie lange glaubt das Regime sich solche Äußerungen noch erlauben zu können?

Jedes Dorf hat seinen Zauberer

Boende

DOKTOR AUGUY steht in ausgebleichten Jeans und T-Shirt am Hafen von Mbandaka und schaut zu, wie sein rotes Yamaha-Motorrad über eine Laufplanke an Bord geschoben wird. »Sind wir soweit? Nichts vergessen?« Er sucht die beiden mit dicken Zweigen aneinander vertäuten Boote ab. Medikamentenkartons, Gepäck, Matratzen und Benzinfässer sind mit einer himmelblauen Plastikplane, die auch über die Yamaha gezogen wird, sorgfältig abgedeckt. Dann steigt Auguy ein, und wir können losfahren.

Bibiche, die junge Frau eines Kollegen von Auguy, der an einem kleinen Krankenhaus im Landesinneren arbeitet, sitzt mit einem Plastik-Blumenarrangement auf dem Schoß neben mir. Ihr Haus ist restlos ausgeplündert worden, hat ihr Mann per Fonie berichtet, und die blaßrosa und -blauen Blumen sind ihr Beitrag zur neuen Innenausstattung. Sie begleiten uns auf der ganzen Fahrt und bilden einen krassen Gegensatz zu dem üppigen, ständig wechselnden Grün des Regenwaldes rechts und links. Auch Bibiches rote Fingernägel erscheinen mir immer unwirklicher, je weiter wir uns von der modernen Welt entfernen.

Es ist erst acht, aber die Äquatorsonne steht schon weißglühend am Himmel. Bibiche hat sich eingemummt wie im Winter; wahrscheinlich fürchtet sie um ihren hellen Teint. Unter ihrem Pagne trägt sie lange Hosen und um den Hals einen dicken Schal. Ihr Strohhut fliegt ihr irgendwann vom Kopf und schaukelt unwiederbringlich in Richtung Mbandaka davon. Jede andere hätte in dieser Tracht wie ein Hutzelweiblein ausgesehen, aber Bibiches Schönheit schimmert durch all den Stoff hindurch. Ihr Bruder Junior hat sich ein Handtuch um den Kopf gewickelt, die beiden Bootsführer tragen Mützen. Nur der Krankenhausverwalter, der auf einem weißen Plastikstuhl am Bug sitzt, hat keine Vorsichtsmaßnahmen ergriffen. Er fährt nur ein Stück weit mit und schaut mit dem Rücken zu uns schweigend vor sich hin. Nicht ein einziges Mal dreht er sich um, obwohl er zwei Töchter an Bord hat, von denen eine schlimm hustet.

Langsam bleibt Mbandaka zurück. Alles ist rostig und verwittert dort am Kai: die traurigen Bootswracks, die mit dem Bug auf dem Sand liegen, die Wellblechdächer der Geschäftshäuser aus der Kolonialzeit unter den hohen Palmen. Der belgische Mitarbeiter von MSF – Médecins sans Frontières, Ärzte ohne Grenzen – steht bleich und zerbrechlich zwischen den Ruinen und winkt uns nach – ein ergreifender Anblick, diese weiße, immer kleiner werdende Gestalt inmitten von so viel Verfall.

Es war nicht leicht, aus Kinshasa wegzukommen, eine Reisemöglichkeit nach der anderen hatte sich im letzten Moment zerschlagen. Dann erfuhr ich, daß ein von MSF unterstützter kongolesischer Buschdoktor mit dem Boot in sein Krankenhaus in der Äquatorprovinz zurückwollte. Eine viertägige Fahrt auf einem Nebenfluß des Kongo ins Landesinnere – wenn ich wolle, könne ich mit.

Während wir den breiten Ruki hinauffahren, erfüllt mich die heimliche Freude, die ich als Kind oft empfunden habe, wenn ich in den Ferien draußen im Zelt schlafen durfte. Der Duft von frisch gemähtem Gras, der sich mit dem Geruch der unbequem wulstigen Luftmatratze vermischte, das nächtliche Geflüster und Gekicher, das Summen der Mücken, Morgentau auf dem Schlafsack – wußten die anderen, die fern von alldem in ihren Betten schliefen, was ihnen entging?

Auguy ist ein Luba, dessen Vater in Lubumbashi bei dem Bergbaukonzern Gécamines gearbeitet hat. In den Bergbaugebieten hat sich seit der Kolonialzeit eine Elite herausgebildet, deren Vertretern man überall im Land begegnet. Auguy ist ein etwas grobschlächtiger Dreißiger, an dem alles eine Spur zu groß ausgefallen ist, so daß er unbeholfen wirkt.

Junge afrikanische Intellektuelle leben gewöhnlich lieber in der Stadt; daß Auguy sich nicht gescheut hat, ins heruntergekommene Binnenland zu gehen, hat mich sofort für ihn eingenommen.

Er hat den Deckel des grünen Metallkastens zu seinen Füßen hochgeklappt und dreht an den Knöpfen des Fonies. Lautes Rauschen und Knacken tönt über das stille Wasser, aber gleich darauf hat er tatsächlich Verbindung mit Mbandaka und meldet, daß *»913 mobile«* nach Boende unterwegs ist. Geradezu krampfhaft schickt er in den nächsten Tagen die belanglosesten Nachrichten in die Welt hinaus. Anfangs wundere ich mich darüber, aber je länger wir unterwegs sind, desto besser verstehe ich ihn. Das Fonie ist seine Verbindung zum Netzwerk der Menschen, die sich auf ein ähnliches Abenteuer eingelassen haben wie er. Sie muntern ihn auf, sprechen ihm Mut zu. Denn auf den Posten zurückzukehren, den er vor drei Monaten überstürzt verlassen hat, dazu gehört einiger Mut.

Auguy kannte den Busch, als Kind hat er eine Schule im Landesinneren besucht, aber was er in der Äquatorprovinz vorfand, als er dort zu arbeiten begann, stellte alles in den Schatten. In dem Bezirk, den man ihm zugewiesen hatte, herrschten erbärmliche Zustände. Unkraut wuchs an den Mauern des staatlichen Krankenhauses empor, Ärzte und Krankenschwestern wurden seit Jahren nicht mehr bezahlt und kämpften um Patienten und deren Geld. Die Ärzte betrieben heimlich Privatpraxen, führten nachts bei spärlicher Beleuchtung Operationen durch und steckten das Geld in die eigene Tasche.

In den Buschdörfern wimmelte es von Schacherern, die es geschafft hatten, sich eine ansehnliche Praxis aufzubauen. Ein Krankenpfleger operierte, von einem Chor begleitet, unter freiem Himmel und ließ sich während des Eingriffs jedesmal ein Glas *lotoko* – reinen Maisalkohol – reichen. Als Auguy ihn zur Ordnung rief, sagte er, er habe sein Handwerk von dem flämischen Arzt Vèndenbrouc gelernt, bei dem er jahrelang gearbeitet habe. Das war im Busch die perfekte Legitimation, wie Auguy feststellte: daß man in der Kolonialzeit dem einen oder anderen Vènden... assistiert hatte.

Doch ein Patient, bei dem ein inkompetenter Krankenpfleger eine Zyste aufgemacht und dilettantisch wieder zugenäht hatte, so daß die Schwellung blieb, landete früher oder später natürlich doch im Krankenhaus. Einmal kam eine Frau zu Auguy in die Sprechstunde, die vier Monate zuvor mit Kaiserschnitt entbunden hatte. Die Wunde eiterte noch immer. In Ermangelung von chirurgischem Nahtmaterial hatte ein Pfleger sie mit Nylonfaden zugenäht. Auguy suchte den Pfleger in Begleitung eines Soldaten auf und verbot ihm, seine gefährlichen Praktiken weiter auszuüben.

»Die Leute in Boende sind ganz wild auf Operationen«, sagt er. »Ein richtiger Arzt ist man erst, wenn man operiert. Der letzte Schrei sind Blinddarmoperationen. Die Patienten warten die Diagnose gar nicht erst ab, die haben sie schon selbst gestellt: da und da tut es weh, also muß der Blinddarm raus. Manche Ärzte machen einfach einen kleinen Schnitt, damit sie zufrieden sind.«

Doch trotz aller Widrigkeiten will Auguy seinen Posten wieder besetzen. »In anderen Provinzen haben die Menschen versucht, ihren Besitz vor plündernden Soldaten zu verstecken«, sagt er, »aber in Boende hat das Krankenhauspersonal Mobutus flüchtenden Soldaten den Weg gezeigt und mitgeplündert!«

»Was glaubst du, woran das liegt?«

Er schüttelt den Kopf. »Ich weiß es nicht. Ich stelle es nur fest. Mit Bitterkeit.«

Vor meiner Abreise hat mir ein flämischer Pater in Mbandaka gesagt: »Die Menschen in Boende sind wie die Bienen. Solange Honig da ist, sind sie zufrieden, aber wehe, der Honig ist alle, dann stechen sie.« Schon in der Kolonialzeit galt die Region als schwierig, sowohl wegen des Klimas als auch wegen der Bewohner. Sie lebten vom Sammeln, Fischen und Jagen und wollten nicht arbeiten. Belgische Kolonialbeamte wurden in die Äquatorprovinz strafversetzt.

Die Bevölkerung besteht überwiegend aus Mongo. Ihre

lockeren Sitten setzen Auguy in Erstaunen. Männer schicken ihre Frauen ohne Geld nach Kinshasa und erwarten, daß sie bei ihrer Rückkehr eine Nähmaschine mitbringen. Es gibt nur eine Möglichkeit, das Geld dafür zu verdienen, aber das scheint die Männer nicht im mindesten zu stören. In Auguys Sprechstunde kam einmal eine junge schwarze Nonne mit einer merkwürdigen Geschwulst in der Gebärmutter. Er wollte sie schon operieren, da klärte ihn die Oberin darüber auf, woher der Wind wehte. Die Nonne fuhr dann zu einer Abtreibung nach Kinshasa. »Ich bin bei den Benediktinern zur Schule gegangen«, sagt Auguy. »Da hat man so etwas nicht gehört!« Ich muß lachen: Unser Doktor ist ein altmodischer Moralist! Er trinkt nicht und liest regelmäßig in der Bibel, wie ich in den nächsten Tagen feststelle. Bibiche nennt ihn insgeheim den Pfarrer.

Für die Mongo ist jeder, der nicht aus der Gegend stammt, Ausländer; Auguy und seine Kollegen von MSF werden schief angeschaut: Das Geld, das sie verdienen, ziehen sie ihren Stammesgenossen aus der Tasche. Als ein alter Mongo kürzlich einen Luba-Kollegen von Auguy fragte, ob er ebenfalls Ausländer sei, fuhr ihn der an: »Hast du vielleicht deine Kinder zum Medizinstudium nach Kinshasa geschickt?«

Manchmal begegnet Auguy in Kinshasa früheren Studienfreunden. Einer arbeitet inzwischen in Südafrika, ein anderer hat eine Praxis in Kinshasa, ein dritter macht eine Facharztausbildung in Belgien und denkt nicht im Traum daran, in den Kongo zurückzukehren. Er ist in der Äquatorprovinz geboren und wunderte sich, daß Auguy dort arbeitet. Boende – was es da schon zu holen gebe? Als Auguy ihm sagte, daß er für MSF tätig ist, verstand der andere ihn etwas besser, aber dennoch … ob er in dem Kaff nicht seine Zeit vergeude?

Auguy schaut besorgt drein.

»Und was hast du geantwortet?«

Er sieht mich geistesabwesend an. »Ich weiß nicht mehr. Der Kollege in Südafrika hat sich inzwischen von dem Geld, das er dort verdient hat, ein Haus in Kinshasa gekauft, andere machen in Europa Karriere, und was hab ich mir aufgebaut?

Nichts!« Er ist das älteste von zehn Kindern und hat als einziger eine feste Anstellung. Seine Familie, die inzwischen in Kinshasa lebt, ist von ihm abhängig und wirft ihm vor, daß er mit seiner Tätigkeit im Landesinneren ein zu großes Risiko eingeht.

Bei den Plünderungen in Boende hat er einen großen Teil seines Besitzes verloren. Seine Kinder in Mbandaka fragen täglich nach ihren Fahrrädern und Armbanduhren, seine Frau ist mit dem fünften Kind schwanger und hofft inständig, daß die Babysachen noch da sind, aber Auguy dämpft ihre Hoffnungen. Er wird nicht mehr viel vorfinden, fürchtet er.

Saïdi, der Chef des Gesundheitsdienstes von Boende, ist ein notorischer Quertreiber. Auguy hatte es geschafft, ihn einigermaßen in Schach zu halten, aber jetzt hat er Auguys Abwesenheit ausgenutzt, um sich in seinem Haus breitzumachen, und will es um keinen Preis wieder verlassen. Auguy befürchtet das Schlimmste: Der Mann hat drei Frauen und an die zwanzig Kinder – die können binnen kürzester Zeit eine Menge Schaden anrichten. »Ach, ich darf gar nicht dran denken«, seufzt er. »Er hat noch drei Tage Zeit auszuziehen – ich hoffe nur, er kommt zur Vernunft.«

Wir sind inzwischen ganz vom Regenwald eingeschlossen; wie eine Mauer ragt er links und rechts von uns auf. Kleine Inseln aus Wasserhyazinthen, auf denen graziöse Kuhreiher sitzen, treiben vorbei. Manchmal öffnet sich der Wald einen Spalt, und man sieht die Pfahlhütten eines Fischerdorfs.

Ein seltsames Floß taucht in unserem Blickfeld auf. Zwischen hoch aufgestapelten Bündeln aus Maniokblättern, Säkken mit Holzkohle und Büscheln Kochbananen laufen Hühner und Ziegen umher. Ein alter, pfeiferauchender Papa, eine Frau mit einem Kind an der Brust, das dumpfe Dröhnen eines Maniokstampfers, die züngelnden Flammen eines Holzfeuers – auf dem Floß herrscht ein Betrieb wie auf einem Bauernhof. Über alldem flattert eine schmutzige weiße Fahne, das einzige, woran man erkennt, daß hier vor kurzem noch ein Krieg gewütet hat.

Die Leute auf dem Floß sind sichtlich in Feststimmung und

winken uns im Vorbeifahren ausgelassen zu, als seien sie sich ihres wunderlichen Anblicks vollauf bewußt. Sie haben alles, was sich verkaufen läßt, auf ihr Floß geladen und wollen damit in die Stadt. Auch das Floß selbst – vier zusammengebundene Baumstämme – werden sie verkaufen. Ich hatte schon von diesen eigenwilligen Umzügen gehört – im elenden kongolesischen Binnenland sind sie die neueste Mode –, aber die Fröhlichkeit an Bord war das letzte, was ich erwartet hätte.

Bibiche ist unter einem Gewirr von Pullovern und Pagnes auf meinen Beinen eingeschlafen. Ihr Bruder Junior versucht die neue Nationalhymne *Debout Congolais* – Auf, ihr Kongolesen – zu singen, kommt aber nicht weit. Er ist ein braver Junge. Wenn Wind aufkommt, während ich in mein Heft schreibe, hält er unaufgefordert die Seiten fest. Nach dem Tod der Mutter hat Bibiche ihn zu sich geholt. Er weiß, was aus ihm geworden wäre, wenn seine Schwester sich nicht seiner angenommen hätte.

Auguy beobachtet die Kinder der Uferbewohner. Wie frei sie sich im und am Wasser bewegen! Manchmal kommen sie wild paddelnd heran und lassen sich auf den Wellen schaukeln, die unser Boot macht. Die hygienischen Verhältnisse, in denen diese Menschen leben, erfüllen Auguy mit Abscheu. Ärzte gibt es hier nicht, die Fischer benutzen Heilpflanzen oder kaufen Medikamente von fliegenden Händlern.

Beim Zuhören döse ich vor mich hin. Ich fahre in eine zeitlose Landschaft hinein, fort von dem AFDL-Fieber, das Kinshasa im Griff hat. Die Uferbewohner tun, was sie immer getan haben: Sie fischen mit geflochtenen Reusen, schneiden im Wald Holz, um die Fische zu räuchern, und legen sie zum Trocknen auf hohen Gestellen in die Sonne.

Gegen Abend legt sich ein leichter Nebel um das Boot. Das Wasser wird pechschwarz, die Inseln der Wasserhyazinthen verwandeln sich in riesige Tiere, die hohen Bäume wirken auf einmal bedrohlich. In den Dörfern flackern die ersten Lichter auf.

Früher konnte Auguy unterwegs überall schlafen, aber jetzt sind viele Missionsstationen noch nicht wieder besetzt, und seine Kollegen haben selbst kaum mehr als eine Matratze; wir werden auf unserer Fahrt im Boot übernachten. Gegen neun legen wir bei dem Dorf Ingende an. Auguy fährt mit seiner Yamaha los, um einen Gesundheitshelfer zu verständigen, wir anderen gehen an Land und vertreten uns die Beine. Die Lichter, die wir von fern gesehen haben, entpuppen sich als in Blätter gewickeltes brennendes Harz.

Auguy kommt mit dem Gesundheitshelfer zurück, der ausführlich von der Plünderung des Medikamentendepots berichtet. Es muß eine lustige Geschichte sein, denn Bibiche lacht laut, das erste Mal an diesem Tag, daß man sie fröhlich sieht. Ich sitze am Strand und atme den Geruch meiner Schiffsreise auf dem Kongo vor zwölf Jahren ein. Geräucherter Fisch – meine Mitreisenden haben ihn damals von den Uferbewohnern gekauft und ihre Kabinen damit vollgepackt.

Der Gesundheitshelfer macht auf einem Holzfeuer Wasser für uns warm und füllt Auguys Thermosflasche mit dem Kaffee für morgen früh. Dann brechen wir wieder auf. Auguy hat die Matratzen unter der Plastikplane hervorgeholt und kriecht in seinen Schlafsack. Ich schaue von meinem Platz aus zu ihm hinüber und bewundere ihn: Da liegt er, unser kongolesischer Buschdoktor, im Mondlicht, ungewaschen, mit einer Handvoll Erdnüsse als Abendbrot.

Wie gerädert wachen wir auf. In der Nacht ist Quinze, der jüngere der beiden Bootsführer, immer wieder auf Sandbänke aufgelaufen, Anlaß für ein Riesengeschrei zwischen ihm und Papa Léon, der inzwischen das Ruder übernommen hat. Wir sind den Busira hinaufgefahren, der so breit ist, daß man die Ufer nur noch erahnt. Ich sitze in meinem Schlafsack, die Arme auf dem Bootsrand, und sehe mich um. Wieviel breiter ist dieser Fluß als der Kempisch-Kanal, an dem ich geboren bin, und dabei ist er nur der Nebenfluß eines Nebenflusses des Kongo!

Einen Moment lang spüre ich die Ehrfurcht, die meine Vorfahren erfüllt haben muß, als sie das kongolesische Binnenland erforschten. Wer sie auch waren und was sie auch taten – das

Bewußtsein, daß sie mir vorangegangen sind, verbindet mich mit dem Kongo wie mit keinem anderen Land in Afrika. Ich weiß wieder, warum ich hier bin, in diesem Land, von dem meine Vorfahren geträumt haben und das heute so weit vom Zentrum der Welt abgedriftet ist, daß es meinen Landsleuten vor allem Angst einflößt. Nach zwei Monaten fange ich endlich an, mich wieder zu Hause zu fühlen.

In Loolo gehen der Krankenhausverwalter und seine beiden Töchter von Bord. Salzsäcke und Seife werden ausgeladen, kostbare Güter im Landesinneren. Reglos schaut er uns vom Ufer aus nach. Er ist noch lange nicht daheim – jetzt muß er auf ein Auto warten, das ihn nach Bolomba bringt.

Wir alle haben noch vom Schlaf verquollene Augen. Bibiche und Junior putzen sich mit Flußwasser die Zähne, ich habe zum Glück Trinkwasser dabei. Als Auguy seine Bibellesung beendet hat, frühstücken wir mit Kaffee, Brot und Marmelade. Didiers Stimme tönt in den Äther: »*913 mobile pour 911. Quelle est votre position?* – 913 mobil an 911. Ihre Position bitte.« Sie plaudern eine Weile. Auguy sagt, daß die Sonne »zum Rendezvous erschienen ist«, Didier berichtet von Problemen im Krankenhaus von Befale. »Christus ist unser Trost«, sagt Auguy und teilt ihm mit, daß unser Ziel für heute abend Bokote ist. Dann funkt er einen Mitarbeiter in Boende an, sagt ihm, daß wir übermorgen eintreffen werden, und beauftragt ihn, Schlafgelegenheiten für sechs Personen herzurichten. »Nein, nein, nicht im Krankenhaus, bei mir«, sagt er entschieden.

Bibiche teilt sich eine Papaya mit Junior, dann liegt sie wieder auf ihrer Matratze und schläft. Didier tut mir leid. Eine schöne Frau hat er, aber was für ein Faultier! Nichts scheint sie zu interessieren, und der einzige, mit dem sie ab und zu ein paar Worte wechselt, ist Junior. Auguy behandelt sie wie ein rohes Ei, das er unversehrt abliefern muß, und auch aus Mbandaka erkundigt man sich über das Fonie besorgt nach ihrem Wohlergehen. Wie eine träge Prinzessin läßt sie sich all die Aufmerksamkeit gefallen. Ist sie zu schüchtern, um mit uns zu reden, weil sie so viel jünger ist, oder ist ihr die »Frau Doktor« zu Kopfe gestiegen?

Wir kreuzen den Fluß Salonga, der in seinem weiteren Verlauf quer durch den riesigen Salonga-Nationalpark fließt. Wilderer befahren ihn in Booten mit Außenbordmotor, um Elefanten zu schießen, deren Fleisch sie gleich an Ort und Stelle zerkleinern und so lange räuchern, bis eine dicke schwarze Kruste entsteht; dann bringen sie es nach Mbandaka oder Kinshasa. Die Uferbewohner sind normalerweise sehr gastfreundlich, aber vor kurzem kam Auguy mit einigen Kollegen in ein Dorf, das völlig ausgestorben war: Die Bewohner waren geflohen, weil sie sie für Wilderer hielten. Die gehen manchmal bei ihnen an Land, bestellen Essen und Alkohol, und wenn es ans Bezahlen geht, schießen sie drohend in die Luft.

Die Sonne schlägt wieder kräftig zu. Hinter meiner Sonnenbrille hervor betrachte ich Auguy. Ohne ausländische Hilfsgelder wäre er nicht hier, denn das Los eines Staatsbeamten ist nicht eben beneidenswert. Der Krankenhausverwalter von Bolomba war froh über die Mitfahrgelegenheit in unserem Boot; er handelt mit Seife und Salz, und wer weiß, was er noch alles für dunkle Geschäfte macht, um sich über Wasser zu halten.

Wie lange wird es noch dauern, bis in diesem Land ein Regime an die Macht kommt, das sich ums Landesinnere kümmert? Kabila spricht in seinen Reden zwar davon, aber die neuen Führer in Kinshasa sind zu sehr auf Komfort bedacht, kommen nicht los von den Wandelgängen des Hotels Inter, sind mit zu viel Gier in die Häuser früherer Mobutisten eingezogen. Kabila hat versprochen, Mobutus Präsidentenflugzeug zu einer Linienmaschine umbauen zu lassen, und es dann doch selbst in Besitz genommen; nur den Namen hat er geändert, von »Ville de Lisala« in »Hewa Bora«, nach dem Bergdorf, von dem aus er seinen Untergrundkampf geführt hat.

Ich dachte immer, die Kongolesen wollen nicht im Binnenland arbeiten, weil die primitiven Verhältnisse dort sie abschrecken, aber wie ich merke, hat Auguy durchaus Freude an der Pionierarbeit, die er leistet – solange MSF ein Auge darauf hat und ihm beisteht, wenn es hart auf hart kommt. Bei unserem kurzen Aufenthalt in Loolo hat er sich über die Hutu informiert, die dort in Hangars »gehamstert« werden, wie er sich ausdrückt, bis ein Schiff der UN-Flüchtlingsorganisation UNHCR sie nach Mbandaka bringt. Sie sind zu Fuß aus Biaro gekommen, einem Lager bei Kisangani, in dem AFDL-Soldaten – wie das Sammelsurium von kongolesischen und ruandischen Soldaten hier allgemein genannt wird – ein fürchterliches Blutbad angerichtet haben. Die Matratzen, auf denen wir schlafen, stammen aus dem Depot des aufgelösten Lagers Biaro.

In den vergangenen Monaten hat Auguy die Hutu-Flüchtlinge im Krankenhaus von Iyonda bei Mbandaka ankommen sehen. Zweitausend Kilometer waren sie gelaufen, quer durch den unwirtlichen Regenwald eines fremden Landes! Manche trugen einen Rosenkranz um den Hals, aus einer verlassenen Missionsstation, in der sie unterwegs genächtigt hatten. »Wie könnt ihr die versorgen, das sind doch Mörder«, sagte ein kongolesischer Pfarrer bei einem Besuch in der Klinik. Auguy ergriff den Rosenkranz eines Flüchtlings und sagte: »Sie sollten eine Messe für den Mann halten.«

Für mich waren sie nie Mörder, sondern Kranke. Manche waren in so schlechtem Zustand, daß sie sich nur noch sitzend fortbewegen konnten. Das Bein eines Patienten von Auguy war so verfault, daß der Knochen herausstand. Auguy tauchte es in einen Eimer mit Desinfektionsmittel, der im Nu voller Maden war, und als er es wieder heraushob, krochen noch immer Maden aus der Wunde. Er schaudert bei der Erinnerung. »Und die ganze Zeit hat mich der Mann völlig apathisch angeschaut – als würde er nichts spüren.«

Achthundert Flüchtlinge hatten im Hafen von Mbandaka Zuflucht gesucht, als die AFDL in die Stadt einfiel. In Panik liefen sie in alle Richtungen davon und schrien: »Kabila! Kabila!« Aber es war zu spät. Wer nicht die Kraft hatte wegzulaufen, wurde sofort erschossen, andere brachen auf der Flucht im Kugelhagel zusammen oder sprangen ins Wasser.

So verlief die Befreiung Mbandakas. Es geschah am hellichten Tag, die Leute auf der Straße sahen, wie ein Soldat einer toten Mutter ihr Kind entriß und es gegen eine Mauer schmetterte, wie ein Mädchen schreiend im braunen Wasser des Flusses versank. Die Bewohner von Mbandaka begegneten den Befreiern daraufhin mit Mißtrauen; sie hatten Angst, es könnte ihnen ähnlich ergehen. Als die Welt von dem Drama erfuhr, leugnete der neue Gouverneur von Mbandaka im Rundfunk schlichtweg, was am Hafen passiert war. Dabei hatte es sich vor aller Augen abgespielt!

Am Abend wird im Radio gemeldet, daß in Kinshasa eine Demonstration von Lumumbisten gegen das von der Regierung erlassene Verbot politischer Parteien aufgelöst wurde. Nach Angaben der Opposition gab es drei Tote und mehrere Verletzte, der Innenminister spricht von einem Toten durch eine verirrte Kugel, die nicht aus dem Gewehr eines Soldaten stamme. Das ist vermutlich frei erfunden.

Dann hören wir, daß afrikanische Staatsoberhäupter auf einer Konferenz erklärt haben, im Kongo befänden sich keine Hutu-Flüchtlinge mehr. Auguy und ich sehen uns an: und die Flüchtlinge in Loolo, die Flüchtlinge im Krankenhaus von Iyonda und all die anderen, die Tag für Tag noch immer aus dem Wald kommen? Leugnen – das tun die neuen Herren mit links, wie es scheint. Interessiert die Wahrheit denn niemanden? Wie wollen sie auf diese Weise das Vertrauen des Volkes gewinnen? Dabei führen sie es ständig im Mund, das kongolesische Volk. In Wirklichkeit geht es um Macht, sie wollen sich die Privilegien, die ihnen zugefallen sind, um jeden Preis erhalten, auch wenn sie kaum etwas dafür getan haben.

»Ob wir uns hier waschen können?« Die geplünderte Missionsstation von Bokote, wo wir an Land gehen, ist verlassen, aber die Kolonialbauten ragen so vertrauenerweckend vor uns auf, daß Bibiche und ich uns mit einem Eimer auf die Suche nach einer Dusche machen. Auch hier sind Flüchtlinge gestrandet. Kaum sehen sie uns, kommen sie auf uns zu. Sie haben Hunger, klagen sie, sie leben von drei Keksen am Tag. Ein kleiner Junge, der sich bei der Mission herumdrückt, holt Wasser für uns, und wir ziehen uns in türlose Räume mit Duschwannen zurück. Junior hält draußen Wache.

Als wir zum Boot zurückgehen, bekommen wir gerade noch das Ende eines Foniegesprächs zwischen Auguy und Didier mit. Auguy sagt, er habe beschlossen, Bibiche bei sich zu behalten, Didier bekomme sie nur gegen Bezahlung einer größeren Summe Geldes wieder, Didier antwortet, er werde mit Giftpfeilen losziehen und sie befreien. Solche Scherze haben damals vielleicht auch die belgischen Kolonisten auf dem Weg ins Landesinnere gemacht.

Je näher wir Boende kommen, desto mehr verdüstert sich Auguys Stimmung. Er dreht immer öfter an den Knöpfen des Fonies und schaut manchmal lange aufs Wasser hinaus. In Gedanken ist er bei seiner Flucht aus Boende vor einigen Monaten. Nach dem Fall von Kisangani brach in der Gegend Panik aus. Auguy schickte Frau und Kinder nach Mbandaka, wollte selbst aber nicht weg. Erst als die Soldaten der AFDL vor Boende standen, lud er seinen Generator und das Fonie ins Auto, schloß sein Haus ab und fuhr los. Es würde nicht lange dauern, sagte er sich, dann würde er zurückkommen.

Er fuhr von der Front weg und übernachtete im Auto. Das Fonie war seine Rettung: Auf diese Weise hielt er Verbindung mit zu Hause und erfuhr, was anderswo geschah. Die Missionare verständigten sich in Standard-Lomongo, einer Sprache, die der flämische Pater Hulstaert in Anlehnung an die niederländische Hochsprache entwickelt hat, die aber praktisch von niemandem benutzt wurde, so daß sie eine gute Codesprache abgab. Die Mobutisten nannten sie »das Alte Testament«, die Rebellen »das Neue Testament«, die Ruander »Romeo's«.

»Einmal habe ich ein Gespräch zwischen zwei Männern in Kinshasa mitgehört«, erzählt Auguy. »Der eine wohnte in Limete und stand Todesängste aus, weil am Flughafen geschossen wurde. Der andere hat versucht, ihn zu beruhigen. Schließlich wagte sich der Ängstliche hinaus und kam dann erleichtert zurück: Er hatte Kabila-Soldaten vorbeimarschieren sehen. Da wußte ich, daß Kinshasa gefallen war, und daß ich wieder aus dem Wald herauskonnte.«

Der Tag schreitet fort, und jetzt spukt auch Saïdi in Auguys Kopf herum. Unbezahlte Staatsbeamte wie er nutzen ihr

Amt ausnahmslos dazu, die Bevölkerung zu erpressen, sagt er. Wenn ein Beamter des Landwirtschaftsministeriums auf Dienstreise geht, kommt er garantiert mit mehreren Hühnern und einem Sack Maniok zurück. Ein Polizeioberkommissar aus Boende, der vor kurzem gegen Wilderer im Salongopark ermittelte, brachte sechs Ziegen und einen Sack unbekannten Inhalts von dort mit.

»Hat die Demokratisierung von 1990 den Menschen im Landesinneren denn gar nichts gebracht?« frage ich.

Auguy redet nicht gern über Politik, wie ich gemerkt habe; er wirft Bibiche einen vorsichtigen Blick zu, bevor er antwortet – als würde sie uns zuhören! »Ach, Mobutus MPR war sich ihrer Sache von da an wohl nicht mehr so sicher«, sagt er. »Aber die Parteien, die plötzlich aktiv wurden, waren sehr stark stammesgebunden… Tshisekedis UDPS war für die Luba aus der Kasai-Region da, die UFERI von Nguza Karl I Bond für die Katanger und durch seine Frau Wivine auch für das südliche Zaïre. Dann gab es noch die vielen kleineren Parteien, die aus Großvater, Vater und Sohn bestanden, wie es auf der Nationalkonferenz hieß; im Grunde waren das Splittergruppen des MPR. Da blieben die Leute in der Äquatorprovinz lieber bei der Partei ihres ›Bruders‹ Mobutu.«

Auguy hat Quinze mit einer Handbewegung aufgefordert, das Ufer anzusteuern. Wir könnten heute abend in Boende sein, aber er meint, sein Haus lasse sich – sofern es noch besetzt ist – am Morgen besser räumen. Außerdem findet man abends schwer Träger, und die Medikamente können unmöglich über Nacht unbewacht im Hafen bleiben. Während wir ans Ufer fahren, kommt pfeifend und knisternd ein Funkspruch aus Mbandaka. Die Dorfbewohner laufen in Panik nach allen Seiten davon. Nur mit Mühe können wir sie bewegen, zurückzukommen und ein Feuer für uns zu machen.

»Glauben die, wir sind Wilderer?« frage ich, als wir am Strand sitzen.

»Nein, AFDL«, lacht Auguy

»Wieso, haben sie vor denen Angst?«

»Ja, das hab ich sie auch gefragt. Sie hatten Angst, die AFDL könnte sie für Hutu-Flüchtlinge halten, und wir seien gekommen, um sie zu töten.« Die Wälder liegen voller Leichen, haben ihm die Dorfbewohner gesagt. Manche Hutus sind an Entkräftung gestorben, aber andere sind von AFDL-Soldaten an den Dorfrand gelockt und dann erschossen worden.

Der Morgennebel hat sich gerade gelichtet, als wir in Boende ankommen. In der Nacht hat es geregnet, und unter dem milchweißen Himmel taucht eine dürftige Anlegestelle auf, in deren Nähe sich Leute in alten Regenmänteln und löchrigen Pullovern zwischen den Häusern herumdrücken. Unsere Ankunft bringt das Leben im Hafen schlagartig zum Erliegen. Alles bleibt stehen und schaut zu, wie wir aussteigen, wie Papa Léon und Quinze die blaue Plane am Strand ausbreiten und die großen weißen Kartons mit den MSF-Aufklebern auszuladen beginnen.

Diese Menschen haben geplündert, schießt es mir durch den Kopf, ist es klug, hier jetzt schon wieder Vorräte zu lagern? Schweigend und mit verschränkten Armen stehen sie da, zählen die Kartons, raten, was darin sein könnte. Auguy hat per Fonie einen Mitarbeiter verständigt, und bald fahren zwei Autos vor. Er wählt Träger aus, beauftragt sie, die Kartons in den bereitstehenden Pick-up zu laden, und steuert mit großen Schritten auf den zweiten Wagen zu: Er will Saïdi seine Aufwartung machen.

Ein langer, dünner Mann beobachtet uns von einem kleinen Hügel aus. Sein Jackettkragen ist hochgeschlagen, alle Knöpfe sind geschlossen. Er trägt Jeans, und seine Füße stecken in Plastikschlappen. Ein Lehrer vielleicht? Jedenfalls hält er sich für wichtig genug, um uns unverschämt anzustarren. Später sehe ich ihn vor Auguys Haus wieder, wo er ebenso reglos unseren Einzug verfolgt.

Bibiche hat sich auf die Plane gelegt und ist prompt wieder eingeschlafen. Auch ich habe steife Glieder und fühle mich nach drei Nächten Halbschlaf noch benommen. Papa Léon will mehr über die Lumumbisten-Demonstration wissen, von der er vorgestern im Boot etwas aufgeschnappt hat: Was genau im Radio gesagt worden sei? »Hoffentlich kommen wir nicht vom Regen in die Traufe«, meint er besorgt, als ich ihm davon berichte. »Hoffentlich ist Gott mit dem Kongo; es sieht nicht danach aus, wenn man hört, was so alles passiert.«

Wir fahren zu Auguys Haus. Während wir rechts davon nach hinten gehen, kommt links eine ganze Kolonne von Frauen und Kindern heraus. Auguy hat nicht übertrieben: Es sind um die fünfundzwanzig Personen. Alle haben irgend etwas bei sich, und Auguy, der sich an der Haustür postiert hat, holt ab und zu ein Kind aus der Reihe und nimmt ihm ein rotes Eimerchen oder einen Topf ab, der ihm gehört.

Das Haus ist eine ehemalige Missionsstation; belgische Nonnen haben sie bei ihrem Weggang Auguy überlassen. Es hat einen paradiesischen Garten mit Blick auf den Fluß Tshuapa, einem romantischen kleinen Teich am Rand des Wassers und Obstbäumen mit reifen Mangostanen, auberginefarbenen Früchten mit dicker, harter Schale und süßem weißem Fruchtfleisch. Aber der Teich ist halb verlandet, und als ich über die Barza in das große Wohnzimmer komme, sehe ich den Verfall auch dort. Der Fliegendraht ist von den Fenstern gerissen, und um die Lichtschalter herum sind die Wände schwarz. Jammernd geht Auguy durchs Haus. In den Schränken wimmelt es von Kakerlaken, und die Küche ist in den Hof umgezogen: Schwarze Reste eines Holzfeuers schwimmen im Regenwasser, und da und dort liegen abgeschnittene Palmkernbüschel.

Wir bringen unser Gepäck in den Teil des Hauses, in dem wir schlafen werden. Von einem langen Gang geht es in kleine Zimmer mit Eisenbetten, Waschbecken und altmodischen Porzellanarmaturen. Die Spiegel über den Waschbecken fehlen, und auch sämtliche Lampen und Glühbirnen sind verschwunden. »Das waren nicht die Soldaten«, sagt Auguy grimmig, während er die Löcher in den Wänden untersucht, »die hatten nicht die Zeit, alles abzuschrauben. Das kann nur Saïdi gewesen sein.« Gerade hat er mit ihm gesprochen. Er habe geglaubt, die Leute von MSF würden nicht wiederkommen, hat er behauptet, und das Haus könnte dem *commissaire de sous-région*, dem Untergebietskommissar, in die Hände fallen, der es bestimmt sofort abreißen würde. Womit Saïdi schon begonnen hat.

Neben dem gemeinsamen Badezimmer hatten die Schwestern ein Wäschezimmer, in dem Handtücher, Waschlappen und Seife fein säuberlich in den Regalen mit den grünkarierten Vorhängen gelegen haben müssen. Jetzt sind die Vorhänge zerrissen, die Fächer leer, und nur die weißen Schildchen zeigen noch, wo alles seinen Platz hatte.

Irgend jemand hat das Haus am Morgen in aller Eile geputzt, aber in meinem Zimmer steht noch ein Teller mit Essensresten, die schwarz sind von Fliegen, und als ich meinen Koffer auspacke und mein Handtuch aufhängen will, ziehe ich die Hand erschrocken zurück: Der Haken ist von einer ekligen grünen Substanz überzogen.

Ich dusche, wasche meine Sachen, und dann bearbeiten Auguy und ich mit Heizöl und Toilettenpapier alle Fußleisten, Tisch- und Stuhlbeine, um die Ameisen fernzuhalten. Bibiche liegt draußen auf dem Sofa und trauert dem Spiegel nach, den sie in Kinshasa gekauft hatte und der unterwegs zerbrochen ist. Junior hat Mangostanen für sie gesammelt, die sie eine nach der anderen verzehrt – die Schalen wirft sie achtlos in den Garten. Sie schnalzt mißbilligend mit der Zunge, wenn sie von den Hinterwäldlern in Boende spricht, aber ich frage mich, womit sie selbst städtische Kultiviertheit beweist. Aus dem Zimmer, das sie sich mit Junior teilt, tönt in den nächsten Tagen ununterbrochen laute religiöse Discomusik. Etwas anderes duldet unser Pfarrer nicht, sagt sie bedauernd. Als ich eines Nachmittags bei ihr anklopfe, treffe ich sie, Junior und Quinze wild tanzend an.

Papa Léon ist Pfadfinderführer, wie sich herausstellt. Er hat seine Uniform mitgebracht und hält auf der Barza stundenlange Versammlungen ab, bei denen er den Jungen die Grundlagen der Bewegung vermittelt. Ich höre verblüfft zu und frage mich verzweifelt, ob es das ist, was dieses Land braucht, aber sein Publikum hängt wie gebannt an seinen Lippen.

Die ersten Besucher kommen. Toaka, der Leiter der Grundschule, gewinnt sofort meine Sympathie. Früher, als die Schwestern noch da waren, ist er oft hierhergekommen, sagt er. Ach, was war es hier schön! An dem Teich mit Blick auf den Tshuapa hat man nachmittags Tee getrunken und sich gebildet unterhalten, und der Garten, wie schön der damals ausgesehen hat…

Papa Léon und Quinze kommen heran; sie sollten Schößlinge suchen und bringen ganze Pflanzen mit. »Die Weißen haben das alles angelegt«, sagt Toaka mit einer ausgreifenden Gebärde, »und wir Schwarzen machen es wieder kaputt.« Doktor Auguy sei ein halber Weißer, meint er, in seiner Nähe benähmen sich die Leute anständig, aber kaum gehe er weg, würden sie wieder zu Afrikanern. Wenn ich die Augen schließe, könnte ich mir einbilden, mit einem Gleichgesinnten zu sprechen, aber so wie er vor mir steht, lachend, einen braunen Fleck auf dem T-Shirt, paßt er wieder ganz gut in die Szenerie des Verfalls, die er beschreibt.

Seine Frau und seine Kinder hat er während des Krieges nach Mbandaka geschickt, er selbst wollte nicht aus Boende weg. Als erstes kamen Mobutu-Soldaten, die von der Front geflohen waren. Diese erste Gruppe ging noch; die Dorfbewohner gaben ihnen zu essen, und sie zogen weiter. Nach und nach aber wurden die Soldaten bösartiger, sie schossen in die Luft, und wenn alles in Panik davonlief, machten sie sich ans Plündern. Manche Dorfbewohner schlüpften im letzten Moment aus der Haustür, andere entkamen durchs Fenster. »Wer nicht schnell genug war, hatte nichts zu lachen: Die Soldaten demütigten ihn, zwangen ihn, sich bis auf die Unterhose auszuziehen, und wenn er das Pech hatte, einen dicken Bauch zu haben, sagten sie: ›Sieh an, da hat einer gut gegessen!‹ und ließen ihn fast nackt in einem leeren Haus zurück.«

Toaka lacht. »Manche Soldaten haben sich wie Schiedsrichter bei einem Wettkampf aufgeführt, sie pfiffen, und die Bevölkerung fing an zu plündern.« Er selbst hatte sich versteckt, konnte aber alles beobachten. »Plünderer sind wie Kinder«, sagt er, »die stehlen wahllos, als würde morgen die Welt untergehen, und hinterher sitzen sie da, wie betäubt, ohne Absatzmarkt, mit einem Rasenmäher von den Nonnen, obwohl sie gar keinen Rasen haben, mit einer Waschmaschine, obwohl sie keinen Strom haben, mit einem Tisch, obwohl sie in einer Hütte wohnen, mit flämischen Büchern, obwohl sie nicht Flämisch können!«

Manche haben ihre Beute vergraben und wagen sie nicht wieder hervorzuholen, so daß die Sachen in der nassen Erde der Regenzeit verrotten. In der Bank von Boende kehrten die Soldaten, als sie dort kaum Geld vorfanden, das Unterste zuoberst und warfen den Inhalt der Schränke auf die Straße. Seitdem laufen Toakas Schüler mit Schecks und Briefpapier von der Bank herum, und auf dem Markt kann man allerlei vertrauliche Dokumente kaufen.

Mit Fähren, Paddel- oder Motorbooten, mit allem, was sie in die Hände bekamen, fuhren die flüchtenden Soldaten den Fluß hinunter. Die Missionsstationen am Weg wurden geplündert. »Es gab Soldaten, die haben sich als Pfarrer verkleidet. Einer stand im Meßgewand auf einer Fähre an der Reling, und mitten auf dem Fluß fing er an, die Messe zu halten. Er streckte die Arme in die Luft, rief ›Dominus vobiscum‹ und fiel rücklings ins Wasser. Seine Kameraden sahen ihn noch einmal kurz auftauchen, aber er konnte nicht schwimmen, und die schwere Soutane und alles, was er sonst noch anhatte, zogen ihn rettungslos hinunter.« Toaka lacht schallend. »Einen Moment lang war er die Kopie eines Weißen, aber eine schlechte Kopie!«

»Hast du das gesehen?«

»Nein, ich hab's über das Fonie gehört.«

Wie Auguy saß auch er gebannt vor dem Gerät, und in der Stille ringsum erwachten die Dinge, die er hörte, wie in einem Film zum Leben. Ein Hilfsprediger von der Mission in Bokote bat einen Mitarbeiter um achtzehn Wellblechplatten vom Dach der Kirche. Der Mitarbeiter wollte eine Quittung dafür haben, bekam aber keine. Toaka verfolgte die Sache wie einen Fortsetzungsroman. »Dem Hilfsprediger muß das jetzt ziemlich im Magen liegen«, sagt er, »denn jeder, der mitgehört hat, weiß, wie das Loch ins Kirchendach gekommen ist.«

Nach den Mobutu-Soldaten trafen Flüchtlinge in Boende ein. Sie marschierten in endlosen Kolonnen, und wenn sie auf AFDL-Soldaten stießen und zu schwach waren, um zu fliehen, wurden sie gnadenlos niedergemäht. Ihre Leichen trieben im Fluß oder lagen am Straßenrand; ein Oberst von Mobutu wurde am anderen Ufer des Tshuapa wie ein Affe aus einem Baum geschossen, und seine Leiche lag tagelang mit aufgerissenem dickem Bauch im Gras.

»Kommt, Kinder, wir gehen essen.« Auguy hat sich von seinem x-ten Gespräch im Wohnzimmer loseisen können und ist auf die Barza herausgekommen. Wir sind beim Krankenhausverwalter eingeladen, der ein Stück entfernt wohnt. Im Gänsemarsch gehen wir einen schmalen, durchweichten Pfad entlang. Die kleine Stadt am Fluß muß einmal schön gewesen sein, aber jetzt liegen die Steinhäuser hinter hoch aufgeschossenem Gras versteckt, und jeder, der uns in dieser sumpfigen Landschaft begegnet, kommt mir wie ein Gespenst vor.

Ich bin fast erstaunt, am Ende unseres Weges einen reichgedeckten Tisch vorzufinden: Schweinefleisch, Maniokblätter, Kochbananenmus. Es tut gut, nach unseren Keksmahlzeiten im Boot ein warmes Essen zu bekommen. Auch hier werden Geschichten ausgetauscht. Jemand erzählt, daß die Mobutu-Soldaten gerade in dem Moment in sein Haus eindrangen, als seine Frau das Essen auftrug. »Sie haben alles aufgegessen und sich dann beschwert, daß nicht genug Salz dran war!« Die Menschen hier sind durch die Hölle gegangen, aber jetzt lachen sie wieder, erleichtert, daß es vorbei ist, froh, davon erzählen zu können.

Der Verantwortliche für das Krankenhausdepot hatte Kartons mit Medikamenten vor den Plünderern versteckt und Saïdi darüber informiert. Eines Tages kam Saïdi, der aus dem Osten stammt und sich mit den AFDL-Soldaten angefreundet hatte, mit zwei Militärs bei ihm an und verlangte drei der Kartons, die er spornstreichs in seine Privatklinik außerhalb von Boende brachte. Nach ein paar Tagen wollte er wieder etwas, aber diesmal bekam er nichts. Er zeigte den Depotverwalter bei den Militärs an, doch der verteidigte sich so geschickt, daß schließlich Saïdi selbst eine Tracht Prügel bezog und für vierundzwanzig Stunden eingesperrt wurde. »Und das, obwohl er ihr Freund war!« Der Depotverwalter schüttelt den Kopf. »Nein, verstehen kann ich diese Militärs nicht.« Zum Teil wurden gestohlene Sachen mit Hilfe der Soldaten wieder aufgefunden, verschwanden dann jedoch für immer im Militärlager.

Während sie erzählen, schaue ich durch die offene Terrassentür nach draußen. Ein Mann im Jackett mit einer Aktentasche unterm Arm geht durchs hohe Gras. Ab und zu verschwindet er hinter den Halmen, dann taucht er wieder auf. Interessiert schaue ich ihm nach. Wohin mag so ein Mann in dieser geplünderten Wildnis wohl unterwegs sein?

Um sechs weckt mich Gesang. Noch schlaftrunken lausche ich: Es ist Auguy, der Kirchenlieder singt. Die dünnen Wände halten seinem enthusiastischen Bariton nicht stand – inzwischen dürften alle wach sein. Ich höre Bibiches schlurfende Schritte auf dem Flur, gefolgt von Juniors schläfriger Stimme. Irgendwo fällt eine Tür ins Schloß. Träge stehe ich auf – Ausschlafen ist hier offenbar nicht drin.

Die ersten Besucher sind schon da. Während sie sich mit Auguy unterhalten, schauen sie interessiert zu, wie wir unseren Tag beginnen. Ich setze Kaffeewasser auf und ärgere mich über die Avocadoreste, die Bibiche auf dem Küchentisch hat liegenlassen; ein Heer von Kakerlaken, Ameisen und Fruchtfliegen hat sich darüber hergemacht. Bibiche ißt den ganzen Tag, läuft dabei herum und zieht eine Spur von Abfällen hinter sich her. Als ich gestern eine Bemerkung darüber machte, schnalzte sie nur verächtlich mit der Zunge. Sie scheint Personal gewöhnt zu sein, aber das gibt es hier nicht; ich bin es, die hinter ihr herräumt. Einmal kommt sie an und sagt mir, daß eines von meinen Eiern heruntergefallen ist – statt es aufzuwischen!

Pulverkaffee, Tee, Milchpulver, Avocados, Marmelade – wir holen unsere Frühstückssachen aus unseren Zimmern und stellen sie auf den Tisch. Brot gibt es hier nicht, aber ich gebe Quinze Geld, und er kommt mit warmen Beignets zurück. Passanten setzen sich unaufgefordert zu uns, und unsere Vorräte schmelzen zu meinem Schrecken rasant zusammen. Volle Löffel Milchpulver verschwinden im dampfenden Tee, und Bibiche greift so hastig zu, daß sie Kaffee verschüttet. Nur mit Mühe kann ich zwei Beignets für den pflichtbewußten Auguy retten, der nicht von seinen Besuchern wegkommt.

Alles muß aufgegessen werden, so scheint es, und zwar so schnell wie möglich. Niemand spart, plant, denkt an morgen. Der Milchpulvervorrat, den Auguys Frau ihm mitgegeben hat, ist nach wenigen Tagen aufgebraucht, und dann ist nichts mehr da, denn Milchpulver ist hier nicht zu bekommen. Auguy achtet nicht auf solche Dinge, er konstatiert nur, wie schnell alles weg ist. Ich rette meinen Kaffee, indem ich ihn verstecke.

Der Besucherstrom reißt nicht ab. Der Bezirkskommissar macht seine Aufwartung, ein Soldat sitzt breitbeinig auf dem Sofa und sieht sich neugierig um. Die Nachricht von dem vollbeladenen Boot, mit dem Auguy in den Hafen eingelaufen ist, muß sich wie ein Lauffeuer in dem Städtchen verbreitet haben – jeder will sich ein Stück von dem Kuchen sichern. Der Soldat verlangt drei Liter Benzin, der Bezirkskommissar fragt nach Zäpfchen gegen Hämorrhoiden. »Die haben wir nicht mehr«, sagt Auguy. »Die gute alte Zeit der Schwestern ist vorbei.«

»Dann etwas gegen Husten?«

»Warmen Tee trinken, das hilft.«

»Oh...« Enttäuscht schaut der Mann auf seine Schuhe hinab.

Unter den Berichten über die Ereignisse der vergangenen Monate hört Auguy auch den von seiner eigenen Flucht. Bei Lomela soll er den Fluß überquert haben und auf der anderen Seite Mobutu-Soldaten in die Hände gefallen sein, die ihn ausgeraubt und nackt zurückgelassen hätten. »Irgend jemand hat sogar herumerzählt, er hätte mich halb verhungert aufgefunden und mir aus lauter Mitleid eine Chikwangue gegeben.«

Auguy muß herzlich lachen. Die Leute wollten nicht, daß er wegging, denn mit jeder Autoritätsperson, die Boende verließ, wurden sie ängstlicher, fühlten sich weniger geschützt. Und so phantasierten sie nach Herzenslust über das tragische Schicksal der Geflohenen, als wollten sie sie für ihre Feigheit bestrafen.

Als die Besucher weg sind, setzt Auguy seine Inspektion des Hauses fort. Er läßt das Schloß der Flurtür zu den Schlafräumen reparieren und legt uns ans Herz, sie abends abzuschließen. Auch Christine in Kinshasa schließt alle inneren Türen ab – Reflex eines Plünderungsopfers.

Plötzlich steht Auguy in der Tür und winkt mich geheimnisvoll heran. »Komm mal mit.« In einem der Zimmer hat er eine bizarre Bildergalerie entdeckt: Darstellungen von Malariamücken, Antibiotikareklame, Krankenhausrechungen ... »Die hat Saïdi hier aufgehängt, als Wandschmuck – das soll einer verstehen!« In der Ecke liegt eine kolorierte Radierung von Dirk Baksteen am Boden, eine flämische Bauernkate – genau so eine gab es in meinem Elternhaus. Seitdem die Nonnen weg sind, kann so etwas niemand mehr gebrauchen.

Ein Zimmermann kommt und repariert das Fliegengitter im Wohnzimmer. Die Pflanztröge auf der Barza – einige sind zerbrochen, andere ohne Erde, die Pflanzen sind abgeknickt oder herausgerissen – werden neu gefüllt und wieder an ihren Platz gestellt. Dann machen Auguy und ich uns auf den Weg zur Klinik. Vor dem Haus stehen zwei mit Macheten bewaffnete Gärtner plaudernd im wild wuchernden Gras, doch als sie uns sehen, fangen sie schnell an zu arbeiten. »Wenn ihr einen Topf findet – der ist von mir!« ruft Auguy ihnen zu. »Mir fehlen eine Menge Töpfe!« Die Männer rufen etwas zurück, ohne die Arbeit zu unterbrechen. Als wir um die Ecke sind, legt Auguy den Finger an den Mund und bedeutet mir stehenzubleiben. »Horch!« Das gleichmäßige Zischen der Macheten ist verstummt, die Männer unterhalten sich wieder. Auguy zwinkert mir zu: »So geht das hier immer.«

Die Bänke vor Auguys Sprechzimmer sind voll besetzt, aber Auguy steuert auf den Raum zu, in dem das Personal auf ihn wartet. Erst einmal will er Einzelheiten über die Plünderungen wissen. MSF unterstützt sechs staatliche Krankenhäuser in der Region, stellt Ärzte, liefert Medikamente und zahlt dem Personal eine monatliche Vergütung. Nach der Prämie, die sie seit einigen Monaten nicht mehr bekommen haben, fragen die Leute an diesem Morgen als erstes. Dabei haben die meisten von ihnen geplündert! Einer ist sogar mit einem Hammer vor den Mobutu-Soldaten hergegangen und hat die Fenster eingeschlagen.

Bibiche und Quinze holen mich zu einem Gang auf den Markt ab. Unterwegs kommt uns der Soldat von heute morgen entgegen. Er begrüßt uns überschwenglich; drei Liter Benzin hat er von uns bekommen, das verbindet! Auf dem Markt sehen wir noch mehr Soldaten. Sie kaufen ein wie wir, das Gewehr auf dem Rücken. Die Marktfrauen nennen sie Söldner, sagt Quinze, der aus der Gegend stammt. Die Leute haben Angst vor ihnen, man hofft, daß sie schnell wieder verschwinden, denn man bringt sie mit den Leichen in Verbindung, die den Fluß hinabgetrieben sind und die noch überall im Busch liegen. Sie sind hierhergekommen, um einen Konflikt auszutragen, der im fernen Osten begonnen hat und über den niemand Näheres weiß. Es sind harte Menschen, auf einen Toten mehr oder weniger kommt es ihnen nicht an.

Papa Léon hatte, wie er mir gestern abend erzählt hat, anfangs solches Mitleid mit den Hutu-Flüchtlingen, daß er beinahe zwei Hutu-Kinder adoptiert hätte. Dabei hat er schon dreizehn eigene Kinder! »Aber dann hat mir jemand gesagt, daß diese Kinder im Haß geboren sind, daß sie mich eines Tages umbringen könnten.« Und noch viel mehr erfuhr er. Um an Nahrung zu kommen, hätten die Flüchtlinge Kongolesen bedroht und sogar erschossen. Ein Tutsi-Soldat vertraute ihm an, daß die Hutu, als sie noch in Ruanda lebten, schwangeren Frauen den Bauch aufgeschnitten und den Fötus in einem Mörser zerstampft hätten. Geflohen seien sie nur, um der Rache der Hinterbliebenen zu entgehen.

»Manche Flüchtlinge sind mit einer Kanone im Schlepptau oder mit einer Schubkarre voller Waffen durch den Busch gezogen«, sagt Papa Léon, »und in ihren Bastrucksäcken hatten sie Granaten und Gewehre.« Innerhalb weniger Monate hat er sich um hundertachtzig Grad gedreht. Hutu-Flüchtlinge sind gefährlich, meint er jetzt, man muß sie erschießen. Genauso sagt er es, ganz ungeniert: Alle Hutu-Flüchtlinge, die sich im Kongo befinden, gehören erschossen.

Kaum zwei Tage bin ich hier, und schon beginnt sich mein Blickwinkel zu verändern, wie ich feststelle, als ich zu Pater Hermans Missionsstation am anderen Ende der Stadt gehe. Die Männer in ihren Jacketts kommen mir nicht mehr so seltsam vor, und durchs hohe Gras sehe ich die solide gebauten kolonialen Häuser für das Krankenhauspersonal. Es gibt ein kleines Hotel in Boende und sogar ein Restaurant, aber hinter den Fassaden tut sich nicht viel. In einem Hof an der Hauptstraße ist ein Baum durch eine Autokarosserie gewachsen, an einer Wäscheleine hängt ein ausgebleichter Pagne mit dem Bild Mobutus. Jemand hat sein Haus *Safari* – Reise – getauft, an einem anderen Haus steht mit Kreide *Etats-Unis*, Vereinigte Staaten. Auch das ist das Landesinnere: Irgend jemand äußert sich immer scherzhaft zu dem Ort, an dem er sich befindet. In Lodja, ein paar hundert Kilometer südlich von hier, sah ich 1985 ein kleines Stundenhotel mit Namen *Petit Problème* – Kleines Problem.

Am Flugplatz – eine Landepiste mit einem Verwaltungsgebäude – fragt mich ein Soldat, wo ich hinwill. Als ich ihm sage, daß ich mit dem MSF-Boot gekommen bin, nickt er und hebt grüßend die Hand. Die Neuen haben noch keine klaren Instruktionen für den Umgang mit Ausländern. Ich bin mir bewußt, daß sich das in den kommenden Monaten ändern kann, daß Kabilas antiwestliche Einstellung es für Leute wie mich schwieriger machen wird, sich im Landesinneren zu bewegen.

Auf meiner letzten Reise wurde ich von den Menschen im Binnenland immer *soeur* – Schwester – genannt, diesmal halten sie mich offenbar für die Mitarbeiterin einer Hilfsorganisation. MSF, CICR, UNHCR, UNICEF, Save the Children – der ganze *ba-organisme*, wie die Gesamtheit dieser Organisationen mit einer lokalen Pluralform genannt wird, ist in den vergangenen Jahren hier aktiv geworden und macht in gewisser Weise die Arbeit für den bankrotten Staat. Mit welcher Selbstverständlichkeit die Kongolesen ihn inzwischen als Teil ihrer Welt betrachten! So viele Jahre nach der Unabhängigkeit geben sie unumwunden zu, daß sie es allein nicht schaffen. So wie sie sich in keiner Weise für die Verfehlungen des Mobutu-Regimes verantwortlich fühlen, finden sie es auch völlig normal, daß Ausländer den Karren für sie aus dem Dreck ziehen. Wenn ich wieder zu Hause sei, solle ich darauf dringen, daß der *ba-organisme* dem Kongo mehr Geld gibt, hat Papa Léon mir gestern ans Herz gelegt, denn auch er glaubt, daß ich für eine Hilfsorganisation arbeite.

Pater Herman steht auf der Galerie und betrachtet die rußgeschwärzten Überreste des Missionsmagazins. Braune Augen über einem grauen Bart, besorgt gerunzelte Brauen. Er ist der Typ Pater, der im Batikhemd auf dem Moped durch den Busch knattert und seine Gläubigen zum Widerstand gegen die Verhältnisse, in denen sie leben, aufruft. Aber auch seine Mission ist geplündert worden. Wir sind uns schon in Mbandaka begegnet; er ist mit einem UNHCR-Flugzeug vorausgeflogen und hat sich von dem Schock bei seiner Ankunft hier noch nicht wieder erholt. Auch er forscht nach den Tätern.

»Willst du's sehen? Willst du sehen, was sie getan haben?« Langsam schlurft er vor mir über die breite Galerie. Es ist eine große Mission aus den zwanziger Jahren, die über die Jahrzehnte immer weiter ausgebaut wurde. Achthundert Internatsschüler waren hier untergebracht. Jetzt sind die hohen Räume leer, nur die Heiligenbilder und frommen Szenen hängen noch an den Wänden. Jesus, Maria, die Engel – alle sind sie noch da. Auf Heiligenbilder konnten die Plünderer ebenso verzichten wie auf die Radierung von Baksteen und die afrikanische Figur in Nicolas' Treppenhaus in Brazzaville.

»Alles ist weg«, sagt Pater Herman, »der Holzofen, die Lampen, die Lichtschalter, sogar die Kabel haben sie mitgenommen. Ich weiß gar nicht, wo ich anfangen soll. Wenn die wichtigsten Dinge fehlen, ist man völlig aufgeschmissen. Wir müssen das alles erst einmal in Ordnung bringen, bevor wir wieder an unsere normalen Aktivitäten gehen können.«

Wir überqueren die Straße und betreten das Magazin. Hier ist nachts geplündert worden, vermute ich, wahrscheinlich haben die Harzlichter der Plünderer den Brand verursacht. Es riecht nach Kaffee. Von den Stapeln der Säcke mit Kaffeebohnen liegen nur noch verkohlte Reste in der Ecke. Colaflaschen sind zu Pop-Art-Objekten geschmolzen. Pater Herman fährt mit der Sandale durch einen Haufen weißen Staub, in dem etwas Silbernes glitzert. Er bückt sich und fischt eine Medaille heraus. »Da, schau, davon hatte ich gerade fünfundvierzigtausend machen lassen. Ein Kongolese, der 1909 ermordet wurde – zwanzig Jahre hab ich mich dafür eingesetzt, daß er seliggesprochen wird.«

Er wühlt zwischen den Resten einer vor kurzem noch geordneten Welt, benennt die verschwundenen Gegenstände und erweckt sie damit zum Leben. Sechzig Liter Wein aus Zitronen und einheimischem Honig hatte er hergestellt, für eine Priesterweihe, die demnächst stattfinden sollte – nichts davon hat er wiedergefunden. Er zeigt auf die Tonsplitter und die Knochenasche am Boden: Lecksteine für die Kühe. »Der Pater, der sich darum gekümmert hat, ist uralt, der kommt nicht wieder, das würde er nicht überleben.«

»Warum«, frage ich »warum tun sie das, wer hat etwas davon?«

»Ach, die Menschen hier leben noch mit dem Kopf im Busch, die planen ihre Zukunft nicht. Wenn es ans Plündern geht, denkt jeder: Irgendwas nehm ich mir auf jeden Fall, und dann legen sie alle zusammen los. Sie haben so wenig, daß sie glauben, andere haben alles. Im Garten haben die Soldaten nach zwei Koffern mit Dollars gesucht, die ich angeblich dort versteckt hatte, stell dir das vor! Und in Mbandaka wollte die AFDL von mir wissen, wo die dreißig Pajero-Jeeps und die hundertfünfzig Motorräder sind, die Mobutu uns wegen der bevorstehenden Wahlen geschenkt haben soll. Als ob die Kirche in den letzten Jahren beim Präsidenten so gute Karten gehabt hätte!«

Vom dem ausgebrannten Hangar gehen wir zum Hauptgebäude zurück. In einiger Entfernung liegen die Schulgebäude in der Landschaft verstreut. Wieder bin ich beeindruckt von den Dimensionen der Mission. Wären die Patres damals etwas bescheidener gewesen, wäre der Verlust jetzt nicht so groß. Sie haben es nicht vermocht, den Menschen das Gefühl zu geben, daß dies alles ihnen gehört – deshalb war es so leicht zu verwüsten. Das Risiko war ja minimal: In der Welt, aus der das alles kommt, herrscht Überfluß, irgendwann wird von dort Ersatz geliefert. Die Medikamente, die wir mitgebracht haben, sind erst der Anfang.

»Meinen Sie, das wird alles wieder aufgebaut?«

Herman geht mit schweren Schritten vor mir her. »Nein, es wird nie mehr so, wie es einmal war. Die goldenen Zeiten sind vorbei.«

Am Tisch in dem großen Eßzimmer trinken wir Kaffee. Herman hat etwas Praktisches von seinem letzten Aufenthalt in Belgien mitgebracht: eine tragbare Lampe, die mit Sonnenenergie funktioniert. Wofür Plünderungen nicht alles gut sind: Der alte Kram verschwindet und wird durch das Neueste vom Neuen ersetzt.

Die Arbeit von Jahrzehnten ist dahin. Ich wäre verbittert an Hermans Stelle, würde mir aber auch tausend Fragen stellen, zur Art meiner Arbeit in all der Zeit, zu den Illusionen, die ich gehegt habe.

»Sie werden darüber hinwegkommen«, sage ich.

»Schon möglich«, seufzt er. »Von einigen Leuten weiß ich, daß sie geplündert haben. Sie denunzieren andere, haben aber selbst mitgemacht. Aber es gibt auch solche, die wahren Heldenmut bewiesen haben. Wenn die nicht gewesen wären, dann wäre ich jetzt nicht mehr hier.«

Ein alter Papa hielt den Bischof von Bokungu versteckt. Die Mobutu-Soldaten glaubten, der Bischof hätte eine Menge Geld, und suchten überall nach ihm. »Der Mann hatte eine Hütte für den Bischof gebaut und ringsum Giftpfeile in die Erde gesteckt. Er ist gefoltert worden, hat aber das Versteck nicht preisgegeben.« Es gab auch Kongolesen, die Hutu-Flüchtlingen Unterschlupf gewährt und sie vor den AFDL-Soldaten beschützt haben, obwohl sie wußten, daß sie damit ihr Leben aufs Spiel setzten.

»Wir müssen weitermachen, denn die Ungerechtigkeiten fangen schon wieder an.« Die neue politische Führung sei übereilt gewählt worden, sagt er. Der jetzige Commissaire de sous-région war als örtlicher Vorsitzender der Oppositionspartei UDPS ein bekannter Mann; seine Position verdankt er dem Umstand, daß bei der Wahl – die per Akklamation erfolgte – so wenig Leute anwesend waren und daß seine Frau so enthusiastisch klatschte. Aber auch er hat bei den Plünderungen mitgemacht und fährt ungeniert mit einem Auto der Mission herum. Herman hat mit einer Gruppe Getreuer, mit denen er auch schon gegen Wilderer im Salongapark vorgegangen ist, eine Unterschriftenaktion gegen den Mann gestartet. Wenn demnächst der Gouverneur von Mbandaka nach Boende kommt, werden sie um seine Ablösung ersuchen. »Wenn wir etwas unternehmen wollen, müssen wir's jetzt tun, wir müssen die Machthaber spüren lassen, daß sie nicht machen können, was sie wollen.«

Ein kleiner Junge kommt ganz verschwitzt herein. Ehrerbietig überreicht er dem Pater einen Zettel. Herman liest ihn und beginnt den Jungen auszufragen. Stotternd erzählt er, daß die Befreier jemanden verhaftet haben. Ich muß mich erst daran gewöhnen, die Wörter *libérateurs* und *arrêté* in einem Atemzug zu hören, aber Herman wundert sich nicht darüber, er sagt nur: »Aha, es geht wieder los.« Ich muß sofort an die Unterschriftenaktion denken, habe aber keine Gelegenheit mehr, ihn darauf anzusprechen, denn er sucht bereits den Zündschlüssel seines Mopeds. Er entschuldigt sich, und gleich darauf brummt er die staubige Straße hinunter, in Richtung Militärlager.

Bedrückt gehe ich nach Hause. Pater Hermans Niedergeschlagenheit war so spürbar, daß sie auf mich abgefärbt hat. Ich finde ihn sympathisch, mehr auf der Höhe der Zeit als viele andere Patres, aber auch ein bißchen altmodisch. Ich kann einfach nicht vergessen, daß Menschen wie er bei uns einer aussterbenden Art angehören. Was wird von seiner Arbeit bleiben, wenn er hier weggeht? Eine Unterschriftenaktion! Würde man die auch ohne ihn durchführen?

Irgend etwas stimmt nicht, aber was? Das Ganze ist mir zu religiös. Herman ist wie die Baksteen-Radierung Teil des alten Belgien. Und doch – ohne seinen Glauben wäre er nicht hier. Dann bleiben nur noch Ausländer wie die Leute von Safricas übrig und die Mitarbeiter des *ba-organisme*, die in Katastrophenzeiten auftauchen und dann wieder verschwinden. Geistige Abhängigkeit, materielle Abhängigkeit – wann werden die Kongolesen endlich frei sein? Wird Kabila ihnen dazu verhelfen, oder wird er sie noch abhängiger machen?

Die Abenddämmerung senkt sich herab, und die Harzlichter, die Pater Hermans Magazin in Brand gesteckt haben, flackern wieder romantisch auf den kleinen Tischen an der Straße. Ich komme an einem kleinen Flußarm vorbei, an dem sich die Einwohner von Boende zu einem uralten Ritual versammelt haben. Das aufspritzende Wasser, das Gelächter, die erschreckten Schreie – wie vertraut und sorglos das klingt nach all den Untergangsgeschichten, die ich gerade gehört habe.

Zu Hause sitzt Bibiche am Fonie. Sie spricht mit ihrem Mann. Über dem Knistern und Pfeifen höre ich nur ein einziges Kauderwelsch, aber Bibiche scheint ihn gut zu verstehen. Neunzig Kilometer miserable Straße liegen zwischen den beiden, und er hätte längst in Boende sein sollen, ist aber durch seine Arbeit aufgehalten worden. Bibiche hört sich vergnügt an, aufgeregt, kokett fast, und plötzlich betrachte ich sie mit mehr Nachsicht. Sie ist erst einundzwanzig; der Krieg hat sie um Monate ihres noch kaum begonnenen Ehelebens gebracht.

Ich nehme meine Plastiktüten von der Leine; fast mechanisch habe ich sie heute früh gewaschen. Ich bin wieder im Busch – Dinge aus der industrialisierten Welt sind hier knapp und kostbar. Dann kontrolliere ich mein Zimmer auf Mücken, Ameisen und Kakerlaken und schicke Quinze *raffia* holen, Wein, der aus der Raphiapalme gewonnnen wird – heimlich, bevor der Hausherr zurückkommt, denn Auguy hat uns zwar nichts verboten, aber wir alle leben im Schatten seiner religiösen Vorschriften.

In der Küche finde ich das übliche Chaos vor. Ich werfe die Essensreste in den Mülleimer, wische den Tisch sauber und ducke mich vor einer Fledermaus, die durchs offene Fenster hereingeflogen ist. Auch durchs Wohnzimmer segeln Fledermäuse; den Fliegendraht an den Oberlichtern hat der Zimmermann vergessen. Kaum zwei Jahre sind vergangen, seit die Nonnen die Mission verlassen haben – was ist seitdem aus ihrem Paradies geworden! Ich allein kann den Verfall nicht aufhalten, denke ich, während ich zum dritten Mal an diesem Tag die Ameisen aus dem Zucker fische. Jeder lebt hier einfach in den Tag hinein. Ich ärgere mich über diese Lässigkeit, registriere aber auch das Burleske daran und ertappe mich bei einem geradezu perversen Drang, die Grenzen dieses verwahrlosten Belgien zu erkunden. Wann werden die Kongolesen diesem rasanten Verfall Einhalt gebieten? Ich sehe zwar, wie Auguy kämpft, aber auch er ist zerstreut, mit anderen Dingen beschäftigt.

Müde kommt er nach Hause, mit Kopfschmerzen von all den Geschichten, die er gehört hat. Er sieht sich suchend im Wohnzimmer um. »War Saïdi da?« Als er gestern unangekündigt bei ihm aufgetaucht ist, hat er dort seine Eßzimmerstühle entdeckt – Saïdi hat versprochen, sie heute zurückzubringen.

Auguy hat den örtlichen Behörden meine Anwesenheit gemeldet und präsentiert mir die Rechnung für zwei Formulare, die dort ausgefüllt worden sind. Ansonsten hat er den ganzen Tag Antrittsbesuche bei den neuen Herren gemacht. Der AFDL-Oberst stottert und spricht Englisch, Kinyarwanda und Swahili durcheinander – Auguy hatte Mühe, ihn zu verstehen. Der Oberst freute sich über seinen Besuch und sagte, er hoffe auf gute Zusammenarbeit, womit er meinte, daß Auguy ihm Benzin verschaffen solle und Kondome für seine Männer, denn die venerischen Leiden … Auguy lacht: Nach den Mongo starten nun auch die Soldaten aus dem Osten einen Angriff auf seine religiöse Moral!

Die Hafenbehörde verlangt, daß er auf die Medikamente und das Benzin, das er mitgebracht hat, Zoll zahlt, dabei ist MSF davon befreit! Dann ist da noch die Sache mit dem Nachtwächter. »Findest du es normal«, fragt er, »daß ein Nachtwächter ein eigenes Zimmer mit Bett und Decke hat?« Der alte Nachtwächter der Nonnen war es so gewöhnt und deshalb zu nichts zu gebrauchen. Manchmal, wenn es im Krankenhaus einen Notfall gab, konnte man Auguy nicht erreichen, weil der Mann unauffindbar war oder so fest schlief, daß er nicht wach zu bekommen war.

Und nun hat derselbe Mann während Auguys Abwesenheit Sachen aus seinem Haus mitgenommen. Die Angelegenheit kam ans Licht, weil er einen Teil der Kinderkleider, die Auguys Frau in einem Nebenraum der Küche in einer Kiste aufbewahrte, dem Nachtwächter der Nachbarn gegeben und ihn gebeten hatte, sie für ihn zu verkaufen. Als der herausfand, woher sie stammten, wollte er das Geschäft selbst machen, sie bekamen Streit, und verpetzten sich gegenseitig bei Auguy.

Plötzlich spitzt Auguy die Ohren. »Wer kommt denn da noch so spät?«

Zwei Jeeps haben vor dem Haus gehalten: der ADFL-Oberst mit seinem Gefolge. Während er aussteigt, verteilen sich die Soldaten blitzschnell auf dem ganzen Gelände. Als er sich unter der gnadenlosen Neonlampe in der Sitzecke niedergelassen hat, merke ich, daß er betrunken ist. Er scheint nicht mehr zu wissen, weshalb er überhaupt gekommen ist. Dümmlich lächelnd sieht er sich um und wiederholt die Höflichkeitsfloskeln von heute morgen, in einem Sprachengemisch, das durch den Alkohol nicht eben verständlicher wird. Auguy steht ihm Rede und Antwort, als wenn nichts wäre, mit einer pastorenhaften Ruhe, die ernüchternd wirkt – schon nach fünf Minuten braust der Konvoi in einer Wolke von Staub und Lärm wieder ab.

Der Kommandant langweilt sich, denke ich, als wir ihm nachschauen, er wollte sehen, ob Auguys Anwesenheit sein Leben nicht irgendwie bereichern könnte. Plötzlich ahne ich die Grenzen dessen, was das Regime in Kinshasa hartnäckig als »Revolution« bezeichnet. In der Hauptstadt können die Neuen wenigstens in die Häuser der Mobutisten einziehen und sich mit den Privilegien ihrer Vorgänger umgeben, aber wie abstrakt ist der Begriff Revolution im Binnenland, wo es an allem fehlt, wo schon die Ankunft eines MSF-Doppelbootes mit Benzin und Medikamenten ein Ereignis ist. Wie schwierig ist es, in einer so kargen Umgebung eine andere Ideologie als die des Überlebens zu vertreten.

Papa Léon steht in Khakihemd und Halstuch auf der Barza und gibt seinen Pfadfindern letzte Instruktionen. Auguy möchte, daß er an die Arbeit geht; Quinze belädt am Hafen die Boote und hat um Unterstützung gebeten. Doch Papa Léon redet stur weiter; er verläßt sich darauf, daß Auguy ihn als den Älteren nicht unterbricht, aber Auguy tut es trotzdem. »Du mußt sofort zum Hafen«, sagt er, »sonst wird es zu spät.« Ich habe beschlossen, nicht per Boot zurückzufahren, sondern auf das UNHCR-Flugzeug zu warten, das die Flüchtlinge aus Pater Hermans Mission abholen soll.

Ein Krankenhausmitarbeiter bringt zwei Kisten mit Sachen vorbei, die er vor den Plünderern retten konnte, dazu zwei Kinderwagen. Sie sind verrostet, der Bezug ist stellenweise zerrissen – ich vermute, daß der Verfall hier schon vor den Plünderungen eingesetzt hat. Die Kisten enthalten Bücher, darunter ein Deutschlehrbuch für Franzosen, außerdem Plastikschälchen, Küchengeräte, eine alte Lampe. Viel ist es nicht, aber Auguy ist zufrieden und gibt die Liste per Fonie gleich seiner Frau in Mbandaka durch.

Dann setzt er sich aufs Sofa, öffnet einen großen Pappkarton mit Geldscheinen und zahlt den ganzen Abend Gehälter aus. Die Patienten im Krankenhaus müssen noch warten. Später verwandelt sich die Zimmerecke in ein Tribunal, wo er einigen Leuten die Leviten liest. Auch der Nachtwächter, der die Kinderkleider verkauft hat, erscheint auf der Bildfläche, ein dürres altes Männchen. Ängstlich sitzt er auf der Stuhlkante, darauf gefaßt, davongejagt zu werden. Er tut mir leid;

ein lukratives kleines Geschäft mit was auch immer hätte ich ihm gegönnt, aber seine stillschweigende Annahme, daß sein Chef nicht wiederkommen würde, daß es nach den Jahren bei den Nonnen nun auch mit seinem neuen Posten vorbei sei, ist so destruktiv, daß es mich auch wieder abschreckt.

Auguy hat nicht gefrühstückt, nicht einmal Kaffee getrunken. Als er auch zu Mittag nichts ißt, wird mir klar, daß er fastet. Das muß er bei den Benediktinern gelernt haben, denn ich habe auch Zizi einmal dabei ertappt. Oder gebietet es ihm eine Sekte, der er angehört?

Am Nachmittag regnet es, und eine wohltuende Ruhe senkt sich über das Haus. Bibiche und Junior schlafen, Auguy erledigt Papierkram, ich sitze schreibend am Fenster und schaue in den Regen hinaus, der stetig in den Tshupa fällt. Als die Sonne wieder hervorkommt, betritt Toaka den Garten. Bei Regen kommt das Leben hier völlig zum Erliegen, sagt er, ganz Boende ist heute nachmittag zu Hause geblieben. »Und du, was hast du die ganze Zeit gemacht?«

»Ach, nichts, nutzlose Gespräche mit Madame und den Kindern geführt.« Seine Direktheit gefällt mir, aber wenn ich die Dinge so klar sehen würde wie er – ich glaube, ich würde weggehen.

Er wohnt in der Nähe, und wir gehen durch die kühle Luft nach dem Regen zu ihm. Unterwegs begegnen wir einem Polizeibeamten, der uns ein Stück begleitet. Anfangs hat er die Militärs bei den Ermittlungen zu den Plünderungen unterstützt, erzählt er, aber als er gegen eine Frau vorgehen wollte, die ein Verhältnis mit einem von ihnen hatte, wurde er selbst verhaftet. »Bei uns gibt es ein Sprichwort«, sagt er. »Jedes Dorf hat seinen Zauberer; wenn er stirbt, kommt der nächste. Genauso war es hier.«

Als er davongegangen ist, sagt Toaka: »Daß er selbst auch geplündert hat, sagt er natürlich nicht.«

Toakas Frau sitzt an ihrer Nähmaschine. Sie hat bei den Nonnen einen Nähkurs gemacht und stellt blaue und rosa Laken und Kissenbezüge für Säuglinge her; außerdem strickt sie Söckchen mit Bändern, die mich an die Babysöckchen meiner

Kindheit erinnern; hier habe ich sie allerdings noch an keinem Kind gesehen. Toakas Kinder haben eine Plane in dem nassen Hof ausgebreitet und kleine Häufchen Obst daraufgelegt. Sie treten ein Stück zurück, nehmen Anlauf und stürzen sich mit Geschrei auf die Früchte. Dann legen sie sie wieder zu Häufchen zusammen, und das aufgeregte Spektakel beginnt von neuem.

»Was ist das für ein Spiel?«

Toakas Frau schaut auf. »Ach, das spielen sie schon die ganze Zeit. Sie rufen ›Wir plündern das Seifenlager von Gap!‹ und stürmen los. Es geht darum, daß man in dem Chaos so viel wie möglich an sich rafft.« Sie hat sich wieder über ihre Nähmaschine gebeugt. »Man kann versuchen, seine Kinder zu erziehen, wie man selbst es für richtig hält«, sagt sie sanft, »aber was sie in der Cité lernen, dagegen kommt man nicht an.«

Wir sitzen zusammen, bis es Abend wird. Auguy holt mich mit dem Motorrad ab – er mag es nicht, wenn ich im Dunkeln draußen bin. Nachdem er mich zu Hause abgesetzt hat, bittet er mich, alle Türen abzuschließen, schnallt Bibel, Schlafsack und Taschenlampe hinten auf das Motorrad und fährt noch einmal weg. Ich stelle mir vor, daß er irgendwo auf einem Hügel betet, und mache mir plötzlich Sorgen: Was ist, wenn er auf solch einer nächtlichen Expedition Soldaten begegnet? Ich schlafe nicht sehr gut und bin froh, als ich gegen sechs seine Yamaha höre.

Seit Didiers Ankunft ist das Haus plötzlich voller Fröhlichkeit und Leben. Sein helles Lachen klingt durch die Flure und vertreibt die bedrückte Atmosphäre der vergangenen Tage. Auch Auguy lebt auf. In Didiers Gesellschaft bekommen die Probleme, mit denen er zu kämpfen hat, eine absurde Note, und Didier setzt mit seinen Geschichten aus Befale noch eins drauf.

»Hast du wieder Plastikblumen mitgebracht?« höre ich ihn zu Bibiche sagen, als er in ihr Zimmer tritt. Wir haben ein verliebtes Paar im Haus. Bibiche hängt an seinen Lippen, und er läßt sich ihr Interesse geschmeichelt gefallen. Anfangs scheint er mir etwas jung für die gewieften Mongo, mit denen er es zu tun hat, aber wie sich herausstellt, stammt seine Mutter aus der Äquatorprovinz und sein Vater war Assistent des *commissaire de zone*, des Gebietskommissars – ihm macht keiner etwas vor.

Er greift sofort nach den – inzwischen längst überholten – Zeitungen, die ich aus Kinshasa mitgebracht habe. »Für mich ist alles neu«, sagt er. »In Befale hinken wir Monate hinterher, da ist die AFDL noch gar nicht angekommen.«

Am Abend erzählt er von seinem Leben in Befale. Die Behörden kommen mit der politischen Lage nicht zurecht: Die AFDL-Soldaten haben das Land befreit, aber Befale haben sie ausgelassen. Der neu eingesetzte Commissaire de zone ist zu Fuß nach Boende gegangen, um seinen Vorgesetzten zu fragen, was er tun soll. Zuvor hat er Didier um fünfhunderttausend Zaïre – vier Dollar – gebeten: dreihunderttausend für unterwegs, zweihunderttausend für seine Tochter in Boende. »In Befale hat keiner Geld«, sagt Didier. »Am Zahltag für das Krankenhauspersonal ist die Hölle los: Am Eingang drängen sich die Gläubiger, und die Leute nehmen so viel Vorschuß, daß sie am Monatsende nichts mehr übrig haben und in einem Teufelskreis von Schulden festsitzen.«

Die Durchschnittsbürger in Befale befassen sich kaum mit Politik, ihre Gesprächsthemen beschränken sich auf die Jagd, den Fischfang und ihre Gärten. Da Didier ein Fonie hat, informieren sie sich bei ihm über die neuesten Entwicklungen. »Neulich wollte ein alter Papa wissen, ob die Gespräche zwischen Mobutu und Kabila auf dem Schiff Outeniqua vorankommen.« Didier grinst. »Da war Mobutu längst in Marokko!« Viele sind in den Busch geflüchtet und wollen nicht wieder zurückkommen. Sie warten, bis die Rebellen weg sind, wie 1964, als Mobutus Truppen kurzen Prozeß mit ihnen machten.

Was sie über die AFDL-Soldaten hören, gibt den Menschen in keiner Weise das Gefühl, es würden bessere Zeiten anbrechen. Nachdem Mobutus Soldaten geflohen waren, landeten ruandische Soldaten auf dem Flugplatz des nahen Basankusu, arrogante Kerle, die die Leute beiseite stießen und zu Mobutus Haus zogen, das wegen der Präsidentschaftswahlen mit zwei nagelneuen Pajero-Jeeps und etlichen Fernsehgeräten ausgestattet worden war. Die Ruander beschlagnahmten die Jeeps, verkauften die Fernseher an die Bevölkerung und machten sich aus dem Staub, um ihre Beute nicht mit den kongolesischen Soldaten teilen zu müssen, die ihnen folgten. Als die Kongolesen bei ihrer Ankunft merkten, was passiert war, wurden sie wütend und zwangen die Leute, die Fernseher zurückzugeben, um sie woanders verkaufen zu können. Didier schüttelt den Kopf. »Und wie immer ist das kongolesische Volk der Dumme.«

Gegen Befale ist Boende eine Stadt, sagt er. »Es gibt nicht einmal Läden dort. Wenn ich Fleisch essen will, gebe ich einem Jäger zwei Patronen, eine für mich, eine für ihn, und er geht los und schießt einen Affen. Früher gab es in Befale eine kanadische Farm mit fünfhundert Rindern. Nach der Unabhängigkeit wurde sie verstaatlicht, und 1992 stellte sie ihren Betrieb ein. Fünf Rinder lebten damals noch, die in der ganzen Gegend grasten, und schließlich war nur noch eines übrig, eine Kuh, die völlig verwilderte und vor kurzem von Mobutu-Soldaten verspeist wurde. »Wenn man die Farm so sieht, total verwahrlost und überwuchert … Man könnte meinen, sie ist schon in den fünfziger Jahren aufgegeben worden.«

Neulich haben die Bewohner von Befale einen Beamten mit dem Gewehr aus seiner Dienstwohnung vertrieben – sie brauchten das Wellblech von seinem Dach, um Kochtöpfe daraus zu machen. »Wenn man schimpft, schauen sie einen beleidigt an: Was mischst du dich ein, ist das etwa dein Haus? Was dem Staat gehört, gehört niemandem und damit allen.«

Alles was MSF heranschafft, wird als kollektiver Besitz betrachtet. Kürzlich fand Didier im Krankenhaus ein paar Kartons mit Kacheln und beschloß, sie für sein Badezimmer zu verwenden. Nicht lange danach kam ein Mann vom Sicherheitsdienst zu ihm und tat furchtbar geheimnisvoll. Aus dem Krankenhaus seien Kacheln verschwunden, ob Didier etwas darüber wisse, ob er ihm bei den Nachforschungen behilflich sein könne. Didier führte den Mann ins Bad und zeigte ihm die Dusche: Da sind sie!

Aber damit war der Fall noch nicht erledigt. Didier bekam Besuch vom Assistenten des Commissaire de zone, der nun seinerseits von der »Sache mit den verschwundenen Kacheln« anfing, wie sie inzwischen hieß. Didier verbat sich das, er habe die Kacheln schließlich nicht gestohlen, sie befänden sich in einem Haus, das er hier zurücklasse, wenn er weggehe, wieso sich also alle so aufregten? Der Mann nickte und forderte Didier auf, ihm von seiner nächsten Fahrt nach Mbandaka Radiobatterien mitzubringen. »Sie versuchen uns ständig bei Unregelmäßigkeiten zu erwischen, aber nicht um für Ordnung zu sorgen, sondern um uns damit zu erpressen. Wenn man sich vorstellt, daß derselbe Mann hinter seinem Haus eine kleine Werkstatt hat, in der er Wellblech zu Kochtöpfen verarbeitet!«

Es ist spät geworden. Nachtfalter sitzen an der Lampe, Fledermäuse hängen in einer dunklen Ecke still an der Decke. Draußen liegt der schmächtige Nachtwächter in tiefem Schlaf, und auch Junior, der anfangs interessiert zugehört und ab und zu mit seiner hellen Jungenstimme aufgelacht hat, ist mit dem Kopf auf dem Tisch eingeschlafen.

Auguy richtet sich stöhnend auf. »Wie steht's? Du weißt ja, wie früh die Leute hier vor der Tür stehen.« Didier und Bibiche fahren morgen ab, dann ist er wieder allein. Seufzend sieht er sich im Zimmer um. Saïdi hat seine Stühle noch immer nicht zurückgebracht, seine Lampen sieht er vielleicht nie wieder, und die Kindersachen kann seine Frau wohl vergessen. Während er sich mit Formalitäten herumschlägt, wird die Patientenschlange im Krankenhaus immer länger. Er streckt sich und seufzt von neuem. Eine Zeitlang war alles weit weg, aber jetzt liegt wieder nur eine halbe Nacht Schlaf zwischen ihm und all den Problemen.

Auf dem Weg zur Schule kommt Toaka vorbei, um zu melden, daß ein UNHCR-Flugzeug auf dem Weg nach Mbandaka in einer Stunde hier landen wird, Pater Herman habe es ihm nach der Frühmesse gesagt. Als wir die Antonov kommen hören, bringt mich Didier mit dem Motorrad zur Landepiste, wo bereits eine Gruppe Flüchtlinge wartet.

Der redselige amerikanische Pilot holt mich sofort ins Cockpit. Kaffee – ob ich Kaffee wolle? Er ist unrasiert und hat Kaffeeflecke auf dem Hemd. Schriftstellerin – er liebe Schriftsteller, kürzlich habe er eine Autorin von Kigali nach Kisangani mitgenommen, ein knapp zweistündiger Flug, und dann habe die Frau drei Tage lang geschrieben! Es ist sein siebter Krieg, sein dritter in Afrika. Während wir über den Äquatorwald fliegen, zeigt er auf einzelne Stellen, an denen der Bewuchs so dünn ist, daß man den Boden sehen kann. Viel leichter zu bombardieren als der Wald in Vietnam, wo die Bäume zum Teil in drei Etagen übereinanderwuchsen.

In den vergangenen Monaten hat er viereinhalbtausend Hutu-Flüchtlinge repatriiert. »Ich rette Menschenleben – meine Mutter wird stolz sein, wenn sie das hört«, sagt er nicht ohne Zynismus. Denn daß es in Ruanda nicht zum besten steht, liegt auf der Hand. Er hat Psychologie studiert: Wenn man zu viele Ratten in einen Käfig sperrt, so hat er gelernt, dann beißen sie sich gegenseitig tot, und genau das geschieht im überbevölkerten Ruanda. Leute wie ihn mag man in Kigali nicht, er hat den Eindruck, man hätte die Flüchtlinge, die er zurückbringt, lieber nicht wiedergesehen.

Als wir in Mbandaka landen, steht bereits die nächste Ladung Flüchtlinge neben der Rollbahn im Gras und wartet darauf, nach Ruanda gebracht zu werden. Sie sind zu Fuß aus dem Durchgangslager gekommen, scheue Männer, Frauen und Kinder, viele barfuß, manche mit einem dürftigen Bastrucksäckchen in der Hand. Ein kümmerlicher Fleck in der Landschaft.

Der Pilot hat mehr Energie als sie alle zusammen. Flugplätze sind sein Biotop, geschäftig läuft er hin und her, schließt Bekanntschaften, schüttelt Hände, lacht. Aus dem grauen Fleck auf dem Gras tritt ein Hutu-Mädchen beiseite, löst ihren Pagne und hält ihn wie ein Zelt um sich herum, hockt sich hin, verrichtet ihre Notdurft und knöpft ihn wieder zu. Kleine Szenen, auf die niemand achtet, die aber eine Odyssee ohne Privatsphäre offenbaren.

Dann steigen sie die Gangway hinauf.

»Hundert!« ruft der Pilot nach einer Weile.

Einer der Flüchtlinge flüstert ihm etwas zu. Der Pilot hält die Hand ans Ohr. »Was?«

»Ich habe Hunger«, sagt der Flüchtling.

Der Pilot steigt hinter dem letzten Passagier die Treppe hinauf. »Hast du das gehört?« ruft er dem Kopiloten zu. »Er hat Hunger!«

Die Stanleys von 1997

Bokote

SÉRAPHIN stößt die Fußspitze in ein rostiges Loch im Deck. »Hier holen wir uns noch Tetanus«, murmelt er. Es ist ein uralter Kahn, gut zwanzig Meter lang, eine sogenannte *baleinière*, ein Walfänger. Stählerner Laderaum, eine wacklige Treppe zum Deck hinauf. Vorsichtig tasten wir uns zu dem vor, was einmal das Ruderhaus war. Zwei türlose Kabinen, jede mit einer schmalen Pritsche. »Eine ist für dich.« Ich spähe durch die Löcher in der Außenwand. Da könnte ich einen Pagne davorhängen.

»Und, was sagst du?« fragt Séraphin etwas besorgt, als wir wieder an Land stehen. Das Schiff liegt schief im Wasser und wirkt von hier aus noch jämmerlicher. In meinem Heimatdorf wäre es längst abgewrackt worden. »Okay, ich komme mit. Sag mir nur, was ich einkaufen soll.«

Habe ich Séraphin wirklich erst gestern kennengelernt? Es kommt mir so viel länger vor. Eine Party der UN-Flüchtlingsorganisation UNHCR in Mbandaka – wir saßen auf dem Balkon, in Sesseln, die für den Anlaß nach draußen geschafft worden waren, um uns herum Leute, die ich bis dahin nur vom Hörensagen kannte. Der Gouverneur war auch da, ein umgänglicher junger Mann im dunkelblauen Trainingsanzug, der im Lauf des Abends eine Lobrede auf die Arbeit des UNHCR hielt. Derselbe Mann hatte geleugnet, daß die AFDL bei ihrem Einmarsch am Hafen Hunderte von Flüchtlingen erschossen hat.

Die breiten Straßen aus der Kolonialzeit waren wegen der inoffiziellen Ausgangssperre wie ausgestorben. Nur hin und wieder kam jemand vorbei und schaute neugierig zu dem hellerleuchteten Haus mit der wehenden UN-Fahne auf, aus dessen offenen Balkontüren Musik klang. Drinnen tanzte Christine, die französische UNHCR-Leiterin mit dem AFDL-Kommandanten von Mbandaka. Ein anziehender, schüchterner junger Mann, ein Oberst der Museveni-Armee, wie man sich zuflüsterte – also muß er Ruander sein, denn bevor sie 1994 in Ruanda die Macht ergriffen, lebten viele ruandische Soldaten als Flüchtlinge in Uganda. Er war gesellschaftliche Anlässe offensichtlich nicht gewöhnt und tanzte hölzern wie ein Junge aus den Bergen. Die ungeschickte Art, wie er Christine den Hof machte, erinnerte mich an unsere Partys früher, zu Hause in der Garage.

Es war beruhigend, aber auch ziemlich verwirrend, diese Menschen, die solch unterschiedliche Interessen vertraten, in so entspannter Atmosphäre versammelt zu sehen.

Und an diesem Abend erzählte mir Séraphin, daß er in ein paar Tagen per Schiff nach Bokote fahren werde, um die Hutu-Flüchtlinge zu holen, die dort bei der Missionsstation zusammengeströmt waren. »Es ist unsere letzte Fahrt«, sagte er. »Komm doch mit! So eine Chance kriegst du nie wieder.«

»Ich komme gerade aus Boende, da hab ich erst mal genug Wasser gesehen.«

»Das ist doch was ganz anderes!«

So geht es im Kongo öfter: Irgend jemand läuft einem zufällig über den Weg, und schon bekommt die Begegnung etwas Unausweichliches. Séraphin trug eine goldene Medaille mit seinem Sternzeichen Löwe um den Hals. Die scharfen Linien um seinen Mund zeugten eher von Härte als von Alter – er war gerade erst dreißig geworden. Unter den Flüchtlingen, so erzählte er, befänden sich auch Militärs der FAR – der Forces Armées Rwandaises, der Armee des früheren ruandischen Präsidenten Habyarimana –; die wollten die Zivilisten manchmal nicht gehen lassen. Mit Aufträgen dieser Art wandten sich Séraphins Vorgesetzte vertrauensvoll an ihn. Während ich ihm zuhörte, schwand mein Widerstand dahin. Er hatte recht: Es war meine letzte Chance, einen Blick auf das Drama zu werfen, das sich voriges Jahr im kongolesischen Binnenland abgespielt hat.

Georges, ein ehemaliger Kommilitone von Séraphin, setzte sich zu uns. Er hatte einen AFDL-Kurs absolviert und war dann Verbindungsoffizier der AFDL geworden. Er sprach in dem schleppenden Tonfall, den die Parteileute hier alle an sich haben. »Ich hab auch so einen Kurs gemacht«, sagt Séraphin, »aus Neugier, aber das ist nichts für mich. Diese ganzen alten Doktrinen – was sollen wir damit? In Diskussionen ziehen diese Leute regelmäßig den kürzeren, weil sie kein Programm haben, sondern nur Parolen.« Später kabbelten sich die beiden. »Ihr von der AFDL, ihr solltet nicht dauernd bei uns ankommen und um Autos und Benzin betteln«, blaffte Séraphin. »Das UNHCR ist für Flüchtlinge da und nicht für die AFDL!« Georges protestierte schwach und drohte, Séraphin auf der nächsten AFDL-Versammlung anzuzeigen. Séraphin warf ihm einen mitleidigen Blick zu und grinste mich an. »Ich hab dir gerade einen interessanten Vorschlag gemacht«, sagte er. »Schlaf eine Nacht drüber, morgen zeige ich dir das Schiff.« Die Aussicht, eine Reise mit einem so selbstbewußten, energischen Kongolesen zu machen, begann mich zu reizen.

Am Nachmittag mache ich Einkäufe. Vieles aus den Depots der Hilfsorganisationen hat seinen Weg auf den Markt gefunden. Die Sachen sind auf kleinen Tischen am Straßenrand aufgestapelt, braune Schachteln mit hochproteinhaltigen Keksen, weiße Schachteln mit BP5-Kompaktnahrung für unterernährte Babys. Séraphin kommt mir auf seiner roten Yamaha entgegen; auf dem Gepäckträger hat er einen Karton mit Lebensmitteln. »Morgen früh um acht!«

Auf dem abgehalfterten Schiff flattert die weiß-blaue UNHCR-Fahne. Mitarbeiter des Roten Kreuzes hieven Kartons mit Verbandszeug, Medikamenten und Keksen an Bord, MSF-Sanitäter schleppen Trinkwasser, Tagelöhner rollen Fässer mit Dieselöl und Benzin über eine Laufplanke in den Laderaum. Séraphin steht an der Reling und dirigiert das Ganze, er hakt die einzelnen Posten auf einer Liste ab und ruft den Matrosen zu, sie sollen sich beeilen.

Die Kabinen auf Deck sind sauber aufgeräumt. Orangene

Schwimmwesten an der Wand, graue Flüchtlingsdecken auf den Pritschen, Tüten mit UNHCR-Proviant und Plastikkanister mit Trinkwasser unterm Bett. In der linken Kabine steht Séraphins Tasche. Ich betrete die rechte, hole einen gelben Pagne mit einem Bild des bärtigen Paters Hulstaert aus meiner Tasche und hänge ihn als Vorhang auf. Mein gestreifter Leinenschlafsack kommt aufs Bett, Bücher und Landkarten auf das Bord, die Taschenlampe an einen Haken. Séraphin streckt den Kopf herein und nickt beifällig. »Im Internat gewesen, wie man sieht.«

Mittag ist schon vorüber, als wir endlich ablegen. Séraphin spricht über sein Walkie-talkie mit einem Kollegen an Land und verscheucht währenddessen wild gestikulierend ein paar Tagelöhner, die an Bord zu klettern versuchen. Sie protestieren, schwenken die Arme, aber wir fahren unerbittlich los, und schon lachen sie wieder und winken uns zu, als wären sie nur gekommen, um uns zu verabschieden.

Nachdem wir so gewaltsam abgelegt haben, seufzen die Passagiere erleichtert auf. Im Laderaum zündet sich der Kapitän eine Zigarette an und scherzt mit dem Schiffseigner, der drei rostrote Benzinfässer weiter in einem bequemen Sessel sitzt. In seinen ausgefransten Jeansshorts, das Gesicht halb von einem Strohhut verdeckt, sieht er aus wie ein Urlauber.

Die Tagelöhner sind in das Boot gestiegen, das backbord am Schiff vertäut ist. Sie schöpfen Wasser in Plastikeimer und waschen mit brauner Miko-Seife ihre Sachen. Lachend schauen sie zu mir auf. »Wenn Sie schmutzige Wäsche haben, Madame, wir waschen sie Ihnen!«

Auf Deck falten MSF-Sanitäter halbe A-4-Bögen zu *carnets de malade* – Krankenblättern –, in die sie später Namen, Alter und Herkunft der Flüchtlinge eintragen. Sie waren in Mbandaka, als die AFDL-Soldaten einfielen. Alle hatten befürchtet, die Mobutu-Soldaten würden die Stadt plündern, aber sie taten es nicht, und so liefen die Leute erleichtert den AFDL-Soldaten entgegen, umarmten sie und folgten ihnen in die Stadt. Auf diese Weise wurden sie Zeugen der Ereignisse am Hafen. Die Soldaten schossen aufs Geratewohl auf die Flüchtlinge, warfen Leichen ins Wasser und ließen andere liegen. Als das Rote Kreuz sie barg, entdeckte man unter den Toten einen hohen Regierungsbeamten – er hatte Fotoalben und seine Papiere bei sich.

Die Soldaten, die an dem Massaker beteiligt waren, wurden sofort versetzt, damit niemand einer potentiellen UN-Untersuchungskommission berichten konnte: Der und der hat in die flüchtende Menge geschossen, der und der hat ein Baby gegen eine Mauer geschmettert. Danach gingen die Soldaten vorsichtiger zu Werke. Sie lockten die Flüchtlinge zum Flugplatz, wo sich nur Militär befand. »Sie müssen sie totgeschlagen haben, denn Schüsse waren nicht mehr zu hören, aber es wurden von Tag zu Tag weniger.« Emsig falten die Sanitäter weiter ihre Krankenblätter. »Dann kam zum Glück das UNHCR.«

Es sind genau die Leute, die ich zu Hause all die Monate im Fernsehen gesehen habe: Mit Mundschutz standen sie an den Massengräbern und warfen weiße Säcke mit Leichen über den Rand. »Die AFDL sollte nicht so lügen«, sagen sie. »Wir haben genau gesehen, was die getan haben.« Aber alles in allem haben die Flüchtlinge ihnen Glück gebracht: Einer der Sanitäter war arbeitslos, als sie kamen, ein anderer hofft, genug Geld zu sparen, um sein Studium fortsetzen zu können.

René, der jugendliche Mitarbeiter der amerikanischen Organisation Save the Children hat mit dem Rücken an der Reling dagesessen und zugehört. Er kommt aus Bukavu, der Stadt im Osten, in der die Flüchtlinge vor drei Jahren zusammenströmten und in der der Krieg begann. Er hat in verschiedenen Flüchtlingslagern gearbeitet. »Dieser Krieg ist noch lange nicht vorbei«, sagt er. »Es ist zuviel passiert, und das hat die Menschen hart gemacht hat.«

Er erzählt mir von den Mayi-Mayi-Kriegern, die in den Bergen im Osten gegen die AFDL kämpfen. Wenn man ihnen nahe komme, verwandelten sie sich in Wespen. In Wespen? Ja, ja, ich hätte schon richtig gehört. »Sie fliegen einem ins Nasenloch und stechen so bösartig, daß die Atemwege zuschwellen. So einen Wespenstich hat noch keiner überlebt.« Er sagt es mit größter Selbstverständlichkeit, und als ich weiterfrage, liefert er immer neue Einzelheiten, die mir klarmachen, daß die Geschichte im Osten vollkommen ernst genommen wird.

Hinter unseren Kabinen ist eine Metall-Überdachung, unter der René und die anderen sich ihren Schlafplatz eingerichtet haben. Auf dem Weg zur Dusche muß ich daran vorbei. Sie liegen in der ersten Vorabendkühle und unterhalten sich, die Beine hochgezogen, ihr Gepäck als Kopfkissen. Ich brauche ihre Sprache nicht zu verstehen, um zu wissen, worum es geht. MSF, CICR, UNICEF, UNHCR, Dollar – die Wörter kommen immer wieder vor, und es klingt, als führten sie einen Warentest durch. Weiches Licht fällt durch die Ritzen in der Überdachung, die rauhen grauen Flüchtlingsdecken riechen nach Heu, und einen Moment lang beneide ich sie um die Vertrautheit von Männern unter sich.

Eine kleine Treppe hinunter, ein türloser Raum mit einem Loch im Boden – Itatshi, einer der Tagelöhner, hat einen Eimer mit Flußwasser für mich bereitgestellt, in den Séraphin im Vorbeigehen zwei Reinigungstabletten geworfen hat. Sie wollen sich nicht auflösen und schwimmen wie Flocken gestockter Milch am Grund. Ich hänge einen Pagne vor die Türöffnung und wasche mich in aller Eile. Das reißende Wasser unter mir macht mir angst; eine falsche Bewegung, und ich verschwinde in der Tiefe.

Séraphin hat eine Dose Moussaka aufgemacht. Er erwärmt sie auf einem Kocher mit einer zischenden weißen Brennstofftablette. »Du warst wohl bei den Pfadfindern«, sage ich. Er grinst. »Aber sicher.« Ich kenne diese weißen Tabletten aus der Puppenküche, die ich als Kind hatte; sie zischen und rauchen noch genau wie früher. Wir essen zu zweit; die anderen scheinen überhaupt nichts zu essen.

Später sitzen wir alle zusammen vor dem Ruderhaus, und Séraphin imitiert den bösen Mobutu aus der Zeit nach 1990, als Belgien seine besonderen Beziehungen zu Zaïre abbrach. Er ist ein meisterhafter Imitator, bald laufen mir vor Lachen die Tränen herunter, und auch die MSF-Sanitäter können sich kaum noch halten. Immer wenn Mobutu den Belgiern eins auswischt, klatschen sie begeistert Beifall. Séraphins Vater war ein glühender Mobutist, Vorsitzender der Regierungspartei MPR in der Kasai-Provinz. Kazadi – der Name ist bekannt. Séraphin wird in letzter Zeit manchmal darauf angesprochen, aber das kümmert ihn nicht. Er selbst war Mitglied der Oppositionspartei UDPS, und ohne den Krieg wäre er Parlamentarier geworden.

Später entsteht unten ein Tumult. Die Tagelöhner haben sich in ihrem Boot schlafen gelegt, sehr zum Mißfallen des Eigners: Er will, daß sie im Laderaum übernachten, denn sie bringen das Schiff in Schieflage. Sie protestieren lauthals: Er habe ihnen gar nichts zu sagen, schließlich habe er das Schiff an das UNHCR vermietet! Es überrascht mich, mit welcher Heftigkeit sie seine Autorität in Frage stellen. Er könnte ja recht haben, aber das scheint niemanden zu kümmern.

Mitten in der Nacht wache ich auf. Wir liegen still. Die Tagelöhner nutzen die Gelegenheit, um sich zu waschen. Ihr Geplansche klingt durch die Nacht, ihre hellen Stimmen hallen übers Wasser. Da brüllt Séraphin von seiner Pritsche her: »*Silence, barbares* – Ruhe, ihr Barbaren!«

Am Morgen bettelt der stämmige kleine Itatshi bei Séraphin um eine Packung hochproteinhaltiger Kekse für die Tagelöhner. »Die Flüchtlinge haben Hunger, wir aber auch«, sagt er mit einem Grinsen in meine Richtung.

»Ihr verdient vier Dollar pro Tag«, brummt Séraphin unwillig, während er eine Packung aus einem großen Karton holt. »Ihr hättet Verpflegung mitnehmen müssen.« Er kennt sie: Unterwegs möchten sie nichts ausgeben, sie heben das Geld lieber für zu Hause auf.

Bei Ingende werden Kartons mit Keksen und Säcke mit Reis und Bohnen ausgeladen. Ein Häuflein Flüchtlinge steht am Ufer. Zwei von ihnen sprechen Lingala und treten als Wortführer vor. Ihre Schicksalsgenossen sind zurückgeblieben, sie sind zu schwach, um zu laufen. Decken brauchen sie, Töpfe zum Kochen und Medikamente gegen Durchfall. Séraphin hält vom Deck aus eine kurze Ansprache und verspricht ihnen, sie auf dem Rückweg mitzunehmen. Wie eine Schulklasse stehen sie dort und klatschen enthusiastisch Beifall.

Je weiter wir ins Landesinnere kommen, desto mehr Boote steuern auf uns zu. Geräucherte Fische liegen darin, frische Affen und Räucherfleisch zu Spottpreisen. Fünfhundertzairescheine, die in der Stadt nicht mehr in Umlauf sind, gehen hier noch zügig von Hand zu Hand. Ein lachendes Gesicht schaut zu mir auf: Dieudonné, der unter den Tagelöhnern den Ton angibt, der hübscheste von allen. Breite Schultern, weiße Zähne in einem strahlenden Gesicht. Er zeigt auf den Räucherfisch im Boot: »Wollen Sie den nicht kaufen, Madame?«

»Was soll ich damit?«

»Ich bereite ihn für Sie zu.«

Von da an habe ich einen hingebungsvollen Koch; die UNHCR-Dosen unter meinem Bett gebe ich heimlich Itatshi und seinen Gefährten. Das Brot, die Eier und die Erdnußbutter, die ich mitgebracht habe, gehen denselben Weg. Séraphin wettert los, als er erfährt, daß sich Itatshi einen Topf von mir geliehen hat. »Du kennst die Leute nicht. Decken, Töpfe, Löffel – sie leihen sich die Sachen aus und geben sie nie wieder zurück.«

Flehentlich schauen die Tagelöhner zu uns herauf, wenn etwas Eßbares vorbeikommt.

»Kauft es euch selbst!« ruft Séraphin.

»Aber wir haben kein Geld!«

»Ich geb euch Vorschuß!«

Zögernd kommen sie an, mit Zetteln, auf denen der gewünschte Betrag steht. »Nein, nein«, sagt Séraphin, »nicht in Zaïre, sondern in Dollar, zu dem Kurs, der bei unserer Abreise in Mbandaka gegolten hat. So wie der Zaïre an Wert verliert, mache ich noch Verlust!« Sie gehen in Klausur und kommen mit neuen Zetteln wieder. Dieudonné: anderthalb Dollar. Itatshi: ein Dollar. Séraphin notiert die Beträge in seinem großen Heft, und ich schaue ihm dabei über die Schulter. Die jungen Männer tun mir leid, wie sie so ergeben vor uns stehen.

»Was hat dich so hart gemacht?« frage ich Séraphin, als sie weg sind.

»Meine Arbeit.« Er klappt das Heft zu. »Vor allem hier, bei diesen Nichtsnutzen in der Äquatorprovinz. Bettler sind das, besonders jetzt, wo eine Weiße an Bord ist. Die Weißen haben Geld, und die Gelegenheit wollen sie sich nicht entgehen lassen.«

Auf einer früheren UNHCR-Mission fuhr eine Kanadierin mit. Séraphin und sie hatten beide gleich viel Trinkwasser dabei, aber seines war bald alle, weil er es mit anderen geteilt hatte. Als er sich an sie wandte, wollte sie ihm nichts geben. Er habe seinen Vorrat nicht gut eingeteilt, ob sie jetzt dafür büßen solle? Sie brauche das Wasser selbst, denn niemand wisse, wie lange sie noch unterwegs sein würden. »Die anderen fanden das egoistisch, aber sie hatte natürlich recht.«

Als ältester Sohn hat Séraphin früh gelernt, auf eigenen Beinen zu stehen. Jahrelang lebte er in der Zentralafrikanischen Republik, wo sein Vater Botschafter war, und als er in Kisangani studierte, fuhr er per Anhalter nach Kamerun. Wenn unsere Reisegefährten sich zimperlich oder weltfremd zeigen, schlägt er ihnen seine Erfahrungen als unerschrockener Reisender um die Ohren. Was er mir anvertraut hat, sagt er ihnen nicht: daß er deshalb überall so gut zurechtgekommen ist, weil sein Vater in allen Ländern, die er bereiste, Häuser besaß.

Als Sohn eines prominenten Mobutisten gehörte er zur *jeunesse dorée* des Landes. Er war zur Hochzeit von Mobutus Sohn mit der Tochter des reichen Geschäftsmannes Bemba im Präsidentenpalast von Kawele eingeladen und hielt sich auch bei anderen Gelegenheiten in Gbadolite auf. Von dem Geld, das sein Vater ihm gab, baute er in Mbuji Mayi ein Haus und vermietete es an die dortige Diamantengesellschaft.

Verwöhnt ist er jedoch nicht; er klagt nicht über die Unbequemlichkeiten unserer Reise. Früher fand er das alles schrecklich und hätte seinen Plastikbecher nicht für viel Geld hergeliehen, aber solche Empfindlichkeiten hat er inzwischen längst abgelegt. Er strahlt eine selbstverständliche Überlegenheit über seine Umgebung aus und ist der Verantwortung für dieses Unternehmen dadurch vollauf gewachsen, aber nach einiger Zeit entdecke ich unter seiner robusten Oberfläche etwas Hohles, und es stört mich, wenn er die anderen wegen ihrer Ignoranz auf allen möglichen Gebieten abkanzelt. Mit dem, was ihm in den Schoß gefallen ist, täten sie sich vermutlich auch leichter. Ich stelle das bei früheren Mobutisten noch öfter fest: Sie gehören einer Kaste an, die in den wenigsten Fällen durch eigenes Verdienst nach oben gelangt ist, vergessen das aber gern und benehmen sich wie eine echte Elite.

Wir sitzen auf der kleinen Bank vor dem Ruderhaus unter einer blauen UNHCR-Plane, die Séraphin als Sonnenschutz aufgespannt hat. Überall stehen dreibeinige Korbschemel, die wir zu einem Spottpreis von vorbeifahrenden Uferbewohnern gekauft haben, und mitten auf dem Deck haben sich die MSF-Leute mit einem Paddel als Mast ein Zelt gebaut, in dem sie auf Reis- und Bohnensäcken liegen und philosophieren.

Es ist glühend heiß. »Werden hier in den Dörfern keine Fächer hergestellt?«

Séraphin überlegt kurz. »Fächer – das ist was für die Araber«, sagt er.

»Wir könnten jetzt auch welche gebrauchen.«

Seit Séraphin Geld ausbezahlt hat, wird im Boot unten mit Hingabe gekocht. Haarige Affen mit aufgeschnittenen Bäuchen liegen am Boden im Wasser, Därme werden sorgfältig ausgespült, Fische fachkundig entgrätet. Auf kleinen Holzkohlekochern stehen brodelnde Töpfe. Dieudonné reicht uns geräucherten Fisch herauf und schaut uns beim Essen zu. »Und du, ißt du nichts?« fragt Séraphin ihn.

Ein breites Lächeln. »Ach, Chef, ich warte, bis wir in Loolo sind, dann kauf ich mir eine Chikwangue.«

Séraphin wirft ihm einen strengen Blick zu. »Aber wir halten gar nicht in Loolo.«

Kurz vor Einbruch der Dunkelheit macht ein Boot mit Soldaten, Passagieren und einem Berg Gepäck an unserem Schiff fest. Zwei Soldaten klettern an Bord, gefolgt von einem Dolmetscher, denn der Kommandant spricht nur Englisch – wieder ein in Uganda ausgebildeter Ruander. Er sieht sich um, mustert mich interessiert und stellt sich vor. Francis – diese Militärs haben alle nur Vornamen. Ob wir nach Bokote unterwegs seien? Da komme er gerade her. Einundneunzig Flüchtlinge seien dort, darunter ein Kranker. Sie hätten Hunger.

Dann nennt er den Grund seines Besuchs: Benzin brauche er, zehn Liter, um nach Mbandaka zu fahren. Ich werfe einen Blick über die Reling. Die Passagiere in dem Boot schauen ängstlich herauf – vielleicht lassen sie die Soldaten nicht freiwillig mitfahren. Séraphin sagt, es tue ihm leid, mit kranken Flüchtlingen an Bord könne er kein Risiko eingehen. »Aber vielleicht kann man in Ingende etwas für Sie tun…« Er schreibt einen Zettel, auf dem er den dortigen MSF-Mitarbeiter bittet, dem Kommandanten Francis zehn Liter Benzin zu geben. Der Mann steckt den Zettel ein, legt mir ans Herz, ihn nach meiner Rückkehr in Mbandaka zu besuchen, und steigt wieder hinunter.

»Ohne dich wäre er nicht so zuvorkommend gewesen«, sagt Séraphin. Aber auch dann hätte er ihm nichts gegeben, denn die UNHCR-Leute in Mbandaka wären wütend gewesen. Flüchtlinge haben Angst vor Soldaten, man sollte sie von ihnen fernhalten. »Und außerdem: Wenn uns der Sprit ausgeht, weil der Kapitän ihn nachts heimlich an Uferbewohner verkauft, würde der behaupten, ich sei schuld, weil ich den Militärs Benzin gegeben habe.«

Die anderen haben aus sicherer Entfernung zugeschaut. Sie sind voll der Bewunderung für Séraphin – einem ruandischen Kommandanten Benzin zu verweigern! Sie hätten nicht gedacht, daß er damit durchkommen würde.

Als es um das Schiff herum dunkel geworden und die Betriebsamkeit des Tages einem leisen Rumoren im Laderaum gewichen ist, gibt Séraphin eine vergnügliche Imitation des Oppositionspolitikers Joseph Olenghankoy zum besten, eines Stammesgenossen Lumumbas, der sich jahrelang durch Beleidigungen Mobutus hervorgetan hat. »Mobutus Verfallsdatum ist abgelaufen, jetzt ist er ungenießbar für sein Volk!« Grinsen, zustimmendes Gelächter – den Satz können alle auswendig. »Mobutu ist eine leere Batterie, die kann die Republik nicht mehr starten!« Sobald er das Publikum auf seiner Seite hat, sagt Séraphin: »Ja, jetzt lacht ihr, aber ihr habt nicht schlecht von Mobutu profitiert, und ihr habt für ihn getanzt!«

»Wir?« fragt Guichard, der älteste der MSF-Sanitäter.

»Ja, ihr in der Äquatorprovinz! Er war doch euer Präsident, oder nicht? Wenn er die Hände in die Seiten gestemmt und seine Feinde beleidigt hat, habt ihr euch gebogen vor Lachen. Alles hat sich um euch gedreht!«

»Aber… davon hatten wir überhaupt nichts.«

»Ihr selbst vielleicht nicht, aber andere. Glaubt bloß nicht, die übrigen Kongolesen hätten das vergessen.«

Guichard zuckt zusammen. Meint Séraphin es ernst, oder provoziert er nur? Das weiß man bei ihm nie. Er hat etwas Demagogisches, wenn er anfängt, Reden zu halten. Ist er einmal in Fahrt, kann er alles vertreten – das hat er von den opportunistischen Politikern des vorigen Regimes gelernt. Mobutu wußte genau, wie er mit Großmäulern verfahren mußte: Er gab ihnen einen Ministerposten und schaltete sie auf diese Weise mit einem Schlag aus. So ein Minister wurde gewöhnlich nach einem halben Jahr abgelöst, einem Zeitraum, der zu kurz war, um sich in das Amt einzuarbeiten, aber lang genug, um sich die Taschen zu füllen. So kam es in Mode, auf Mobutu zu schimpfen.

»Früher lag die Macht im Westen, jetzt kommt der Wind aus dem Osten. Die Ära der Katanger ist angebrochen, die werden euch eine Lektion erteilen. Macht euch auf Jahre des Elends gefaßt!«

»Noch mehr Elend«, sagt Dieudonné, und sein Lächeln ist verschwunden.

»Ja, sicher! Und ihr kennt ja den Spruch der AFDL: Wer sich schlecht benimmt, der kommt nicht ins Gefängnis, den erwartet einen Begegnung mit seinen Ahnen!«

»Aber was die ADFL selbst alles macht…«, protestiert Guichard. »Wir wollen nicht, daß sie das wenige, was Mbandaka hat, nach Ruanda mitnehmen. Alle AFDL-Kader sind in die Häuser von früheren Mobutisten eingezogen, Bembas Haus haben sie beschlagnahmt und das von Bomboko und Endundu… Kabila ist noch schlimmer als Mobutu, das hat sogar Olenghankoy gesagt.«

»Was wir bräuchten, sind Wahlen«, meint Dieudonné.

»Wahlen!« Séraphin bricht in Hohngelächter aus. »Unter Mobutu habt ihr zweiundzwanzig Jahre lang nicht danach gefragt. Wartet's ab, in sieben Jahren bekommt ihr eure Wahlen, aber erst wird Kabila ...«

»Kabila! Der kann ja nicht mal richtig Französisch!« spottet jemand.

»Aber dafür um so besser Englisch.«

»Na ja ... sein Englisch ist auch nicht gerade brillant«, sage ich.

Séraphin wirft mir einen grimmigen Blick zu. »Unser Staatsoberhaupt beleidigen – nimm dich in acht! Früher wurden Ausländer wegen so etwas ausgewiesen. *Allez hop*, vierundzwanzig Stunden Zeit zum Packen!«

Ich muß lachen. Der wird es als Politiker noch weit bringen.

Séraphin ist aufgestanden. »Auf, Jungs, ins Bett, morgen müssen wir früh raus.«

Aber nach seinen Tiraden können die jungen Männer in ihrem Zelt nicht einschlafen und unterhalten sich noch lange. Am Vormittag haben sie mir erzählt, daß Mobutu in einem Rundfunkinterview gesagt habe, er werde demnächst in den Kongo zurückkommen, denn er habe seinen linken Schuh vergessen. Manche behaupten, er sei bereits in den Straßen von Gbadolite gesichtet worden. Bei Lumumba war es damals genauso: Auch er tauchte überall auf und gab noch lange nach seinem Tod Interviews in Radio Moskau.

»Nein, nein, Jungs, vergeßt es, Mobutu ist Vergangenheit«, seufzt Guichard.

»Aber er ist euer Bruder!« ruft Séraphin aus seiner Kabine. »Wartet nur, die Katanger werden euch noch den Hintern versohlen!«

Dann wird es still auf Deck, nur im Laderaum sind noch Geräusche zu hören.

Ich habe mich schon ganz an das Leben auf unserem rostigen Kahn gewöhnt. Anfangs habe ich mir an dem messerscharfen Türsturz meiner Kabine immer wieder den Kopf blutig gestoßen, aber jetzt ziehe ich ihn automatisch ein und passe außerdem auf, daß ich nicht in das immer größer werdende Loch im Gangboden trete. Unsere Handtücher hängen da und dort zum Trocknen, ich klettere behende in den Laderaum hinunter und wieder an Deck, und auch die Dusche macht mir keine Angst mehr. Wenn ich eine Maus zwischen die Keksdosen flitzen sehe, fühle ich mich ganz wie zu Hause.

Im Laderaum ist es inzwischen so voll, daß ich mir gar nicht vorstellen kann, wie noch mehr Flüchtlinge hineinpassen sollen. Würzige Düfte einheimischer Gerichte ziehen durch Ritzen und Löcher nach oben. Dieudonné und Itatshi sitzen bei einer Pfanne Fisch im Boot, in der Hand eine Chikwangue. Es ist eine Freude, die beiden zusammen zu sehen – immer am Palavern, immer vergnügt.

Die MSF-Sanitäter essen Affenfleisch und laden uns dazu ein. René lehnt höflich ab: »Das essen wir in Bukavu nicht.«

»Nein?«

Auch Séraphin verschmäht Affenfleisch von Haus aus, aber inzwischen ißt er alles – außer Chikwangue, die bekommt er noch immer nicht hinunter.

Nach dem Essen verschwindet er mit einem Buch in seiner Kabine. Die Hitze scheint ihm zuzusetzen, denn bald schläft er mit *Le mariage de Figaro* auf der Brust und einer Falte zwischen den Augenbrauen ein.

Schlaftrunken kommt er später wieder hervor. »Wir fahren viel zu langsam«, sagt er mißmutig und steigt in den Laderaum hinunter. Ich höre, wie er den Schiffseigner und den Kapitän anbrüllt. Wutschnaubend kommt er zurück. Ein Motor ist ausgefallen; die Zündkerzen sind abgenutzt. »Und ich hab dem Mann in Mbandaka noch fünfhunderttausend Zaïre für neue Zündkerzen gegeben! Aber der ißt sein Geld lieber auf, als daß er sein Schiff in Schuß hält – dabei ist es seine einzige Einnahmequelle. So sind die Afrikaner.« Verärgert sieht er mich an. »Und besonders die Kongolesen.«

Aus einem Hüttendorf am Ufer wird zu uns herübergewinkt und -gerufen. Das kommt öfter vor – ein großes Schiff wie unseres weckt Erwartungen. Man hofft, Medikamente von uns kaufen zu können; vor allem Antibiotika sind gefragt.

Doch Séraphin spitzt die Ohren, und ich merke, daß es um etwas anderes geht. »Flüchtlinge«, sagt er, »die Dorfbewohner wollen, daß wir sie mitnehmen.« Er ist aufgestanden und ruft den Leuten etwas zu, worauf jemand in ein Boot springt und es mit einem Stück Plastik auszuschöpfen beginnt. Eilig steigt eine Gruppe Männer und Frauen ein. Eine Frau will nicht mit und wird von den anderen gewaltsam ins Boot geschoben. Im letzten Moment kommt jemand mit einem weinenden Kind angelaufen. Kleider fliegen durch die Luft, einige fallen ins Wasser.

Zwei Männer, vier Frauen und ein Kind hieven die Tagelöhner an Bord. Sie sehen uns mit großen Augen an. Die MSF-Sanitäter steigen, mit ihren Krankenblättern bewaffnet, in den Laderaum hinunter. Ich spähe durch ein Loch im Deck hinab. Eine der Frauen hat einen Plastikeimer bei sich. Die Flüchtlinge bekommen Kekse, die sie teils essen, teils in ihrem armseligen Gepäck verschwinden lassen. Von jetzt an ist der Laderaum für sie da – die Tagelöhner ziehen sich mit ihren Habseligkeiten ins Boot zurück.

Am Abend sitze ich mit Dieudonné und Itatshi in der kühlen Brise auf dem Vorderdeck. Dieudonné hat ein Lehrerdiplom, aber auch er war arbeitslos, als die AFDL in Mbandaka einmarschierte. An dem bewußten Tag war er in der Nähe des Hafens. »Wir haben gedacht, wir müssen alle dran glauben«, lacht er. Die Flüchtlinge hätten gewußt, was passieren würde, meint er, weshalb seien sie sonst in Panik weggerannt?

»Und du, weißt du, warum die Soldaten auf sie geschossen haben?«

»Erst nicht, aber später…« Er schaut hilfesuchend zu Itatshi. »Die haben einen Konflikt da drüben in Ruanda«, sagt er zögernd. »Die Hutu haben die Tutsi umgebracht und sind dann geflohen. Aber die Tutsi haben sie verfolgt, um ihre toten Angehörigen zu rächen.«

»Und jetzt müßt ihr Kongolesen die Suppe auslöffeln.«

»Aber, Madame«, sagt Itatshi peinlich berührt, »jetzt nennen Sie uns auch schon Kongolesen!«

»Ihr seid doch Kongolesen?«

»Damit sind wir aber überhaupt nicht einverstanden! Unsere Vorfahren, die waren Kongolesen. Wir sind Zaïrer!«

Dieudonné nickt zustimmend. »Genau.«

Wie alt mögen die beiden sein – zweiundzwanzig? Sie sind nach 1971 geboren, als Mobutu den Namen des Landes, des Flusses und der Währung von Kongo in Zaïre änderte. Plötzlich wird mir bewußt, wie bedrohlich diese neuen Zeiten für sie sein müssen, wie wenig sie davon begreifen. »Zaïre ist ein reiches Land, Madame«, sagt Itatshi. »Wir haben Gold, Diamanten, Kobalt…« Das hat Mobutu den Menschen all die Jahre vorgebetet, und auf der Welle dieser Illusionen sind sie in den beklagenswerten Staat abgerutscht, in dem sie jetzt leben. Und nun nehmen ihnen die neuen Machthaber auch noch diese Illusionen.

Im Dunkeln höre ich Séraphin schimpfend in seiner Kabine rumoren. Ich knipse meine Taschenlampe an. »Was ist los?« frage ich, als sein verdrossenes Gesicht in meiner Türöffnung erscheint.

»Ich hab dem Kapitän gesagt, er soll um fünf losfahren, damit wir frühzeitig in Bokote sind, aber der ist noch nicht mal wach!« räsoniert er. »Wenn ich um fünf los muß, dann steh ich doch um vier auf! Ich weiß schon, warum ich überall, wo ich gearbeitet habe, der Beste war. Aber diese Leute… von Professionalität haben die noch nie was gehört!« Er jedenfalls ist hellwach. Und wenig später sind es alle anderen auch.

Gegen zehn kommen wir in Bokote an. Die hübsche Missionskirche auf dem Hügel ist in einem wogenden Gras- und Unkrautfeld versunken. Als ich vor ein paar Wochen mit Doktor Auguy hier vorbeigekommen bin, waren nur wenige Flüchtlinge da, aber jetzt ist alles voll von ihnen. Sie drücken sich im schemenhaften Nichts der geplünderten Missionsstation herum, sitzen, dumpf vor sich hin starrend, im Hof oder liegen schlafend in den leeren Klassenzimmern; die Schulbänke hat ein anderer Flüchtlingsschub längst verfeuert.

Unter einem Vordach wird eine kleine Ambulanz eingerichtet, denn viele der Flüchtlinge haben Durchfall, Malaria und

Wunden an den Füßen, mit denen sie nicht an Bord können. Die MSF-Sanitäter nehmen auf Betschemeln Platz, ziehen Latexhandschuhe an, halten mit Pinzetten Gazebäusche in Metallschalen mit Desinfektionslösung. Die Verletzten kommen herangehumpelt, manche an Stöcken. Ein Junge, der auf dem Boden sitzt, streckt seinen Fuß hoch. Seine Ferse ist eine einzige eiternde, pulsierende Wunde. Er verzerrt vor Schmerz das Gesicht, als die gelbliche Flüssigkeit hineintropft, und wimmert leise. Ich zwinge mich hinzuschauen, halte es aber nicht lange aus. Sein leises Klagen schneidet mir ins Herz, es steht in keinem Verhältnis zu den Schmerzen, die er haben muß. Selbst in seinem Leiden hat er gelernt, bescheiden zu sein. Aus dem Augenwinkel sehe ich, daß er an der Fußsohle eine noch viel schlimmere Wunde hat.

Zwei junge Männer vom Roten Kreuz transportieren die Kranken, die nicht laufen können, auf einer Trage, darunter eine junge Frau, die im Koma liegt; ihre Augen schauen blicklos zum metallischen Äquatorhimmel auf. Ein dritter Helfer schreit die Flüchtlinge an, sie sollen sich beeilen, ein brutaler Mensch, den ich schon einmal in Aktion erlebt habe, ein ehemaliger Kommandant Mobutus, wie ich von den Tagelöhnern weiß. Feuer werden gelöscht, Habseligkeiten zu Bündeln geschnürt, dann setzt sich die elende Kolonne in Bewegung.

Ich folge Séraphin ins Missionsbüro, wo er das örtliche Personal auszahlt. Fünf Dollar pro Tag für die UNHCR-Mitarbeiter, zwei für ihre Helfer, darunter ein Sanitäter, der weder Medikamente noch Verbandsmaterial hatte, um die Flüchtlinge zu versorgen. Aus einem Kassettenrekorder krächzt religiöse Musik, an der Wand hängt ein Kruzifix, und irgendwo liegt ein Buch von Ward Ruyslinck herum – die einzigen Erinnerungen an die Nonnen, die die Plünderungen überlebt haben.

Auch die Tagelöhner auf dem Schiff haben sich Latexhandschuhe übergestreift. Dieudonné hebt die schwächsten der Flüchtlinge an Bord, und als der ruppige Rotkreuzkommandant die Wartenden antreibt, so daß an dem schmalen Zugang zum Laderaum ein Gedränge entsteht, ruft er: »*Malembe, malembe, bazali maladi* – Vorsichtig, vorsichtig, die sind krank!«

Itatshi steht an Land und übergibt ihm einen Kranken, der in eine graue Decke gehüllt ist. Als sie mich sehen, lachen sie.

Ich bin die einzige Weiße hier, und die Dorfbewohner halten mich für die UNHCR-Koordinatorin. Ständig sprechen mich Leute an, die den Flüchtlingen geholfen haben und dafür belohnt werden wollen. »Wir hatten ja selbst kaum etwas«, klagt ein alter Mann. »Jetzt sind wir ruiniert.« In seinen schäbigen Kleidern sieht er tatsächlich nicht besser aus als die Flüchtlinge.

Je näher unsere Abreise rückt, desto verzweifelter wird die Menge. Nächstes Mal lassen sie die Flüchtlinge nicht mehr einfach gehen, drohen die Leute. Ein Mann sagt, er habe etwas mit mir zu besprechen, und zieht mich beiseite. Er sei Lehrer und habe mehreren Leuten geholfen, aber nichts dafür bekommen, und vorhin habe er gesehen, daß die UNHCR-Mitarbeiter und die Sanitäter ... Séraphin hört es und schlägt sofort seinen harten Ton an. »Hat euch jemand gebeten, euch um die Flüchtlinge zu kümmern? Nein, oder? Ihr habt es aus Solidarität getan, aus afrikanischer Solidarität« – er wirft mir einen Seitenblick zu – »wie sie die Europäer nicht mehr kennen. Und jetzt wollt ihr Geld dafür haben!«

»Im Radio hieß es, wir sollen den Flüchtlingen helfen«, sagt der Lehrer. »Wenn wir nichts kriegen, tun wir das nicht mehr.«

»In Mbandaka haben wir die Leute anfangs bezahlt«, erklärt Séraphin mir. »Und was haben sie gemacht? Sie haben Flüchtlinge aus dem Lager entführt und ihnen eine Chikwangue versprochen, wenn sie so tun, als wären sie von ihnen aufgelesen worden.« Er schnaubt verächtlich. »Da haben wir's gelassen.«

»Aber wir wollen doch nur ... ein Stück Seife oder so.« Ärgerlich schüttelt Séraphin den Lehrer ab und zieht mich mit sich fort. Doch der Mann folgt uns und redet weiter auf mich ein. »Gib mir deine Adresse, dann kann ich dir schreiben, dann bringt es wenigstens was, daß du hier warst!«

Inzwischen sind alle Flüchtlinge an Bord, und am Strand verbrennt ein Rotkreuzmitarbeiter die zurückgelassenen Kleider, Plastik-Wasserkanister und UNHCR-Planen. Ein anderer wirft den gebrauchten Verbandmull in den Fluß, leert die Metallschalen mit der Desinfektionslösung und spült sie aus. Mit leisem Ekel schaue ich zu, wie sich das Wasser rötlichgelb färbt. Hätte er das nicht woanders machen können, wo es nicht alle sehen?

Dann sind wir startklar. Die Dorfbewohner bleiben zurück, noch immer murrend, aber auch bereit, uns nachzuwinken und den Flüchtlingen den Abschied nicht zu vergällen.

Séraphin steht auf Deck, neben sich einen Karton. Während wir ablegen, wirft er der Menge braune Stücke Miko-Seife zu. Wie er da steht, breitbeinig, großzügig Seife verteilend, scheint es mir, als würde er das nicht zum ersten Mal tun und sein barscher Ton von vorhin hätte nur den Zweck verfolgt, die Leute auf seine Art zurechtzuweisen.

Da ist auch der Lehrer wieder, und diesmal schwenkt er heftig zwei Seifenstücke. »Kannst du mir nicht schreiben?« ruft er mir zu. Die Dorfbewohner lachen, und auch auf Deck wird gelacht. Das macht ihn kühner: »Kann eine Weiße nicht einen Schwarzen lieben?« Die anderen stoßen ihn an, klatschen Beifall, klopfen ihm auf die Schultern – seine Worte gehen in einer Woge von Jubel und Gejohle unter. Mir wird plötzlich nur allzu bewußt, in welcher Isolation der Mann versinken wird, wenn die Flüchtlinge, die ihn für kurze Zeit mit der weiten Welt verbunden haben, fort sind. Über das Gejohle erhebt sich sein einsamer Abschiedsruf: »Kannst du mich nicht lieben?«

Ein Mann ist aufgestanden. Er geht in Richtung Toilette, ein grauer Schatten auf wackligen Beinen. Mühsam bahnt er sich seinen Weg zwischen der Masse der Leiber hindurch, stößt gegen einen schmerzenden Fuß, eine frisch verbundene Wunde. Er ist schon ein Stück vorangekommen, als ihn jemand zurückruft. Wer so schwach ist, kann sich in dem türlosen Raum mit dem Loch im Boden nicht halten – nur die Starken dürfen auf die Toilette.

Verloren steht er da in seiner zu großen Hose, die von einer Schnur um seine schmale Mitte festgehalten wird. Was nun? Einige wissen es schon und lachen in sich hinein. Ein Plastikeimer wandert in seine Richtung, den er erst verständnislos, dann unwillig und schließlich voll Bedauern näher kommen sieht. Er nimmt ihn, stellt ihn hin und sieht sich um. Wieder wird verstohlen gelacht. Zögernd löst er die Schnur, läßt seine Hose herunter und hockt sich auf den Eimer.

Muß ein Mensch im Vorhof des Todes noch solche Demütigungen erdulden?

Ich stehe im Boot zwischen den Sanitätern, die Krankenblätter und Medikamente an die hundertdreißig im Laderaum zusammengepferchten Gestrandeten ausgeben, und sehe Lagerszenen von Primo Levi an mir vorüberziehen. Kinder mit tiefen Ringen unter den Augen, die meisten mit aufgedunsenen Gesichtern, knabbern an pappefarbenen Keksen. Alles leidet an Juckreiz, alles kratzt sich, nur die Frau im Koma scheint den Schreckenswald, aus dem sie alle kommen, für immer hinter sich gelassen zu haben.

Zu denken, daß alle diese Menschen einmal Würde hatten, ein Haus, ein Stück Land auf einem Hügel, bevor sie … Das Verwirrende ist, daß sie nicht nur Opfer sind – einige waren an einem Verbrechen beteiligt, das mittlerweile fast als ein kollektives Verbrechen angesehen wird. Sie sind wie die Serben: An ihren Händen klebt Blut. Je weiter sie ins kongolesische Binnenland kamen, für desto schuldiger hielt man sie. Weshalb sonst waren sie weiter auf der Flucht? Weshalb kehrten sie nicht nach Hause zurück, wenn sie nichts verbrochen hatten?

Dennoch: Auch wenn die Elenden, die hier unter der niedrigen rostigen Decke zusammensitzen, tatsächlich getötet haben sollten – sind sie durch die Odyssee, die sie hinter sich haben und aus der sie nur noch als Schatten ihrer selbst hervorgegangen sind, nicht geläutert? Sind sie nicht genug gestraft?

Einige sehen besser aus als andere. Sie haben eine Zeitlang bei Kongolesen gelebt, sagen die Sanitäter, und konnten dort wieder zu Kräften kommen. Einzelne Männer wirken erstaunlich gesund; es sind Angehörige der früheren ruandischen Regierungstruppen, die die Flüchtlinge unterwegs für sich arbeiten ließen. Sie haben harte Augen und eine physische Kraft, die die anderen durch Hunger und Verwahrlosung längst eingebüßt haben. Solche Leute hat Doktor Auguy sofort ausgesondert, wie er mir sagte: Sie hatten keine Wunden an den Füßen wie die anderen, weil sie die ganze Zeit ihre Soldatenstiefel trugen. Für fünf Flüchtlinge steht eine einzige Decke zur Verfügung, aber am nächsten Morgen sehe ich einen der FAR-Militärs behaglich in eine Decke für sich allein gehüllt.

Vorn im Laderaum entsteht Bewegung. Ein Mädchen in halb komatösem Zustand, das sich schon die ganze Zeit mit schmerzverzerrtem Gesicht gewälzt hat, wird immer unruhiger. Sie redet wirres Zeug, wirft den Kopf hin und her, zuckt mit den Armen und tritt mit den Füßen, als wollte sie die Schmerzen aus ihrem Körper hinausstoßen. Die Leute um sie herum versuchen auszuweichen, ziehen die Beine an, schauen hilflos zu den Sanitätern hin. Félicien, der jüngste der MSF-Sanitäter, betrachtet sie prüfend. »Tropenfieber«, sagt er.

»Könnt ihr denn nichts tun?«

»Nein, in Mbandaka vielleicht, aber hier nicht.«

Der stämmige Rotkreuzkommandant hinter uns tippt Félicien auf die Schulter. »Geh mal weg da.«

Irritiert dreht Félicien sich um: »Ich hab hier zu tun, das siehst du doch.«

Der Kommandant versetzt ihm einen heftigen Stoß, und schon gehen sie aufeinander los. Félicien ist viel schwächer als sein Gegner – gleich fällt er ins Wasser! Erschrocken trenne ich die beiden. Die Augen des Kommandanten sprühen Funken. »Der MSFler da … Was bildet der sich ein!« Seine Kollegen versuchen ihn zu besänftigen, und auch dem fassungslosen Félicien wird beruhigend auf die Schultern geklopft. Die Flüchtlinge schauen gelassen zu. Haben sie solche Szenen schon öfter gesehen, oder sind sie abgestumpft gegen den Tumult aus dem Reich der Lebenden?

Wie ein verletztes Tier sitzt Félicien später oben und leckt seine Wunden. »Die vom Roten Kreuz sollen bloß nicht meinen, sie wären was Besseres«, sagt er. »Und dieser Mobutu-

Kommandant schon gar nicht!« Er sieht mich beklommen an. »Weißt du, daß der mich ins Wasser schmeißen wollte? Das hat er zu seinen Freunden gesagt!« Ich lege ihm den Arm um die Schultern und versuche ihn zu trösten, bin aber selbst geschockt von dem Vorfall. Diese Uneinigkeit inmitten todkranker Menschen erstaunt mich. Wenn sie ihre persönlichen Konflikte unter so schwierigen Bedingungen nicht beiseite schieben können, wie sollen sie dann jemals zusammenarbeiten – beim Wiederaufbau des Landes beispielsweise? Mobutu ist weg, aber die Zwietracht, die er in seinem Volk gesät hat, ist geblieben.

Séraphin schaut spöttisch lächelnd auf uns herab. »Geht's wieder?« Der Zwischenfall ist in aller Munde – Séraphin kennt ihn natürlich bis ins Detail. Félicien steht auf und reibt sich die Augen, wirft einen verstohlenen Blick über die Reling, beißt die Zähne zusammen und steigt wieder in den Laderaum hinab.

Am Nachmittag bricht ein heftiges Unwetter los. Der Wind zerrt bedrohlich am Schiff, Regentropfen, so hart wie Hagelkörner, prasseln uns auf den Kopf, unsere Wäsche fliegt durch die Luft, und von unten ruft jemand: »Schnell, ein paar Planen, die Flüchtlinge werden naß!«

Das Zelt aus der UNHCR-Plane auf Deck ist eingestürzt, und in der Lücke zwischen den Kekskartons ist ein blaues Wasserbecken entstanden, das Séraphin vom Ruderhaus her genau im Auge behält. Trinkwasser – zum Glück, denn unseres ist alle, und im Brunnen der Mission von Bokote haben wir keinen Tropfen vorgefunden. Die Flüchtlinge trinken Flußwasser aus weißen Plastikfässern, das die MSF-Leute mit Medikamenten gegen Austrocknung und Durchfall versetzt haben.

Später füllen wir unsere Wasserkanister mit dem Regenwasser und hängen unsere durchweichten Handtücher und Kleider zum Trocknen in die Sonne. Paddler steuern durch den leichten Nebel mit vereinten Kräften auf uns zu, die Boote voll beladen mit Kochbananen, Mangostanen und Ananas. Bald ist das Deck mit Früchten übersät. Wir sind auf dem

Rückweg – alles, was wir jetzt kaufen, ist für zu Hause bestimmt.

Der Schiffseigner ist mit seinem bequemen Sessel schon nach oben umgezogen, wo er die nächsten Tage übers Wasser blickt, unberührt von dem Geschehen unten. Ab und zu hält er unter seinem großen Strohhut ein Nickerchen oder liest in *Le Pacifisme*, einem Band aus der Taschenbuchreihe *Que sais-je?*.

Unterwegs ist Marcel zugestiegen, ein UNHCR-Mitarbeiter, der in einem Dorf am Fluß stationiert war. Er hat eine Menge zu erzählen, und dadurch kommt Séraphin, der heute den ganzen Tag nur gegrollt und gewettert hat, endlich zur Ruhe. Sie unterhalten sich über die Identität der Flüchtlinge an Bord. Ein Fahrer des verunglückten ruandischen Präsidenten soll dabeisein, ein Offizier, der gleichzeitig für den Geheimdienst tätig war. »Der wird sich in Mbandaka sofort aus dem Staub machen«, sagt Marcel. Das kommt öfter vor: So mancher Flüchtling läßt sich vom UNHCR in die nächste Stadt bringen, und sobald er dort angekommen ist, verschwindet er.

Ein anderer Flüchtling behauptet, der Sohn eines ehemaligen ruandischen Generals zu sein, der zur Zeit im Gefängnis sitzt. »Der hat Anspruch auf den Schutz des UNHCR«, sagt Séraphin. »Allerdings weiß das UNHCR oft nicht, was es mit solchen Leuten machen soll. In Kisangani sitzen sie zu Hunderten in einem Lager, das von AFDL-Soldaten bewacht wird. Abends gehen die Soldaten in Zivil hinein, und das schafft eine sehr unangenehme, gespannte Atmosphäre.«

Sie sind stolz darauf, innerhalb von zwei Monaten von Mbandaka aus elftausend Flüchtlinge repatriiert zu haben, denn es ist nicht immer leicht, die Menschen aus dem Wald hervorzulocken. Marcel erzählt von einem Ehepaar in Loolo, das bereit schien mitzukommen. Im letzten Moment ging die Frau auf die Toilette und tauchte nicht wieder auf, aber ihr Mann wollte trotzdem mit. Er habe genug gelitten, sagt er, er wolle lieber in seinem eigenen Land sterben als im kongolesischen Urwald. Andere lassen sich nach langem Zögern überzeugen, sind im Wald aber an Tuberkulose erkrankt, und während ihrer Evakuierung husten sie Blut und sterben.

»Ich würde auf keinen Fall zurückgehen«, sagt Séraphin mit einem Blick zum Vorderdeck, wo die Silhouette des Matrosen mit dem langen, schmalen Paddel mit der rasch hereinbrechenden Dunkelheit verschmilzt. Wir liegen tief im Wasser; die Gefahr, auf eine Sandbank aufzulaufen, ist größer geworden. »Ich würde der Sache nicht trauen und lieber beim UNHCR Schutz suchen.«

»Du?« frage ich verwundert. »Aber du tust doch alles, um die Flüchtlinge zur Rückkehr zu bewegen!« Das ist das Tückische an solchen Aktionen: Einmal in Gang gekommen, sind sie kaum noch zu stoppen; sie richten sich nicht nach der Realität vor Ort. All die entwurzelten Menschen im stickigen Laderaum dieses Schiffs – wer weiß, was am Ende ihrer Wanderung auf sie wartet?

»Aber hier können sie auch nicht bleiben«, sagt Séraphin. »Solange die Männer auf dem Feld arbeiten und die Mädchen mit Männern schlafen, sind sie willkommen – kein Problem. Aber wenn die Arbeiter krank werden oder die Mädchen schwanger, dann sind die Dorfbewohner zu allem fähig. Wenn die AFDL zehn Dollar pro Flüchtling zahlt, kannst du Gift drauf nehmen, daß es Leute gibt, die Flüchtlinge aufspüren, so wie sie anderswo nach Diamanten suchen. Deshalb ist es besser, sie kommen aus dem Wald heraus, solange wir noch da sind.«

Meist stellen die Flüchtlinge tausend Fragen, ehe sie an Bord gehen. »Diesmal sind sie zum Glück ohne Probleme mitgekommen.«

»Wieso?«

»Weil du dabei warst.«

»Ich?«

»Ja, wenn sie Weiße sehen, sind sie beruhigt.«

Unsere Ankunft in Bokote, die Leute, die mich angesprochen haben, als sei ich die UNHCR-Koordinatorin, die Flüchtlinge, die in der stummen Stille, die zu ihrer untergeordneten Stellung zu gehören scheint, nur auf mich schauten – natürlich nahmen auch sie an, daß ich vom UNHCR bin. Ich weiß nicht, ob ich mich darüber freuen soll, als Lockvogel gedient zu haben.

Inzwischen ist es dunkel geworden, aber im Laderaum unten hält der Lärm unvermindert an. Sind die Flüchtlinge nach einem solchen Tag denn nicht müde? Da und dort wird leise gesungen, und plötzlich ist der Gesang überall, verzückt schallt er durch die Nacht, so durchdringend, daß das ganze Deck davon vibriert.

»Was singen sie?« flüstere ich.

»Kirchenlieder«, sagt Marcel, der Kinyarwanda spricht. »Das machen sie öfter – wahrscheinlich ist ein Pfarrer dabei.«

Der Junge mit der vereiterten Ferse von heute morgen, der Mann mit der Schnur um seine schmale Mitte – ob auch sie mitsingen?

Tuzataha, tuzataha,
Igihe nikigera, tuzataha.

Marcel übersetzt für mich:

Wir kehren zurück, wir kehren zurück,
Wenn die Zeit da ist, kehren wir zurück.

Gestern abend haben sich die jungen Männer vom Roten Kreuz BP5-Kekse – milchweiße, fade schmeckende Riegel mit hohem Kaloriengehalt – geben lassen, für die Kinder an Bord. Am Morgen sitzen sie, vor sich hin träumend, auf dem Bootsrand und essen selbst davon. Sie sammeln Energie, um die Flüchtlinge versorgen zu können, erklären sie. Séraphin hat eine große Antilopenkeule für die Tagelöhner gekauft, und sie machen sich sofort ans Kochen.

Die Flüchtlinge essen nur Kekse, und ich würde mich schämen, vor ihren Augen eine warme Mahlzeit zu bereiten – ich bekomme ohnehin kaum noch einen Bissen hinunter, seit sie an Bord sind –, aber das kümmert hier niemanden. Ein unsichtbarer Vorhang trennt die Lebenden von diesen Schemen aus dem Wald. Sie können froh sein, daß man sie aufgelesen hat; das absolute Minimum an Nahrung ist deshalb mehr als genug für sie.

Als ich in den Laderaum hinuntersteige, wird da und dort an mein weißes Mitleid appelliert. Einige zeigen auf ihren Bauch, andere auf ihre Füße. Sie müssen eine schwere Nacht hinter sich haben, auf dem Boden sitzend, ohne eine Möglichkeit, die Beine auszustrecken. Das Mädchen mit dem Tropenfieber wälzt sich noch immer hin und her und schlägt um sich. Der Junge neben ihr fängt meinen Blick auf, rafft sich stöhnend auf und kommt näher. Er hat ein graues Jackett an, das ihm viel zu groß ist, und sein Gesicht ist aufgedunsen und voller Beulen.

»Madame, ich hab die ganze Nacht nicht geschlafen, ich bin dauernd geschubst worden.« Seine Stimme ist klar, sein Französisch erstaunlich korrekt – die meisten Flüchtlinge sprechen kaum Französisch. Er zeigt auf seine teilweise verbundenen Füße. »Die laufen da drüber, die tun mir weh.« Vierzehn ist er, dieser kleine Greis. Mit elf ist er mit seiner Familie vor dem Krieg in der ruandischen Hauptstadt Kigali geflohen; inzwischen ist er allein: Seine Mutter und sein Bruder sind unterwegs gestorben, die anderen hat er verloren. Und jetzt hätte er gern einen Platz, wo er in Ruhe sitzen kann, ohne daß jemand auf seine Wunden tritt.

Was kann ich für ihn tun? Nichts, fürchte ich. Die meisten Flüchtlinge sind krank und haben Durchfall, wie mir die Leute vom Roten Kreuz gesagt haben. Die ganze Nacht haben sie sich im Dunkeln zur Toilette getastet.

»Ist oben kein Platz?« Ein schmächtiger kleiner Mann sieht mich fragend an. »Kann ich mich da nicht kurz ausruhen, nur ein Stündchen?« Er steht an dasselbe Gitter gelehnt wie ich, aber auf der anderen Seite – der falschen Seite. Ich darf gar nicht daran denken, was Séraphin sagen würde, wenn ich die Frage an ihn weitergeben würde. Dieser Optimismus in der Bitte des Mannes – als könnte er einfach hinter dem unsichtbaren Vorhang hervor- und auf unsere Seite herüberkommen! Menschen mit solchem Optimismus gehören zu den Geretteten, wie ich von Primo Levi weiß.

Der Mann ist mit zwei Kindern unterwegs, seine Frau hat er voriges Jahr in dem Chaos nach einem ruandischen Angriff auf das Lager in Bukavu verloren. Sein älterer Sohn – er ist zwölf – ist krank, er ist zu schwach, um mehr als einen einzigen Keks am Tag zu essen, und reagiert kaum, als sein Vater die Decke, in die er gehüllt ist, anhebt. Seine Augen sind wie im Delirium halb geöffnet; was um ihn herum vorgeht, interessiert ihn nicht mehr. Manchmal flüstert er etwas – um ihn zu verstehen, muß sein Vater das Ohr an seinen Mund halten. »Aber das wird schon wieder, innerlich hat er viel Kraft.« Wieder dieser optimistische Ton, der eine Bresche in die Mauer schlägt, die den Mann und seine Schicksalsgefährten von den Lebenden trennt.

»Wir sind die Stanleys des Jahres 97«, sagt er mit dem Anflug eines Lächelns. »Was wir durchgemacht haben …« Ich sehe ihn überrascht an: eine solche Äußerung nach monatelanger Irrfahrt durch diesen furchtbaren Wald! Alles hatte ich auf diesem Schiff zu hören erwartet, einen Katastrophenbericht nach dem anderen, nur das nicht. Ich betrachte den Mann genauer: Er hat sanfte, intelligente Augen und wirkt weniger mitgenommen als die anderen.

Joseph heißt er, und gleich darauf unterhalten wir uns über Montpellier, wo er Landwirtschaft studiert hat, über das von der Weltbank finanzierte Agrarprojekt, das er in Ruanda geleitet hat, über seine botanischen Kenntnisse, denen er sein Überleben im Regenwald verdankt, über das Dorf bei Bokote, in dem er vor ein paar Monaten gelandet ist; sein Französisch hatte die Leute dort so beeindruckt, daß sie ihn sofort zum Schulleiter machen wollten. Er überlegte sich das Angebot eine Weile, aber als er hörte, daß das UNHCR in der Nähe sei, entschloß er sich, den Wald zu verlassen.

Was den weiteren Gang der Dinge nach seiner Ankunft in Mbandaka betrifft, hegt er einen an Euphorie grenzenden Optimismus. Sein Bruder lebt in Nairobi – er will sich dorthin durchschlagen und dann seine Frau nachholen, die sich vermutlich in Ruanda aufhält. Auf keinen Fall will er nach Ruanda zurück. »Da brauchen sie Leute wie mich nicht, Amtsträger und Intellektuelle des vorigen Regimes werden nur umgebracht.«

Als er mir seine geplante Fluchtroute beschreibt, wird mir klar, daß er noch gar nichts von dem Bürgerkrieg in Kongo-Brazzaville weiß – da er drei Monate nicht mehr Radio gehört hat, ist ihm das völlig entgangen.

»Und Ihr Sohn? In seinem Zustand kann er doch bestimmt nicht reisen.« Der Junge hat die ganze Zeit kein Lebenszeichen von sich gegeben; sein jüngerer Bruder wacht geduldig bei ihm.

»Nein, der muß in Mbandaka erst wieder zu Kräften kommen, aber das ist eine Affäre von drei Wochen – bei Kindern geht das schnell.«

Wir schweigen einen Moment, und ich bin fast überrascht, als er sich wie die anderen Flüchtlinge kratzt. Auch er hat mich betrachtet. Daß er nicht an Deck darf, versteht er, aber ob ich nicht etwas zu essen für ihn hätte, etwas anderes als Kekse? Sardinen vielleicht? Vorhin habe er gesehen, wie einer der Tagelöhner eine Dose aufgemacht hat.

Solche Fragen brauchte er in seinem früheren Leben bestimmt nicht zu stellen, aber er tut es ohne Scham. Ich sehe seine Schicksalsgefährten an, die uns keinen Moment aus den Augen gelassen haben. »Aber wie kann ich Ihnen etwas geben und allen anderen nicht?«

»Ich bin derjenige, der fragt, nicht sie. Hier muß jeder selbst sehen, wo er bleibt.«

Ich steige hinauf, hole ein paar Dosen unter meinem Bett hervor und schiebe sie in die Hosentasche, schleiche über das Deck und stecke sie Joseph über das Gitter hinweg zu.

Die Frau, die im Koma lag, ist gestorben, und Itatshi fragt, ob er kurz in meine Kabine kann. Die weißen Säcke unter meiner Pritsche, die ich auf der Suche nach UNHCR-Proviant achtlos beiseite geschoben hatte, entpuppen sich als Leichensäcke.

Die Frau war allein, niemand kannte sie, und niemand reagiert, als das weiße Paket in Ingende von Bord getragen wird. So zu sterben, von niemandem betrauert – es müßte mich berühren, aber ich merke, daß es an mir abgleitet. Drei Tage scheinen zu genügen, um abzustumpfen gegen solches Leid.

Ich gehe mit Itatshi und einer Gruppe junger Mitarbeiter des örtlichen Roten Kreuzes zu einem Friedhof am Rand von Ingende. Das Dorf wirkt schrecklich verwahrlost, die Häuserfronten verschwinden hinter wild hochschießendem Unkraut, die Wege sind überwuchert. Die zivilen Amtsträger sind geflüchtet, sagen die jungen Männer. Seitdem machen die Leute hier, was sie wollen, sie trinken Lotoko und kümmern sich um nichts mehr. *O Madame … wenn der Hirte geht, schwärmen die Lämmer aus* – die Worte unseres Wachmanns Simon in Gbadolite klingen mir im Ohr, so deutlich, als ginge er neben mir her.

Die Männer reden den ganzen Weg über drauflos, froh, einer Außenstehenden ihr Herz ausschütten zu können. Sie tun das mit der entwaffnenden Direktheit und Schärfe, der man im Kongo an den unerwartetsten Orten begegnet und die mich immer wieder anrührt.

Monatelang leben sie nun schon mit den Flüchtlingen. Die Hutu-Frauen sind bei den kongolesischen Männern beliebt, weil kein Brautpreis fällig wird, wenn man sie heiratet, und man die Schwiegerfamilie nicht auf dem Hals hat. Einige Hutu-Kinder sind von kinderlosen kongolesischen Frauen adoptiert worden. Die Hutu-Männer arbeiten hart und haben im Handumdrehen ein Feld angelegt. Doch seit das UNHCR da ist, zieht das Rote Kreuz unverdrossen in den Wald und erklärt den Flüchtlingen, daß es besser sei, nach Hause zurückzukehren. Manchmal wollen die Dorfbewohner »ihre« Flüchtlinge nicht gehen lassen, sie haben gehört, daß man Geld für sie bekommt, und bestehen darauf, sie selbst mit dem Boot nach Mbandaka zu bringen.

Das Rote Kreuz kommt an Orte, an die sich nicht einmal AFDL-Soldaten wagen. Mobutu-Soldaten, Soldaten der FAR – sie alle halten sich im Wald versteckt, und es kursieren wilde Gerüchte über Militärs, die Flüchtlinge als Leibeigene mit sich führen. Vor kurzem geriet ein Rotkreuzmitarbeiter in einen Hinterhalt bewaffneter Männer. Als er ihnen sagte, was er suchte, erwiderten sie: »Wir sind keine Flüchtlinge. Wir sind Guerillakämpfer.«

Auf dem Friedhof stecken die Kreuze schief in der Erde. Die Männer heben eine tiefe Grube aus und lassen den Leichnam behutsam hinab. Dann bleiben sie noch einen Moment schweigend stehen, und der treue Itatshi bekreuzigt sich, schließt die Augen und spricht ein Gebet.

Unterdessen sind siebzig neue Flüchtlinge an Bord gebracht worden. Die Kräftigsten sitzen im Boot, und vorn sehe ich ein paar lachende Jungen – sie haben in den letzten Wochen sichtlich ein wenig Menschlichkeit erlebt und etwas anderes zu essen bekommen als nur Wurzeln und Pflanzen aus dem Wald.

Wir sind startbereit, aber der Kapitän ist nirgends zu sehen. Séraphin schickt Dieudonné auf die Suche. Er tigert am Strand auf und ab, und seine Miene verheißt nichts Gutes. »Der trinkt irgendwo, fürchte ich.«

»Im Ernst?«

»Ach, diese Leute aus der Äquatorprovinz«, sagt er verärgert. »Feiern, das ist das einzige, was die interessiert. Die ganze Mannschaft wollte gestern in Bokote übernachten, hast du das gewußt? Weil sie dort alle Frauen haben. Man muß sie unter Druck setzen, sonst kommt man zu nichts. Wenn ich sie nicht an die Kandare nehmen würde, wäre der Kapitän permanent betrunken, die Sanitäter würden unterwegs Medikamente verhökern, und die Tagelöhner würden nur Handel treiben – dann wären wir jetzt noch auf der Hinfahrt und alle hätten längst vergessen, wo wir überhaupt hinwollen.«

Zwanzig Minuten später schwankt der Kapitän in Shorts und offenem Hemd auf seinen Spinnenbeinen heran. Lotoko – ich rieche es sofort. Séraphin staucht ihn zusammen, aber er ist sich keiner Schuld bewußt. Er habe den ganzen Tag gearbeitet, sagt er kratzbürstig, ob denn ein bißchen Entspannung nicht erlaubt sei? Ein Gläschen Lotoko hindere ihn doch nicht daran, das Schiff anständig zu fahren.

»Ein Gläschen!« ruft Séraphin. »Zwei Halbliterflaschen von dem Zeug hast du intus, wenn du mich fragst!«

Das Boot ist so schwer beladen, daß Wasser hereinschwappt, und im Nu sind die Kartonstücke, auf denen die

Flüchtlinge sitzen, durchweicht. Zum Glück sind die meisten gesund, sie lachen über ihr Pech, rufen nach UNHCR-Planen und scheinen Geschmack an dem Abenteuer zu finden. Durch ein Loch im Deck schaut Séraphin zu einer Frau hinunter, die am Tropf hängt. »Die wird's nicht schaffen«, sagt er. »*Elle prépare déjà sa place* – sie sichert sich schon ihren Platz.«

Der Motor säuft dauernd ab, und als wir nach einer Reihe Fehlstarts endlich unterwegs sind, laufen wir in voller Fahrt auf eine Sandbank auf. Knirschend bohrt sich der Bug in den Grund. Alles wird durcheinandergeschüttelt, aus dem Laderaum ertönt Geschrei, im Boot wird gekreischt, und dann liegen wir still.

Séraphin schießt nach unten und kommt mit dem Kapitän wieder herauf, der so hinüber ist, daß ihn nicht einmal die Erschütterung zur Besinnung gebracht hat. »Der macht erst mal ein Nickerchen.« Sein Helfer springt ein, und alle Tagelöhner müssen ins Wasser, um das Schiff wieder flottzumachen

Itatshi steht bis zu den Hüften im Wasser und hält einen kleinen Jungen, den er eben aus dem Boot gehoben hat, von sich ab. »Hast du denn immer noch nicht ausgeschissen?« ruft er. »Nein!« schreit der Kleine und läßt einen gewaltigen Furz, worauf die Flüchtlinge im Boot in Gelächter ausbrechen. Essen kochen, abwaschen, Wassereimer in die Dusche tragen, am Grab einer Unbekannten beten, ein Kind mit Durchfall übers Wasser halten – was macht der kleine Itatshi nicht alles, und das für vier Dollar pro Tag! Mit dem Kind auf dem Arm watet er zum Boot zurück.

Dann sind wir wieder unterwegs, und selbst der Kapitän steht wieder am Ruder. Séraphin hat ihm vier Zigaretten und eine Packung Kekse gegeben und ihm eine Prämie versprochen, wenn wir bis morgen früh in Mbandaka sind.

Die Flüchtlinge können sich kaum rühren und suchen ständig nach Vorwänden, um aufzustehen und herumzulaufen, obwohl sie damit das labile Gleichgewicht des Schiffes in Gefahr bringen. Nach der soundsovielten Ermahnung packt Séraphin einen Stock und schießt nach unten.

»Was hast du getan?« frage ich argwöhnisch, als er wieder auftaucht.

»Eine Abreibung hab ich ihnen verpaßt«, sagt er. Und als er meine entsetzte Miene sieht: »Das ist lebensgefährlich, was die da machen. Am Ende kentert das Schiff noch, und dann ist es aus mit ihnen!« Ich denke an die beiden orangenen Schwimmwesten in unseren Kabinen, die einzigen an Bord – nett von ihm, daß er an mich gedacht hat.

René, der Mitarbeiter von Save the Children, fühlt sich nicht wohl. Als ich ihm ein Aspirin bringe, sehe ich Guichard auf dem Schlafplatz der Männer schmollend in der Ecke sitzen. Am Morgen hat Séraphin ihn ausgeschimpft, weil er sich von einem der Tagelöhner eine Chikwangue hat bringen lassen, und eben hat er angeordnet, daß nicht mehr gekocht werden darf, weil glühende Holzkohlestückchen durch die Löcher im Deck auf die Flüchtlinge fallen könnten. »Dabei hat er gesehen, daß ich gerade am Kochen war!«

»Und?«

Kummervoll sieht er mich an.

»Er hatte doch recht, oder?« beharre ich.

»Aber er hat's gesagt, als alle dabei waren, sogar die Tagelöhner! Wo ich doch …«

Wieder dieses verletzte Ehrgefühl, diese Unfähigkeit, das allgemeine Interesse über das eigene zu stellen. Später läßt Guichard Séraphin gegenüber im Vorbeigehen eine Bemerkung fallen. Der fährt aus der Haut, rennt in blinder Wut zu seiner Kabine und tritt in das rostige Loch im Gangboden. Er macht ein fürchterliches Theater, und ich finde ihn bis zum Knie in dem Loch vor, stöhnend wie ein Soldat im Schützengraben. »Tetanus!« ruft er. »Was hab ich gesagt? Ich hol mir hier noch Tetanus!« Die Szene erscheint mir trotz allem so komisch, daß ich mir das Lachen verbeißen muß, als ich ihm heraushelfe. Durch das klaffende Loch schaue ich auf ein Meer von Flüchtlingsaugen hinab.

»Ich brauch eine Penicillinspritze«, stöhnt er, als wir ihn auf seine Pritsche gelegt haben und Félicien die Wunde versorgt.

Séraphin mit seiner Verletzung, René mit seiner Erkältung

und Guichard mit seinem angeknacksten Ego – eine richtige Krankenstation haben wir auf Deck. Ich bringe den Männern, die wie die Katzen im Körbchen beieinanderliegen, einen Becher Whisky und setze mich dann ans Bett unseres leidenden Séraphin. Er liegt auf dem Rücken, die Arme unter dem Kopf, und betrachtet sein Knie. »Da, schau, wie es anschwillt!« Die Leute, mit denen er zusammenarbeitet, seien so simpel, klagt er, man könne ihnen einfach nichts begreiflich machen. Das Bildungswesen in dieser Provinz tauge nichts, ein Abiturient hier sei kaum auf dem Stand eines Grundschülers in Lubumbashi, wo er, Séraphin, zur Schule gegangen ist.

Wir haben eine unruhige Nacht vor uns. Es ist kalt draußen, und da immer wieder Wasser ins Boot schwappt, versuchen einige der Flüchtlinge in den Laderaum zu klettern, wo dann jedesmal Panik ausbricht. Mitten in der Nacht kommt Itatshi und leiht sich meine Taschenlampe aus. »*Parce que les réfugiés, madame, ça ne va pas!* – Probleme mit den Flüchtlingen!«

Séraphin steht in Shorts und mit verbundenem Knie auf Deck, wie ein im Kampf verwundeter Pirat. Es geht ihm wieder gut, er hat wieder alles im Griff. Sogar den Streit mit Guichard hat er beigelegt, worauf Guichard ihm demütig den Verband gewechselt hat.

Wir nähern uns Mbandaka, und Séraphin ist der Meinung, es müsse gesungen werden, um die Menschen im Hafen günstig zu stimmen. Dieudonné spornt die Flüchtlinge durch das Megaphon an, das wir seit Ingende an Bord haben, aber es kommt kein Schwung in die Sache, alle sind von der Reise wie gerädert. Die Frau, die am Tropf hing, hat aufgegeben; bald ist ihr Leichensack unter den Lebenden begraben, die ihre Beine ausstrecken wollen.

Da ist der Hafen von Mbandaka, wo achthundert Flüchtlinge in Hangars und auf einem alten Schiff Zuflucht gefunden hatten, als die AFDL-Soldaten … Da sind die Straßen, in denen ihre Leichen in der sengenden Sonne verwesten, bis das Rote Kreuz die Erlaubnis bekam, sie zu bergen. Zögernd beginnen die Flüchtlinge zu singen:

Tuzataha …

Wir kehren zurück, wir kehren zurück,
Wenn die Zeit da ist, kehren wir zurück.

Am Hafen wimmelt es von Fahrzeugen: UNHCR-Jeeps, Autos und Lastwagen von MSF, Rotem Kreuz und Save the Children. »Sie sind alle da, du wirst sehen«, hatte Séraphin prophezeit, »weil ich ihnen ihren Rohstoff bringe.« Er erschrak vor seinem eigenen Sarkasmus und wollte sich schon korrigieren, zuckte dann aber nur die Schultern. »Ach, was soll's. Wenn ich irgendwann mal sagen kann, was ich denke, dann werde ich die Wahrheit heraus*kotzen*.«

Ich stehe im Boot und suche den kleinen Jean, den Jungen mit dem viel zu großen Jackett. Er singt und klatscht in die Hände, und auf seinem beulenübersäten Gesicht erscheint die Andeutung eines Lächelns. Ich schaue zu Joseph hin, der an seinem Stammplatz am Gitter steht und geistesabwesend vor sich hin singt, neben sich am Boden seinen kranken Sohn.

Urutare ni Yesu.
Pawulo na Ancilla barasenze imiryango
Ya gereza irafunguka.

Unser Fels ist Jesus.
Paulus und Ancilla haben gebetet,
und die Tore des Gefängnisses haben sich aufgetan.

Die zögernd angestimmte Bitte um Vergebung bleibt erst im dunklen Laderaum hängen, dann schwillt sie immer mehr an, dringt nach draußen und schallt durch die Morgenluft übers Wasser. Alle sehen mich an, als wollten sie von meinem Gesicht ablesen, ob sie hier sicher sind, ob es die richtige Entscheidung war, aus dem Wald hervorzukommen. Einige bedeuten mir, ebenfalls zu klatschen. So viel Vertrauen nach so viel Leid, so viel Hoffnung auf Vergebung nach allem, was sie falsch gemacht haben, während dort im Hafen, vor wenigen

Monaten erst… Ich lache und klatsche in die Hände, muß aber das Gesicht abwenden, um meine Tränen zu verbergen, die mir nach Tagen unterdrückter Emotionen und zu wenig Schlaf in die Augen treten.

Unter mitleidigen Ohs und Achs der Zuschauer kommen die Flüchtlinge aus dem Laderaum hervor. Die Fahrt mit dem Schiff scheint einigen den Rest gegeben zu haben: Menschen, die vor drei Tagen noch aus eigener Kraft an Bord gelangt sind, müssen jetzt getragen werden. »Gebt mir den Kleinen«, ruft eine Maman und streckt die Arme nach einem Kind aus, das verschlafen ins Morgenlicht blinzelt. Marktfrauen sind mit ihrer Ware herbeigeeilt und stecken den Flüchtlingen Beignets, Bananen und gegrillte Maiskolben zu.

Ein schwedischer Verbindungsoffizier der UN hat unsere Landung beobachtet. »Hast du die ganze Fahrt mitgemacht?« fragt er mich ungläubig. Er war vierzig Jahre bei der schwedischen Marine. »Mich hätten keine zehn Pferde auf den Kahn gebracht!«

Durch ein Spalier von Neugierigen bringen die Leute vom Roten Kreuz die Flüchtlinge zu zwei weißen Lastwagen, die Gesunden zum einen, die Kranken zum anderen. Apathisch und ohne einen Blick für ihre neue Umgebung sitzen die Kranken in der glühenden Sonne und warten darauf, hochgehievt zu werden. »*Cadavre*«, summt es durch die Menge, als die Tote in dem weißen Leichensack vorbeigetragen wird, und da und dort hält sich eine Maman ihren Pagne vor die Nase. Der Leichnam wird kurzerhand zwischen die Lebenden auf den Lastwagen geworfen.

Wieder an Land, merke ich erst, wie weit weg ich war. Der belgische MSF-Mitarbeiter, bei dem ich wohne, meint, ich hätte mindestens drei Kilo abgenommen. Ich bin todmüde, aber als ich am Nachmittag in meinem Gartenzimmer zu schlafen versuche, wache ich immer wieder auf unserem Schiff auf und habe schreckliches Heimweh nach den Menschen, die mich tagelang wach gehalten haben.

Das Schiff fährt weiter, es schaukelt unter mir, vorn singt der Matrose, Itatshi hält mir seine leere Zahnbürste hin, Dieudonné schnauzt die Flüchtlinge an und lacht, als er merkt, daß ich herschaue, der kleine Jean sucht meinen Blick, Joseph spricht so erstaunlich klarsichtig mit mir: »Wir sind die Stanleys des Jahres 97…« Sogar Séraphins harte Stimme und seine Schimpftiraden fehlen mir.

Eine vertraute Welt ist auseinandergefallen, jeder ist seines Weges gegangen: die Gesunden in das Durchgangslager am Flugplatz, die Kranken ins Krankenhaus von Iyonda, Dieudonné und Itatshi zu ihren Familien, wo sie ungeduldig auf die Dollars warten, die sie verdient haben. Ein paar Tage später begegne ich ihnen auf dem Markt. Das dynamische Duo hat sich verändert: Sie lungern herum, als seien sie zu nichts imstande, und klagen über die Leere ihres Daseins in Mbandaka. Sie hoffen auf eine neue UNHCR-Mission und fragen sich besorgt, was aus ihnen werden soll, wenn alle Flüchtlinge repatriiert sind. Sie betteln um Schuhe, Kleider, Geld. Ich stecke jedem fünfhunderttausend Zaïre zu – fünf Dollar – und muß dabei an das denken, was mir in Mali einmal jemand gesagt hat: Einen Menschen, dem du Geld gibst, wirst du nie kennenlernen.

Auch Guichard und Félicien haben ihr etwas launenhaftes Selbstbewußtsein eingebüßt, als ich sie im MSF-Büro wiedersehe. Ängstlich drücken sie sich im ersten Stock an das Geländer; sie machen sich klein, weil sie auf einen neuen Auftrag hoffen. Ihre besorgten Blicke sagen mir, daß hier für die Vertrautheit unserer gemeinsamen Reise kein Platz ist.

Séraphin kommt auf seiner Yamaha noch einmal vorbei, in Shorts und mit verbundenem Knie – ein Meteorit aus dem Universum unserer Reise. Seine Freunde müssen herzlich lachen, als sie hören, was er mir alles für Bären aufgebunden hat. Er ist längst keine Dreißig mehr, und sein Vater war auch kein prominenter MPR-Funktionär, sondern einfacher Angestellter der Eisenbahngesellschaft in Lubumbashi. Und wenn er überhaupt gereist ist, dann nur, weil er bis vor kurzem ein leidenschaftlicher Prediger war, der das Wort Gottes auch jenseits der Grenze verbreiten wollte. Denn reden, das müssen seine Freunde ihm lassen, kann Séraphin wie kein anderer.

Aber jetzt liege ich noch im Bett, spule den Film der vergangenen Woche noch einmal langsam ab und versuche zu begreifen, weshalb ich mich so verlassen und desorientiert fühle. Die breiten Straßen von Mbandaka, die lärmenden Bars, die schnellen Jeeps der Hilfsorganisationen – wie feindselig und anonym wirkt das alles nach dem intimen Leben an Bord.

Mein Gastgeber kommt gerade aus Kinshasa und erlebt den umgekehrten Schock: Für ihn verkleinert sich alles. Schon nach zwei Tagen weiß er, daß sich die Pläne, die vernünftig denkende Menschen in der Hauptstadt entworfen haben, hier als undurchführbar erweisen werden. Vor kurzem hat MSF schriftliche Bewerbungen eingeholt. Eine der Fragen lautete: Beschreiben Sie in fünfzehn Zeilen Ihr Leben in Mbandaka. Einer der Bewerber schrieb fünfzehnmal in schön geschwungenen Lettern fein säuberlich untereinander: »Mein Leben in Mbandaka.«

Bei Einbruch der Dämmerung wird in der Stadt geschossen. Ein ruandischer Soldat soll das Motorrad des Commissaire de zone gestohlen haben, um damit im Gefolge eines ruandischen Generals zum Flugplatz zu fahren. Unterwegs soll er mit einem katangischen Soldaten zusammengestoßen sein, worauf sich ruandische und katangische Soldaten eine Schießerei geliefert haben.

Am nächsten Tag kursieren in der Stadt noch andere, schwülere Gerüchte. Vor kurzem ist die Imbißstube *Boulangerie Wiko* wiedereröffnet worden. Die ganze Schickeria von Mbandaka war auf dem Empfang, darunter auch der Bürgermeister, die Augen hinter einer Sonnenbrille versteckt. Ruandische Soldaten sollen Mädchen in ein Hinterzimmer gelockt und sich an ihnen vergriffen haben. Besser unterrichteten Quellen zufolge brachte ein ruandischer Soldat ein einzelnes Mädchen in eine Kammer und ließ dort alle seine Kameraden auf sie los. Es bleiben Gerüchte, aber man hört sie in allen Tonarten, sie sickern überall durch und vergiften die Atmosphäre in der Stadt. Als wir an der Imbißstube vorbeifahren, ist sie ganz normal geöffnet, und die Leute auf der Terrasse genießen die neidischen Blicke notleidender Passanten.

Im Durchgangslager – ein Dutzend offene UNHCR-Zelte mit Blick auf den Flugplatz – klammern sich die Flüchtlinge sofort an mich. Die Schüsse in der Stadt haben sie in helle Panik versetzt. »Wir dachten, wir sind in die Falle gegangen, alle sind davongerannt«, sagt Paul. Er und seine Frau Alice gehörten zu den Gesunden, die seit Ingende im Boot saßen und lachend dem hereinschwappenden Wasser trotzten. Beide waren Lehrer in dem ruandischen Grenzstädtchen Cyangugu, ehe sie vor drei Jahren vor dem Krieg flohen und bei Bukavu über die Grenzen gingen. Seitdem haben sie sich immer weiter von zu Hause entfernt.

»Du müßtest eine ganze Nacht hierbleiben, um zu hören, was wir alles erlebt haben«, sagt Alice leise. Unterwegs verloren sie sich aus den Augen und waren zwei Monate getrennt. In dieser Zeit starb ihr älteres Kind. »Das hier durften wir zum Glück behalten«, sagt sie und zeigt auf das Bündel auf ihrem Rücken. Sie lieben sich, das merke ich an der Art, wie sie sich ansehen, als sie erzählen, wie sie sich wiedergefunden haben, an der Art, wie sie sich beim Erzählen gegenseitig ergänzen. Ich fühle mich zu ihnen hingezogen – daß solche Gefühle inmitten von so viel Elend überleben konnten!

Morgen früh geht ein Flugzeug, haben sie gehört, aber niemand sagt ihnen, was sie bei ihrer Ankunft erwartet; ich bin die einzige, die mit ihnen spricht. Ein junger Mann, der zugehört hat, erzählt, daß er mit dem Versprechen aus dem Wald gelockt wurde, in Mbandaka könne er zwischen Repatriierung und Asyl wählen. Er hat das UNHCR um Schutz gebeten, glaubt aber nicht, daß man seiner Bitte stattgeben wird.

Sie halten mich für eine Amerikanerin, weil der ruandische Soldat der ARP – der Ruandischen Patriotischen Armee, die nach dem Völkermord in Ruanda die Macht übernahm –, der auf unserem Schiff mitfuhr, ihnen in Ingende gesagt hatte, die Amerikaner würden sie abholen. Als sie mich sahen, waren sie beruhigt.

»Ein ruandischer Soldat, auf unserem Schiff?« Ich kann es kaum glauben, aber die Umstehenden bestätigen es: Er sprach wie sie Kinyarwanda und hatte Soldatenstiefel an. Es überraschte sie nicht, ihn auf dem Schiff zu sehen – sie haben unterwegs so viel Verrat erlebt. Kurz vor Ingende versperrte ihnen ein Soldat, der wie einer der Ihren aussah, den Weg und empfahl ihnen, eine andere Route zu nehmen, denn weiter vorn drohe Gefahr. Als sie seiner Wegbeschreibung folgten, liefen sie der AFDL direkt in die Arme und wurden mit Granaten beschossen. »Zum Glück waren meine Füße so geschwollen, daß ich ganz am Ende ging«, sagt Alice. »So konnte ich entkommen, als ich begriff, was los war.« Eine Woche lang hielt sie sich mit ihrem Baby auf dem Rücken in einem Sumpf versteckt.

»Daß ihr Soldaten dabeihattet, war natürlich ein Problem«, sage ich. »Dadurch dachte die AFDL, sie hätte eine ganze Armee vor sich.«

Alice lächelt. »Trotzdem war es gut, daß sie da waren. Sie haben uns verteidigt; ohne sie hätten wir nie überlebt.«

Man winkt mir zu: Zeit zu gehen, die Ausgangssperre ist noch nicht aufgehoben. Ich verspreche, am nächsten Morgen wiederzukommen. Alice begleitet mich ein Stück. Sie würde mich gern etwas fragen, sagt sie verlegen und zeigt auf ihre schmutzige Hose. »Ich schäme mich, so nach Hause zu kommen. Ich konnte sie nicht mal waschen – ich hab nur die. Wer weiß, was dort auf uns wartet und wie lange ich die Sachen hier noch tragen muß.« Sie sieht mich zweifelnd an. »Meinst du, du könntest mir in der Stadt einen Pagne besorgen?«

Auf der Fahrt zum Durchgangslager fordert der UNHCR-Mitarbeiter über sein Walkie-talkie Planen an, die in der Antonov auf den Boden gelegt werden sollen. Die meisten der Flüchtlinge sind noch nie geflogen – bestimmt müssen sich einige übergeben. Ich sitze hinten und höre schweigend zu: Woran man sich hier nicht alles gewöhnt! Im Sprechzimmer des Krankenhauses von Iyonda hängt ein Zettel mit Anweisungen, wie das Personal Chlor zu verdünnen habe, um damit Böden zu wischen und Leichen zu waschen.

Es ist ein trüber Tag, die ganze Nacht hat es geregnet, und der Matsch bleibt an meinen Schuhen hängen, als ich zu dem Zelt gehe, in dem ich Paul und Alice gestern zurückgelassen habe. Einen Pagne habe ich nicht gefunden, aber ich gebe Alice fünfhunderttausend Zaïre, mit denen sie im Gewühl verschwindet. In einem gebrauchten Pagne kommt sie zurück, und sie hat sogar Plastikschlappen für sich und Paul besorgt.

Alle sind beunruhigt, denn zum ersten Mal seit Monaten hören sie wieder Radio, und in der Kinyarwanda-Sendung der Stimme Amerikas heißt es, bestimmte Gebiete in Ruanda seien noch keineswegs sicher. Was geschieht mit den Flüchtlingen, die von dort kommen? Werden sie ins Kriegsgebiet zurückgeschickt? Sie haben genug vom Krieg, sie wollen nichts als Ruhe. Außerdem sollen in Ruanda zweitausend Kinder im Gefängnis sitzen. »Wenn sie schon unsere Kinder einsperren«, sagt Alice, »was werden sie dann erst mit uns Erwachsenen machen!«

Die Menschen drängen sich um mich, reden durcheinander, wollen wissen, was ich von alldem halte. Was soll ich sagen? Am Ende weigern sie sich noch mitzukommen, und man gibt mir die Schuld! Warum kümmert sich niemand um ihre eindringlichen Fragen? Doch am Lagertor dreht sich alles um ihre Abreise. Gerade ist der Mann vom Desinfektionsdienst gekommen und sprüht sie einen nach dem anderen ein. Die Schwächsten werden auf einen Lastwagen gehievt, die anderen gehen zu Fuß.

Es nieselt noch immer. Ein Mädchen schaut verträumt hinaus und summt die kongolesische Nationalhymne *Debout Congolais*, die sie unterwegs gelernt haben muß, andere probieren lachend ihr Lingala aus. Sie werden den Kongo noch vermissen, vermute ich. Jemand bittet mich, einen Brief an eine Adresse in der Schweiz aufzugeben, die mir unvollständig erscheint, andere rufen mir zu, ich solle den Leuten in Bokote für alles danken, was sie für sie getan hätten.

Auf dem Flugplatz geht die Warterei weiter. In einer langen Schlange stehen die Flüchtlinge vor der plumpen weißen Antonov. »Kann so ein Flugzeug bei dem Wetter überhaupt starten?« will Alice wissen, die noch nie geflogen ist. Alles geht plötzlich so schnell, für die Entfernung, die sie in Jahren zurückgelegt haben, werden sie jetzt nur wenige Stunden brauchen. Alice hat meine Adresse sorgfältig in ihrem Pagne versteckt. Womöglich finden die ruandischen Behörden Kontakte zu Ausländern verdächtig, womöglich fürchten sie, die Flüchtlinge könnten die Welt darüber informieren, was sie durchgemacht haben.

Ich begleite sie, und der Kloß in meinem Hals wird immer dicker. Könnte ich sie nur beruhigen, gäbe es nur irgendwelche Anzeichen dafür, daß alles gutgehen wird! Am Ende sind sie es, die mir Mut zusprechen. »Erinnerst du dich an das Lied, das wir gesungen haben, als wir nach Mbandaka kamen?« fragt Alice. Ich nicke. »Einige Leute haben Fehler gemacht, andere nicht, aber wir alle hoffen auf Vergebung und darauf, daß sich durch die Kraft unseres Glaubens die Tore des Gefängnisses öffnen werden.«

»Im Flugzeug singen wir das wieder«, sagt Paul.

Dann steigen sie die Gangway hinauf. Das asiatische Personal geht grob mit ihnen um. Hinsetzen sollen sie sich, aber schnell, wie auf dem Schiff, in breiten Reihen, die Beine angezogen, den Kopf Richtung Cockpit. Blutenden Herzens schaue ich ihnen nach. Selbst auf der schrägen Ladeklappe sitzen Leute. Langsam schließt sie sich, und mir ist nicht recht klar, was jetzt dort drin geschieht: Purzeln sie auf die anderen hinab?

Als ich zum Flughafengebäude zurückgehe, überfällt mich Reue. Ich habe nicht einmal ein Foto von Alice und Paul, nur die ungenaue Adresse einer Kirchengemeinde in Cyangugu, die inzwischen bestimmt nicht mehr existiert. Warum bin ich nicht über Nacht bei ihnen geblieben und habe mir ihre Geschichte angehört? Warum ... Aber der UNHCR-Fahrer wird schon ungeduldig: »Na, was ist?«

»Dieses Flugzeug ist die Höhle des Löwen«, sagt Joseph, als ich zu ihm ins Krankenhaus von Iyonda komme, das fünfzehn

Kinshasa: Mein Freund Kis vor einem Schallplattenladen in Matonge, dem Zentrum der Cité.

Kinshasa: Mit meinem Freund Izi in seinem Hof

Gbadolite: Mit Bove und Mauro (rechts) im geplünderten, eilig wieder instandgesetzten Safricas-Gebäude

Gbadolite: Der ausgeschlachtete Mercedes von Mobutus Schwager Fangbi

Boende: Bei der Abfahrt in Mbandaka (rechts Doktor Aguy)

Kinshasa: Cheri Cherins Gemälde

RIP
Citoyen ZAÏRE
NE 27-10-71 DECEDE LE 17-5-97

Boende: Mbandaka, vom Boot aus gesehen

Bokote: Hutu-Flüchtlinge im Laderaum des Schiffes

Bokote: Abendliche Diskussion auf Deck

Bokote: Christine mit einer Nonne im Krankenhaus von Iyonda

Kisangani: Mit dem Fahrradtaxi unterwegs

Manono: Richard und Espérance (mit einem Huhn auf dem Schoß) in meinem Congoétain-Haus

Kilometer außerhalb von Mbandaka liegt. »Nicht für viel Geld würde ich da mitfliegen.« Auch er hört seit einigen Tagen die Stimme Amerikas. Die Angriffe von Hutu-Rebellen in Ruanda dauern an, die Tutsi überziehen die Hügel, aus denen die Rebellen kommen, weiterhin mit Feuer. Alice und Paul wohnen nahe der Grenze, sie können notfalls wieder fliehen, aber die anderen ...

Joseph sitzt in einem kahlen Raum auf dem Boden, neben seinem Sohn, einer grauen Mumie inmitten anderer grauer Mumien. Alle Kinder haben Durchfall, sagt er, er könnte sich anstecken, aber was soll er machen? Sein Sohn schläft die ganze Zeit, und wenn er wach wird, flüstert er nur: Leg mich soundso hin, bring mir Brot oder Milch, oder Wo bist du, Papa? Er ist zu müde, um auch nur die Augen zu öffnen.

Der Junge in der anderen Zimmerecke ist schon vier Wochen hier, und es geht ihm immer noch nicht besser. Er näßt aus allen Poren, innerlich ist er völlig verfault, aber er ist glücklich, nichts kümmert ihn, nur was er zu essen bekommt und wer ihm den Toiletteneimer bringt. »In Europa könnte ein Kind gar nicht so lange krank sein«, sagt Joseph, »aber hier ... sie wissen nicht genau, was er hat, deshalb geben sie ihm Medikamente gegen alles auf einmal.«

Eines der grauen Bündel bewegt sich. Es ist Jean. Sein armseliges Jackett ist weg, man hat ihm ein sauberes Hemd gegeben, aber noch keine Hose, deshalb wagt er nicht aufzustehen. Er bittet mich, den Teller Reis mit Bohnen von seinem Kopfende wegzunehmen; ihm wird übel von dem Geruch. Die schlechte Luft in dem Raum treibt auch mich schnell wieder hinaus.

Wir finden ein Plätzchen auf einer hölzernen Trage draußen auf der Galerie. Das Krankenhaus ist eine ehemalige Leprastation, die man für die Flüchtlinge wieder in Betrieb genommen hat. Mamans kochen im Hof, drei Rotkreuzschwestern aus Spanien und Guatemala eilen geschäftig hin und her. Beige Hauben, ein engelsgleiches Lächeln – sie wissen nicht, was aus diesen Menschen wird, sagen sie, aber solange sie hier sind, können sie ihnen wenigstens eine glückliche Zeit bereiten.

Eine Mutter kommt mit einem kleinen Jungen auf dem Arm vorbei, der mich anlacht. »Der lacht für den Feind«, sagt Joseph.

»Wie meinst du das?«

»So sagen wir in Ruanda. Er lacht jeden an, er ist noch zu klein, um zwischen Freund und Feind zu unterscheiden.«

Da ich Joseph bis hierher gefolgt bin, fühlt er sich verpflichtet, mir etwas zu sagen. »Meine Situation ist komplizierter, als du denkst.«

Sein ernster Ton läßt mich aufhorchen. »Wieso?«

»Ich bin kein Hutu, wie die anderen, ich bin Tutsi.«

Irgend etwas war mit ihm, das hatte ich von Anfang an gespürt. »Warum bist du dann geflohen, was hattest du dir vorzuwerfen?«

Er seufzt. »Nicht jeder, der geflohen ist, hatte sich etwas vorzuwerfen. Viele sind einfach vor dem Krieg geflohen.« Seine Frau ist Hutu. Er ist im Herzen Ruandas aufgewachsen, in einer Gegend, in der Heiraten zwischen Hutu und Tutsi nichts Ungewöhnliches waren. 1959, als die Tutsi in Massen nach Uganda flüchteten, war er noch nicht geboren, und er kennt deshalb nicht ihre Bitterkeit, er lebte in Frieden mit den Hutu. Anfangs sympathisierte er mit der Ruandischen Patriotischen Front, die damals noch von Uganda aus operierte, aber mit der Zeit merkte er, daß ihre Politik für seine Schwiegerfamilie gefährlich werden würde, und distanzierte sich von ihr.

Die Tutsi sind zynisch, meint er. Als er zu seinen Stammesgenossen sagte, daß viele Tutsi sterben würden, wenn die FPR ihren Plan ausführen und die Macht im Land ergreifen würde, antworteten sie, das mache nichts, es sei ja für die gute Sache. Er kennt die FPR – wer nicht auf ihrer politischen Linie liegt, den schützt auch seine Herkunft nicht. Nach seinem Verrat hätte man ihn nicht geschont, wenn man ihn aufgespürt hätte, und nach seiner Flucht schon gar nicht. Für sie ist er ein Abtrünniger, ein Kollaborateur des mordgierigen Hutu-Regimes. Wie sonst wäre ihm die Flucht gelungen, warum hat man ihn nicht umgebracht? »Die bloße Tatsache, daß ich am Leben bin, macht mich verdächtig.«

»Aber wie war das für dich, mit deinen Hutu-Landsleuten zu fliehen, haben die dich nicht als Feind betrachtet?«

»Nein… solange man unter Menschen ist, die einen kennen, ist man nicht in Gefahr. Hutu, Tutsi, die kleinen Leute haben nichts gegeneinander; die Politiker sind es, die sie aufhetzen.«

Jetzt aber, wieder in der Stadt, den Blicken der Außenwelt ausgesetzt, fühlt er sich plötzlich nicht mehr so sicher. Er war irrtümlich mit seinem gesunden Sohn ins Durchgangslager gebracht worden. Es sei das reinste Gefängnis, sagt er, ringsum werde es von Soldaten bewacht, und als er erkunden wollte, wie er hinausgelangen konnte, sei er einer Gruppe Militärs in die Arme gelaufen, von denen ihn einer erkannte. »Was machst du denn hier?« fragte der Soldat verwundert.

Joseph stand völlig verdattert da. »Ich bin auf Reisen«, stotterte er.

»Zu Fuß?« fragte der Soldat und zeigte dann auf das Lager. »Mit denen? Ist dir klar, was die getan haben?« Joseph machte, daß er wegkam. Zum Glück wurde sein Antrag, zu seinem anderen Sohn ins Krankenhaus verlegt zu werden, sofort bewilligt, sonst hätte der Soldat ihn vielleicht aufgespürt und ihm noch mehr Fragen gestellt.

Plötzlich wird mir bewußt, daß ich seinen älteren Sohn noch gar nicht gesehen habe. »Den hab ich im Durchgangslager gelassen«, sagt er.

»Und wenn er ins Flugzeug nach Ruanda gesetzt wird? Vielleicht ist er heute abend schon weg!«

»Kein Problem. Er wird seine Mutter schon finden.«

Seltsam, wie unbeteiligt er von seinen Kindern spricht. Wird man so, wenn man eine solche Odyssee hinter sich hat? Aber viel Zeit, darüber nachzudenken, habe ich nicht. Eine junge Frau hat sich neben uns auf die Trage gesetzt. Sie hat einen Rosenkranz um den Hals, und unter der grauen Decke, in die sie sich gehüllt hat, ist sie nackt. Sie fordert Joseph auf, ihr den Rücken zu kratzen, was er lachend tut. »Da siehst du, was ich hier alles machen muß.« Manchmal weint sie und bittet ihn, ihr etwas zu essen zu holen, aber wenn er dann einen Teller Reis mit Bohnen vor sie hinstellt, schiebt sie ihn wütend weg.

Plötzlich steht die Frau auf, läßt die Decke fallen und tanzt nackt über den Hof, die Arme graziös erhoben, den ausgezehrten Körper rhythmisch wiegend. Der Tanz des Kranichs – ich kenne ihn aus Filmen über Ruanda. »Aber Christine!« Eine Rotkreuzschwester kommt mit einem Rock angelaufen. Christine läßt sich gehorsam anziehen, doch gleich darauf zieht sie sich wieder aus und wirft sich nackt in meine Arme.

Geduldig zieht die Schwester sie von neuem an. Christine muß einmal eine *femme à succès* gewesen sein, sagt sie, eine erfolgreiche Frau. Sie soll mit einem reichen Geschäftsmann verheiratet gewesen sein. Seit er und ihr Kind gestorben sind, ist sie geistig verwirrt. Als sie hierherkam, war sie deprimiert und schlief nur, aber neuerdings ist sie ganz euphorisch.

Joseph hat mit abwesendem Lächeln zugeschaut. Die Menschen verändern sich, sagt er. Manche sind grob und gemein geworden, und wenn er eine Bemerkung darüber macht, schnauzen sie ihn an: »Laß mich in Ruhe, kümmer dich um deinen eigenen Kram!« Andere haben Wunden, die aussehen, als hätte die Hand Gottes sie getroffen. Einmal hat er einen Mann gesehen, dessen Haut an der rechten Hand rauh war wie Nilpferdhaut. »Diese Hand hat bestimmt etwas Furchtbares getan.«

»Und du, hast du dich durch das alles auch verändert?«

Er zuckt die Schultern. »Ich weiß es nicht.« Er vermisse seine Freiheit, sagt er. Das Leben im Lager sei schrecklich. Im Durchgangslager konnten sie nicht hinaus, weil sie sonst von Mobutu-Soldaten ausgeraubt worden wären, hier können sie wegen Kabilas Soldaten nicht hinaus. Als er gestern auf die Straße ging, kam schon nach zehn Metern ein Mann auf ihn zu – ein Soldat in Zivil vielleicht – und schickte ihn zurück, hier draußen sei es zu gefährlich für ihn. Nicht einmal im Krankenhaus ist er frei. Wenn er einen Bekannten in einem anderen Flügel besuchen will, heißt es, er laufe zuviel herum. Schon wenn er um Brot für seinen Sohn bittet, wird es dem Personal zuviel – er schon wieder mit seinen ständigen Forderungen. Das Essen für die Kranken bekommt er nicht; er ist gesund, er muß Bohnen essen. »Aber man kann mich doch nicht zwingen, Bohnen zu essen!« Ständig sagt ihm jemand, was er zu tun oder zu lassen hat, ständig weist ihn jemand zurecht – wann wird er wieder in Freiheit leben können, so wie früher?

»Du bist so viel gesünder geblieben als die anderen«, sage ich. »Wie kommt das, was hattest du denen voraus?«

»Ich hab es als junger Mann sehr gut gehabt«, sagt er milde, »deshalb konnte ich einiges aushalten. Mit einundzwanzig hatte ich ein Motorrad, mit sechsundzwanzig ein Auto, das war ein großer Luxus! Die Leute kamen und wollten den jungen Projektleiter sehen, der in seinem Büro saß und so viel erreicht hatte. Daran dachte ich immer, als ich durch den Wald lief. Ich sehne mich nicht nach der Macht, wie die Generation der Tutsi-Flüchtlinge, die in Uganda aufgewachsen ist und davon geträumt hat, das Land zurückzuerobern. Ich hatte schon in jungen Jahren Macht.«

Die ganze Zeit über hatte er das Gefühl, eines Tages würde alles wieder gut werden. Holz sammeln, Feuer machen, auf Steinen kochen, im Wald schlafen – es war, als müßte er eine Prüfung ablegen, und er wollte sie in allen Fächern bestehen. Was er um sich herum sah, erstaunte ihn: ein so reiches Land und eine so arme Bevölkerung! Fleisch ist im Überfluß vorhanden, an Obst mangelt es nicht, und doch besitzen die Kongolesen weniger als die Ruander; sie leben von der Hand in den Mund, nur wenige haben eine Matratze, auf der sie schlafen können, und auch Fernseher sieht man kaum.

Die Soldaten, die die Flüchtlinge begleiteten, kämpften unterwegs gegen AFDL-Soldaten. Wie sie das taten, verblüffte die Kongolesen: Mann gegen Mann – Mobutus Truppen hätten da längst die Flucht ergriffen. Ihre eigenen Soldaten waren brutal, sagt Joseph. Wenn ein Dorfbewohner ihnen nicht seine letzte Ziege gab, zögerten sie nicht, ihn umzubringen. Manche hatten sechs Ziegen und wollten nicht mit anderen teilen. »Aber manchmal haben die Kongolesen uns auch bestohlen. Sie haben die Soldaten passieren lassen und auf das

Ende des Konvois gewartet, und wenn dann die Schwächsten kamen, haben sie ihnen mit ihrem Jagdgewehr den Weg versperrt und ihnen ihre Habseligkeiten abgenommen, sogar die Kleider. Kannst du dir vorstellen, wie das ist, wenn man abends keinen Topf zum Kochen hat, keine Decken, um sich gegen die Nachtkälte zu schützen?«

Der Arzt hat Christine eine Spritze gegeben, und sie ist im Sand eingeschlafen. Aber der Wahnsinn ist stärker. In einem Moment liegt sie noch da, im nächsten ist sie verschwunden. Als sie wieder auftaucht, ist sie von neuem nackt und schiebt gurrend ihren schmalen Kopf zwischen meine Beine.

Ich müßte nach Kinshasa zurück, aber ich schiebe meine Abreise immer wieder hinaus. Ich komme einfach nicht los von diesem Krankenhaus in Iyonda, einer Welt, die schon bald auseinanderfallen wird wie die Welt auf dem Schiff; aber noch ist sie allgegenwärtig.

Manchmal ermahne ich mit mich selbst: Was habe ich hier noch zu suchen? Ich sehne mich nach meiner ersten Reise zurück, als ich durchs Landesinnere fuhr, ohne mich je zu fragen, was in den Nachbarländern vor sich ging. Doch diese Zeiten sind endgültig vorbei. Ich gewinne Einblick in die Dramen der östlichen Nachbarn, die tief unter die Haut des Kongo gedrungen sind.

Auf dem Weg zu Joseph höre ich eines Tages Gesang aus einem der Zimmer – ungewohnte Laute in dieser Umgebung. Ich gehe ihnen nach und sehe ein Mädchen am Boden sitzen, das den Kopf hin und her wirft und singt. Als ich ihren todtraurigen Blick sehe, weiß ich, daß ich die Intensität der nackt tanzenden Christine vor mir habe, gepaart mit Wahnsinn und Kummer. Die Kinder ringsum sehen sie mit großen Augen an und schauen dann zu mir.

Eine Schwester ist herbeigeeilt. Das Mädchen hat einen Schock, sagt sie, es kann nicht mehr laufen und schreit die Schrecken des Krieges hinaus. Schädel, die mit Macheten gespalten werden, Soldaten, die ihr im Wald auflauern – Tag für Tag zieht alles wieder an ihr vorüber. Ihre Zwillingsschwester erzählt mir, daß sie ihre Mutter in Bukavu zurückgelassen haben. »Nicht zurückgelassen!« ruft das Mädchen. »Warum sagst du das! Du lügst, sie ist tot, tot!« Ihr Gesang geht in ein Wimmern über, und die Tränen laufen ihr über die Wangen.

Ihre Schwester sieht mich beschämt an. Sie wirken alle so ergeben, wie sie da auf ihren Plastikmatratzen sitzen, die grauen Decken ordentlich gefaltet, ihre Schachteln mit Keksen und Medikamenten in der Ecke, und da ist jemand, der ihrer aller Leid laut hinausschreit. Es wäre ihnen lieber, sie wäre still.

Von da an werfe ich ab und zu einen Blick in das Zimmer. Claudine heißt das Mädchen. Ihre Beine sind wie Gummi und knicken einfach unter ihr ab, aber die Schwestern geben nicht auf: Jeden Tag machen sie Gehübungen mit ihr, und jeder Fortschritt wird mit kräftigem Applaus belohnt. Danach bricht Claudine oft zusammen und weint nach Mama und Papa, aber ganz allmählich kehren ihre Lebensgeister wieder, und eines Nachmittags komme ich sogar dazu, als sie sich mit ihrer Schwester um die Kekse in deren Schachtel kabbelt.

Unterdessen sucht Joseph nach Möglichkeiten, diesen Ort zu verlassen. Manchmal ist er nicht da. Wenn ich nach ihm frage, sagen die Schwestern: »Den lästigen Menschen mit dem kranken Sohn meinst du?« Einen so widerspenstigen Flüchtling haben sie noch nicht erlebt, und jeder kennt seinen Ausspruch »Ihr könnt mich doch nicht zwingen, Bohnen zu essen!«.

»Dieser Freund von dir, der hat gestern wieder getrunken«, sagt ein Krankenpfleger eines Morgens. Joseph und trinken? Ich kann es nicht glauben – er trinkt keinen Alkohol, hat er mir gesagt. Aber als der Pfleger uns später zusammen auf der hölzernen Trage sitzen sieht, stellt sich heraus, daß er doch Joseph gemeint hat. Der zuckt die Schultern – er mache manchmal bei einem Kongolesen in der Nähe Tee für seinen Sohn – vielleicht meine der Pfleger das.

Er wird per Schiff nach Kinshasa fahren, hat er beschlossen. Um kein Mißtrauen zu erregen, will er sich die Haare kurz schneiden lassen und sich wie die Leute hier kleiden. In dem

Dorf in der Nähe von Bokote, in dem er sich eine Zeitlang aufgehalten hat, habe er einen Chemieprofessor kennengelernt, der in Kinshasa wohne und ihn eingeladen habe, bei ihm zu logieren. »Vielleicht war er auch gar kein Professor, die Kongolesen schwindeln gern ein bißchen, wenn es um ihre Position geht, aber er hat eine Menge von Chemie gewußt. Wir haben uns so gut verstanden – ich glaube, ich könnte für den Rest meines Lebens bei ihm bleiben.«

»Und dein Sohn?«

»Den nehm ich mit.« Er habe schon jemanden gefunden, der gegen Bezahlung bereit sei, ihn mit dem Fahrrad zum Hafen zu bringen. »Aber ich brauche Geld.«

Ich muß an Paul und Alice denken, die ich in der Höhle des Löwen verschwinden ließ, ohne ihnen eine helfende Hand zu reichen. »Wieviel?«

»Mit fünfzig Dollar komme ich bis Kinshasa.« Er nimmt das Geld an, wie er auf dem Schiff die Konserven angenommen hat: als stünde es ihm zu.

Ich erfahre es von einem kongolesischen MSF-Arzt, als ich am Nachmittag ins Krankenhaus komme. In aller Frühe ist das UNHCR mit einem Lastwagen in Iyonda erschienen, um Kranke zu holen. Fünfzig wollten sie haben; das Flugzeug, das am Flughafen bereitstand, mußte voll werden. Die Schwestern protestierten, die Flüchtlinge, die Asyl beantragen wollten, machten, daß die wegkamen, aber die UNHCR-Mitarbeiter blieben hart und fuhren erst los, als sie die gewünschte Zahl beisammenhatten. Das UNHCR will sein Büro in Mbandaka so schnell wie möglich schließen, seine Mission ist beendet.

»Dein Freund ist weg«, sagt eine Schwester, als ich auf der Galerie nach Joseph Ausschau halte.

»Mit dem Flugzeug?«

»Nein, nein, der ist schon gestern abend verschwunden.« Also hat er ein Schiff nach Kinshasa gefunden.

»Wir hatten schon vermutet, daß er nicht nach Hause zurückwill«, sagt die Schwester. »In letzter Zeit war er ständig unterwegs.« Er habe einen Bekannten im Dorf, mit dem er viel zusammengewesen sei. Gestern habe er mit ihm das Krankenhaus verlassen, und seitdem habe man ihn nicht mehr gesehen. »Er hat seine Decke verkauft«, sagt sie etwas vorwurfsvoll.

Aber wie hat er dann seinen Sohn …? Ich finde den Jungen wie immer in seinem Zimmer, reglos in seine graue Decke gehüllt. Mechanisch greife ich nach dem Krankenblatt am Kopfende seines Bettes. *Enfant non accompagné* – alleinreisendes Kind – steht darauf. Jean sieht mich an. »Der Mann, der immer hier war«, frage ich ihn, »hat der etwas gesagt, als er gegangen ist?«

Er schüttelt den Kopf.

Der Kleine öffnet matt die Augen. »Kannst du ihn fragen, ob er weiß, wo der Mann hin ist?«

Sie wechseln ein paar Worte auf Kinyarwanda. Es stellt sich heraus, daß der Junge von nichts weiß. Er habe den Mann auf dem Schiff kennengelernt, sagt er mit schwacher Stimme, seitdem habe er sich um ihn gekümmert. Seine Augen sind schon wieder zugefallen, aber er flüstert noch etwas. »Was sagt er?«

»Er will Bananen.«

Auch aus der dritten Decke läßt sich jetzt jemand vernehmen. »Der will Kartoffeln«, übersetzt Jean, »keine Bohnen mit Reis, sondern Fleisch mit Kartoffeln.« Nicht in Wasser gekocht, erläutert die vierte Decke, sondern in heißer Asche gegart. Ich muß lachen. Davon träumen sie also unter ihren grauen Decken!

»Euch scheint's wieder besserzugehen«, sage ich. Jeans Gesichtchen ist noch geschwollen, besonders an der Seite, auf der er schläft, und das eine Auge ist fast zu, aber zu dem Hemd hat er jetzt auch eine lange Hose, und ab und zu wird er nach draußen getragen, wo er im Schatten döst.

Ich bestelle in der Küche Kartoffeln für sie und gehe ins Dorf, um Eier zu kaufen. Die Leute nennen mich »Madame MSF«, rufen »Hello!« und »Goodbye!«, fragen, ob ich Dollars habe. Wieder zurück, knie ich mich neben Jean hin. Vorsichtig hebe ich die Decke an und schaue in sein entstelltes Gesicht. Meine Bemerkung, daß es ihm bessergeht, scheint noch in seinem Kopf herumzuspuken, denn er fragt: »Wenn ich wieder gesund bin, Madame, darf ich dann wieder in die Schule, so wie früher?«

Josephs Geschichte läßt mich nicht los. Daß er nicht der Vater des kranken Jungen war, überrascht mich nicht, auch wenn ich enttäuscht bin, daß er mich nicht ins Vertrauen gezogen hat. Die Kinder haben ihm ein Alibi verschafft: das gesunde, um die Lage im Durchgangslager zu sondieren, das kranke, um im Krankenhaus unterzutauchen. Nach drei Jahren Überleben in feindlicher Umgebung muß er einige Übung haben im Ersinnen solcher Listen. Aber jetzt, da sich die Wahrheit als so dehnbar erwiesen hat, gerät auch alles, was er mir sonst noch erzählt hat, ins Wanken, und überall tauchen die kleinen Teufel des Zweifels auf. Hat er abends vielleicht doch getrunken? Und was ist dran an dem Gerücht, das ich nach seinem Weggang in den Fluren des Krankenhauses aufschnappe: daß er in Ruanda Bürgermeister gewesen sei? Ein Tutsi konnte eine solche Position unter dem vorigen Regime nicht bekleiden, was bedeuten würde, daß auch dieser Teil seiner Geschichte nicht stimmt.

Nachdem er nun weg ist, hält mich hier nichts mehr, und ich buche meinen Flug. Am Morgen meiner Abreise meldet mir der Boy mit seltsamem Blick einen Besucher. Es ist Joseph. Er hat sich die Haare schneiden lassen, die Ärmel seines Pullovers sind abgeschnitten, und er trägt ausgefranste Shorts. Ist das seine kongolesische Verkleidung? Er sieht aus wie eine Vogelscheuche.

Tagelang hat er im Hafen herumgehangen, kein Kapitän wollte ihn mitnehmen; kaum geht er an Bord, wird er aus der Menge herausgeholt, und wenn er den Mund aufmacht, ist es ganz aus. Sein Lingala ist schlecht, und auch sein Französisch verrät ihn – er hat einen anderen Akzent als die Kongolesen. »Die Kapitäne haben Angst«, sagt er. »Ihre Schiffe werden auf der Fahrt nach Kinshasa von Soldaten kontrolliert, sie wollen kein Risiko eingehen.«

Der Radfahrer, der ihn hergebracht hat, wartet am Tor – Joseph hat kein Geld, denn er hat zwei Nächte in einem Hotel geschlafen, neue Kleider gekauft und den Mann bezahlt, der ihn aus Iyonda herausgelotst hat.

»Und dein Sohn?«

»Ach, der wird vom UNHCR nach Kinshasa geflogen.«

Es geht ihm so leicht über die Lippen, daß ich schlucken muß – zum ersten Mal weiß ich, daß er lügt. Einen Moment lang bin ich versucht, ihn auf die Ungereimtheiten seiner Geschichte hinzuweisen, aber ich verkneife es mir. In den vergangenen Wochen ist eine Sicherheit nach der anderen von ihm abgefallen – soll ich ihm auch noch seinen letzten Schutz nehmen?

Wir sitzen auf einer Bank im Garten. Joseph ist erhitzt und wirkt sehr viel weniger selbstbewußt als beim letzten Mal. »Möchtest du ein Glas Wasser?«

»Hast du nicht was anderes? Fanta oder so?« fragt er mit einer Kopfbewegung zum Haus meines Gastgebers hin. »Gibt's da vielleicht was zu essen?«

»Was hat der Mann hier zu suchen?« fragt der Boy, als ich in der Küche einen Teller für Joseph zurechtmache.

»Wie bitte?«

»Das ist ein Flüchtling!«

»Woher weißt du das?«

»Das seh ich an seinen Kleidern und an seinem schlechten Gesundheitszustand. Außerdem hat er die Nase eines Weißen.«

»Was hast du denn gegen ihn?«

Der Boy stammt aus Bokungu, wie sich herausstellt, einem Dorf, das die Flüchtlinge auf ihrem Weg geplündert haben; es hat dabei mehrere Tote gegeben. »Erschossen gehören die.« Ich erschrecke. Seit Joseph das Krankenhaus verlassen hat, ist er nicht mehr sicher; er ist auf dem besten Wege, ein Paria zu werden.

»Und was nun?« frage ich, als ich wieder neben ihm sitze und ihm beim Essen zuschaue.

»Du hast gesagt, du fliegst heute nachmittag nach Kinshasa.« Ich nicke. »Kannst du mich mitnehmen?«

»Dich mitnehmen? Wie soll das gehen?«

»Als Gepäck! Ich wiege keine vierzig Kilo. Wir könnten eine Holzkiste bauen lassen, darin sind die hier sehr geschickt – in einer Stunde wäre sie fertig.«

Ich sehe ihn an. Meint er es ernst? Ist das derselbe klarsichtige Mann, den ich auf dem Schiff von Bokote nach Mbandaka kennengelernt habe? Kann die Verzweiflung einen Menschen so weit treiben? Plötzlich sehe ich ein Bild aus einem Spielfilm vor mir: drei Palästinenser, die, in einem leeren Tankwagen versteckt, über die irakische Grenze nach Kuwait wollen und in dem Wagen ersticken. »Eine Holzkiste – da kannst du doch ersticken!«

»Wir machen Löcher rein.«

Wieder sehe ich ihn an – er scheint gar nicht zu merken, wie absurd sein Plan ist. »Du willst uns wohl beide ins Verderben stürzen«, sage ich.

»Ich hab noch eine andere Idee«, beginnt er zögernd, »aber ...«

»Was denn?«

»Ich könnte ja als ganz normaler Passagier mitkommen.«

»Aber du hast doch keine Papiere!«

Er lacht. »Das ist kein Problem – für zweihunderttausend Zaïre kann man hier einen Ausweis kaufen.« Jetzt ist es elf – das Flugzeug geht um drei. Ich könnte ihm Geld für ein Ticket geben, aber was ist, wenn er auf dem Flugplatz festgenommen wird? Ich versuche ihn mit den Augen eines kongolesischen Flughafenbeamten zu sehen: sein zerzaustes Haar, seine bizarre Kleidung – was würde man von einer solchen Gestalt halten? »So wie du aussiehst«, sage ich, »nimmt dir niemand ab, daß du dir ein Flugticket leisten kannst.«

Wieder lacht er unbekümmert. »Nachher auf dem Flugplatz mußt du schon genau hinschauen, um mich zu erkennen. Ich werde wie ein reicher Mann aussehen, mit Anzug und Krawatte, und meine Haare ...«

Wie oft habe ich mich früher gefragt, was ich tun würde, wenn sich jemand in einer solch heiklen Situation um Hilfe an mich wenden würde. Ich gehe in mein Zimmer und nehme das Geld für ein Ticket aus meiner Tasche. Er steckt es in seine ausgefransten Shorts und hat es plötzlich eilig wegzukommen. Papiere besorgen, Kleider beschaffen – es wird höchste Zeit, wenn er das Flugzeug noch erreichen will. Er nickt mir aufmunternd zu. »Du wirst mich kaum wiedererkennen, aber ich werde dasein!«

Dann verschwindet er, in die ungewisse Welt, in der falsche Papiere für ein Butterbrot zu haben sind, in der ausgefranste Shorts gegen eine Krawatte eingetauscht werden können, ein Pullover mit abgeschnittenen Ärmeln gegen einen Anzug.

Am Nachmittag finden sich die Passagiere für den Flug nach Kinshasa nach und nach im Flughafengebäude ein. Ich denke an Josephs Worte und sehe sie mir genau an. Unter einer dieser Verkleidungen muß sich Joseph verbergen. Aber so eingehend ich die Gesichter und Figuren auch mustere – Joseph ist nicht dabei.

Wo endet die Scham?

Kinshasa

WIE DIE HUTU-FLÜCHTLINGE, die nach ihrer Ankunft im Durchgangslager in Mbandaka so begierig Radio hörten, sitze ich am Abend in Kinshasa gespannt vor dem Fernseher. Konferenzteilnehmer in steifen Anzügen blicken unbehaglich in die Kamera. Sind das Kongolesen? Sie wirken wie festgeschraubt. Keine Spur von dem Flair, das mich in den vergangenen Wochen im Landesinneren umgeben hat. Kabila betritt den Saal, viel später als angekündigt, die Hände in den Hosentaschen, breit lachend. Donnernder Applaus brandet auf; die Gesichter der Männer entspannen sich. Sie erinnern mich an die MPR-Leute, die Mobutu auf Parteitagen applaudiert haben.

Ein Textband, das immer wieder über den unteren Rand des Bildschirms läuft, enthält seltsame Mitteilungen, die den arglosen Zuschauern Einblick in die anarchische Rebellenküche verschaffen. AFDL-Funktionäre und Minister werden aufgefordert, das Hotel Inter bis zum Wochenende zu verlassen und sich eine andere Unterkunft zu suchen. Der Außenminister macht bekannt, daß der Gouverneur von Bandundu im Gegensatz zu dem, was die Zeitungen in der Hauptstadt behaupten, sehr wohl Herr X sei, Vize-Gouverneur sei Herr Y. Beide werden gebeten, an die Arbeit zu gehen, statt sich um andere Dinge zu kümmern.

Ich muß an den Zusammenstoß zwischen dem MSF-Sanitäter Guichard und dem Rotkreuzkommandanten auf dem Schiff denken – ähnliche Konflikte scheinen sich dieser Tage auch in Regierungskreisen abzuspielen. Viele sind hochempfindlich hinter ihrer neuen Pose – weil sie nicht das Richtige studiert haben, weil sie nicht dem richtigen Stamm angehören oder nicht im richtigen Ministerium gelandet sind. Der

Landwirtschaftsminister verkündet stolz, er habe zweitausend Traktoren bestellt. Einfach so, mir nichts, dir nichts, ohne vorherige Bedarfsanalyse. Zweitausend Traktoren, um der notleidenden Landwirtschaft auf die Beine zu helfen! Ich sehe wieder die vor sich hin rostenden Wracks im Busch vor mir.

Am Morgen nach meiner Ankunft treffe ich mich mit Chauffeur José in der Stadt, um, wie Kis sagen würde, die Temperatur zu messen. Alle Straßen zu Kabilas Amtssitz, dem Palast der Nation, sind abgesperrt, so daß wir endlos herumfahren müssen. »Macht euer König das auch so?« fragt José entrüstet, »Läßt der die Straßen zu seinem Amtssitz in Brüssel auch für den Verkehr sperren?«

Viele hohe AFDL-Funktionäre haben sich in Häusern früherer Mobutisten eingerichtet, was von den Kinois mit giftigen Kommentaren bedacht wird. Soldaten zertrampeln die Blumenbeete vor der Villa des ehemaligen Mobutu-Beraters Séti – wer weiß, was sie im Haus selbst anrichten! Ein Minister ist im Abacost gesehen worden; den hat er in seinem neuen Domizil bestimmt im Kleiderschrank gefunden. Planungsminister Babi ist in die Villa des vermögenden Mobutisten und Ex-Finanzministers Pay-Pay eingezogen. Pay-Pay ist Telekommunikations-Freak und hat das Haus mit einer komplizierten Telefonanlage ausgestattet. Alle naselang ruft er Babi an, heißt es, und schikaniert ihn mit Anweisungen, wie er die Anlage benutzen und mit wem er Kontakt aufnehmen muß, wenn sie nicht funktioniert. Oder er gibt ihm den Namen der Firma durch, die die Klimaanlage wartet. Denn Babi hat natürlich noch nie in einem so prächtigen Haus gewohnt und droht alles zu ruinieren.

Abdou Moudi, der Leiter des Büros der Weltgesundheitsorganisation, erhält während einer Sitzung einen Anruf von seinem Boy. Soldaten seien im Haus und weigerten sich, wieder zu gehen, ob er nicht kommen und sie fragen könne, was sie wollten? Als Moudi eintrifft, zeigt er auf die blaue UN-Fahne auf dem Dach: Ob sie die nicht gesehen hätten? Ob sie nicht wüßten, daß sie nicht einfach bei ihm eindringen dürften? »Das ist unser Land«, sagen sie, »wir gehen rein, wo wir wollen – auch in Mobutus Palast!«

»Ja, bei Mobutu, da dürft ihr rein, aber hier nicht«, sagt Moudi geduldig, »das hier ist exterritoriales Gebiet.« Sie haben keine Ahnung, wovon er spricht, und zeigen sich völlig unbeeindruckt. Das Haus sei zu groß für ihn, erklären sie, neun Zimmer! Moudi erzählt es mir lachend – vielleicht haben die Soldaten eine passende Bleibe für ihren Kommandanten gesucht.

Evelyne, die kongolesische stellvertretende Direktorin des Centre Culturel Wallonie-Bruxelles, läßt sich eines Abends im strömenden Regen mit dem Dienstwagen nach Hause fahren. Bei Victoire werden sie von einem roten Kombi überholt. Drei Soldaten steigen aus, schlagen mit dem Gewehrkolben gegen die Tür und schreien den Fahrer an: »Steig aus, du Idiot!«

Wegen des Regens ist es leer auf der sonst so belebten Kreuzung. Als sich der Fahrer weigert, steigen die Soldaten zu ihnen ein, versetzen ihm einen Schlag auf den Kopf, nehmen ihm seine Uhr ab und fordern Evelyne auf, ihren Schmuck herauszugeben. Sie weist sie darauf hin, daß es kein echtes Gold ist, worauf einer von ihnen entrüstet erklärt, er sei als Goldsucher in Angola gewesen, das sehe er schon selbst.

Sein Kamerad läßt eine Schimpfkanonade auf Evelyne los. Sie sei doch bestimmt die Frau eines Mobutisten, wie könne sie sonst so wohlgenährt sein und so einen dicken Wagen mit Chauffeur haben? Während sie mit Mobutu gegessen und getrunken habe, habe er das Land befreit und tausend Entbehrungen gelitten. Ob sie Kabila kenne? Der sei nicht so ein *musenji* – so ein dummer Affe – wie Mobutu, nicht wahr? Und was sie abends um halb sechs allein in einem Auto mit Chauffeur mache, sie betrüge wohl auch noch ihren Mann. Übrigens brauche sein Kommandant im Lager Tshatshi eine Frau, er werde sie zu ihm bringen.

Dann wollen sie Geld sehen. Und Evelyne und der Fahrer möchten bitteschön aussteigen, denn das Auto gehöre jetzt natürlich ihnen. Evelyne sagt, es sei ein Dienstwagen der belgischen Botschaft, aber sie verstehen nicht – was die belgische

Botschaft mit ihrem Auto zu tun habe? Doch dann geht einem von ihnen ein Licht auf, und er flüstert etwas von einem Geschäftswagen, mit dem sie Probleme bekommen könnten.

Da Evelyne Swahili spreche, sei sie ihre Schwester, aber den Chauffeur, diesen Idioten, den würden sie gleich umlegen. Im Handschuhfach liegen Einladungen zu einem Empfang, die er ausfahren muß – bestimmt Briefe an seine Freunde, die er nach Dienstschluß mit dem Geschäftswagen zustelle! Wieder bekommt er einen Schlag auf den Kopf.

Nach einer Weile wird Evelyne klar, wer ihre Peiniger sind. Zwei frühere Mobutu-Soldaten, die einem AFDL-Soldaten in Kinshasa als Führer dienen. Der AFDL-Soldat erinnert sich plötzlich an eine Lektion, die er auf dem Marsch nach Kinshasa gelernt hat: Privatbesitz ist tabu. Der Fahrer bekommt seine Uhr zurück, Evelyne ihren Schmuck. Unterdessen sind die Soldaten untereinander in Streit geraten, so heftig, daß sie sich gegenseitig über den Haufen zu schießen drohen. Der eine will das Auto, dem anderen ist das zu brenzlig, der dritte will Uhr und Schmuck wiederhaben.

Das Geld behalten sie. »Wieviel Geld haben wir euch abgenommen?« fragen sie den Fahrer. »Eine Million siebenhunderttausend«, wimmert der. »Idiot!« Wieder ein Schlag. »Gar nichts haben wir euch abgenommen, ihr habt's uns geschenkt!« Sie wenden sich Evelyne zu. »Und du? Was haben wir dir abgenommen?« »Nichts«, sagt sie, »ich hab's euch geschenkt.« Gut so. Sie hätten sie vergewaltigen und ihren Schmuck behalten können, aber sie hätten es nicht getan, also solle sie jetzt nicht herumposaunen, Kabilas Soldaten hätten sie bestohlen!

Dann steigen sie aus, und Evelyne läßt sich zu ihrem Chef fahren, um Bericht zu erstatten. Unterwegs biegt sie sich vor Lachen über die absurde Situation, aber der Fahrer bricht in Tränen aus. Wie sie nur lachen könne, wo sie gerade dem Tod von der Schippe gesprungen seien!

Zizi schüttelt den Kopf, als ich ihm davon erzähle. In der Stadt kursieren zahllose Geschichten dieser Art. Das Problem mit den Neuen ist, daß sie nichts besitzen. Sie nutzen die Anarchie aus, um sich alles mögliche anzueignen, Politiker ebenso wie Kadogos. »Afrikanische Ideologen sind komisch«, sagt er. »Ihre Ideologie vertreten sie nur deshalb, weil sie einen persönlichen Vorteil davon haben. Am Anfang haben wir geglaubt, bei den Politikern auf der anderen Seite, in Brazzaville, sei es anders, aber dann haben wir ihre Häuser und Autos gesehen und begriffen, worum sich alles dreht: um Elf, den Mineralölkonzern.«

Ich muß an den wohlhabenden Geschäftsmann denken, der vor einigen Jahren in Mali für das Präsidentenamt kandidiert hat. »Hütet euch vor den Politikern in diesem Land«, rief er. »Sie sind in Armut aufgewachsen, sie hatten als Kinder nicht mal ein Schaf in ihrem Hof, sie gehen nur in die Politik, um sich zu bereichern. Wählt mich – ich muß euch nicht bestehlen, ich bin schon reich.«

Mitten in der Nacht weckt mich ein Pfeifkonzert. Papa Jacques späht durch den Spion: ein Dieb, ruft er – zum Glück haben ihn die Trillerpfeifen der Wachmänner im Viertel in die Flucht geschlagen. José zufolge gehen viele Kadogos nachts auf Diebestour. Wenn in N'Djili jemand überfallen wird, ruft er: »*Venez, venez, les enfants de Kabila m'ont tabassé* – hierher, hierher, Kabilas Kinder haben mich verprügelt!«

Im Fernsehen werden regelmäßig Diebe gezeigt. Gefesselt sitzen sie auf dem Boden, arme Schlucker mit zerrissenen Kleidern und übel zugerichteten Gesichtern. Herzzerreißend freimütig erzählen sie, was sie verbrochen haben, unter den mißbilligenden Blicken von Kadogos, die nicht viel besser aussehen als sie. Ein Bekannter von Riva erkannte einen der Kadogos wieder: Ein paar Tage zuvor hatte er bei ihm geplündert.

Christine sorgt sich um den Ruf ihrer katangischen Brüder, wenn sie es nicht schaffen, die Kriminalität einzudämmen. Eines Nachts bekommt sie einen Anruf von Freunden, die überfallen wurden und seit Stunden vergeblich auf die Polizei warten. Ohne auch nur einen Moment zu zögern, ruft sie Kakudji an, den stellvertretenden Vorsitzenden der AFDL.

»Wer sind Sie?« fragt er verschlafen.

»Eine Kongolesin!« ruft sie. Entgegenkommend gibt er ihr die Telefonnummer der Polizei.

Eine Bekannte arbeitet bei einer Firma, die den Transport von Agrarprodukten aus Mobutus Heimatregion nach Kinshasa abwickelt. Regelmäßig wird der Betrieb von der AFDL nach Waffen durchsucht. Eines Tages wird sie von vier Geheimdienstleuten abgeholt, zu einer kleinen Spritztour, wie sie sagen. Unterwegs wird sie nach ihren Kontakten ausgefragt. Der Ton wird immer drohender. Woher genau sie komme? Sie hat sich die ganze Zeit beherrscht, aber jetzt bricht es aus ihr hervor: »Soll ich mich etwa dafür schämen, daß ich in derselben Provinz geboren bin wie Mobutu? Dann müßt ihr euch auch schämen, weil ihr aus demselben Land kommt. Wo endet die Scham?«

Rache, Kriminalität, Tribalismus – daß sie existieren, wundert mich nicht einmal besonders, aber warum erwähnt Kabila in seinen Reden nichts davon? Weiß er nicht, was in seinem Volk vor sich geht? Hartnäckigen Gerüchten zufolge hat er ein Verhältnis mit der attraktiven Nachrichtensprecherin Chantal, die auch schon manchen Mobutisten vernascht hat. Angeblich hat er sie zu sich rufen lassen, nachdem er sie im Fernsehen gesehen hatte. Ich versuche mir vorzustellen, wie so etwas abläuft: Der Rebell aus dem Busch hat sich nach seiner Ankunft in der Hauptstadt in seinem Palast verschanzt und sieht sich dort Abend für Abend im Fernsehen seine Untertanen an. Wenn ihn eine Frau interessiert, schickt er kurzerhand seine Wachen zu ihr.

Ich beneide Kabila nicht. Nicht einmal der liebe Gott, so kommt es mir vor, könnte die Probleme des Kongo lösen. »Kabila springt von Planke zu Planke, um nicht zu ertrinken«, sagt ein französischer Bekannter, »denn alle Planken sind verrottet.«

Sein Volk aber setzt die größten Erwartungen in ihn. Der Maler Cheri Cherin malt gerade ein Bild für mich. Er arbeitet so, wie Naipauls Mr. Biswas Ladenschilder malt: im Auftrag. Als ich ihm fünfzig Dollar vorschieße, stellt er seine tägliche Nahrungssuche ein und macht sich ans Werk. Ein episches Tableau soll es werden, hat er beschlossen: Während rechts der Leopard Mobutu von seiner Frau aus dem Bild gezogen wird, marschieren links die Kadogos in die Stadt ein. In die Mitte kommt natürlich Kabila in seinem üblichen Safari-Anzug.

Cheri Cherin wohnt in N'Djili und arbeitet in dem Hof vor seiner dürftigen Zweizimmerwohnung, in dem seine Mutter und eine unbestimmte Zahl weiterer Familienmitglieder von früh bis spät herumhocken. Die ganze Nachbarschaft nimmt an seiner Arbeit Anteil, jeder Pinselstrich wird kommentiert. So kommt es, daß er Kabila schließlich im weißen Arztkittel und mit einer riesigen Spritze in der Hand darstellt. »Denn wenn die Leute hier einen Arzt sehen«, sagt er, »geht es ihnen gleich besser.«

Ich dachte, Kabinettschef Mukendi sei nach der Aufforderung im Fernsehen, das Hotel Inter zu verlassen, umgezogen, aber ich treffe ihn wie zuvor in seiner Suite an. Woanders sei er nicht sicher, sagt er, denn viele beneideten ihn um seine Position und seinen leichten Zugang zum Präsidenten.

Er hat seine Tochter aus Paris kommen lassen und sie zu seiner Privatsekretärin gemacht. »Meine Feinde hätten mir lieber eigene Vertrauensleute zugewiesen, um mich auszuspionieren«, sagt er, »aber ich bin ihnen zuvorgekommen.« Seitdem brauchen seine Sekretärinnen nur noch eine Stunde für einen Brief statt vier – ein großer Fortschritt.

Auch Appoline, eine junge Frau, die in Goma für ihn gekocht hat, weil zu Beginn der Rebellion alle Angst hatten, vergiftet zu werden, ist ihm gefolgt. In Hotellobbys mischt sie sich unter die Rebellen der ersten Stunde, die sie im Osten kennengelernt hat, und abends erstattet sie Mukendi Bericht. Ich höre es mit wachsender Skepsis, aber Mukendi spricht ganz offen darüber. »Wissen ist Macht«, sagt er.

Wenn sie nichts zu tun hat, macht Appoline Kartenspiele an Mukendis Laptop. Sie ist ein schlichtes Gemüt, wie mir scheint. Wie verläßlich sind die Informationen, die sie Mukendi zuträgt? Ich muß an die Geheimdienstleute denken, die ich auf meiner ersten Reise kennengelernt habe. Schlecht ausgebildet waren sie, aber zum Platzen voll mit Theorien darüber, wer der Feind sei und was er im Schilde führe. Wiederholt sich das denn immer wieder? Und wie verläßlich ist Appoline selbst? Ich ertappe mich dabei, daß ich nicht mehr offen mit Mukendi rede, wenn sie in der Nähe ist – vielleicht belauscht sie uns ja und berichtet andernorts über unsere Gespräche.

Mukendi macht sich Sorgen wegen der vielen ruandischen Soldaten auf kongolesischem Gebiet. »Ihre Mission ist beendet, aber denen geht es hier so gut, daß sie nicht mehr wegwollen.« Vor kurzem hat er zu einem von ihnen gesagt: »Du bist sicher froh, daß du bald wieder nach Hause kannst.« »Nein, nein«, war die Antwort, »ich will nicht mehr Kühe hüten in Ruanda, ich will einen Mercedes fahren und abends Ndombolo tanzen.«

Die Ruandophonen, wie sie auch genannt werden, sind hier nicht beliebt, auch die Zivilisten nicht, das ist mir nach wenigen Tagen in Kinshasa nur allzu deutlich geworden. Einige Tutsi-Zivilisten, die aus Kinshasa vertrieben wurden, als die Rebellion im Osten begann, sind mittlerweile zurückgekehrt. »Was, ihr seid wieder da?« sagen die Kinois, wenn sie ihnen auf der Straße begegnen. »*Vous allez voir* – na, wartet!« Sie wagen sich kaum noch aus dem Haus. »Hier wird's noch länger zugehen wie im Wilden Westen«, seufzte Zizi, als wir darüber sprachen. »Die Tutsi fühlen sich unbehaglich. Wenn sie uns beherrschen wollen, müssen sie immer eine Pistole in der Tasche haben.«

Kaum hat Mukendi das Thema angeschnitten, kommt ein junger Mann herein: Vincent, ein »Ex-Ruander«, wie Mukendi ihn nennt. Er ist im Osten des Kongo aufgewachsen und bezeichnet sich als Munyamulenge. Diese Tutsi aus Süd-Kivu, besser bekannt unter der Swahili-Pluralbezeichnung Banyamulenge – Volk der Mulenge –, haben einen wichtigen Beitrag zum Sturz Mobutus geleistet. Vincent ist mit der AFDL nach Kinshasa gekommen und beklagt sich über die Tutsi-feindliche Atmosphäre in der Stadt.

Mukendi spricht ihm väterlich Mut zu. Kabila wolle, daß sich die Ex-Ruander, die sich im Kongo angesiedelt haben, mit den Kongolesen vermischen, so wie die Angolaner im Westen, die Zentralafrikaner im Norden und die Sambier im Süden, die man gar nicht mehr als solche erkenne. Vincent hört nur mit halbem Ohr zu und schaut weiter besorgt drein. Kongolesische Frauen würden auf Tutsi angesetzt, um sie zu vergiften, sagt er. Und auf der Fahrt hierher hat José mir erzählt, am Morgen sei in der Stadt geschossen worden, bei der Beerdigung eines katangischen Obersten, der von einer Tutsi-Frau vergiftet worden sei.

Gewöhnlich interessiert es Mukendi, was ich so alles erlebe, aber mein Gefühl sagt mir, daß ich ihm von meinen Abenteuern mit den Hutu-Flüchtlingen besser nichts erzähle, auch nicht, als Vincent wieder weg ist. Eben ist die UN-Untersuchungskommission zur Aufklärung der Massaker in den Flüchtlingslagern in Kinshasa eingetroffen, und die Regierung tut alles, um ihre Reise ins Landesinnere zu behindern.

»Der Kongo ist das Opfer eines verkappten Embargos«, sagt Mukendi. »Die internationale Gemeinschaft beklagt sich über die ermordeten Flüchtlinge und weigert sich zu investieren, weil sie merkt, daß Kabila keine leichte Beute ist. Das ist wie mit Libyen und dem Irak, denen hat man auch Steine in den Weg gelegt, weil sie nicht vom Westen abhängig werden wollten. Aber keine Sorge – wenn der Westen uns nicht helfen will, unterstützen wir Afrikaner uns eben gegenseitig. Sambia hat Fisch, wir haben Holz – wir finden schon eine Tauschmöglichkeit.«

»Gibt es Beispiele dafür in Afrika?«

»Nein, aber die Europäische Union funktioniert doch auch so.«

Die Europäische Union – wie weit ist Afrika von ihr entfernt! Wenn sich die Kongolesen schon untereinander über nichts einigen können, wie sollen sie dann … Und wie lange hat die Europäische Union gebraucht, um so weit zu kommen. Man fängt doch nicht mit dem Dach an, wenn man ein Haus baut! Aber ich sage nichts – Mukendi redet und redet, meine Vorbehalte würden ihn nicht interessieren.

Er glaube nicht an Privatisierung, sagt er. All die NGOs –

Nichtregierungsorganisationen –, die in der Mobutu-Zeit wie Pilze aus dem Boden geschossen sind – auf die Dauer seien sie einfach nicht zu kontrollieren gewesen. Ausländische Mächte hätten über sie sogar Waffen ins Land geschmuggelt. »Nein, wir brauchen wieder einen starken Staat.«

Aber der Staat, das ist ein Sammelsurium von Menschen, die nach sieben Monaten Rebellion in der Hauptstadt gelandet sind – die Sekretärinnen, die die Rechtschreibung nicht beherrschen, die Köchin, die zur Spionin geworden ist, der Soldat, für den jede Frau in einem Mercedes die Ehefrau eines Mobutisten ist, und nicht zu vergessen: der Rebell aus dem Osten, für den der kalte Krieg noch nicht vorbei ist.

»Wer nicht begreift, daß sich alles im Geist von 1960 abspielt«, fährt Mukendi unbeirrt fort, »der hat nichts begriffen. Lumumba ist ermordet worden, aber wir werden sein Werk fortführen. Juliana Lumumba, Justine Kasavubu – alle Namen von damals sind wieder da, und sie haben Symbolcharakter, niemand steht zufällig an seinem Platz. Deshalb können wir nicht zulassen, daß jetzt eine UN-Untersuchungskommission ins Landesinnere geht. Die Vereinten Nationen haben unmittelbar nach der Unabhängigkeit ein solches Chaos angerichtet, sie haben zugelassen, daß Katanga sich abspaltet, und jetzt wollen sie das Land wieder teilen. Sie werden kommen und uns alle umbringen. Dann muß ich nach Brazzaville hinüberschwimmen!«

Ich glaube nichts davon, aber ich verspreche ihm, an seine Worte zu denken, wenn es je so weit kommen sollte. Nachdenklich gehe ich zum Aufzug. Ich sehe ebenfalls Parallelen zu 1960, aber ganz andere. Damals waren die Belgier die Bösen, und jeder war überzeugt, daß nach ihrem Abzug alles besser werden würde. Jetzt sind die Mobutisten die Bösen und jeder glaubt, nach ihrem Sturz werde sich die Lage ganz von selbst bessern. Niemand scheint sich klarzumachen, daß das Problem im Innern liegt, daß dieser marode Staat dem Ausland zu Recht Sorgen bereitet, daß Rebellen, die fortwährend Verträge widerrufen und interessierte Handelspartner gegeneinander ausspielen, auf die Dauer ihren Kredit verlieren.

Auf meiner ersten Reise riefen die Zaïrer oft: »1960 hättest du hiersein müssen, damals war das ein herrliches Land, damals hat alles noch funktioniert!« Jetzt sagen sie: »Wärst du nur 85 und 86 hiergewesen, das waren gute Jahre, damals lief alles noch wie am Schnürchen!« Was wird man in zehn Jahren sagen? Ziehen die Neuen je die Möglichkeit in Betracht, daß auch alles schlechter werden könnte, daß ihre rostigen Sechziger-Jahre-Ideen das Land noch weiter in den Ruin treiben könnten? Oder bilden sie sich ein, sie hätten unbegrenzt Spielraum?

Die Straßen sind aus unerfindlichen Gründen für den Verkehr gesperrt. José sitzt in unserer roten Ente auf dem Parkplatz – wir können nicht weg. Während wir am Auto stehen und warten, zieht ein Demonstrationszug gegen die UN-Untersuchungskommission vorbei, die im Hotel wohnt. In einem Land, in dem Demonstrationen verboten sind, kann das nur auf eine Initiative der Regierung zurückgehen. José ist beeindruckt – so viele Menschen hat nicht einmal Tshisekedi auf die Beine gebracht. Die Transparente sind frisch gemalt. *Das kongolesische Volk sagt nein zu der von mobutistischen ausländischen Mächten manipulierten Untersuchungskommission. Nein zur amerikanischen und französischen Einmischung*. Kofi Annan ist »fremdenfeindlich«, der Leiter der UN-Kommission ein »korrupter Mobutist«. Wagen von Amstel und Skol fahren mit, Bands sorgen für Stimmung, Marktfrauen, Studenten, Angehörige von Glaubensgemeinschaften und Behinderte ziehen in einer endlosen Schlange vorbei.

In den Abendnachrichten nimmt die Demonstration breiten Raum ein. Christine schnaubt mißbilligend, als die dicken Mamans vom Markt singen, Laurent-Désiré Kabila sei von Gott auserwählt. »Die kennen wir, eine wie die andere, das sind die *mamans cent kilos* – die Hundertkilo-Mamans –, die Mobutu tausend Jahre gegeben haben.«

Soir au Village

Kisangani

»*MADAME, RÉVEILLEZ-VOUS, MADAME* – aufwachen, Madame, aufwachen!« Papa Jacques klopft mit einem Stock an mein Fenster. Sechs Uhr – ich liege erst seit zwei Stunden im Bett, und Koffis neuester Hit *Loi* dröhnt mir noch in den Ohren: »Die Lüge ist mit dem Lift gekommen, die Wahrheit über die Treppe.« Damit wird er Probleme kriegen, prophezeien die Kinois, denn jeder versteht die Anspielung auf die politische Lage: Kabila hat einen Blitzkrieg geführt, und erst jetzt merken die Kongolesen allmählich, was er ihnen gebracht hat.

Papa Jacques gibt mir einen Zettel von Sylvie, der belgischen Kopilotin der Luftfrachtgesellschaft Congo Air Lines. Vor ein paar Tagen habe ich ihr gesagt, daß ich genug habe von Kinshasa, daß ich wegwill. Sylvie fliegt heute vormittag nach Kisangani, der Stadt am Schnittpunkt zwischen Osten und Westen – in einer Stunde holt sie mich ab.

Draußen ist es noch ruhig, der Verkehr donnert noch nicht über den Boulevard Lumumba, das Fonie der Nachbarn knackt noch nicht, aber irgendwo im Haus klingelt das Telecel. Schlaftrunken gehe ich dem Ton nach; ich bin noch in der Diskothek L'Eden. Eine gehetzte Frauenstimme fragt nach Christine. »Die schläft noch«, sage ich. »Dann weck sie, es ist dringend!«

Beim Packen höre ich Christine im Bad weinen. »Nein! Das ist nicht wahr, sag, daß es nicht wahr ist!« ruft sie. Womöglich ein Todesfall in der Familie – kann ich dann überhaupt weg? Selbst für entfernte Verwandte, die im Ausland gestorben sind, hält man hier nächtelang Totenwache. Unschlüssig stehe ich vor meinem Gepäck, als Christine hereinkommt, den Morgenrock halb offen, das Haar zerzaust. »Lady Diana ist verunglückt!«

Ich traue meinen Ohren nicht. »Was? Lady Di? Und deswegen weinst du?«

Wieder fängt sie an zu schluchzen. »Hoffentlich war sie mit Gott im reinen!«

Erleichtert packe ich weiter. Lady Di ist tot, und Christine weint, als wäre ihre Schwester gestorben! Das kommt durch TV5 und CNN, die den Menschen das Gefühl geben, diese ausländischen Wesen gehörten zu ihrer eigenen Welt. Als vor kurzem eine Frau, die sich als Tochter von Yves Montand ausgab, die Exhumierung seines Leichnams verlangte, um eine DNA-Analyse durchführen zu lassen, waren die Kinois empört, und Christine haut mir gern die Affäre Dutroux um die Ohren, wenn ich es wage, ihren Schützling Kakudji anzugreifen.

Mein Gastgeber Nassim, ein kleiner Inder mit Brille, ist alles andere als erfreut, als er hört, daß ich Schriftstellerin bin. Unser gemeinsamer Bekannter, der meinen Aufenthalt hier vermittelt hat, hatte ihm nichts davon gesagt. »Eine weiße Schriftstellerin – jeder wird denken, du bist wegen der UN-Untersuchungskommission hier!« sagt er unwillig.

Er wohnt allein in einem großen Haus aus der Kolonialzeit, in das kaum Tageslicht dringt. Es ist kühl und still in den Räumen, nichts läßt vermuten, daß irgendwo da draußen das muntere menschliche Chaos herrscht, das ich auf der Fahrt vom Flughafen hierher gesehen habe. Auf der mit Fliegendraht eingefaßten Veranda sind afrikanische Sessel zu einer Sitzecke gruppiert, an der Wand hängt ein meterbreites Schwarzweißgemälde, das ein afrikanisches Hüttendorf zeigt. Das Grundstück, auf dem das Haus steht, könnte ein Garten sein, wenn Nassim sich darum kümmern würde, aber er tut es nicht; außer Autowracks wächst dort wenig. »Ein gepflegter Garten lockt Diebe an«, sagt er.

Ich habe zu wenig geschlafen, mein Körper ist am Samstag abend in Kinshasa hängengeblieben, zwölfhundert Kilometer von hier entfernt. Mein erster Reflex ist, Herrn Nassims trübsinnige Welt sofort wieder zu verlassen – aber so hat er es auch wieder nicht gemeint. Er führt mich ins Gästezimmer, zeigt mir das Bad, und kurz darauf sind wir unterwegs zu asiatischen Freunden von ihm, bei denen er sonntags gewöhnlich ißt. Ich habe noch Koffis Musik im Kopf, und draußen ächzt die Stadt an der Biegung des Flusses in der Äquatorsonne. Die vergangenen elf Jahre haben sie schwer mitgenommen: Der Asphalt ist zerfressen, die Minarette der weißen Moschee am Wasser sind schwarz von Feuchtigkeit.

Nassims Freunde sitzen in einem dunklen Wohnzimmer zusammen. Indische Gerichte werden aufgetischt, der Duft von Curry-Chutney steigt mir in die Nase. Der Fernseher läuft und wird auch während des Essens nicht ausgeschaltet. TV5 berichtet in allen Einzelheiten über die Umstände von Prinzessin Dianas Tod, und meine Tischgenossen wollen kein Wort davon verpassen. Vor allem Dianas Hauptstadt und die ihres ägyptischen Freundes Al Fayed interessieren sie.

Nach der Siesta sitze ich mit Herrn Nassim in der lauen Luft des tropischen Sonntagnachmittags auf der Veranda. Nassim ist im Osten des Kongo geboren, in dem Gebirgsstädtchen Bunia, in dem seine Familie mehrere Betriebe besaß. Er ist ein afrikanischer Inder; in Indien ist er nie gewesen. Seine Brüder sind nach Kanada gegangen, er selbst kann sich nicht entschließen, alles hinter sich zu lassen, auch wenn seine Welt mit den Jahren immer kahler geworden und er in Kisangani nicht glücklich ist.

»Im Kongo fangen die Probleme immer in den großen Städten an«, sagt er. »In Kinshasa kann man notfalls über den Fluß nach Brazzaville, von Lubumbashi kann man nach Sambia oder Angola ausweichen, aber in Kisangani sitzt man in der Falle. Immer weniger Schiffe fahren nach Kinshasa, und die Straßen in den Osten sind praktisch unpassierbar.« Seine Stadt ist Bunia, er hat noch Freunde dort, und die Grenze zu Uganda ist nicht weit. Seine Stimme wird weicher, als er davon erzählt. »Aber seit meine Fabrik geplündert worden ist, gibt es dort nichts mehr für mich zu tun«, sagt er bedauernd.

In Kisangani betreibt er eine kleine Plastikfabrik und eine Gemischtwarenhandlung. Es ist die einzige Fabrik, die hier in den letzten Jahren neu entstanden ist, aber auch sie ist in den chaotischen Tagen nach der Befreiung geplündert worden. Die Türen waren nicht aufgebrochen, also haben die Wachleute die Plünderer selbst hineingelassen. Die neu eingetroffenen Ventilatoren sind weg. »Niemand wagt mehr zu investieren, und der einzige Dummkopf, der es doch tut, wird zum Dank dafür ausgeplündert!« Er hat einen bitteren Zug um den Mund. »Ich bin hier geboren, aber verstehen werde ich das nie.«

Er hat ein schreckliches Jahr hinter sich. In der Spätphase der Mobutu-Ära hatte in Kisangani niemand mehr vor irgend jemandem Angst, jeder war ein Dieb, und der Gouverneur war der größte Dieb von allen: Er lebte von dem Geld, das er von den Diamantenhändlern in der Stadt kassierte. Wer im Gefängnis landete, kaufte sich nach wenigen Tagen frei, nur arme Schlucker blieben eingesperrt. Der Commissaire de zone kam in Nassims Laden, um Steuern einzutreiben, und gab das Geld gleich an Ort und Stelle für Matratzen, Plastikwannen und allerhand Schnickschnack aus; die Sachen ließ er vom Personal nach Hause bringen. Einmal kam ein Kommandant der *garde civile* hereinspaziert, bedrohte das Personal, ließ seinen Wagen mit Waren volladen und verschwand wieder.

Je weiter die Rebellen vorrückten, desto verzweifelter wurden die Vertreter des Mobutu-Regimes. Sie brauchten Geld, um ihre Flucht zu finanzieren. Unzählige Male wurde Nassim vom Sicherheitsdienst vorgeladen. Er habe vier verschiedene Telefone, hieß es, und stehe mit der ganzen Welt in Verbindung. »Was soll ich denn um Himmels willen mit vier Telefonen?« rief er. »Mir reicht eines!« Dann wieder warf man ihm vor, sechzigtausend Dollar aus der Firmenkasse unterschlagen zu haben, statt seine Arbeiter zu bezahlen. Nach einiger Zeit hatte er alle Büros des Sicherheitsdienstes von innen gesehen.

»Und seit die AFDL da ist…« Er seufzt. »Am Anfang, dachte ich, sie bringen etwas Gutes; ein Bekannter aus Bunia hatte mich angerufen und mir gesagt, daß man dort wie im Paradies lebt, seit die Rebellen da sind. Den Schädel könnte ich ihm einschlagen, diesem… Gauner.«

Ich muß lachen. Nassims Eigensinn gefällt mir. Jeder hält sich auf seine Art über Wasser, wenn die Welt um ihn herum untergeht. Er hat die querköpfige Methode gewählt.

Die AFDL will in allen Betrieben Parteizellen gründen, erzählt er. *Chembe-chembe* nennt sich das, eine Art Spitzelsystem; man erinnert sich noch aus der Lumumba-Zeit daran. Ein Gauner vom Markt ist zum Laufburschen des Nachrichtendienstes avanciert. Er trägt die Vorladungen nach einer bewährten Methode aus: Vormittags, wenn das Opfer bei der Arbeit ist, liefert er die erste Aufforderung an der Privatadresse ab, und gegen Mittag erscheint er mit einer zweiten am Arbeitsplatz, empört, weil auf die erste keine Reaktion erfolgt ist.

»Zur Zeit der Belgier durfte jemand, der aus dem Landesinneren hierherkam, um Arbeit zu suchen, nur zwei Wochen in der Stadt bleiben«, sagt Nassim. »Wenn er dann nichts gefunden hatte, mußte er in sein Dorf zurück und wieder auf dem Feld arbeiten. Heute bleiben alle hier hängen – deshalb sitzen in den Büros so viele inkompetente Leute.«

Und jetzt hat ihm ein Bekannter aus Kinshasa zu allem Übel auch noch eine weiße Schriftstellerin aufgehalst! Wie soll ich verstehen, was hier passiert, ich bin ja nur auf der Durchreise hier! »Man muß hier wohnen, um zu wissen, wie der Hase läuft«, brummt er.

»Aber ich hab schon mal ein Buch über den Kongo geschrieben«, wehre ich mich.

»Und?«

»Damals bin ich im ganzen Land herumgereist.«

Er sieht mich mitleidig an. Was kann in einem solchen Buch schon stehen, was kann ich schon zu sagen haben über die Menschen, denen ich begegnet bin. »Die Kongolesen hängen ihr Mäntelchen nach dem Wind«, sagt er. »Sie erzählen dir, was sie glauben, daß du hören willst, nicht, was sie wirklich denken.«

Er empfindet eine Distanz zu den Kongolesen, die mir völlig fremd ist. Er ist der Typ, der schlicht behauptet: In Kisangani gibt es inzwischen fast niemanden mehr. Womit er meint, daß kaum noch Asiaten da sind. Denn seine Freizeit verbringt er nicht mit Kongolesen, sondern mit Indern, Pakistanern und dem einen oder anderen Griechen.

Auch sein Boy Bonané strahlt diese Distanz aus, wie ich in den nächsten Tagen feststelle. Mit seiner unbewegten Miene sieht er aus wie ein englischer Butler. Ich weiß nicht, wie ich mit ihm reden soll, er ist es offensichtlich nicht gewöhnt, daß man in diesem Haus das Wort an ihn richtet. Als ich einmal früher als geplant heimkomme und ihn im Bad antreffe, das er gerade putzt, läuft er erschrocken weg. Er hat sich völlig unsichtbar gemacht, nie höre ich ihn lachen oder mit dem Wachmann hinter dem Haus plaudern. Nach so vielen Jahren im Dienst ist er seinem Herrn ähnlich geworden. Kratzbürstigkeit, die kennt er – inzwischen ist er selbst kratzbürstig.

Er arbeitet auch sonntags. »Ist das nicht etwas übertrieben?« frage ich ihn eines Morgens, als ich in der Küche eine mühsame Unterhaltung mit ihm angefangen habe.

»Doch, schon. Denn der Herr hat gesagt, einen Tag in der Woche sollst du ruhen.«

»Könntest du das nicht Herrn Nassim sagen?«

Zum ersten Mal, seit ich da bin, bemerke ich etwas Menschliches in seinen Augen. »Ach, Madame, die Moslems sind ja so kompliziert!«

Am Montag früh muß ich mich aufs Nassims Aufforderung bei der Zuwanderungsbehörde melden, denn bei meiner Ankunft waren keine Beamten am Flughafen. Als ich das von einer Mauer umgebene Gebäude durch das eiserne Tor betrete, erkenne ich es sofort wieder: Hier war früher der Geheimdienst untergebracht, nur der Name hat sich geändert.

Auf der Bank in der zugigen Halle, in der ich warten muß, habe ich 1986 so manche beklommene Stunde zugebracht, nachdem ich mit meinem Landsmann Gaston, einem Ex-Söldner, und einem Kassettenrekorder, mit dem er gerade seine ungeschminkten Wahrheiten über die Rebellen von 1964 aufgenommen hatte, am Militärflugplatz erwischt worden war.

Ich wohnte damals beim belgischen Konsul, der gute Kontakte zum Leiter des Geheimdienstes hatte, und anfangs schien die Sache glimpflich abzugehen. Aber unsere Festnahme wurde nach Kinshasa gemeldet, und die Krankheit Spionitis tat ein übriges: Wir wurden zur weiteren Vernehmung in die Hauptstadt zitiert. Ich saß mit dem Konsul, seinem Freund Gaston und dem Chef des Nachrichtendienstes im Flugzeug, einem düsteren Mann im schwarzen Abacost, der die Angelegenheit ins Rollen gebracht hatte, ohne zu ahnen, daß sie bis nach Kinshasa Wellen schlagen würde. Seine ganze Verwandtschaft wohnte dort und würde sich gierig auf ihn stürzen, wenn sie erfuhr, daß er in der Stadt war. Er hatte die Hosen mindestens so voll wie wir.

Ich werde in ein kleines Zimmer gerufen, in dem zwei Bürohengste an einem Schreibtisch sitzen. Einer von ihnen trägt eine Brille mit einem gesprungenen Glas. Während ich ein Meldeformular ausfülle, schlägt er – für fünf Dollar – einen vergilbten Aktendeckel auf.

»Fünf Dollar für das Ding da?« frage ich.

»Nein, nein, das bezahlen Sie extra. Fünf Dollar für das Anlegen Ihrer Akte.«

Also ist auch hier alles beim alten geblieben. Der Wandschrank hinter dem Mann quillt über von ähnlichen Mappen. Sie liegen kreuz und quer durcheinander, ohne jedes System. Meine Mappe von damals muß auch dabeisein, aber wie soll er sie in diesem Tohuwabohu je finden? Ich schreibe eifrig weiter. Als Adresse gebe ich Nassims Adresse an, als Grund meines Aufenthalts: Besichtigung von Herrn Nassims Fabrik. Das scheint mir am ungefährlichsten für meinen Gastgeber. Die Frage, ob ich schon einmal in Kisangani war, überspringe ich. Niemand hat mich wiedererkannt, der Mann mir gegenüber, dessen Blick auf die Welt durch sein Brillenglas zersplittert ist, schon gar nicht. Diese Verwaltung kreist unaufhörlich um sich selbst, wie eine Schraube ohne Mutter, die sich im Leeren dreht. Wenn hier eine Akte angelegt wird, gerät sie garantiert in Vergessenheit.

Am nächsten Tag weiß in Nassims Geschäft bereits jeder, daß ich da bin. Das Personal nennt mich *patronne* – Chefin – und eilt herbei, um mich herumzuführen. Die graue Halle ist so riesig, daß alles darin klein wirkt, die Angestellten ebenso wie das schlichte Sortiment: Schachteln mit Seife, Plastikwannen, Matratzen. Die Plastikwannen haben Namen: die große runde heißt Diamant, die kleinere Bukavu, die kleinste…

»Ah, da sind Sie ja endlich!« Zwei Männer kommen mit ausgestreckten Händen auf mich zu. Sollte ich sie von irgendwoher kennen? Dann sehe ich das gesprungene Brillenglas: Es sind die Beamten von der Zuwanderungsbehörde. Sie hätten mich überall gesucht und wollten nicht ruhen, bis sie mich mit eigenen Augen gesehen hätten. Ob ich gestern gut nach Hause gekommen sei? Und wie ich heute nacht geschlafen hätte? Sie hätten schon befürchtet, mir wäre etwas passiert.

»Wieso?«

»Man weiß nie. Ausländer werden manchmal ausgeraubt.« Aber ich bräuchte mir keine Sorgen zu machen, flüstert das gesprungene Brillenglas und nimmt mich beiseite, denn seit die AFDL da sei, würden Diebe an einen geheimen Ort am Fluß gebracht und mit einer Kugel ins Jenseits befördert.

Ich sehe ihn ungläubig an. »Im Ernst?«

Ein falsches Grinsen. »Aber sicher. Fort mit Schaden!«

Sie plappern munter weiter – gut, daß sie mich gefunden und sich davon überzeugt hätten, daß es mir gutgeht, jetzt könnten sie beruhigt ins Büro zurück und das in ihren Bericht schreiben. Allerdings stehe die Sonne inzwischen schon so hoch am Himmel, da müßten sie ein *toleka* nehmen, ein Fahrradtaxi, und ob ich vielleicht… Ich beschließe, auf Séraphin-Art kurzen Prozeß mit diesen Schleimern zu machen. Ob ich sie vielleicht gebeten hätte, mich zu suchen? Nein, oder? Ich fühlte mich vollkommen sicher, bevor ich sie gesehen hätte, sei ich mir keiner Gefahr bewußt gewesen. Da ziehen sie ab, noch immer übers ganze Gesicht lachend, in den glühenden Mittag hinaus, ohne *prix de transport* – ohne Fahrgeld –, auf der Suche nach einem neuen Opfer.

Herr Nassim bekommt unterdessen Besuch von zwei Rundfunkreportern. Sie wollen über seine Fabrik berichten, zuvor aber mit ihm sprechen. »Schickt den Bericht ruhig in den Äther hinaus, dann sehen wir uns vor Gericht wieder«, sagt Nassim störrisch. Nein, nein, beschwichtigen sie, sie hätten nichts Böses im Sinn, sie wollten nur Reklame für sein Geschäft machen. Sie hätten nämlich gehört, daß eine Weiße mit einer ganzen Delegation eingetroffen sei, und wüßten gern Näheres über eventuelle Pläne.

Er erzählt es mir beim Mittagessen, seufzend. Gegen Bezahlung füllen Journalisten eine ganze Seite mit lobenden Worten. Neulich hatten sie einen Holzexporteur am Wickel. Der Mann erzählte munter von den neuen Perspektiven, die die verbesserten Beziehungen zu Uganda böten. Sollte je eine Eisenbahnlinie nach Kampala gebaut werden, phantasierte er, könne er sein Holz auf diesem Weg transportieren. Am nächsten Tag stand in der Zeitung, der Holzexporteur plane den Bau einer Eisenbahnlinie nach Uganda. Der Mann hoffte nur, seine Vorgesetzten in Belgien würden den Artikel nicht zu Gesicht bekommen.

Alles ist hier anders als in Kinshasa. Es ist eine Stunde später, der Kurs des Zaïre ist um fünfzehn Prozent höher, und auf der Straße werden Swahili und Lingala durcheinander gesprochen. Nur die Musik von Koffi und Papa Wemba, die aus den Läden schallt, ist dieselbe. Nicht die Politiker, sondern die Sänger sprechen in diesem Land zu ihrem Volk und reihen die Städte, die infolge der schlechten Verkehrsverbindungen auseinandergedriftet sind, mit ihrer Musik aneinander. Viele Kongolesen wissen besser darüber Bescheid, in welche Gruppen sich Wenge Musica aufgespalten hat und welcher Star im Palais Omnisports in Paris-Bercy auftritt, als über die Programme ihrer Politiker.

In den ersten Tagen laufe ich wie betäubt herum und kämpfe gegen die Mattigkeit an, die mich überfällt, wenn ich eine Zeitlang durch die glühende Äquatorsonne gegangen bin. Nachmittags schlafe ich in meinem kühlen Zimmer wie ein Stein. Kisangani ist zwar die drittgrößte Stadt des Landes, aber man merkt an allem, daß man sich tief im Landesinneren befindet. Die Zeitungen in der religiösen Buchhandlung Saint Paul – der einzigen in der Stadt – sind eine Woche alt.

Ein Arzt vermeldet auf seinem Praxisschild, daß er in Griechenland studiert hat, was nirgendwo sonst eine Empfehlung wäre.

In den kleinen Schreibwarengeschäften gegenüber dem Markt frage ich nach einem linierten weißen Heft. Im Nu befinden sich alle Verkäufer im Alarmzustand, und mein Wunsch schwirrt durch die ganze Straße. Ein liniertes weißes Heft, das könne ich vergessen, das würde ich in ganz Kongo nicht finden! Wir seien hier doch nicht in New York! Ob eine linierte Kladde etwa nicht gut genug sei? Wenn es unbedingt ein weißes Heft sein müsse, dann solle ich doch nach Amerika gehen! Um ein Haar lasse ich mich einschüchtern: Da sind sie wieder, meine maßlosen Forderungen. Aber als ich den zeternden Verkäufern den Rücken kehre und um die Ecke biege, finde ich mein weißes Heft. Liniert.

1960 war Kisangani eine kosmopolitische Stadt, in der sechstausend Ausländer lebten, doch die wiederkehrenden Krisen haben die meisten von ihnen in die Flucht geschlagen. In Kinshasa hat mir jeder gesagt, es sei gefährlich hier. Während Kabilas Aufmarsch, hieß es, seien einem Markthändler, der sich weigerte, seine Preise zu senken, von einem Kadogo die Ohren abgeschnitten worden, und so dachten die Kinois anfangs, die Kadogos würden auch bei ihnen Ohren abschneiden. Auf Nachfrage stellt sich jedoch heraus, daß die Geschichte frei erfunden ist – auch in Kisangani ist es bei Drohungen geblieben. Allerdings ging ein Mann auf der Welle dieser Drohungen, mit einem Messer bewaffnet, auf den Markt und zwang die armen Händler, ihre Ware zu den von der AFDL diktierten Preisen zu verkaufen – worauf seine Familie sich begierig mit Vorräten eindeckte.

Freunde in Kinshasa warnten mich auch, daß ich in Kisangani außer Ananas und *sombe* – Maniokblättern – wenig zu essen bekommen würde. Doch in Herrn Nassims Kühlschrank sehe ich Wildkirschen – sogenannte *confiture* –, und auf dem Markt gibt es Avocados, Bananen, Guaven und Litschis. Herr Nassim hat sogar Käse, wenn auch eingeflogenen, und frischen Fisch, obwohl in Kisangani das ganze Jahr über unter

Mißachtung der Brutzeiten so intensiv gefischt wird, daß Fisch in der einst fischreichen Stadt zur Mangelware geworden ist.

Um 1968 wurden in der Umgebung von Kisangani Diamantvorkommen entdeckt, und in allen leeren Depots und Läden der Stadt richteten Diamantenhändler ihre Kontore ein. *Maradonna, Grande Puissance* – Großmacht –, *Maison Dollars* – Dollarhaus –, *Mister Cash, Roger Dubai*: Die Namen führen geradewegs in die Phantasiewelt der Besitzer. *Seigneur du diamant* – Herr des Diamanten –, *Christ is rich* – Jesus ist reich –; sogar Gott muß fürs Geschäft herhalten. Ein Kontor heißt *Le professeur des élèves* – der Lehrer der Schüler, nach einem Koffi-Song, und so mancher Händler preist sich als »Doktor der Diamanten« an. In manchen Straßen sieht man nichts anderes als diese Kontore, rechts und links schreien einem die Fassaden ihre Werbeslogans entgegen, versehen mit naiven Zeichnungen: eine Landfrau trägt einen traditionellen Korb voll funkelnder Diamanten auf dem Rücken, ein Adler fliegt mit einem riesigen Stein im Schnabel über das Land, Comicfiguren von Tarzan bis Micky Maus winken Diamantenverkäufer herein. Aber es ist wenig los hinter diesen Las-Vegas-Kulissen. Viele Kontore sind geschlossen, und auch in den geöffneten ist es still wie auf einem Jahrmarkt am Montag morgen. Die meisten Händler sind auf Tauchstation gegangen und warten ab, bis sich tragfähige Kontakte zu den neuen Herren ergeben, bei denen der Diamantenhandel natürlich nicht unbemerkt geblieben ist.

Da und dort hat jemand sein Bestes getan, um die Befreier willkommen zu heißen. Ein libanesischer Diamantenhändler nennt sich *Walid, le libérateur des prix* – der Befreier der Preise –, und an einer Bar steht in schönen Lettern *Terrasse mille kilomètres à pied*, Café Tausend Kilometer zu Fuß –, eine Reverenz an den langen Marsch der Kadogos. Doch als ich am nächsten Tag dort vorbeikomme, ist der Schriftzug verschwunden, mit gelber Farbe übermalt. Bestimmt hat irgendein Bürokrat mit gesprungenem Brillenglas daran Anstoß genommen, oder ein AFDL-Apparatschik hatte Angst, man könnte den Marsch der Kadogos mit dem weit weniger glorreichen Marsch der

Hutu-Flüchtlinge verwechseln. Die Bar bleibt lange namenlos, dann wird sie *Terrasse Mont Fleuri* getauft, nach dem Hügel in Kinshasa, auf dem früher Mobutisten wie Bondo lebten; inzwischen haben es sich dort AFDL-Offiziere gemütlich gemacht.

Autos gibt es hier kaum, aber der letzte mobutistische Gouverneur von Kisangani hat fünfzig Fahrräder angeschafft und sie an Mitbürger vermietet, die damit einen Fahrradtaxidienst aufgezogen haben. Daraus hat sich eine lokale Kultur entwickelt, die im ganzen Land bekannt ist. Das Fahrradtaxi erhielt den Namen *toleka* – laß uns vorbei –, der Fahrer ist der *tolekist*; untereinander nennen sich die Fahrer allerdings lieber *combattant* – Kämpfer –, des harten Lebens wegen, das sie führen.

Zweitausend Tolekisten gibt es mittlerweile in Kisangani, sie haben eine Gewerkschaft mit richtigen Versammlungen, und viele besitzen ein eigenes Rad. Auf dem Gepäckträger liegt ein Schaumstoffpolster mit einem bunten Häkeldeckchen darauf. *Albatros, Pajero serpent* – Pajero-Schlange –, *Tout terrain* – Mountainbike –, *Chien méchant* – bissiger Hund –, *Mafia boy, Maison gorille* – Gorillahaus –; wie die Fassaden der Diamantenkontore gewähren auch die bemalten Schutzbleche einen Einblick in die Traumwelt der Tolekisten. Manche Räder sind mit Lämpchen geschmückt und haben Klingeln, die sich wie Handysignale anhören.

Nachdem ich einige Tage in der sengenden Sonne herumgelaufen bin, erscheinen mir die Tolekas immer verlockender. Soldaten mit Gewehren, Männer mit Aktentaschen – ich beneide sie, wenn ich sie auf so einem Rad vorbeifahren sehe. Aber Weiße bewegen sich natürlich nicht per Rad fort, die haben Autos, vor allem die Hilfsorganisationen, die hier zahlreich vertreten sind. Ein Bekannter von Herrn Nassim hat mir für vierzig Dollar pro Tag ein Auto mit Chauffeur angeboten, doch da die Leute, die ich besuche, kaum das Geld für ein Toleka haben, kann ich nicht in einem Mietwagen bei ihnen vorfahren.

Eines Tages, als ich schon müde bin und ans andere Ende der Stadt will, fasse ich Mut. Ich strecke die Hand hoch, rufe »Toleka!«, und schon sitze ich hintendrauf. Die Leute, die mich sehen, müssen lachen, und ihre Kommentare nehmen kein Ende. »*He, mundele, le nouveau taxi de Kisangani* – he, Weiße, das neue Taxi von Kisangani!« ruft einer. »*Mundele madesu* – Bohnenweiße!« schreit ein anderer. »Eine Weiße! Wie bist du an die gekommen? Zahlt die in Dollar?« will ein Tolekistenkollege wissen. Er macht kehrt und fährt hinter uns her, um zu erfahren, wohin wir unterwegs sind. An Einsamkeit geht hier bestimmt niemand zugrunde.

Der wettergegerbte Tolekist strampelt tapfer weiter. Er hat sein Rad vor sieben Monaten für hundert Dollar gekauft; an einem guten Tag verdient er fünfhunderttausend Zaïre, fünf Dollar. Von dem Geld repariert er das Rad und ernährt seine Frau und vier Kinder. Außerdem ist er Diamantenschürfer; vier Stunden braucht er mit dem Rad zur nächstgelegenen Mine. Einmal hat er nach sechs Wochen Graben einen Stein im Wert von neunhundert Dollar gefunden und sich von dem Erlös ein Haus gebaut. Aber im Moment ist die Lage unsicher, denn einige Minenbetreiber sind von der AFDL festgenommen worden, und es kommt vor, daß man von Soldaten, die in der Umgebung der Minen patrouillieren, des Diebstahls bezichtigt und um sein Geld gebracht wird. Erst vor ein paar Tagen ist ein Kurier auf dem Weg nach Kisangani ausgeraubt und getötet worden. Als mich mein Fahrer absetzt, meint er, wir hätten doch so ein gutes Gespräch geführt, ob ich ihm nicht ein Paar Schuhe kaufen könne.

Eines Abends bleibe ich bis spät bei Noël, einem Bekannten meines Malerfreundes Cheri Cherin, und nehme etwas besorgt ein Toleka nach Hause. Der Tolekist ist ein älterer Mann. Der Geruch der Schinderei eines langen, glühendheißen Tages hängt in seinen Kleidern, er radelt im Stehen und tritt heftig in die Pedale. Plötzlich biegt er in eine dunkle Seitenstraße mit kaum beleuchteten Villen hinter riesigen Bäumen ein. Ich habe keine Ahnung, wo wir sind, und fange schon an, mir wegen meiner abendlichen Eskapade Vorwürfe zu machen. Wer hat mir noch erzählt, daß es in Kinshasa Taxifahrer gibt, die ihre Fahrgäste an einsame Stellen fahren und ausrauben? Weshalb sollte ein Tolekist in Kisangani nicht das gleiche tun? Ich verhalte mich so, als wäre alles normal – sollte es einmal schiefgehen, werden alle sagen: Wir haben sie noch so gewarnt, aber sie mußte ja unbedingt …

»Ist das der richtige Weg?« frage ich nach einer Weile ängstlich.

»Ja, ja, das ist eine Abkürzung«, sagt der Mann, ohne sein Tempo zu verringern. Und dann, vielleicht weil er meinen besorgten Ton bemerkt hat: »Keine Angst, ich kenne mich hier aus.« Seine Stimme wirkt so vertrauenerweckend, daß ich mich für meine Gedanken von vorhin schäme. Plötzlich wird mir klar, wie ungewöhnlich es ist, noch kein halbes Jahr nach der Befreiung tief im kongolesischen Binnenland hinten auf einem Rad durch die Nacht zu fahren und sich sicher zu fühlen.

Es dauert eine Weile, bis ich Adèle gefunden habe, aber eines Tages setzt mich ein Toleka vor dem Finanzamt ab, in dem sie arbeitet. Ihr Büro geht zur Straße hinaus – ohne die Gitterstäbe vor den offenen Fenstern könnte ich aus der Bruthitze direkt in ihr kühles Zimmer spazieren. Sie stößt einen überraschten Schrei aus, als sie mich sieht.

»Ich hab doch gesagt, daß ich komme?«

Lachend kommt sie auf mich zu. »Ach, das sagen die Leute in Kinshasa oft. Wir kriegen hier in letzter Zeit nicht sehr viel Besuch.«

Es ist fast vier, ihr Arbeitstag ist zu Ende; kurz darauf sind wir zusammen unterwegs. Sie sieht genauso aus, wie ich sie in Erinnerung hatte: groß, kräftig, mit einem selbstbewußten, anziehenden Lächeln. Fünfundvierzig ist sie, und sie hat sich einen doppelten Pagne um die Hüften geschlungen, wie verheiratete Frauen es tun. Sie strahlt eine besondere Stärke aus, das habe ich schon damals in Kinshasa gespürt, und ich spüre es auch jetzt wieder.

Wir haben uns in der turbulenten Anfangszeit nach der Befreiung bei einem überregionalen Kolloquium der NGOs kennengelernt. Kinshasa brodelte noch vor Aufregung, aber auch die Angst war schon zu spüren, vor den Kongolesen aus der Diaspora, die die Kinois mit ihrem allwissenden, arroganten Blick taxierten.

In der Pause belauschte ich ein Gespräch zwischen drei kongolesischen Frauen. Die eine, die Leiterin einer kongolesischen Frauenorganisation in Belgien, meinte, die Opposition in Zaïre habe versagt. Reden, das sei das einzige, was sie auf der Nationalkonferenz getan hätten, und das täten sie auch jetzt noch, des langen und breiten, ohne sich klarzumachen, wie wichtig Zeit sei. Aber das würden die Kongolesen, die jahrelang im Ausland gelebt hätten, ihnen schon beibringen.

Die zweite wehrte sich heftig: Die Intellektuellen aus der Diaspora täten so, als hätten sie eine weiße Weste und die anderen nicht, aber wo seien sie denn gewesen, als die Opposition hier gegen Mobutu gekämpft habe? In ihren Luxusapartments in Brüssel und Paris! Sie würden die kongolesische Wirklichkeit nicht mehr kennen, sie seien ihrem Land entfremdet.

Die dritte hatte mit verschränkten Armen zugehört und sagte, das Mobutu-System habe die Kongolesen kaputtgemacht, in ihnen sei etwas zerbrochen, und vielleicht könnten die Erfahrungen Außenstehender ihnen helfen zu genesen. »Aber das gibt den Kongolesen aus der Diaspora nicht das Recht, sich wie Imperialisten aufzuführen«, fügte sie sanft lächelnd hinzu.

Das war Adèle. Ihr beschwichtigender Ton war ungewohnt in diesen aufregenden Tagen und verriet eine Ruhe, der man in der Hauptstadt selten begegnete. Hier sprach jemand aus dem Landesinneren.

Als die anderen gingen, unterhielten wir uns noch eine Weile. Sie wohne in Kisangani, sagte sie, und sei jahrelang in der *societé civile* – der Zivilgesellschaft – aktiv gewesen. Auf Kabila habe sie gewartet wie eine Mutter auf ihr Kind, und nach der Befreiung habe sie sich sofort zu einem AFDL-Kurs angemeldet. Aber die Sprache dort sei ihr hohl vorgekommen, sie habe nichts Neues gehört. »Die AFDL-Lehre hat mehr mit Ideologie zu tun als mit Bürgersinn«, sagte sie.

Ich spitzte die Ohren. Kisangani war zwei Monate früher befreit worden als Kinshasa, die Menschen im Landesinneren wußten schon mehr über die AFDL als wir. Auf AFDL-Versammlungen wurde anfangs erst eine halbe Stunde gesungen, sagte Adèle, wie zu Zeiten des MPR. Das von Mobutu eingeführte System hatte sich im Lauf der Zeit von seiner Person gelöst, und fast geräuschlos hatte Kabila seinen Platz eingenommen.

Dennoch war sie überzeugt, daß noch alles möglich war. In den vergangenen Jahren hatten mehrere Leute sie überreden wollen, in die Politik zu gehen, aber sie hatte sich geweigert, weil sie fürchtete, nur zwei Alternativen zu haben: korrupt zu werden wie sie oder umgebracht zu werden. Aber diese Zeiten seien jetzt vorbei, bei den kommenden Wahlen werde sie kandidieren.

Wir telefonierten noch einmal miteinander, dann war sie weg. Das einzige, was mir von ihr blieb, war ein Zettel mit ihrem Namen und ihrer Adresse. Aber sie hatte mir mit einem Schlag das Landesinnere geöffnet: Ich wußte jetzt, daß ich dort eine Gleichgesinnte finden würde.

Wir gehen zu Adèle nach Hause. Leute grüßen sie, und zum ersten Mal seit meiner Ankunft bin ich den Passanten nicht allein ausgesetzt, und die *mundele*-Rufe bleiben aus. Ihr Mann Jean-Pierre arbeitet an der Universität von Kisangani, und sie wohnen auf dem Campus in Kilima ya Bahindi, dem Inderhügel, auf dem früher viele Asiaten zu Hause waren.

Der Campus nimmt das ummauerte Gelände einer aufgegebenen Tabakfabrik ein, auf dem außer den Fabrikgebäuden auch die geräumigen Häuser der einstigen leitenden Angestellten stehen. Jean-Pierre und sein Kollege René haben eines davon in zwei Hälften aufgeteilt und wohnen dort mit ihren Familien.

Stolz führt Adèle mich durch ihren Gemüsegarten, in dem sie Auberginen, Maniok, Bananen, Papayas und Erdnüsse anpflanzt. Sie bekommt seit Jahren kein Gehalt mehr, und auch die Universität bezahlt ihre Mitarbeiter kaum, so daß sie auf andere Weise über die Runden kommen müssen. Jean-Pierre und René sind beide in ökologischen NGOs tätig, die vom Ausland finanziert werden, und dadurch halbwegs unabhängig.

Diese Unabhängigkeit wollen Mukendi und seinesgleichen also abschaffen, weil sie zu Abtrünnigkeit und ausländischer Infiltration führe. Und was kommt statt dessen? Wie Adèle mir unterwegs erzählt hat, hatten die Befreier versprochen, daß jeder, der einen AFDL-Kurs absolviert, ein Diplom bekommt, das ihm bei Bewerbungen Vorrang einräumt. Das Ergebnis war, daß alle Arbeitslosen von Kisangani in die Kurse drängten. Baut man so einen neuen Staat auf?

Drinnen sitzen die Kinder vor dem Fernseher. Die Einrichtung ist einfach: ein Geschirrschrank mit Glastüren, eine rosa Tischdecke, gestickte Deckchen auf der Couchgarnitur. An der Wand hängt ein Poster, das Jesus unter der Last des Kreuzes zeigt, auf dem Schrank stehen Erbauungssprüche in schwarzer gotischer Schrift, solche, wie sie früher auch in dem düsteren Haus meiner Großeltern hingen und wie ich sie stets mit ländlichen Gebieten assoziiere, mit dem Geruch von Tieren im Stall. *Christus ist der Herr dieses Hauses, der unsichtbare Gast bei jeder Mahlzeit, der stille Zuhörer bei jedem Gespräch.*

Es wird hier viel gebetet, in lärmenden Kirchen mit Namen wie *Ministère du Combat Spirituel* – heiliges Amt des geistlichen Kampfes –, die ich bei meinen Streifzügen durch die Stadt schon gesehen habe. Hinter schmuddeligen Gardinen wird dort nicht nur gesungen, sondern auch getrommelt und getanzt. Alkohol trinkt Adèle nicht. Sie tut Buße im Namen aller Sünder, von denen sie umgeben ist, und das sind nicht wenige.

Ich müßte mich in den vergangenen Monaten daran gewöhnt haben, denn auch Christine liegt oft auf dem Bett und liest in der Bibel, während Guido im Wohnzimmer fernsieht. Einmal hat sie mich sogar überredet, in ihre Gebetsgruppe mitzukommen, wahrscheinlich in der stillen Hoffnung, daß auch ich mich aufs Beten verlegen würde. Zehn Frauen saßen auf Stühlen beieinander, eine betete vor, und plötzlich begannen alle durcheinanderzureden und -rufen. Ich wußte gar nicht, wo ich hinschauen sollte. Neben mir rief eine Frau Gott an und bat ihn, ihren Kühlschrank zu füllen. Es war mir peinlich, dabeizusein und Christine so zu sehen.

Wir sitzen im Garten, als Adèles Mann im weißen Laborkittel von seiner Biologie-Vorlesung nach Hause kommt. Später gesellt sich auch Nachbar René zu uns. Adèle und Jean-Pierre stammen aus Bunia, dem Gebirgsstädtchen im Osten, nach dem Herr Nassim solches Heimweh hat. Sie gehören zu den Hema, einem Viehzüchtervolk, das mit den Tutsi verwandt sein soll. In der kühlen Luft der Berge aufgewachsen, haben sie andere Gewohnheiten als die Menschen aus dem Äquatorwald.

Adèles Töchter setzen uns einen traditionellen Willkommensimbiß vor: geröstete Erdnüsse, gebackene Bananen und Fleischstücke mit rotem Paprika. Adèle schenkt aus einer eisernen Kanne Tee ein; den glühendheißen Griff hat sie mit einem Tuch umwickelt. »Die hat die Unicef in den Flüchtlingslagern benutzt«, sagt sie. »Eiserne Teekannen – wer kommt wohl auf so was?«

Als der Strom ausfällt, geht ein Seufzer der Enttäuschung durch die Nachbarschaft. Adèle entschuldigt sich für die Unannehmlichkeit, aber ich finde es gemütlich. *Soir au village* – Abend im Dorf – nenne ich es, nach dem Namen eines Restaurants, das ich einmal in Mali gesehen habe. Drinnen schlägt die Wanduhr siebenmal, gefolgt von einem schrillen Gebimmel, das durch Mark und Bein geht. »Merkst du, wie hart das im Dunkeln klingt?« fragt Adèle. Kurz vor der Befreiung, als Mobutu-Soldaten und serbische Söldner die Stadt unsicher machten, nahmen sie die Batterien aus der Uhr, aus Angst, die Militärs könnten dem Geräusch nachgehen.

Kabila hatte gesagt, er werde Silvester 1977 in Kisangani feiern. Da er seine Versprechen bis dahin immer strikt eingelöst hatte, hielt um den Jahreswechsel herum alles den Atem an. Er kam dann erst im März, aber die Spannung stieg weiter. In

TV5 hieß es, die Rebellen seien schon ganz in der Nähe, als sie in Wirklichkeit noch weit weg waren. Und doch waren sie schon in der Stadt, denn abends gingen ihre Späher – Tolekisten und Verkäufer von Plastikbeuteln mit Wasser – in den Busch und informierten sie über die Lage.

»Mit der Zeit entstand eine richtige Psychose«, sagt Adèle. »Um uns herum schien alles ruhig, aber wenn wir Radio gehört oder ferngesehen haben… Wir hatten mehr Angst vor dem, was wir da erfuhren, als vor dem, was draußen passiert ist.« Wie überall im Land galten auch in Kisangani die Tutsi als Handlanger der Rebellen. Eines Tages stürmte eine Meute Studenten das Haus. Sie behaupteten, Jean-Pierre mit seinen feinen Gesichtszügen und seiner schmalen Nase sei ein Tutsi. Er müsse zurück nach Ruanda, schrien sie, und nur mit größter Mühe konnte er ihnen klarmachen, daß er ein Hema aus Bunia ist, der noch nie etwas mit Ruanda zu tun hatte.

Die Ankunft der Rebellen kündigte sich mit einer ohrenbetäubenden Explosion an, die die ganze Stadt erzittern ließ. Eine Granate war in das Waffenarsenal am Flughafen eingeschlagen, aber zunächst glaubte man Kabilas legendäre Waffe *kibinda nkoy* – Leopardenjäger – gehört zu haben. Die meisten Menschen blieben an diesem Tag im Haus, nur die Libanesen liefen ganz normal draußen herum. Während des Krieges im Libanon hätten sie noch ganz andere Dinge erlebt, sagten sie.

»Wie kommt es eigentlich«, frage ich, »daß in solchen Situationen immer geplündert wird?«

»Wenn arme, jahrelang frustrierte Menschen ihre Chance sehen, dann nutzen sie sie«, sagt Adèle bedächtig. »Das ist für sie die einzige Möglichkeit, je zu etwas zu kommen. Als wir jung waren, war uns der Besitz reicher Leute auch völlig gleichgültig. Die haben einen nur ausgebeutet, die hatten alles, und wir hatten nichts.«

Kabila kam und sprach im Lumumba-Stadion zu den Einwohnern der Stadt. Jahrelang habe die Opposition ihnen versprochen, sie mit Worten zu befreien, er aber habe sie mit Waffen befreit, sagte er. Er erinnerte sie an Lumumbas Prophezeiung, der nächste Führer des Kongo werde aus dem Osten kommen. In Bunia hatte er noch von Verhandlungen geredet, aber sein jüngster Sieg hatte ihn kriegslüsterner gemacht: Er wußte jetzt, daß er auch nach Kinshasa konnte, und lancierte einen Slogan, der in der Stadt Furore machte: »*Dawa ya moto, ni moto* – gegen Feuer hilft nur Feuer.«

Aus Goma hatte er Amerikaner mitgebracht, die sofort ein Diamantenkontor eröffneten. Ein ungeheurer Ansturm auf das Büro setzte ein, denn es zahlte mehr als alle anderen. Manche Verkäufer schliefen nachts vor der Tür, um am Morgen die ersten zu sein. Doch schon nach einer Woche erklärten die Amerikaner, die Diamanten in Kisangani seien von minderer Qualität, und zahlten nicht einmal mehr so viel wie die Libanesen. Schließlich machten sie das Kontor wieder zu und verschwanden sang- und klanglos.

Und so ging es mit vielen Dingen. Kabilas Interimsminister hielten stürmische Versammlungen ab, auf denen sie die Handvoll ausländischer Unternehmer in Kisangani als Kolonialisten beschimpften und eine Meritokratie zu errichten versprachen, in der die Menschen ausschließlich nach ihren Verdiensten beurteilt werden sollten. Doch nach der Befreiung Kinshasas verschluckte die Hauptstadt sie, und in Kisangani sah man sie nur noch im Fernsehen.

Seitdem versucht jeder wieder auf die Beine zu kommen. Die Libanesen sind eifrig dabei, sich bei den neuen Herren einzuschmeicheln, um ihre dunklen Machenschaften fortsetzen zu können. Sie sind notorische Steuerhinterzieher – Geld bekommen von ihnen nur ihre Beschützer, sonst niemand. Kürzlich zitierte Adèle einen von ihnen in ihr Büro. Ein junger Mann, nicht älter als einundzwanzig.

»Du profitierst von dem Chaos, das hier herrscht«, sagte Adèle, »aber ist dir klar, daß irgendwann Schluß ist mit diesem Chaos?«

Der Junge sah sie verächtlich an. »Solange die Libanesen in Kisangani sind«, sagte er, »herrscht hier Chaos, da kannst du Gift drauf nehmen.«

»So ist das mit den Libanesen«, sagt René. »Die gedeihen nur in unrechtmäßigen Situationen.« Neulich führte er eine

Sammlung für seine NGO Océan durch, die sich für den Erhalt des Äquatorwaldes einsetzt. Auf seiner Tour zu den Honoratioren der Stadt suchte er auch den Vorsitzenden der libanesischen Gemeinde auf. Der Mann hatte ihn kaum erblickt, da rief er schon: »Wir zahlen keine Steuern!« »Deswegen bin ich auch gar nicht gekommen«, beruhigte René ihn und begann von Ökologie und Waldvernichtung zu sprechen.

Das Französisch des Mannes war dürftig, und er mußte einen Landsmann dazuholen. »Was willst du?« blaffte der René an. René setzte seine Ausführungen über den bedrohten Äquatorwald fort, aber der Libanese begriff nichts davon. »Fliegen Sie nicht manchmal nach Kinshasa?« fragte René, als er mit seinem Latein am Ende war. »Dann sehen Sie doch, daß der Wald zwischen Kisangani und Kinshasa immer dünner wird. Wir bitten Sie, unsere Bewegung, die dagegen angeht, zu unterstützen.«

Jetzt ging der Mann erst richtig an die Decke. »Was?« rief er. »In meinem Land gibt es kaum Bäume, und ihr wollt mir das Geld aus der Tasche ziehen, um einen Urwald aufzuforsten? Scher dich weg, aber schnell!«

Alle lachen. In solch einer Wildnis lebten sie, das seien die Leute, die sich mit Geld aus Kisangani davonmachten, während sie selbst seit Jahren kein Gehalt mehr bekämen und wie Hungerleider leben müßten. Jean-Pierre gesteht, daß er anfangs dieselben Hemmungen hatte wie ich, ein Toleka zu besteigen. Ging das denn an, ein Dozent auf dem Fahrrad – wenn ihn nun ein Student sah! Aber als eines Tages der Generalsekretär der Akademie der Wissenschaften an ihm vorbeiflitzte, wußte er, daß sich das Toleka endgültig eingebürgert hatte. Seitdem hört er, wie sich alle möglichen Persönlichkeiten im Vorbeifahren begrüßen: »*Bonjour, monsieur le professeur* – guten Tag, Herr Professor« »*Bonjour, cher collègue* – guten Tag, Herr Kollege!«

Die einzigen Weißen, die sich in Kisangani per Toleka fortbewegen, sind zwei Deutsche, die bei einer kleinen NGO arbeiten. Jean-Pierre begegnete ihnen einmal, als sie alle drei per Rad unterwegs waren. Sie hielten an, um sich zu begrüßen.

Drei Tolekisten und drei Fahrgäste, darunter zwei Weiße, die sich an einer Straßenecke unterhielten – sofort versammelten sich Neugierige um sie, und schon kam auch ein aufgeregter Polizist anmarschiert. »Polizei! Wer seid ihr, und was macht ihr hier?«

Jean-Pierre wies ihn zurecht: Seit wann ein kleiner Plausch auf der Straße verboten sei?

»Wir müssen wissen, was hier vorgeht, denn in dieser Stadt passieren allerhand merkwürdige Dinge«, sagte der Mann.

»Schau dir mal die T-Shirts von den beiden an«, schaltete sich einer der beiden Tolekisten ein und zeigte auf die Weißen. »Dann weißt du, wer die sind.«

Doch der Polizist konnte mit der Abkürzung auf den T-Shirts nichts anfangen und trieb die Gruppe wütend auseinander.

Es ist schön, beim Licht der Öllampe hier zu sitzen, umgeben von diesen Menschen, die die Neuen nicht fürchten, die ihnen notfalls auch die Leviten lesen. Als Adèle abends einmal meint, es sei zu spät geworden, um noch mit dem Toleka nach Hause zu fahren, machen ihre Töchter ihr Zimmer für mich frei. An Schlaf ist allerdings kaum zu denken, denn jede Stunde weckt mich die Uhr im Wohnzimmer mit ihren dumpfen Schlägen und ihrem elenden musikalischen Gejammer.

Morgens höre ich Lokalfunk, was sich vor allem wegen der Lokalnachrichten lohnt. Rowdies haben in der Mission der Dominikanerinnen zwei Röcke von der Wäscheleine gerissen; zum Glück konnten der Nachtwächter und der Hund sie verjagen. Einige Wochen zuvor, so berichtet der muntere Nachrichtensprecher, wurden den Nonnen alle Hühner gestohlen und dazu noch zwei Paar Pantoffeln und zwei Altardecken! Allein in meinem Zimmer bei Herrn Nassim, begebe ich mich in diese kleinen Dramen hinein, die sich hinter dem großen Drama der politischen Umwälzungen verbergen.

Ein Kadogo hat einem Tolekisten drei Schläge versetzt, weil er angeblich Armeestiefel trug – dabei waren es ganz normale Schaftstiefel, die er von einer christlichen Hilfsorganisation bekommen hatte. Der Unglückliche hatte den Vorfall persönlich beim Rundfunk gemeldet. In dem dichtbevölkerten Viertel Tshopo wurden schlafende Bürger nachts von einem Dieb geweckt; als der Hausherr ihm nachsetzte, flüchtete er aufs Dach und verwandelte sich in ein Kaninchen. Das Kaninchen wurde aufs Polizeirevier gebracht – man erwartete, daß es sich wieder in einen Mann verwandeln würde.

In die Bar Amicale, ebenfalls in Tshopo, hat ein Soldat um halb drei Uhr nachts eine Handgranate geworfen; der Soldat selbst und zwei Zivilisten kamen dabei ums Leben. Der Soldat war *ivre mort* – sturzbetrunken – und hatte mit friedlichen Bürgern, die den Geburtstag eines Pfarrers feierten, Streit angefangen. Die Leichen der beiden Zivilisten sind im Gemeindehaus von Tshopo aufgebahrt. Später stellt sich heraus, daß es bei dem Streit um eine Frau ging, auf die sowohl der Soldat als auch der Pfarrer Anspruch erhoben. »Was hat ein Pfarrer nachts um halb drei in einer Bar zu suchen?« entrüstet sich Adèle, als sie davon hört. »Und noch dazu mit einer Freundin!«

Eines Morgens wird gemeldet, daß Mobutu, »der große Baobab Zaïres«, im marokkanischen Rabat an Prostatakrebs gestorben sei. Es war zu erwarten: Schon vorige Woche hieß es in TV5, die Ärzte hätten ihn aufgegeben. Der Sprecher bekundet Mobutus Familie sein Beileid und geht zur nächsten Meldung über. Ich traue meinen Ohren nicht. War das alles? Mehr kommt nicht? Ich höre noch eine Weile zu, aber da folgen schon die Lokalnachrichten.

Der einzige, der an diesem Tag persönlich zu Mobutus Tod Stellung nimmt, ist Ramazani, sein früherer Botschafter in Frankreich. Mobutu hätte sein Volk um Verzeihung bitten müssen, sagt er im französischen Sender RFI, und sein Volk hätte ihm verziehen. Der neue kongolesische Botschafter in Washington erklärt, er habe nichts zu sagen, außer daß Mobutu seinem Volk viel Schlimmes angetan habe.

In den alten Zeitungen an den Kiosken liegt Mobutu noch im Koma, niemand kommt auf die Idee, sie wegzunehmen. Aber jeder, mit dem ich mich unterhalte, ist bewegt, und Ramazani scheint mit seiner Äußerung den meisten aus der Seele zu sprechen. Sie haben Mitleid mit Mobutu, weil er gestorben ist, ohne daß sie ihm verziehen haben. Wo wird er begraben werden, fragen sie sich, wird Kabila zulassen, daß er in das Familiengrab in Gbadolite kommt, in dem seine erste Frau Marie-Antoinette liegt?

Einige Tage später erklärt auch Kabila in einem Interview, daß er zu Mobutus Tod nichts zu sagen habe, außer daß am selben Tag auch viele andere Kongolesen gestorben seien. Was für ein Demagoge – als würde ihn der Tod dieser Menschen berühren. So verschwindet Mobutu von der Bildfläche, ohne einen Nachruf, ohne den Versuch, Bilanz zu ziehen. So werden zweiunddreißig Jahre Geschichte dem Volk auf einen Schlag entrissen.

Herr Nassim schaut mißmutig aus dem Fenster. Es regnet – das bedeutet, daß an diesem Morgen niemand zur Arbeit erscheint.

»Haben die Leute keine Regenmäntel?«

»Die brauchen sie nicht«, brummt er. »Bei Regen gehen sie einfach nicht aus dem Haus. Sie warten, bis es aufhört.«

Am Mittag kommt er verdrossen nach Hause. Der Schiffsverkehr nach Kinshasa will nicht in Gang kommen, der Posten Schulhefte, den er eingekauft hat, ist noch nicht einmal unterwegs, dabei hat das neue Schuljahr schon angefangen, und alle haben ihre Hefte inzwischen woanders gekauft.

Bonané streckt vorsichtig den Kopf um die Küchentür und trägt dann Beefsteak, Bohnen und Kartoffeln auf. Scheu sieht er seinen Herrn an, voller Angst, dessen schlechte Laune auf sich zu ziehen. Ich muß an Bove in Gbadolite denken, der auch oft schimpfend bei Tisch saß, während sein Boy ängstlich um ihn herumschlich. Aber Herr Nassim ist anders. Er hat sein Herz an den Kongo verloren, sein täglicher Kampf richtet sich darauf, hierbleiben zu können, und nebenbei gibt er auf seine bescheidene Weise dreißig Kongolesen Arbeit.

Am Vormittag konnte er kaum etwas tun. Einmal kamen wegen des Regens natürlich alle zu spät, und dann suchte ihn auch noch der *chef de quartier* – der Stadtteilvorsitzende – auf, um zu kontrollieren, ob seine Fabrik den Sicherheitsbestimmungen entspricht. Seine Fabrik inspizieren sie, das hohe Gras vor seinem Laden stört sie, aber über die vielen Abfallhaufen in den Straßen verliert niemand ein Wort! »Der wollte natürlich Geld«, sagt Nassim gelassen, »oder einen Satz Plastikwannen.«

Der Mann vom Sicherheitsdienst, der ihn vorgeladen hatte, weil er angeblich sechzigtausend Dollar aus der Firmenkasse gestohlen hatte, kreuzt ständig bei ihm auf und fragt nach Arbeit für den einen oder anderen Verwandten, und auch eine Frau, die er damals in einem der Büros kennengelernt hat, meint jetzt, er müsse ihrem Bruder eine Stelle in der Fabrik besorgen. »Wenn ich nicht aufpasse, sitzt mein Geschäft bald voller AFDL-Spitzel.«

Herr Nassim wird böse, als ich ihm sage, daß ich mit meinem Bekannten Noël, der die Fähre über den Kongo steuert, am anderen Ufer war. Das sei doch der Weg nach Biaro, wo kurz nach der Befreiung so viele Hutu-Flüchtlinge ermordet wurden. Wenn mich jemand gesehen habe, werde man ihn fragen, was ich dort zu suchen gehabt hätte.

Was den Flüchtlingen hier widerfuhr, ist weniger offenkundig als in Mbandaka, wo die Morde am hellichten Tag im Stadtzentrum geschahen, aber das Ausmaß war noch viel größer, und das Schweigen, das darüber liegt, ist dadurch fast noch schwerer von Schuld. Doch wie in Mbandaka taucht das Thema nach einer Weile ganz von selbst in den Gesprächen auf.

Viele NGOs in Kisangani arbeiteten in dem Lager, das vierzig Kilometer außerhalb der Stadt lag. Als Adèles Mann Jean-Pierre einmal dort war, sah er einen Lastwagen voller Menschen abfahren, die auf weißen Säcken saßen. »Was machen die?« fragte er. »Reis verteilen?« Aber es waren Leichensäcke mit toten Flüchtlingen, die zu einem Friedhof gebracht wurden.

Die Flüchtlinge waren wie Heuschrecken eingefallen, im

Nu hatten sie die Umgebung in Besitz genommen, Bäume gefällt, Felder kahlgegessen. Und dann kamen die Hilfsorganisationen, und die Flüchtlinge wurden besser ernährt und medizinisch versorgt als mancher Einwohner von Kisangani. Zweimal stoppten erboste Kongolesen Schiffe mit Hilfsgütern auf dem Weg ans andere Ufer und konfiszierten die Fracht.

Eines Tages sperrten AFDL-Soldaten die Straße zum Lager ab. Fliegende Händler, die sich zu dem Zeitpunkt dort aufgehalten hatten und gerade noch herausgekommen waren, brachten wahre Schauergeschichten mit zurück. Ein junger Bekannter von Adèles Nachbarn René, der für das Rote Kreuz arbeitete, war tagelang völlig verstört von dem, was er dort gesehen hatte.

Die Geschäftsführerin eines kleinen Restaurants, in dem viele ruandische Militärs verkehrten, hatte einen jungen Munyamulenge-Soldaten als Stammkunden, mit dem sie ab und zu ein Schwätzchen hielt. Einmal blieb er eine Woche lang aus, und als er wiederkam, waren seine Gummistiefel verdreckt und seine Uniform voller Flecken. Auf ihre Frage, wo er die ganze Zeit gewesen sei, schüttelte er den Kopf, murmelte etwas Unverständliches und bestellte ein Bier. Fleisch wollte er nicht essen. Als sie sich zu ihm setzte, begann er stockend zu erzählen. Ein grauenvolles Blutbad habe am anderen Ufer stattgefunden, wenn er die Augen schloß, habe er nur Schreien und Stöhnen gehört. Und seine Arbeit dort war noch nicht beendet; er mußte noch einmal hin. Wenig später verschwand er, und die Frau sah ihn nie wieder.

Um diese Zeit wurde Noël eines Nachts von Soldaten aufgefordert, eine Ladung Holz und Benzin ans andere Ufer zu bringen. Er merkte sofort, daß irgend etwas nicht stimmte. Wofür brauchten sie so viel Holz, und was sollte das Benzin, da ihre Jeeps doch mit Diesel fuhren? Später, als die Berichte über das aufgelöste Lager und die Massengräber in der Stadt die Runde machten, begriff er. »Sind das noch Menschen«, fragt er sich, »die so etwas tun?«

Seitdem betrachten die meisten Einwohner von Kisangani die Ruander mit Argwohn. Der Besitzer des Griechischen

Clubs, in dem die Ruander jeden Abend zusammensitzen, wird noch Ärger bekommen, weil er so gut Freund mit ihnen ist, prophezeien sie.

Einmal nimmt Herr Nassim mich dorthin mit. Zum ersten Mal sehe ich so viele ruandische und Banyamulenge-Soldaten auf einem Fleck. Sie spielen mit dem Walkie-talkie am Ohr Dart und rufen laut nach Bier und Cola, während ihre Kadogos draußen neben ihren Jeeps im Gras liegen.

Sie mustern mich mit kalten, distanzierten Blicken – als würde ich durch meine bloße Anwesenheit in ihre Geheimnisse eindringen, als sei ich ein Fremdkörper in dieser Stadt. Dabei werden sie selbst von den Leuten wie Wesen von einem anderen Stern empfunden. Ich ertappe mich dabei, daß ich sie ebenfalls feindselig betrachte, und versuche mich zusammenzunehmen. Die Tutsi sind eine Minderheit in dieser Region, sie haben einen Völkermord hinter sich, sie fühlen sich von der ganzen Welt verraten – sie haben allen Grund, Außenstehenden zu mißtrauen.

Und doch: Wissen sie nicht, daß sie nun ihrerseits an ihren Taten gemessen werden? Sie können vielleicht verhindern, daß die UN-Kommission ihre Untersuchung durchführt, aber wird es ihnen gelingen, das Massaker im Lager von Biaro aus dem kollektiven Bewußtsein der Menschen in der Umgebung zu tilgen? Offensichtlich fühlen sie sich nur in Gruppen sicher, bewaffnet und über ihre Walkie-talkies in Kontakt mit ihren Kameraden in der Stadt. Aber sie können sich nicht ewig in bewaffneten Gruppen bewegen. Sie mögen intelligenter sein als viel andere, sie mögen es geschafft haben, dem Westen mit ihrer Effizienz zu imponieren, aber was bringt ihnen das, wenn sie sich hier nicht integrieren?

In Kisangani hat inzwischen alles Angst vor der UN-Kommission und dem Ergebnis der Untersuchung. Wird Kabila bestraft werden für die Morde der Ruander und ihrer Mitstreiter in den Flüchtlingslagern? Niemand, mit dem ich rede, ist bereit auszusagen, am wenigsten der belgische Holzhändler, der den Wald auf dem Weg nach Biaro bewirtschaftet. Einer seiner Arbeiter wurde gezwungen, den Traktor zu fahren, mit dem die Leichen geborgen wurden – es wundert ihn, daß der Mann noch lebt. Er hat ihn nicht gefragt, was er gesehen hat, aus Angst, zum Mitwisser zu werden, aber in der Stadt geht das Gerücht um, der Belgier habe die Massengräber fotografiert.

Auch den Hilfsorganisationen macht die Sache zu schaffen. Sollen sie das Verschwinden mehrerer Zehntausend Hutu bezeugen und damit ihre Arbeit für Millionen von Kongolesen gefährden? Robert, der örtliche UNHCR-Leiter sagt mir, daß die UN-Organisationen am Ort gebeten wurden, der Kommission ihre Autos zur Verfügung zu stellen. Das liegt ihm schwer im Magen: Sie werden hier nicht länger arbeiten können, wenn sie die Kommission unterstützen.

Die kongolesischen Behörden haben jedermann unter Druck gesetzt, nicht vor der Kommission auszusagen, aber Robert meint, sie bräuchten sich keine Sorgen zu machen: Es wird eine *whitewash*-Kommission sein, die alles daransetzen wird, die Sache zu vertuschen, damit alle wieder an die Arbeit gehen können. Ein paar Kleine werden vielleicht bestraft werden, aber der Westen steht schon so ungeduldig in den Startlöchern, um im Kongo zu investieren, daß er sich von den Ereignissen nicht abhalten lassen wird. »Die Regierung in Kinshasa sollte sich nicht so gegen die Untersuchung wehren«, meint Robert. »Damit erregt sie nur Aufmerksamkeit und erkennt Schuld an.«

Er macht sich Sorgen um die achthundert Flüchtlinge in dem Lager an der Straße zum Flughafen. Es sind dieselben, von denen Séraphin mir auf dem Schiff erzählt hat: Sie haben das UNHCR um Schutz gebeten, weil sie Angst haben, bei ihrer Rückkehr nach Ruanda in Gefahr zu geraten. Wer neu in das Lager kommt, will schon nach wenigen Tagen nicht mehr nach Hause. Die alten Hasen benutzen die Neuen als Schutzschild gegen die Tutsi-Soldaten, die Tag und Nacht um das Lager herumschleichen und eine unheilverkündende Atmosphäre verbreiten. »Es ist wie ein Hühnerhof, der von Füchsen bewacht wird«, sagt Robert. Die Flüchtlinge wissen, was die Soldaten unterwegs verbrochen haben, und sind potentiell wichtige Zeugen für die UN-Kommission. Robert fürchtet, die Soldaten könnten eines Nachts in das Lager eindringen und alle umbringen. Der örtliche AFDL-Verantwortliche hat ihn bereits gewarnt: Es befänden sich Kriminelle im Lager, wenn die nicht bald verschwänden, könne er für nichts garantieren.

»Meinst du, ich kann mal mit in das Lager?« Robert zögert und sagt dann nein. Die Behörden haben ein wachsames Auge auf die Hilfsorganisationen in Kisangani und drohen ihnen ständig mit Ausweisung. Er will keinen Anlaß zu Spekulationen geben, wie der UN-Sicherheitsoffizier, der neulich aus Kinshasa kam, um einen Evakuierungsplan auszuarbeiten. Der Mann registrierte alle Häuser und Arbeitsstätten der UN-Mitarbeiter mit Hilfe des globalen Ortungssystems GPS. Als er wieder weg war, bekam Robert Besuch von einem Sicherheitsbeamten, der genau wußte, wo der UN-Offizier überall gewesen war. Er habe ein kleines Gerät bei sich gehabt, sagte er, mit dem man Leichen aufspüren könne. »So einer ist gefährlich«, sagt Robert. »Wer weiß, auf was für Ideen der noch alles kommt.«

Das UNHCR führt noch mehrere Projekte zur Behebung des Schadens durch, den die Flüchtlinge in der Umgebung angerichtet haben, dann ist seine Arbeit beendet. Einheimische Mitarbeiter lassen bereits Material aus den Büros mitgehen, Behörden und Militärs spekulieren auf die Fahrzeuge. Kürzlich wurde eine Ladung Jeeps, die nach Goma gebracht werden sollten, am Flughafen von Militärs gestoppt. Sie hatten die Wagen bereits unter sich verteilt, doch der Gouverneur, früher Vorsitzender der Oppositionspartei UDPS, ging dazwischen und erteilte die Genehmigung zum Abtransport der Jeeps.

»So macht sich der Mann natürlich keine Freunde«, sagt Robert. Er hat Sympathien für den Gouverneur, fragt sich aber, wie lange er seinen Kampf für das, woran er glaubt, noch durchhalten wird, denn er ist von Menschen umgeben, die sehr viel weniger gute Absichten haben. »Schlechte Menschen siegen oft über die guten, weil sie weniger Skrupel haben«, sagt er. »Die Guten sind ständig am Hin-und-her-Überlegen:

Können wir dies mit unseren Prinzipien vereinbaren, dürfen wir jenes tun? Und während sie noch zweifeln, sind die Bösen längst in Aktion getreten.« Irgendwann wird der Gouverneur ganz allein dastehen, fürchtet Robert. Seine alten Freunde werden sich von ihm abwenden, und auch mit den neuen wird er sich nicht wohl fühlen. »So gerät ein Mensch in die Isolierung und verliert schließlich alles.«

Die Afrikaner seien hart gegeneinander, meint er. Er merkt es am einheimischen Personal ebenso wie an den afrikanischen UN-Führungskräften. Flüchtlinge sind für sie im Grunde Menschen zweiter Klasse. Sie haben einen guten Posten – schade nur, daß es dabei um Flüchtlinge geht. Ich muß an Séraphin denken, der die ganze Fahrt über auf Deck blieb und sich nicht im mindesten für die Flüchtlinge im Laderaum interessierte. Anfangs führte ich das darauf zurück, daß er in den vorangegangenen Monaten so viel Flüchtlingselend gesehen hatte, aber nach einiger Zeit kam mir der Verdacht, daß es nie anders gewesen war.

Zwei Tage nach meinem Gespräch mit Robert wird das Lager mit den achthundert Flüchtlingen von der Außenwelt abgeriegelt. Helfer rufen das UNHCR an, aber die Verbindung wird unterbrochen. Niemand darf in die Nähe, Soldaten errichten Straßensperren. Die Flüchtlinge werden auf Lastwagen geladen und zum Flughafen gebracht. Der Gouverneur trifft ein und sorgt dafür, daß sie zu essen und zu trinken bekommen, dann werden sie in Flugzeuge nach Ruanda gesetzt.

Auch der belgische Holzhändler wird verhaftet, nach Kinshasa geflogen und ohne konkrete Anklage inhaftiert. Die Mitglieder der UN-Untersuchungskommission dürfen nach langem Aufenthalt im Hotel Inter nach Mbandaka und werden dort von angeblich spontan demonstrierenden Einwohnern wütend bedrängt. Eine einzige Reise machen sie noch, nach Goma, wo einer von ihnen festgenommen wird, dann verschwindet die Kommission auf Nimmerwiedersehen.

All diese Ereignisse berühren das tägliche Leben in Kisangani kaum. Es ist, als fänden sie in einem anderen Land statt, dem

Land der Hilfsorganisationen mit ihren schneeweißen Toyotas, ihren knisternden Walkie-talkies und ihren Depots voller Lebensmittelpakete. Unterdessen nimmt der unermüdliche Nassim jeden Morgen den Kampf mit den Schnorrern auf, die es auf die Waren in seinem Laden abgesehen haben, Noël fährt mit seiner alten Fähre zwischen den Ufern des Kongo hin und her, und Adèle geht aus alter Gewohnheit zur Arbeit, obwohl sie seit zwei Jahren kein Gehalt mehr bekommt. Ich selbst werde meine Zelte hier demnächst abbrechen.

Am Abend vor meiner Abreise ist noch einmal *soir au village* bei Adèle und Jean-Pierre. Wir sitzen draußen, als Nachbar René eine Hiobsbotschaft bringt: Ein Bekannter aus Bukavu ist auf dem Flughafen N'Djili verhaftet worden; er hatte einen Brief bei sich, den ein Freund ihm mitgegeben hatte. Der Verfasser des Briefes soll seinem Bruder in Kinshasa geraten haben, sich in Kabilas Armee einzuschleichen, um herauszufinden, was dort ausgeheckt wird; er selbst hatte sich in Bukavu der Bantu-Befreiungsfront von Charles Simba angeschlossen, einem einstigen Kampfgefährten Kabilas, der sich von Kabila abwandte, nachdem dieser sich mit den hegemonistischen Tutsi eingelassen hatte.

Adèle erschrickt. Die Hema gehören wie die Tutsi zu den nilotischen Völkern, die in ferner Vergangenheit mit ihrem Vieh aus Ägypten gekommen sein sollen und sich über ganz Ostafrika verbreitet haben. Niloten gegen Bantu – in letzter Zeit hört man das öfter. Die Niloten wollten im Gebiet der Großen Seen ein Reich gründen, heißt es, sie wollten den Osten des Kongo annektieren und die Bantu im weiten Umkreis unterwerfen. Es sind Komplott-Theorien, die in obskuren Blättchen und Pamphleten ausgesponnen werden – in Belgien hatte ich ein paar davon in der Hand.

Auch Jean-Pierre schaut besorgt drein. Er denkt an damals, als Studenten sein Haus stürmten und ihm ein paar kräftige Hiebe versetzten, weil sie ihn für einen Tutsi hielten. »Geht das schon wieder los?«

Der Wind aus dem Osten weht mir ins Gesicht, der Wind der Stammesgegensätze, die von undurchschaubaren Guerillabewegungen in der Kivu-Region ausgetragen werden. Jean-Pierre erzählt von den Mayi-Mayi-Kriegern, die das Regime Kabila mit Bienen bekämpfen, die sie auf die Soldaten loslassen.

»Glaubst du das?«

Er lacht: »Die Mayi-Mayi haben ein Wissen von der Natur, das wir längst verloren haben.« Er erinnert sich an die nächtlichen Feste seiner Kindheit, bei denen sein Großonkel, wenn am anderen Ufer des Flusses das Tamtam ertönte, in Trance über das Wasser auf die Klänge zuging. Stunden konnte er im Bann der Trommel so laufen, über Fluß und Felder ins Land seiner Ahnen. Wenn die Musik verstummte, war der Zauber gebrochen, er stand mitten im Wald und wußte nicht, wie er dorthin gekommen war.

Ich schaue in das matte Flämmchen der Öllampe. Daß ich hier auf dem Campus solch magische Geschichten zu hören bekomme! Doch dann fällt mir etwas ein, was mir ein westlicher Journalist in Kinshasa erzählt hat. Er hatte einmal ein eindrucksvolles Interview mit einem Offizier geführt, der aus der Armee des angolesischen Rebellenführers Savimbi geflohen war. Innerhalb weniger Stunden hatte der Mann ihm erklärt, wie es in der Rebellenarmee zuging – die Sache war ein Knüller ersten Ranges. Zufrieden klappte der Journalist seinen Notizblock zu und fragte den Offizier, ob er noch Angst vor Savimbi habe. »Ja, sicher«, war die Antwort, »man weiß ja, daß Savimbi sich nachts in einen Raubvogel verwandelt und dann über das Land fliegt und nach seinen Feinden Ausschau hält.«

Die Worte des alten Leoparden

Kinshasa

ES NIESELT, als wir zur Landung auf dem Flughafen N'Djili ansetzen. Ich stehe im Cockpit hinter der Kopilotin Sylvie und sehe die Landebahn in der Abenddämmerung glänzen. Als wir unten sind, geht irgend etwas schief. Wir sind mit einem fürchterlichen Schlag aufgekommen, und statt auszurollen, schrammt das Frachtflugzeug mit der Nase über den Asphalt und zieht bedrohlich nach rechts. Wir kommen von der Landebahn ab, streifen eine Lampe. Der Pilot versucht verzweifelt, die Maschine wieder unter Kontrolle zu bringen, und Sylvie ruft: »*Fire! Fire!*«

Der Bordmechaniker hat mir die Hand auf die Schulter gelegt und mich nach unten gedrückt. Das war's dann, schießt es mir durch den Kopf. »Was willst du im Kongo? Da ist Krieg«, hat ein niederländischer Kollege vor meiner Abreise zu mir gesagt. »Wenn dir was passiert – das verzeihen wir dir nie.« Ich bin trotzdem hierhergekommen. Am Boden kauernd, mache ich mich auf das Schlimmste gefaßt.

Aber nach und nach bekommt der Pilot die Maschine wieder in den Griff. Wir werden langsamer, das Schlingern hört auf. Der Arm des Bordmechanikers liegt noch schützend um meine Schultern. »Ist es vorbei?« flüstere ich.

»Ja, ich glaub schon.«

Kaum sind wir zum Stehen gekommen, schnellt der Pilot zur Tür. Draußen hält mir jemand seine verschränkten Hände hin, ich setze meinen Fuß darauf, und dann stehe ich auf dem warmen, dampfenden Asphalt. »Weg hier!« ruft Sylvie und zieht mich mit sich. Doch die befürchtete Explosion bleibt aus. Neben mir fallen sich die kongolesischen Passagiere, die im Laderaum mitgeflogen sind, weinend in die Arme. Ich wundere mich über meine Ruhe. So rebellisch ich war, als ich mein Gepäck in Brazzaville zurückgelassen hatte, so gelassen war ich jetzt.

Die Brandgefahr ist vorüber, wir gehen um die Maschine herum und sehen uns den Schaden an. Das Bugfahrwerk ist bei der Landung abgebrochen und hat den rechten Flügel durchschlagen. Das Flugzeug ist schrottreif.

»Wie kann so etwas passieren?« frage ich später Pilot Erik. Er lacht verschmitzt. Vielleicht sei ein Riß im Fahrwerk gewesen, der Pilot sei zu hart gelandet, oder die Maschine sei zu schwer beladen gewesen – das komme alles vor. Seine Beechcraft werde regelmäßig gewartet, aber die Flugzeuge der Congo Air Lines… »Mit denen machen sie's wie mit ihren Autos und Bussen. Sie nutzen sie restlos ab, und irgendwann fallen sie runter.«

Bondos Sekretär Kivilu nimmt mich am Abend nach meiner Ankunft mit nach Matonge. *Londoniennes*, auch Stilettos genannt, schwanken auf ihren hohen giftgrünen Schuhen die Hauswände entlang und warten auf Kunden. Fluoreszierende T-Shirts, glänzende Hosen, kaugummikauende Münder – nach der Zurückgezogenheit der letzten Wochen gehen mir die Augen über. Ich kann mir vorstellen, daß die Kadogos aus dem puritanischen Osten Leggings zerfetzt haben, als sie hierherkamen, daß die Rebellen diese Stadt Sodom und Gomorrha nannten und die *manyanga* – die Zügellosigkeit – mit der Peitsche ausmerzen wollten.

Ein Restaurant finden wir nicht, aber eine Bude, wo es *Ya Jean* – großer Bruder Jean – gibt, gegrillte Fleischstücke mit Zwiebeln, wie Riesenpralinen in nicht fettendes Papier verpackt, eine von den aus Brazzaville geflüchteten Westafrikanern eingeführte Neuheit. *Ya Jean, goût ya danger!* – Großer Bruder Jean, der Geschmack der Gefahr! hat der Besitzer sein Geschäft getauft.

Wir kaufen einem Jungen im Vorbeigehen Brot ab und essen im Auto. Durch die offenen Fenster weht der neueste Hit von Wenge Musica herein. Koffi hat wegen *Loi* einen Rüffel bekommen, erzählt Kivilu, und eine zensierte Fassung herausgebracht. Aber am nächsten Tag zeigt sich, daß auf dem Markt beide Kassetten zu haben sind.

Kivilu ist Teilhaber von Bondos Fabrik in der Äquatorprovinz geworden, ein taktischer Schachzug Bondos, um seinen Namen, der ja einen mobutistischen Beigeschmack hat, im Hintergrund zu halten. »Er ist schlauer, als ich dachte«, sagt Kivilu. Als vor kurzem ausländische Investoren Interesse an der Fabrik bekundeten, ließ Bondo seine Mitarbeiter als Teilhaber mit am Verhandlungstisch sitzen.

Letzten Monat war Kivilu mit Bondo in Gbadolite, um die Fabrik zu besichtigen. Früher strömten die Menschen nur so herbei, wenn Bondo kam, es wurde Palmwein getrunken, gefeiert und getanzt. Diesmal blieb es still um sein Haus, nur einige Vertraute kamen, die die Plünderung der Fabrik hatten verhindern können.

»Mama Bondo hätte das nicht überlebt«, sagt Kivilu, »aber Bondo hat die Zähne zusammengebissen und es weggesteckt.« Einmal hatten sie einen Termin beim Ortskommandanten. Als sie sich dort einfanden, sagten die Kadogos am Tor, ihr Chef halte Siesta und sie dürften ihn unter keinen Umständen stören. Bondo zog ab und versuchte es nicht noch einmal.

»Manchmal sagt er, er will außer Landes gehen, aber ich versuche es ihm auszureden. Der einzige Grund, warum man ihm nicht alles weggenommen hat, ist ja gerade, daß er geblieben ist.« Bondo versucht, seinen Sohn, der früher Gouverneur war, wieder in die Politik zu bringen, und hofft dann durch dieselbe Tür hineinzuschlüpfen. Er hat einen Vertrauensmann in einem Ministerium, der ihm den Weg weist.

»Stell dir vor: Inzwischen zahlt das Außenministerium seine Hotelrechnung.« Kivilu lacht. Bondo hat in einem Brief an das Ministerium darum ersucht, schließlich wohne er gegen seinen Willen im Hotel, sein Haus sei ja von Kommandeur Masasu besetzt.

Masasu stammt aus dem Osten. »Ich glaube, Kabila will ihn loswerden«, sagt Kivilu.

»Wieso?«

»Ach, das hört man überall. Kabila versucht sich von den Leuten aus dem Osten zu trennen und besetzt alle wichtigen Posten mit Katangern. Er macht es wie Mobutu am Schluß, der hat überall Ngbandi hingesetzt.« Auch im Ausland sucht Kabila ein Gegengewicht gegen die östlichen Nachbarn, die ihn an die Macht gebracht haben. Er vertieft die Beziehungen zu den westlichen Nachbarn, zum angolanischen Präsidenten Dos Santos, zu Sassou von Kongo-Brazzaville.

An den Boulevards von Kinshasa sind große Porträts eines vierschrötigen, breit lachenden Kabila aufgetaucht. *»L'homme qu'il fallait«*, steht darunter, der Mann, den wir brauchten. »Brauchten«, sagt Chauffeur José, »stimmt genau. Um Mobutu zu vertreiben, aber um das Land zu regieren, muß ein anderes Kaliber her.« Wenn Kabila sich von den Ruandern lösen wolle, müsse er die Verbindung zu seinem Volk stärken, meint er, aber das tue er nicht.

Wir kommen an dem von den Chinesen erbauten Volkspalast vorbei, in dem damals die Nationalkonferenz stattfand. *»Je vous ai construit le Palais du Peuple et vous m'avez insulté là-dedans!«* ruft José spontan aus. Ich habe den Palast des Volkes für euch gebaut, und ihr habt mich darin beleidigt – Worte, die Mobutu zu den Männern sprach, die dort zusammengekommen waren, um ihn auszubooten. Nostalgie liegt in der Luft, Heimweh nach der Zeit, als die Zaïrer noch unter sich waren und das gekränkte Orakel von Gbadolite aus an seine Existenz erinnerte. Kabila ist kein mitreißender Redner, seit er da ist, herrscht im Land eine Stille, in der die Worte des alten Leoparden ganz von selbst wieder auftauchen und in der Leere widerhallen. Ich denke an die herzlose Reaktion der Neuen auf Mobutus Tod und konstatiere mit einiger Zufriedenheit, daß sein Volk ihn auf seine Weise in Erinnerung behält.

Während meiner Abwesenheit war José in Matadi, dem Binnenhafen am Kongo, um einen Kleinbus und einen Kühlwagen abzuholen, die ein in England lebender Kongolese für seinen Bruder in Kinshasa gekauft hatte. José fuhr mit dem neuen Besitzer und einem jungen Fahrer dorthin. Dreihundertfünfzig Kilometer – die Zugfahrt dauerte zwei Tage. In Matadi angekommen, mußte der Besitzer feststellen, daß sein Bruder das Geld für den Zoll nicht überwiesen hatte, und sah sich deshalb gezwungen, die dreihundert Autoreifen, die hinten in dem Kühlwagen lagen, für zehn Dollar das Stück zu verkaufen. In Kinshasa hätte er fünfundzwanzig Dollar dafür bekommen.

Der Erlös von zweitausend Dollar reichte gerade für den Bus. Der sprang jedoch nicht an und wurde mit einem Gabelstapler vom Hafengelände geschafft, wobei sowohl das Dach als auch die Stoßstange beschädigt wurden. Der Fahrer kam mit der Linkssteuerung nicht zurecht und fuhr noch am selben Abend betrunken in einen Mercedes. Fünfhundert Dollar Schaden. Um das Opfer zum Schweigen zu bringen, mußte der Besitzer einen Motor verkaufen, der ebenfalls in dem Kühlwagen stand, aber für jemand anderen bestimmt war. Der Bus wurde ein wenig hergerichtet, und José fuhr damit nach Kinshasa. »Aber lange wird er's nicht machen«, prophezeit er.

Die Straße von Matadi nach Kinshasa scheint in einem miserablen Zustand zu sein, die Bilder großangelegter Instandsetzungsarbeiten, die wir im Fernsehen täglich zu sehen bekommen, sind reine Propaganda. »Das ist immer derselbe Bagger, der da ins Bild kommt, ich hab ihn gesehen.«

Zunehmend ungläubig höre ich mir Josés Geschichte an, doch er erzählt ganz nüchtern.

»Hat der Besitzer dich wenigstens bezahlt?«

»Nein… noch nicht.«

»Noch nicht? Das Geld siehst du doch nie!«

Neben mir bleibt es still.

»Oder?«

»Er hat mich gebeten, den Kühlwagen in Matadi abzuholen, sobald er das Geld für den Zoll hat«, gesteht er zögernd.

»Und, machst du's?«

Wieder ist es einen Moment still. »Er hat mir versprochen,

daß ich dann damit fahren darf. Das wär nicht schlecht – meine Frau hat ein kleines Geschäft zwischen Matadi und Kinshasa, da könnte ich ihr helfen.« Das scheint mir ein ziemlich zweifelhafter Anfang für eine neue Laufbahn. Ich ziehe ihn noch öfter damit auf, aber José schweigt so beharrlich, daß ich es schließlich lasse. Er hat natürlich recht – was habe ich ihm schon zu bieten?

Der Besitzer unserer roten Ente hat das Land verlassen, und wir benutzen jetzt einen lärmenden Suzuki-Jeep, den mir ein Landsmann geliehen hat. Bald werden wir von den umgeschulten und in neue Uniformen gesteckten Verkehrspolizisten mit wütendem Pfeifen gestoppt. »Da haben wir's«, seufzt José. Er parkt ein Stück weiter vorn und geht zurück, um zu fragen, was los ist. Die Polizisten zeigen auf die Löcher rechts und links am Wagen. Wo die Außenspiegel geblieben seien? Mit hängenden Schultern kommt José zurück und meldet das Ergebnis seiner Verhandlungen: fünfhunderttausend Zaïre – drei Dollar – sollen wir zahlen, sonst müssen wir mit aufs Revier. »Wir haben doch den Rückspiegel innen«, protestiere ich, »wir brauchen keine Extraspiegel!« Aber darum geht es natürlich nicht. Murrend rücke ich das Geld heraus.

In den nächsten Tagen scheint unser Steckbrief durch die ganze Stadt zu gehen, denn kaum erspähen uns die gelben Polizisten, ertönen ihre Trillerpfeifen. José ist kein guter Verhandler, wie ich merke, als ich einmal selbst aussteige. Ich rede, lache, bettle und bezahle keinen Cent. Aber auf diese Weise kommen wir natürlich nicht vorwärts. Nachdem wir wieder einmal angehalten worden sind, gehe ich in ein Geschäft und kaufe für fünfzig Dollar zwei Außenspiegel.

Doch die gelben Uniformen behalten uns im Auge. Wir haben jetzt zwar Außenspiegel, okay, aber wo unsere Versicherungspapiere seien? Eine Kraftfahrzeugversicherung abzuschließen ist vollkommen sinnlos, habe ich mir sagen lassen, das erhält nur die Versicherungsgesellschaft am Leben – kein Schaden wird je reguliert. Auch so eine Schraube, die sich im Leeren dreht. Aber eines Tages schließe ich doch eine Versicherung ab.

Ausgerüstet mit zwei nutzlosen Elefantenohren und virtuellen Versicherungspapieren, machen wir uns auf die lange Fahrt zu Cheri Cherin nach N'Djili. Sein Bild ist fertig, stolz kommt er damit vors Haus und stellt es auf einen Stuhl. Der flüchtende Leopard, der einmarschierende Kadogo mit seinem Telecel, Doktor Kabila mit seiner Riesenspritze, der Kongolese, der seine Ketten sprengt – alle sind sie da. *Von der Diktatur zur Demokratie* hat Cherin das Bild genannt.

»Ist der Titel nicht ein bißchen voreilig?«

»Findest du? Soll ich ihn ändern?«

Ich lache. »Nein, nein, so war das nicht gemeint.«

Ich hatte befürchtet, Cherin könnte das Bild schon verkauft haben, doch er zuckt unwillig die Schultern, als ich ihn nach seiner Kundschaft frage. Alle Ausländer, die früher seine Werke gekauft haben, sind weg. Er hatte seine Hoffnungen auf die Neuen gesetzt, aber von denen ist er bis jetzt bitter enttäuscht. Auf einem Empfang hat er den Außenminister Bizima Karaha angesprochen und ihn gefragt, ob er ihn porträtieren dürfe. »Nur zu«, sagte der Minister. Doch als das Bild fertig war, gelang es Cherin nicht, zu ihm vorzudringen, und er beschloß, es zu übermalen und statt dessen Minister Mawampanga zu porträtieren. Der war begeistert und hielt ihn eine Zeitlang hin, gestand ihm aber schließlich, daß er kein Geld habe und den Betrag unmöglich aus der Staatskasse nehmen könne, weil er beobachtet werde.

»Da hab ich Mawampanga übermalt und dafür den Gouverneur genommen«, seufzt Cherin. Als der das Porträt sah, fand er es nicht ähnlich genug und gab Cherin ein neueres Foto von sich mit. Beim nächsten Mal war er zufrieden. Jetzt hängt das Bild schon seit Wochen in seinem Büro, und Cherin geht von Zeit zu Zeit dort vorbei, um nach seinem Honorar zu fragen.

Er erzählt es in seinem üblichen kummervollen Ton, und José und ich biegen uns vor Lachen. All die zahlungsunwilligen Rebellen, auf ein und derselben geduldigen Leinwand übereinandergemalt, all das Hackenablaufen auf der Suche nach einem Käufer – mir wird wieder einmal warm ums Herz angesichts der Kinois, die sich einfach nicht unterkriegen lassen.

Wir legen mein Bild auf das Dach unseres Jeeps und fahren vorsichtig auf die Straße hinaus, jeder mit einer Hand auf dem Dach. Noch ehe wir den Boulevard erreicht haben, ertönt der schrille Pfiff der Verkehrspolizei. Mit großen Schritten steuert ein gelber kleiner Mann auf uns zu. Wo unser Dachgepäckträger sei? Ich bitte um Gnade, aber er sieht mich entrüstet an: Ob ich in Europa etwa so herumfahren dürfe? Europa! Wie weit ist das weg!

»*Mutu na mutu abongisa* – soll jeder sehen, wie er zurechtkommt«, zitiert José im Weiterfahren Mobutu. Die Zaïrer hätten das auf ihre Weise interpretiert: soll jeder stehlen, was er kann – der Beamte in seinem Ministerium, der Arbeiter in seiner Fabrik, der Verkehrspolizist auf der Straße. Und so habe Mobutu es wohl auch gemeint.

Am Sonntag fahre ich mit Pilot Erik aus der Stadt hinaus nach Maluku, einer einstigen Touristenattraktion am Pool Malebo, einer Ausbuchtung des Kongo. Autos stehen auf dem Parkplatz des Restaurants, die Tische unter den Strohüberdachungen sind besetzt, aber das Wasser, auf dem früher Ausflugsdampfer unterwegs waren, bleibt leer.

Erik ist ein nüchterner Mann, der den Zustand des Landes danach beurteilt, wie er es mit seiner Beechcraft durchkreuzen kann – kein schlechter Gradmesser, wie mir scheint. Solange die Flughafenbehörden mit sich reden lassen, solange er an den unzugänglichen Orten im Landesinneren, die er manchmal anfliegt, Landeerlaubnis erhält, solange er ungehindert vom Flugplatz nach Hause fahren kann, ist für sein Gefühl alles in Ordnung.

Zu Beginn der Befreiung stand sein kleines Flugzeug in Brazzaville, und als er es nach Kinshasa holen wollte, lernte er den sympathischen Flughafenkommandanten Kabwe kennen, einen treuen Kampfgefährten Kabilas, einen Rebellen, der weder lesen noch schreiben konnte. Vor ein paar Wochen rief Kabwe ihn an und sagte ihm, daß er inzwischen Leiter des

Sicherheitsdienstes sei, nachdem sein Vorgänger aus unerfindlichen Gründen im Gefängnis gelandet war.

»Kabwe und Geheimdienstchef!« Erik hat sich noch immer nicht von seiner Verblüffung erholt. »Kabila hat ihn da nur hingesetzt, weil er auf keinen Fall einen Ruander auf dem Posten haben wollte.« Kaum hatte Kabwe sein neues Amt angetreten, feuerte jemand drei Schüsse auf ihn ab. Jetzt liegt er in einem Krankenhaus in Südafrika, und ganz Kinshasa spekuliert darüber, wer ihm nach dem Leben getrachtet hat. Alle Finger zeigen natürlich auf die Ruander.

Erik blickt übers Wasser. »Ich weiß nicht, ob das hier gutgeht«, sagt er. »Die Wirtschaft kommt einfach nicht in Gang. Die Betriebe arbeiten kaum, müssen aber hohe Steuern zahlen. Die Neuen haben kein Geld und keine Ahnung, was die Dinge kosten. Unter Mobutu mußten die Ausländer saftige Schmiergelder zahlen, ›Funktionskosten‹, wie das euphemistisch genannt wurde, jetzt zahlen sie ›Investitionskosten‹.«

Auch anderswo in der Stadt hört man Klagen. In der Lobby des Hotels Inter treffe ich einen Bekannten, der neuerdings Berater von Minister Bizima Karaha ist. Kein einziger Minister sitzt am richtigen Platz, sagt er, der immer querköpfige Oppositionelle Olenghankoy hat zu Recht von einer Regierung der Praktikanten gesprochen. Karaha selbst hat Tiermedizin studiert – ohne Abschluß übrigens –, und der Sportminister war vorher Chemiker. Der könnte im Bergbauministerium nützliche Arbeit leisten, denn dort sitzt jemand, der von Chemie keine Ahnung hat. »Wenn man dieses Kabinett unter die Lupe nimmt«, sagt er, »sieht man ein feinmaschiges Netz von Verwandtschaftsbeziehungen und Freundschaften, genau wie unter Mobutu.«

Karaha nimmt seine Ratschläge nicht an, klagt er, er liest nichts und macht keinerlei Versuche, seinen Bildungsstand zu heben. »Er redet ständig von internationaler Solidarität, aber ist das nicht eine Utopie, wenn man bedenkt, daß kein einziger Staatsschef in der Region seine innenpolitischen Probleme gelöst hat? Museveni hat mit diversen Aufständen zu kämpfen, Kagame betrachtet fünfundachtzig Prozent der Ruander als seine Feinde, und Kabila schafft es nicht, eine Regierung der nationalen Einheit zu bilden. Hätte er alle Parteien in die Kabinettsbildung einbezogen, dann hätte ihn jedermann unterstützt, aber da er es nicht getan hat, dringen durch alle Ritzen und Löcher Saboteure ein. Und gleichzeitig tut er alles, um auch noch das Ausland zu brüskieren. Den roten Teppich auf dem Flughafen von Kairo ausrollen zu lassen und Mubarak dann zwei Stunden vergeblich warten zu lassen, während der Präsidentenjet mit einem betrunkenen Kabila an Bord Richtung Kinshasa fliegt... Jelzin hätte man so etwas vielleicht verziehen, aber der Kongo ist nicht Rußland.«

Der einzige, dessen Begeisterung kein bißchen nachgelassen hat, ist der niederländische Geschäftsträger Racké, der ein feines Gespür fürs absurde Detail hat. Vor kurzem war Minister Pronk zu Besuch. Er und Racké hatten einen Termin mit vier Ministern gleichzeitig. Zwischendurch hingen zwei von ihnen am Telecel, der dritte machte ein Nickerchen, und der vierte war in Gedanken versunken. Pronk beobachtete die Szene schweigend, warf seinem Mann in Kinshasa einen Blick zu und flüsterte: »Eigenartig, nicht wahr?«

Kabinettschef Mukendi hat während meiner Abwesenheit etwas erlebt, was er schon hundertmal erzählt haben muß, so daß es zu einer allegorischen Anekdote geworden ist – von der Art, auf die Mukendi das Patent hat.

Er hatte mehrere Geschäftsleute zu einem Gespräch über die wirtschaftliche Lage gebeten. Als alle versammelt waren, weigerte sich Michel, ein Tutsi-Mitarbeiter aus dem Präsidialamt, ihm den Schlüssel zum Sitzungssaal zu geben. »Wir sind hier im Kongo, nicht in Ruanda!« rief Mukendi und versetzte Michel vor aller Augen ein paar kräftige Hiebe. Michel erschrak zu Tode und heulte: »Nicht schlagen, bitte, du bist doch *mon papa*!« Am Abend rief Mukendi eine Gruppe Journalisten zusammen und erzählte ihnen, Michel habe ihn geschlagen. Am nächsten Morgen stand es in allen Zeitungen: Ein Ruander hatte den Kabinettschef angegriffen!

Auch die Geschichte von der Befreiung hat Mukendi zurechtgebogen, wie ich merke; er hat alles mehr nach der kongolesischen Seite hingedreht: Goma ist von Ngandu Kisase, einem Stammesgenossen Lumumbas, befreit worden, die Kasai-Region und Katanga von einem Katanger aus Angola – die Ruander haben kaum noch etwas damit zu tun. »Wir haben Kabila von Anfang an gebeten, die Schlange vor der Tür zu lassen«, sagt er, »aber er mußte sie ja unbedingt hereinlassen.« Die Schlange! Und vor einem knappen Jahr hat er noch von »unseren ruandischen Brüdern« geredet!

Es ist voll in Mukendis Zimmer. Seine Landsleute betrachten ihn nach wie vor als potentiellen Arbeitgeber, seufzt er, die Bewerbungen nehmen kein Ende. Ein Bekannter, der in Frankreich ein kleines Transportunternehmen hatte, ließ ihn wissen, daß er Direktor der Post werden wolle. »Wieso denn das?« fragte Mukendi. »Da verdienst du nicht mal fünfhundert Dollar, das ist dir doch bestimmt zu wenig.«

»Ach, ich weiß schon, wie ich zu Geld komme«, sagte der Mann.

»Warum bringst du nicht deine Lastwagen hierher, statt der Post Geld zu stehlen?« fragte Mukendi. »Als Transportunternehmer kannst du dich viel besser nützlich machen.«

Wie immer sind auch einige Geschädigte da, die ihm Bericht erstatten. Ein Mann, der in der Kasai-Provinz ein landwirtschaftliches Projekt aufziehen will und zwei koreanische Techniker verpflichtet hat, wurde von einem Beamten des Planungsministeriums gerügt: Warum er nicht statt der Koreaner Chinesen nehme? »Was geht die das an!«

Ein Geschäftsmann, dem mehrere Container mit chemischen Produkten geliefert worden waren, wurde von sage und schreibe vier Jeeps voller AFDL-Soldaten bedrängt. »Die wollten sämtliche Papiere sehen und haben mich wie einen Verbrecher behandelt!« Er müsse Mobutist gewesen sein, meinten sie, wie er sonst so dick und reich geworden sein könne? Sie verhafteten sein gesamtes Personal, fuhren stundenlang mit ihm in der Stadt herum und drohten damit, ihn ins Gefängnis zu werfen.

Am nächsten Tag kamen sie wieder. Die Papiere seien in

Ordnung, aber er solle ihnen fünfhundert Dollar geben. »Warum sagt ihr das denn nicht gleich?« rief der Mann. »Dann hätte ich gemacht, was ich immer mache: dem Zoll weniger Geld geben und einen Teil für euch reservieren!«

Früher, sagt er, hätten die Leute hier einen Rundtanz aufgeführt, bei dem sie sich gegenseitig in die Gesäßtasche griffen. »Niemand hat protestiert, alle waren zufrieden – aber jetzt! Jemand greift mir in die Gesäßtasche, aber wenn ich es bei dem Mann vor mir genauso machen will, haut er mir auf die Finger und nennt mich einen Verbrecher!«

Masasu ist verhaftet worden. Einem giftigen Fernseh-Kommuniqué zufolge soll dieser »kleine Korporal« der ruandischen Armee auf einer Reise in den Osten Waffen an die Mayi Mayi geliefert haben. Kabila entledigt sich der Leute, mit denen er die AFDL aufgebaut hat.

Mukendi behauptet, Masasu habe einen Putsch geplant. Eines frühen Morgens kam Appoline, die Frau, die an Mukendis Computer Karten spielt, wenn sie nichts zu tun hat, völlig außer Atem mit der Nachricht zu ihm. Er rief sofort Kabila an, und Masasu wurde festgenommen. Kivilu vermutet jedoch, daß eine Tochter von Bondo dahintersteckt. Angeblich konnte sie den Kummer ihrer Eltern über ihr von Masasu beschlagnahmtes Haus nicht mehr mit ansehen und bearbeitete einen von Kabilas nächsten Mitarbeitern, mit dem sie ein Verhältnis hat.

Christine ist mit einer Schwiegertochter Bondos befreundet. Einige Tage nach Masasus Verhaftung wurde die Frau mit einer Militäreskorte zu dem Haus gebracht. Im Keller hatte Masasu ein Gefängnis eingerichtet, weiß Christine zu erzählen. »Ein paar von den Gefangenen waren schon dabei, sich in Schweine zu verwandeln!«

Mukendi ist nicht mehr Kabinettschef. Alle sind wie vor den Kopf geschlagen, besonders seine Familie. Als ich nach gebührender Pause bei ihm anrufe, meldet sich jemand in einer lokalen Sprache. Französisch kann oder will er nicht verstehen, und der Name Mukendi löst keinerlei Reaktion aus. Nach einigem Hin und Her wird die Verbindung unterbrochen.

Eines Tages fahre ich zu seiner Suite im Hotel Inter hinauf. Ein Neffe öffnet die Tür. Mukendi sitzt an seinem Laptop, einen Pagne um die Hüften, und blickt zerstreut auf. Er wirkt um Jahre gealtert. So war er, wenn ich ihn früher in Frankreich besuchte: etwas abwesend, eine Spur traurig auch – die Zeit, in der er etwas für sein Land tun konnte, wurde immer kürzer. Mit einem Schlag ist die Sympathie wieder da, die ich damals für ihn empfand und die in den vergangenen Monaten manchmal auf eine harte Probe gestellt wurde.

Vor kurzem rief Kabila ihn zu sich und dankte ihm für alles, was er für ihn getan hatte. Jetzt sei es an der Zeit, die Beziehungen zu Frankreich zu vertiefen. Er brauche einen starken Mann in Paris, und ob Mukendi dort nicht Botschafter werden wolle. Mukendi lehnte entschieden ab: Da müsse ein junger, dynamischer Mann her. Er war froh, nach Jahren des Exils endlich wieder zu Hause zu sein, er hoffte, seine Träume verwirklichen und sich dann auf seine alten Tage in die Kasai-Provinz zurückziehen zu können. »Außerdem wußte ich, daß für den Posten kein Budget da ist«, gesteht er. »Eine unterbesetzte Botschaft mit unbezahltem Personal – was soll ich da?«

Wenig später verkündete Kabila am Ende einer Ministerratssitzung, in deren Verlauf er eine Kabinettsumbildung vorgenommen hatte, in Anwesenheit des nichtsahnenden Mukendi, daß er Ersatz für ihn gefunden habe. »Und dann kam Yerodia Ndombasi hereinspaziert!« Ich bin dem glamourösen neuen Kabinettschef eben am Aufzug begegnet, einem kernigen Mann mit intelligenten, etwas gedankenverlorenen Augen, eine dicke Havanna im Mund, eigenwillig gekleidet mit Hemd und Weste – ein exzentrischer Pariser Salon-Intellektueller, Sohn eines Senegalesen und einer Kongolesin, auch er ein alter Kampfgefährte Kabilas. In Paris war er Psychoanalytiker und Mitarbeiter des berühmten Lacan; er hatte eine gutgehende Praxis und konnte deshalb nicht früher kommen.

»Er ist Ausländer«, sagt Mukendi bitter. »Gegen Kabila kommt der nicht an.«

Kabila hatte Mukendis Empfehlungen in letzter Zeit nicht mehr befolgt, die eingereichten Vorschläge nicht mehr gelesen; es waren andere Kräfte im Spiel. »Das geht schief«, sagt Mukendi. »Was ich anfangs für kleine Fehler gehalten habe, sind strukturelle Probleme. Jeder sieht einer ungewissen Zukunft entgegen, deshalb wird auch so viel gestohlen. Kabila wundert sich schon, daß er sich so lange hält.«

Seit das Telefon nicht mehr klingelt und keine Arbeitssuchenden mehr bei ihm vorsprechen, ist es still geworden im Zimmer. Appoline klopft an, und er bestellt einen Croque-Monsieur, den sie an dem kleinen Salontisch gemeinsam verzehren. Die Silberschalen auf dem Tisch, das unpersönliche Hotelmobiliar, die nichtssagenden Bilder an den Wänden, der bleiche Kongo in der Tiefe – alles erscheint mir plötzlich fremd, der Luxus überflüssig. Was macht Mukendi eigentlich noch in dieser Suite, warum zieht er nicht aus? Aber er hat das Vorzimmer der Macht betreten; er wartet ab, was Kabila für ihn in petto hat, und so lange ist er hier sicherer als anderswo.

Seine Tochter ist nach Frankreich zurückgegangen, aber sein Urgroßvater wohne jetzt bei ihm, sagt er. »Ihr Urgroßvater?« Er lacht. »Ja, schauen Sie ihn sich an, er ist im anderen Zimmer.« Neben dem Bett, auf dem der Neffe liegt und fernsieht, steht ein Käfig mit einem kleinen Affen. Mukendi ist mir gefolgt. »Und, was sagen Sie? Cheops heißt er. Er gehört meiner Tochter, aber sie konnte ihn nicht mitnehmen.« Appoline versorgt das Tier, und wenn ich in den folgenden Wochen ab und zu hereinschaue, sitzt Cheops auf ihrer Schulter, schaut ihr beim Kartenspielen zu und greift kreischend nach dem Bildschirm. Eines Tages ist der Laptop verschwunden, und Cheops sitzt in seinem Käfig. Er hat auf die Tastatur gepinkelt – der Laptop ist hinüber.

Vom Trägheitsgesetz redet Mukendi nicht mehr.

Oppositionsführer Tshisekedi ist wieder verhaftet worden, und diesmal ist es ernst: Er wird in sein Heimatdorf in der Kasai-Region verbannt. Mawampanga – seit der Kabinettsumbildung Landwirtschaftsminister – behauptet, man habe ihm eine Landmaschine und Saatgut mitgegeben, damit er sich nützlich machen könne, aber das erweist sich als Lüge. Etwas davon bleibt jedoch hängen, und ein Pagne mit Maiskolbenmuster, der neu auf den Markt kommt, erhält sofort den Namen Tshisekedi.

Die Konflikte mit den Tutsi rücken für eine Weile in den Hintergrund, und ein anderer, ebenso alter Konflikt – der zwischen Katangern und Kasaiern – wird wieder akut. »Die Ruander kennen wir inzwischen«, philosophiert ein belgischer Bekannter, »aber was wissen wir eigentlich von den Katangern?«

»Die Katanger denken nicht nach, bevor sie handeln«, sagt Mukendi. »Sie werfen einen Stein in die Luft, überlegen sich aber nicht, was passiert, wenn er wieder herunterkommt.«

»Ach, du immer mit deinem Mukendi«, schimpft Christine, als ich ihr von seiner Besorgnis wegen der Verhaftung seines »Bruders« erzähle. »Ich mag Kabila, aber ich posaune nicht herum, was ein Luba tun würde, wenn Tshisekedi an der Macht wäre.« Ihre Attacken gegen die Luba kommen nicht von ungefähr. Wenn ich sie lange genug reden lasse, stoße ich immer wieder auf Angst. »Sie« waren wieder bei ihr im Geschäft und haben gesagt, jeder müsse Tshiluba lernen, und die Swahilisprachigen würden demnächst ganz anders reden. Wenn Kabila es nicht schafft, kann sie dann überhaupt in Kinshasa bleiben, müssen dann nicht alle Katanger nach Hause zurück?

Kurz bevor ich nach Katanga abreisen will, wird der belgische Konsul auf dem Flughafen N'Djili mit einer Kiste Gewehre verhaftet. Fallschirmjäger hätten die Gewehre unmittelbar vor dem Sturz Mobutus zum Schutz der belgischen Gemeinschaft mitgebracht, erklärt die Botschaft. Die Behörden waren über den Transfer von Lubumbashi nach Kisangani informiert, die Gewehr waren zerlegt und sollten mit der nächsten Sabena-Maschine nach Brüssel gebracht werden. Doch Kinshasa wirft Belgien in den Fernsehnachrichten illegalen Waffenbesitz vor und behauptet, Belgien wolle die Regierung Kabila stürzen.

Guido und ich sitzen kopfschüttelnd auf dem Sofa – der Verfolgungswahn dieser Leute! »Das sind alles Ablenkungsmanöver«, meint er, »um ihre Inkompetenz zu verschleiern.« Die belgische Erklärung klingt plausibel, die kongolesische Beschuldigung nicht.

»Kabila lügt also, und ihr nicht!« ruft Christine wütend. »Seit Kabila an der Macht ist, behindert ihr ihn, wo ihr nur könnt. Wer sagt, daß ihr ihn nicht aus dem Weg räumen wolltet?«

Guido und ich wechseln einen Blick und schweigen. Am nächsten Morgen gehe ich zögernd durchs Haus. Wenn in der Stadt alle so denken wie Christine, wäre es dann nicht vernünftiger, zu Hause zu bleiben? Aber draußen wartet José auf mich. Er lacht, als ich ihn frage, ob er nicht böse ist, weil wir Belgier Kabila nach dem Leben trachten. »Die Tricks kennen wir doch«, sagt er. »Unter Mobutu bekamen die Ausländer auch immer eins aufs Dach, wenn hier eine Krise war.«

Wenig später bricht ein neuer Sturm los. Eines Morgens berichtet die Zeitung *Le Palmarès* mit großen Schlagzeilen, daß Masasu zusammen mit dem Regimegegner Olenghankoy und Z'Ahidi Ngoma aus dem Gefängnis von Bulowo nahe Lubumbashi ausgebrochen ist. Der Chefredakteur verdankt seinen Aufmacher einem kurzen Besuch im Gefängnis von Kinshasa, wo die Nachricht unter gut informierten Regimegegnern die Runde machte. Näheres weiß natürlich niemand, aber die Gerüchte rasen bereits durch die Stadt. Der ruandische Vizepräsident Kagame soll Masasus Freilassung gefordert haben – mit einer inszenierten Flucht hätte man dieser Bitte entsprochen, ohne das Gesicht zu verlieren. »Vielleicht sind sie auch so zugerichtet, daß sie nicht mehr vorzeigbar sind«, vermutet jemand anderer, »deshalb die sogenannte Flucht.«

Mukendi erinnert sich an eine Rede Kabilas auf einer Ministerratssitzung. Wer gegen ihn sei, werde umgebracht, erklärte er darin. »Der Mord an Lumumba und seinen beiden Mitgefangenen wurde anfangs doch auch als ›auf der Flucht erschossen‹ deklariert. Mit den dreien hat man es garantiert genauso gemacht.«

»Als ob Olenghankoy so ein Ehrenmann gewesen wäre«, murrt Christine. »Und Masasu, der hat ›euren‹ Tshisekedi bei seiner Verhaftung noch ins Gesicht geschlagen.«

»Aber deswegen muß man ihn doch nicht umbringen!«

»Und Mobutu? So viel, wie der getötet hat – habt ihr da jemals dagegen protestiert?«

Wenige Tage später erfahren wir, daß Masasu und Z'Ahidi Ngoma wieder gefaßt worden sind, nur Olenghankoy ist noch flüchtig. »Erst sehen, dann glauben«, sagt Mukendi.

Katangische Wärme

Manono

DER TOYOTA LANDCRUISER im Hof von Pfarrer Ngoy ächzt unter dem Gewicht einer Unzahl von Gepäckstücken, und der Beifahrer hievt immer noch mehr Koffer, Taschen und Pakete an Bord. Schüchtern stelle ich meinen Samsonite-Koffer und meinen Proviantkarton neben das Auto: Kann mein Gepäck überhaupt noch dazu? Und wo sollen wir dann sitzen?

Meine Reisegefährten lachen unbekümmert: Sie sind Spezialisten im Packen. Pfarrer Ngoys Frau und seine Kinder schauen in ihrem dünnen Nachtzeug fröstelnd zu, aus dem warmen Bett gerissen, die Gesichter verquollen vom Schlaf. Als alles eingeladen ist, bekreuzigt sich jemand, schließt die Augen und betet um Segen für unsere Fahrt, dann quetschen sich neun Passagiere in die Lücken zwischen dem Gepäck, und ein ganzer Kinderchor geleitet uns singend und klatschend bis zur Straße.

Schon lange wollte ich einmal in Kabilas Heimatregion. Manono – der Name dieses verschlafenen Städtchens im »nutzlosen« Norden der Bergbauprovinz Katanga war in aller Munde. Dank dem Präsidenten, so glaubte man, würde der Hauptort des gleichnamigen *territoire* endlich dem Vergessen entrissen werden. Doch sobald ich mein Vorhaben erwähnte, legte sich ein Schatten über jedes Gespräch. Was ich dort wolle? Ob ich eine *feuille de route* – eine Reisegenehmigung – beantragt hätte? »Wir leben in Kriegszeiten«, warnte mich jemand. »Ausländer können hier nicht einfach herumfahren.«

»Ich hab ein Visum, ich bin durchs ganze Land gereist, ohne irgend jemanden um Erlaubnis zu fragen!«

»Im übrigen Land geht das vielleicht, aber nicht in der Provinz, aus der der Präsident kommt.«

Doch das Schicksal meinte es gut mit mir. In Lubumbashi, wo ich den Schauprozeß gegen Masasu, Z'Abidi Ngoma und Olenghankoy, die Gefangenen von Bulowo, mit verfolgt hatte – Masasu wurde von dem Militärgericht zu zwanzig Jahren Haft verurteilt, Olenghankoy zu fünfzehn Jahren, Ngoma wurde freigesprochen –, lernte ich jemanden kennen, der gerade im Begriff stand, nach Manono zu fahren. Über die Reisegenehmigung mußte er herzlich lachen. »So kommt man nie weg!« Er strahlte eine ansteckende Selbstsicherheit aus, und das mit gutem Grund: Er hieß Kabila und war in Manono geboren. Er hatte Regionalentwicklung studiert und war bei einer lutherischen NGO tätig, die in Katanga mehrere Projekte betreute, darunter eine Pygmäenschule in Manono. Kurz vor der Befreiung, als Mobutu-Soldaten wie tollwütige Hunde auf der Suche nach Opfern durch die Stadt zogen, geriet er durch seinen Namen immer wieder in Bedrängnis: Er sei ein Bruder Kabilas, hieß es, ein Spion der Rebellen. Inzwischen aber trägt er den Namen wie ein Amulett. Einen besseren Schutzengel für eine Fahrt nach Manono kann ich mir gar nicht wünschen.

Der Boden des Autos ist mit Wasser- und Limonadenflaschen, Broten und Bechern mit Blue-Band-Margarine bedeckt. Ich sitze hinten am Fenster, die Füße zwischen einen Wasserkanister und das Gepäck meiner Nachbarin gezwängt, einer Schwangeren mit einem Kind auf dem Schoß. Auf ihrer anderen Seite sitzt ein junger Lehrer, der seiner melodischen Stimme wegen *Oiseau* – Vogel – genannt wird beziehungsweise, da jeder sich an die Gebote der Höflichkeit hält, Monsieur Oiseau. Der *abbé* – der Priester – neben ihm hat seine dicke Aktentasche auf den Sitz gestellt, und da wir so beengt sitzen, frage ich ihn, ob er sie nicht auf den Schoß nehmen könnte. Doch meine Freimütigkeit scheint Monsieur l'abbé nicht wohlgefällig zu sein; alle tauen unterwegs auf, nur er begegnet mir weiterhin mit gebührender Distanz.

Bald gelangen wir auf die asphaltierte Straße zu der kleinen Bergbaustadt Likasi. Vorn im Auto sprechen Kabila und Pfarrer Ngoy fließend Kiluba, die Sprache der Lubakat. Worum sich die Unterhaltung dreht, ist nicht schwer zu erraten, denn immer wieder fallen die Namen Kabila und Tshisekedi. Zwischen den beiden hat gestern ein geheimes, aber dennoch allgemein bekanntes Treffen in einem Militärlager bei Lubumbashi stattgefunden, zu dem Tshisekedi aus seinem Heimatdorf in der Kasai-Provinz, in das er verbannt worden ist, eingeflogen wurde.

Kabila hat sich zu mir umgedreht. »Weißt du, worüber wir reden?«

»Über das Treffen zwischen Kabila und Tshisekedi?«

Er grinst. »Und, was sagst du dazu?«

»Es wird höchste Zeit, daß Kabila sich mit der Opposition aussöhnt, oder nicht?«

Um mich herum bricht ein Proteststurm los. Tshisekedi, ein Oppositioneller! Ein Opportunist sei er, der nur auf die Macht aus sei! *Monsieur Zéro Fautes* – Herr Fehlerlos – nennen sie ihn, weil er sich für so perfekt hält.

»Tshisekedi hat noch einmal wiederholt, daß er Ministerpräsident werden will«, sagt Kabila. »Drunter macht er's nicht.«

»Woher weißt du das? Es war doch ein Geheimtreffen.«

Er lacht höhnisch. »Uns muß niemand sagen, was Tshisekedi will.«

Katangische Wärme, denke ich, von der schlimmen Art. Wie sich herausstellt, reise ich in Gesellschaft von Anhängern Kyungus, des Gouverneurs, der 1992 eine Haßkampagne gegen die Kasaier anführte und ebenfalls aus Manono stammt. Kyungu war ein begnadeter Redner, und einige seiner Reden haben Geschichte gemacht. Er nannte die Kasaier *bilulu* – Insekten – und sagte, sie sollten ihre Häuser auf Räder stellen und damit in ihre Heimatprovinz zurückrollen oder sich Palmöl auf den Bauch schmieren und auf den Eisenbahnschienen nach Hause rutschen. Zehntausende Kasaier flohen, Tausende starben auf der Flucht, und die Überlebenden wurden, am Ziel angelangt, spöttisch »Hühner aus Ndola« genannt, nach den Tiefkühlhühnern aus dem sambischen Ndola, die viel Fleisch, aber keine Knochen haben.

Schon bei meinem ersten Besuch 1986 war die Aggressivität der Katanger gegenüber den Einwanderern aus der Kasai-Region deutlich spürbar. Sie besetzten alle guten Posten und waren so zahlreich und untereinander so solidarisch, daß die Katanger keine Chance hatten aufzusteigen. Kyungu mag kein guter Manager gewesen sein, sagt Kabila, aber er hat die Katanger emanzipiert: Endlich konnten sie die Posten übernehmen, die durch den Weggang der Kasaier frei geworden waren. Außerdem habe er den Kasaiern eine Lektion erteilt, denn auf der Flucht hätten sich diese hochmütigen Wesen in ganz normale Menschen verwandelt, die gegen alle möglichen Krankheiten keineswegs gefeit waren und wie die Fliegen starben.

Als Tshisekedi 1992 Ministerpräsident wurde, feierten die Kasaier das, als sei es ihr Sieg, sie zogen in die Cité und banden Hunden Krawatten mit den Namen Kyungus und Nguza Karl I Bonds um, eines anderen prominenten katangischen Politikers, so daß die Leute Angst bekamen. Die Anekdote von den Hunden mit den Krawatten taucht immer wieder auf, wenn Katanger über die Kasaier reden, ich habe sie in so vielen Varianten gehört, daß sie verdächtig nach einem Mythos klingt. Es ist wie mit dem Gerücht, das sich seit der Befreiung in der Äquatorprovinz hartnäckig hält: daß Tutsi-Soldaten Menschenfleisch essen. Ist es ein Zufall, daß dieses Gerücht gerade in Mobutus Provinz umgeht, wo die Angst vor den neuen Machthabern am größten ist?

Die Katanger seien schon immer klüger gewesen als die Kasaier, sagen meine Reisegefährten, deshalb hätten die Belgier nichts für ihre Bildung getan und die viel fügsameren Kasaier bevorzugt. Jetzt haben sie sich endlich gerächt, und die Geschichte zu ihren Gunsten gewendet. Ich muß lachen. Bei den Belgiern hört sich das ganz anders an, da sind die Kasaier aufgeweckt und aktiv, die Katanger dagegen zu faul zum Arbeiten.

»Nein, nein«, sagt Pfarrer Ngoy, »die Katanger sind die Intelligenteren. Schau dir den jetzigen Präsidenten an, der ist auch Katanger.«

Ich schieße alle Pfeile auf sie ab, die ich sonst auf Christine abschieße, aber nach einer Weile gebe ich auf. Diesem Unmutschor stehe ich machtlos gegenüber, und schließlich habe ich noch eine lange Fahrt mit den Leuten vor mir.

Der Kampf geht unvermindert weiter, denke ich düster, immer gibt es eine frustrierte Gruppe, die sich hochstrampelt und den Ehrgeiz hat, Aufgaben zu übernehmen, denen sie im Grunde nicht gewachsen ist. Diese Menschen scheinen erst dann zufrieden zu sein, wenn alles, was vor ihrer Zeit aufgebaut wurde, bis auf die Grundmauern niedergerissen wird. *Kyungu war kein guter Manager, aber er hat uns emanzipiert* – wohin um Himmels willen kann jemand, der kein guter Manager ist, sein emanzipiertes Volk führen?

Pfarrer Ngoy und Kabila sprechen wieder Kiluba, und ich döse beim Rhythmus ihrer Stimmen ein. Nur ab und zu fahre ich hoch, wenn wir an einer Straßensperre halten oder Brot kaufen. Je tiefer wir ins Landesinnere kommen, desto schlechter wird die Straße, und die Häuser werden zu Hütten mit gefegten Höfen. Das Kind neben mir übergibt sich über die Jacke des Fahrers, die über seiner Rückenlehne hängt, und auch Kabilas Hemd bekommt etwas ab. Die Mutter fischt ein Kleidungsstück aus ihrem Gepäck und wischt die Bescherung ab. Ich gebe ihr eine Plastiktüte für das beschmutzte Kleidungsstück. Ein saurer Geruch breitet sich im Wagen aus, aber alles redet lustig weiter, als wäre nichts geschehen.

Als wir Pause machen, um etwas zu essen, hängt Kabila sein Hemd kurz zum Trocknen in die Sonne und zieht es dann wieder an. Die Margarine ist durch die Hitze zu Öl geworden, und jeder tunkt sein Brot hinein. Der Margarinebecher zu Pfarrer Ngoys Füßen ist umgefallen und auf seine Reservebatterien ausgelaufen. Er säubert die Batterien mit den Händen und schmiert sich das Öl in die Haare.

Gegrilltes Fleisch, saure Orangen – wir essen, was wir zu fassen bekommen. Ein Taschenmesser hat keiner der Herren dabei, und sie benutzen dankbar meines. Der Reihe nach kommen sie bei mir an und bitten mich um eine Plastiktüte, denn da ich gerade eine aus meinem Rucksack hervorgezaubert habe, muß ich ja einen ganzen Vorrat davon haben. Beim Einsteigen sehe ich, wo unser Beifahrer abgeblieben ist: Er sitzt hinten auf einem Stapel Gepäck, beugt sich weit hinaus und ruft von seinem Nest aus dem Fahrer Anweisungen zu.

Die Straße ist besser als erwartet, und gegen Sonnenuntergang gelangen wir in das Dorf Kiubo. Wir halten vor einem Backsteinhaus und machen es uns auf der Barza bequem, während Kabila und der Fahrer ein Hotel suchen. Aber die Hotels von Kiubo sind voll, und in der mißgelaunten Unentschlossenheit, die auf diese Mitteilung folgt, holen alle ihre Sachen aus dem Auto, und wir schlagen ein unvorhergesehenes Lager auf.

Plötzlich steht eine komplette Mahlzeit auf dem Tisch: Huhn, Brot, Beignets, südafrikanischer Orangensaft. Wir essen im Schein einer Öllampe, und in der Ferne rauschen die Kiubo-Wasserfälle, eine der schönsten Sehenswürdigkeiten Katangas. Kinder schauen uns ungeniert beim Essen zu. Eines hat ein Spielzeugauto dabei, ein anderes einen Fisch an einer Schnur, den es gegen ein Stück Beignet von einem dritten eintauscht. Barfuß stehen sie da, mit sandigen Händen und schmutzigen Kleidern, munter schnatternd wie Entenküken.

Kabila fährt wegen der Pygmäenschule nach Manono, in der im letzten Jahr kein einziger Schüler die Abschlußprüfung bestanden hat, die anderen fahren mit, weil vor einigen Monaten ein Verwandter gestorben ist und sie der Trauerfeier nicht beiwohnen konnten. Wir sind erst das dritte Auto in sechs Monaten, das Richtung Manono fährt, und die Leute in Kiubo behandeln uns mit einer Mischung aus Ehrerbietung und Besorgtheit. Vor kurzem sei ein Teil der Brücke über den Lufira weggeschwemmt worden, wie wir ans andere Ufer kommen wollten? »Das sehen wir, wenn wir dort sind«, sagt Kabila.

Nach dem Essen verteilen sich die anderen im Dorf, und ich bleibe allein auf der Barza zurück. Plötzlich ruft mich Pfarrer Ngoy, der schon etwas betagte Patriarch unserer Gesellschaft. Hinter dem Haus hat jemand eine Schlange getötet, das ist für eine Weiße bestimmt interessant, hat er sich gedacht. Dankbar folge ich ihm; offenbar hat er mir meinen Ausfall von heute morgen verziehen. Jetzt schäme ich mich meiner grimmigen Gedanken über ihn und seinesgleichen. Jemand hält die Schlange an einem Stock hoch, so daß ich sie von allen Seiten bewundern kann.

Danach sitzen wir in der friedlichen Abendstimmung auf der Barza und blicken auf das dörfliche Treiben hinab. Die Hitze der Stadt ist von mir abgefallen, ich sehe in Pfarrer Ngoy jetzt nicht mehr den rabiaten Tshisekedi-Hasser, sondern einen fürsorglichen Vater, der seine Familie zurückgelassen hat, um eine ungewisse Reise in seinen Geburtsort anzutreten. Auch er scheint etwas wiedergutmachen zu wollen. »Heute morgen haben wir Kabila alle verteidigt«, sagt er, »aber glaub nicht, wir sehen die Fehler nicht, die seine Regierung macht.« Vor kurzem war er mit einer deutschen Delegation bei Kabilas Cousin Kakudji, dem neuen Innenminister. Kakudji war sternhagelvoll, die Delegation war enttäuscht, und er selbst wußte nicht, wo er hinschauen sollte.

Als die anderen von ihrem Spaziergang durchs Dorf zurückkommen, hole ich meinen Schlafsack aus dem Auto und rolle ihn in einer Ecke der Barza aus. Die ganze Nacht höre ich das angenehme Rauschen der Wasserfälle und fühle mich wunderbar geborgen.

Die Brücke über den Lufira ist tatsächlich teilweise weggeschwemmt, aber durch das ausgetrocknete Flußbett gelangen wir auf den intakten Teil. Das dumpfe Dröhnen der Wasserfälle ist deutlich zu hören. Mit dem Boot ist man in wenigen Minuten dort, habe ich mir sagen lassen, aber wen in unserer Gesellschaft interessiert das schon?

Wir kommen ins Reich der Radfahrer. In den nächsten Tagen sind sie unsere einzigen Reisegefährten und offenbaren uns alle Aspekte ihres Lebens. Sie sind manchmal wochenlang unterwegs und schlafen für einen Vierteldollar pro Nacht in kleinen Hotels. Immer wenn wir Pause machen, um uns die Beine zu vertreten, ein Loch in der Straße oder eine verfallene Brücke zu inspizieren, halten sie auf ein Schwätzchen an, wenn sie nicht ohnehin schon stehen, weil sie eine Panne haben oder weil das Palmölfaß auf dem Gepäckträger leckt und sie das Loch mit einem Stoffetzen abzudichten versuchen. Sie haben Holzbretter auf den Gepäckträger montiert und die schwarzen Fässer darauf festgebunden. In ein Faß passen zweiundfünfzig Flaschen; sie kaufen die Flasche für dreißigtausend Zaïre und verkaufen sie für siebzigtausend, so daß sie an einer Ladung vierzehn Dollar verdienen.

Zerlumpte Gestalten sind diese Radfahrer, und alle schauen sorgenvoll drein. Sie tragen ramponierte Plastikhelme von Gécamines, der Bergbaugesellschaft, die Katanga einst am Laufen hielt und deren Niedergang es zuzuschreiben ist, daß sie auf diese Weise ihr Geld verdienen müssen. Manche kaufen in Lubumbashi ein Rad, das sie dann gegen vierhundertfünfzig Eimer Mais eintauschen. Für einen Eimer bekommen sie in Lubumbashi hunderttausend Zaïre. Minus den Preis für das Rad, die Transportkosten für den Mais und die Reisekosten – nach meiner Rechnung behalten sie höchstens hundert Dollar übrig. Für Kabila ist das ein Wuchergewinn. »Mobutismus ist das«, sagt er. »Was verdienen die Kleinbauern da überhaupt noch?« Mobutismus – ein Wort, das er gern in den Mund nimmt, immer lächelnd, aber darum nicht weniger ernst gemeint. Als der Pfarrer ihn bittet, die Musik leiser zu stellen, nennt er auch ihn einen Mobutisten.

Je weiter wir fahren, desto billiger wird das Leben. Drei Bananen für fünftausend Zaïre – in Lubumbashi bezahlt man für eine einzige Banane zwanzigtausend Zaïre. Aber Pfarrer Ngoy will nicht drei, sondern vier Bananen zu diesem Preis und treibt den kleinen Händler zur Eile an. Wir sind Städter in einem *Land-e-cruzèr*, wie Passanten ehrfurchtsvoll flüstern, und meine Mitreisenden nutzen ihre Sonderstellung schamlos aus.

Am Eingang des berühmten Upemba-Nationalparks, für dessen Besuch man in der Kolonialzeit in Brüssel eine Genehmigung beantragen mußte, steht ein in Französisch und Niederländisch sauber beschriftetes Schild. Dahinter fängt eine undurchdringliche Wildnis an. Wächter sind weit und breit nicht zu sehen. Was außer diesem Kolonialschild sollten sie auch bewachen? Touristen kommen seit Jahren nicht mehr hierher.

Um vier sind wir in dem Dorf, in dem wir, wie Kabila meint, gestern übernachten sollten. Wir überholen zwei Polizisten in grüner Uniform mit Hühnern auf dem Gepäckträger ihrer Fahrräder. Alle schauen neugierig aus dem Fenster: Das sind die neuen Beamten, die unter Kabila ausgebildet wurden. Die Savannenlandschaft wird immer hügeliger, und als wir gegen Sonnenuntergang nach Mitwaba kommen, sind wir schon mitten in den Bergen.

Mitwaba ist eine Spukstadt. Die Straße führt zwischen den Gebäuden des Bergbauunternehmens Sermikat hindurch, das seinen Betrieb inzwischen eingestellt hat. Dahinter liegen die Garagen, das Krankenhaus von Sermikat und die Häuser des Pflegepersonals. Die Radfahrer mit ihren Gécamines-Helmen, das zweisprachige Schild am verwilderten Upembapark, die leeren Gebäude, die sinnlos in der Landschaft stehen – ich habe immer mehr das Gefühl, mich in einem Museum der Kolonialzeit zu bewegen.

Die Sonne geht hinter den blauen Bergen unter und taucht die Häuser in eine sanfte rote Glut. Wie verzaubert steige ich aus und atme den würzigen Duft von Eukalyptusbäumen und Tannen ein, während meine Gefährten, ohne nach rechts und links zu schauen, auf die Missionsstation zusteuern. Den beiden jungen Abbés dort erzählen wir von den frischgebackenen Polizisten, die mit Hühnern auf dem Gepäckträger nach Mitwaba unterwegs sind. »Ach, also stehlen die auch schon«, sagen sie enttäuscht.

Wir lassen uns im Wohnzimmer nieder, und die Abbés machen sich nervös auf die Suche nach Verpflegung für neun Personen. Es dauert Stunden, und wir haben genug Zeit, uns umzusehen. Die Wände haben Sprünge, die Decke kommt herunter, und die Räume sind von einer Kahlheit, wie ich sie inzwischen mit geplünderten Häusern in Verbindung bringe. Leere Schränke, keinerlei Schmuck außer den unvermeidlichen Heiligenbildern. Die Darstellungen von Jesus und Maria muten fast modern an in diesem altmodischen Interieur.

Die Mahlzeit, die die Abbés endlich zusammengekratzt haben, besteht aus Süßkartoffeln, Reis, Foufou und einer winzigen Menge Weißfische in schwarzer Soße. Die Fische sehen gruselig aus mit ihren flachen Köpfen, den stechenden Augen und den langen Barteln, so gruselig, daß ich meinen Hunger für einen Moment vergesse. Die anderen tun sich von allen Beilagen auf, zerdrücken einen Fisch darin und essen mit Appetit.

Ein Weißer wohne in Mitwaba, erzählen die Abbés, ein protestantischer englischer Missionar und Arzt, der schon eine Ewigkeit hier sei und das Krankenhaus leite. Ein guter Chirurg sei er, aber wenn er eine seiner zahlreichen Reisen antrete, schließe er alle Schränke und Türen ab, und das Krankenhauspersonal könne nichts mehr tun. Auf dem Flugplatz darf niemand sein Gepäck kontrollieren – man hat ihn im Verdacht, Mineralien zu schmuggeln. Sein Sohn wohnt ebenfalls in der Gegend, er ist mit einer Einheimischen verheiratet und fährt mit einem Fahrrad herum. Manche meinen, er ist verrückt, andere halten ihn für besonders gerissen und glauben, daß er wie sein Vater mit Mineralien handelt.

Dann erzählen sie von dem Bergbauunternehmen, das Mitwaba in der Kolonialzeit zu einem blühenden Handelszentrum machte. Nach der Zaïrisierung 1973 wurde es von einem Kasaier übernommen und heruntergewirtschaftet. Kabila stößt mich an. »Da siehst du's, wieder ein Kasaier. Gestern wolltest du uns nicht glauben, jetzt hörst du's mal von jemand anderem.«

Auch die Abbés sind Kyungu-Anhänger. Den Kasaiern könne man nicht trauen, sagen sie. Wenn sie zu Besuch kämen, hätten sie das Haus des Gastgebers im Handumdrehen mit Beschlag belegt und würden in seinem Bett schlafen. Sie wirkten so nett, aber wenn sie an die Macht kämen, würden sie zu Diktatoren. Sie seien schuld an dem schlechten Ruf der Kongolesen im Ausland, denn sie seien geborene Gauner, und weil sie soviel reisten, dächten viele, alle Kongolesen seien so wie sie.

All meinen guten Vorsätzen zum Trotz gehe ich zum Ge-

genangriff über. »Als ob die Zaïrisierung nicht eine Katastrophe für das ganze Land gewesen wäre, als ob ein Katanger es so viel besser gemacht hätte!« Wieder bekomme ich Gegenwind. Die Blicke werden feindselig, und ich lenke schuldbewußt ein – das sitzt zu tief, das bekommt man nicht einfach so heraus, schon gar nicht in einer Gegend wie dieser, wo man nur im Radio oder von Durchreisenden hört, was anderswo passiert, wo der einzige, der genug Geld hat, um zu reisen, ein weißer Missionar ist – was ihm das Mißtrauen und den Neid der ganzen Gemeinde einträgt. Sie sitzen mit der Nase an der Fensterscheibe, sie haben keinen Abstand, sie sehen die anderen nicht, geschweige denn sich selbst.

Die Abbés, die mich zu überzeugen gehofft hatten, sehen mich kummervoll an, als ich etwas in dieser Richtung sage: Als könnten nur Reisende die Welt verstehen! Schweigend bringen sie uns zu einem leerstehenden Haus, in dem wir übernachten werden. Unser Monsieur l'abbé schläft in der Mission. Wahrscheinlich wälzen sie noch weiter Probleme, denn am nächsten Morgen im Auto spüre ich seine Feindseligkeit. Zum ersten Mal seit Beginn der Reise richtet er das Wort an mich. »Du bist hart«, sagt er. »Du bemühst dich nicht, die Frustrationen der Katanger zu verstehen.«

Rüttelnd und schüttelnd klettert unser Jeep über den felsigen Weg ins Kibara-Gebirge hinauf. Es ist eine jungfräuliche Landschaft, und der Blick ist grandios: Wir sind ringsum von Bergen umschlossen, und tief unten fließt der Kalumengongo durch das nebelverschleierte Tal.

»Heute abend sind wir in Manono«, verkündet Kabila munter. Niemand glaubt ihm, aber die Vorstellung heitert alle auf. Kabila redet und redet; er erzählt von Kakudji, der ein knappes Jahr Gouverneur von Katanga war, sich aber die meiste Zeit in Kinshasa aufhielt. Eines Tages kam er mit seiner belgischen Frau nach Lubumbashi und hielt eine Rede an seine Untertanen. Er sei oft weg, sagte er, weil der Präsident ihn regelmäßig zu sich rufe. Diesmal aber sei er nicht in Kinshasa gewesen, sondern in Belgien, in Lüttich, wo er früher gelebt habe. Er sah seine Zuhörer durchdringend an. »*Vous connaissez Liège* – kennt ihr Lüttich?« fragte er, um sich dann darüber zu verbreiten, wie schön und bedeutend diese Stadt sei.

Kabila hat Kakudjis Frage mit Piepsstimme wiederholt, und alle lachen. *Vous connaissez Liège?* – es ist zu einem geflügelten Wort geworden, denn in Kakudjis Publikum saßen nicht wenige weitgereiste Kongolesen, die sehr wohl wußten, daß Lüttich nicht gerade der Mittelpunkt der Welt ist.

Sie sind also doch fähig, ihre Führer zu kritisieren, denke ich milde, merke aber später, daß Kakudji der einzige ist, der sein Fett abbekommt – weil er ihren geliebten Gouverneur Kyungu vom Thron gestoßen hat.

Auf einer Bergeshöhe finden wir ein weiteres koloniales Museumsstück vor: einen Gong mit Klöppel, mit dem die Autofahrer den Gegenverkehr im Tal warnen können. Aber der dumpfe Schall verhallt ungehört: Kein einziges Fahrzeug begegnet uns.

Am Morgen sind wir ohne Frühstück losgefahren, die Brote, die Kabila auf dem Armaturenbrett liegen hatte, sind aufgegessen, und in jedem Dorf, durch das wir kommen, halten wir hungrig nach Eßbarem Ausschau. Die Bananen auf den kleinen Holztischen an der Straße sind spottbillig. Fünfzehn Bananen für zehntausend Zaïre – wir kaufen sie alle auf und haben sie im Nu verzehrt, denn es ist so warm im Auto, daß sie vor unseren Augen verfaulen.

So fahren wir von Dorf zu Dorf. Ein gelber Fleck in der Ferne bedeutet Bananen, ein orangener Fleck Orangen. Wenn wir welche übersehen, setzt der Fahrer mit quietschenden Reifen zurück. Futtern, was nur geht, solange der Vorrat reicht – ich lege mich genauso ins Zeug wie die anderen. Wir kommen aus dem Nichts, fahren ins Ungewisse und nehmen unterwegs mit, was wir zu fassen kriegen – wie die Politiker in diesem Land, wenn sie an die Macht kommen.

Die Gegend ist so unwirtlich, daß während des Marsches auf Kinshasa kaum AFDL-Militärs hierherkamen, erzählt Kabila – die Bewohner haben sich selbst befreit. Der letzte Laster, der von Lubumbashi nach Manono fuhr, brauchte für die sechshundertfünfzig Kilometer vier Wochen, und man bereitete ihm einen triumphalen Empfang. Auch wir bekommen immer wieder Applaus; durch uns wissen die Leute, daß die Straße befahrbar ist, sagt Kabila, daß sie nicht mehr von der Außenwelt abgeschnitten sind.

Immer wenn wir haltmachen, haben wir Szenen eines Lebens am Rande des Abgrunds vor uns. Ein Kind zieht eine tote Maus an einer Schnur durch den Sand, ein Mann in einem verschlissenen Jackett und sein Sohn spielen mit Obstkernen in kleinen Kuhlen. Kinder in schmutzigen, zerrissenen Kleidern kommen angerannt, starren uns an und zwitschern wie Vögelchen um unseren *Land-e-cruzèr* herum. Ab und zu holt der Fahrer Gepäck oder einen Stapel Briefe aus dem Wagen und lädt Pakete ein.

Allmählich schlägt mir die Schlaffheit in den Dörfern aufs Gemüt, und ein Naipaulscher Zorn auf alles und jeden überkommt mich. Ich ärgere mich über den Geruch ungewaschener Leiber um mich herum, schimpfe über meine zwischen dem Gepäck eingeklemmten Füße und grolle sogar dem sanftmütigen Kabila, weil er alles, was hier schiefgelaufen ist, Mobutu in die Schuhe schiebt. Als hätte das Volk nicht seinen Teil dazu beigetragen! Und was hindert die Leute jetzt, da Mobutu weg ist, die Ärmel hochzukrempeln? Warum sitzt jeder nur vor seiner Hütte und wartet auf Manna von Mzee Kabila, auf die Straßenbaufirma Swanepoel, die Instandsetzungsarbeiten in Aussicht gestellt hat? *Die einzige Kraft der Kongolesen ist ihre Trägheit* – diese Worte eines französischen Bekannten schienen mir zu hart, als ich sie hörte, aber jetzt klingen sie mir wieder in den Ohren.

In einem Dorf sind die mächtigen alten Bäume zu beiden Seiten der Straße bis auf armselige Stümpfe abgesägt. Es sieht schrecklich aus, aber alle finden es gut: Hier hat ein Ortsvorsteher offenbar schon für die Verbreiterung der Straße vorgearbeitet. Da sieht man doch, daß sich etwas tut!

Gegen Abend halten wir im lieblichen Kiolo, dem Reiseziel der Schwangeren mit dem Kind. Wir sind von rotem Staub bedeckt, und der Pfarrer von Kiolo, der mit uns weiterfahren wird, schlägt vor, daß wir uns bei ihm erfrischen. Ich hole meinen kaum noch erkennbaren Samsonite-Koffer aus dem Wagen und klappe ihn vor einer Schar neugieriger Kinder auf. Sie stoßen überraschte Schreie aus, als ich meine Toilettentasche, ein Handtuch und saubere Kleider herausnehme, und umdrängen mich wie wir früher den Elefantenführer im Zirkus. Und ich verhalte mich auch wie ein Zirkuskünstler und hole meine Leselampe hervor, um die Szene zu beleuchten.

Die Frau des Pfarrers führt mich zu einem Duschraum, in dem ein Eimer warmes Wasser bereitsteht, und als ich wunderbar erfrischt ins Wohnzimmer komme, ist dort der Tisch gedeckt. Monsieur Oiseau, der in Kiolo eine gewisse Popularität genießt, möchte hier übernachten, aber Kabila ist wild entschlossen: Hundert Kilometer sind es noch bis Manono, die fahren wir jetzt, und wenn wir dafür die ganze Nacht brauchen.

Kabila und Oiseau kabbeln sich noch, als sie neben mir einsteigen – die Pfarrer sitzen vorn. Schon nach wenigen Kilometern müssen wir anhalten, um den Straßenzustand zu prüfen. Durch die offenen Fenster fliegen Schwärme von Mücken herein. »Was hab ich gesagt?« schimpft Oiseau. »Das schaffen wir nie!« Aber Kabila bleibt stur, und gegen zwei erreichen wir Manono. Breite koloniale Alleen mit Mangobäumen – nachdem wir drei Tage nur durch desolate Dörfer gefahren sind, ist es, als kämen wir in eine Stadt.

Das Gästehaus der Zinngesellschaft Congoétain, in dem Kabila übernachten wollte, ist von Soldaten besetzt. Dann eben zu Freunden in der Cité. Unterwegs kommen wir an eine Straßensperre. Die Soldaten tragen Shorts und T-Shirts und sind mit Walkie-talkies ausgerüstet. Sie wollen sofort ihren Kommandanten von dem staunenswerten Erscheinen eines Jeeps voller Reisender einschließlich einer Weißen in den mondbeschienenen Straßen von Manono verständigen. Aber der Kommandant schläft, und ein Kadogo schlägt vor, uns zu ihm zu bringen.

»Hat das nicht Zeit bis morgen früh?« fragt Kabila. Die Soldaten schütteln entschieden den Kopf. Besucher müssen sich sofort melden, zumal wenn sie zu einer so verdächtigen Zeit eintreffen. Vor dem Haus des Kommandanten steht ein betrunkener Soldat, der auf den ersten Blick als früherer Mobutu-Soldat zu erkennen ist. Er hält eine ganze Rede: Er habe eine Verletzung am Bein, und wir müßten ihn nach Lubumbashi mitnehmen. Dann schaut er ins Auto und entdeckt mich. Eine Weiße, sieh an! Die Soldaten werden sich freuen, sagt er, denn sie haben Hunger.

Der Kommandant kommt nicht aus dem Bett, aber der Chef des Sicherheitsdientes ANR wird uns zu unserem Schlafplatz bringen. Der betrunkene Soldat steigt ein, um uns den Weg zu zeigen. Unterwegs redet er unentwegt weiter. Er bettelt um Zucker und Bananen und fragt mich, ob ich ihn nicht heiraten wolle, dann seien alle seine Probleme auf einen Schlag gelöst. Wir sind todmüde und seufzen über den bewaffneten Wichtigtuer in unserer Mitte. Er starrt mich aus seinen trüben Augen an und sagt nur immer wieder: »*Je vais marier cette blanche* – ich werde diese Weiße heiraten.«

Oiseau war lange nicht mehr hier und schaut interessiert aus dem Fenster. »Ist das nicht die frühere Avenue Mobutu?«

Der Soldat weist ihn zurecht: Den Namen Mobutu dürfe man in Manono nicht aussprechen, darauf stehe die Todesstrafe, die Straße heiße jetzt Avenue Kabila, ob uns nicht klar sei, daß wir uns auf dem Terrain des Präsidenten befinden? Daß ein früherer Diener Mobutus die Stammesgenossen des neuen Präsidenten darauf hinweisen muß! Nein, der Mann macht Ärger, das spüre ich trotz meiner Müdigkeit.

Der ANR-Chef bringt uns zum leerstehenden Haus eines Händlers und weist zwei Soldaten an, unser Gepäck zu kontrollieren, zu unser eigenen Sicherheit, wie er betont, wenn ich mir auch nicht vorstellen kann, wovor wir beschützt werden müßten. Als alle gegangen sind, sitzen wir verdattert beisammen. »Was ist hier eigentlich los?« brummt Kabila. »Straßensperren, Soldaten, Gepäckkontrollen – ich bin in dieser Stadt geboren!« Auch Pfarrer Ngoy ist bestürzt über die nächtliche Gewalt, die er auf seine alten Tage noch erleben muß. »Dieser betrunkene Soldat hat die falsche Mentalität«, sagt er. »Er ist aus der alten in die neue Zeit marschiert, ohne etwas von den Veränderungen zu begreifen.«

Dann inspizieren wir unsere Unterkunft, ein gepflegtes Haus mit einem gemütlichen Wohnzimmer, einer Küche und mehreren Schlafzimmern. Ich bekomme ein Zimmer mit einem Strohballen als Matratze. Gegen vier liege ich auf meinem Lager, Strohgeruch in der Nase, die beunruhigende Stimme des betrunkenen Soldaten im Ohr. Wenn er wieder aufkreuzt, so haben meine Reisegefährten beschlossen, werden sie ihm gründlich die Meinung sagen.

Um sechs erwacht die Cité zum Leben. Ich versuche stur weiterzuschlafen, aber gegen acht bieten die dünnen Wände meines Zimmers keinen Schutz mehr gegen den Lärm um mich herum: Musik, schrille Stimmen, Fahrradglocken und jetzt auch ein Auto, das vor unserem Haus hält.

Kabila und Oiseau sind noch in der Nacht zum Haus eines verstorbenen Onkels gegangen. Hier ist einiges los, sagen sie, aber sie kommen nicht recht dahinter, was, denn die Leute wagen nicht über Politik zu reden. »Jeder glaubt, er hat die Macht«, sagt Kabila. »Die AFDL, die ANR, die Militärs, alle stolpern sie übereinander, weil jeder der Wichtigste sein will.«

Kurz nach der Befreiung rekrutierte der Präsident in seiner Heimatregion sechzehntausend Kadogos, die in Manono kaserniert wurden, erzählt er. Sie hatten ständig Hunger, und wenn sich die Lebensmittellieferungen verspäteten und sie nur Zuckerwasser zu trinken bekamen, fielen sie wie die Heuschrecken über die Stadt her, stahlen Hühner, aßen die Felder kahl und kletterten auf die Mangobäume. »Die Leute in Manono haben sich kaum noch unter einem Mangobaum durchgetraut, denn da saß immer einer oben und hat die Früchte heruntergeschüttelt.«

Damals gingen manchmal drei Flüge täglich mit Lebensmitteln, Matratzen und Decken von Lubumbashi nach Manono. Kabila verschaffte sich einen AFDL-Ausweis und flog einmal mit einer Ladung gebrauchter Kleider mit, die er dort verkaufen wollte. Mit Sonnenbrille, Khakihemd und Hose sah er aus wie ein politisch-militärischer Kader, und als ihn die Beamten am Flugplatz in Manono aufhalten wollten, zeigte er seinen AFDL-Ausweis vor und schob sie ungehalten beiseite. Alle wichen unterwürfig zurück, man nannte ihn Chef, und die Soldaten salutierten sogar.

»Auf dem Rückweg hab ich die Sachen wieder angezogen und eine Bemerkung über die lasche Disziplin der Militärsgemacht; das hat meine Abreise sehr vereinfacht.« Ich schaue in sein junges, argloses Gesicht – er findet nichts dabei. Auch Oiseau schmunzelt vergnügt. Jahrelang hatten die anderen das Sagen, jetzt sind sie dran.

Doch die Bevorratung per Flugzeug war so kostspielig, daß die Kadogos schließlich auf mehrere Lager im Land verteilt wurden, was heftige Proteste auslöste, denn man hatte ihnen versprochen, daß sie der Präsidentengarde zugeteilt würden. Inzwischen sind nur noch zweihundert Soldaten in Manono, aber sie machen weiterhin Probleme. Sie haben überall Straßensperren errichtet und belästigen die Leute.

»Da muß der Präsident doch was tun«, sagt der Pfarrer von Kiolo, der in der Tür steht und zugehört hat. Der Präsident! Als ob der wüßte, was hier passiert!

Ich sitze in Pagne und T-Shirt dabei und bin dankbar, daß sie mich an ihren Sorgen teilhaben lassen. Wir sind Städter, die in einem Dorf angekommen sind, die Unterschiede zwischen uns wurden auf der Fahrt hierher weggefegt. Oiseau geht seine Hose wechseln und merkt zu seinem Schrecken, daß er in den vergangenen Tagen einiges an »Masse« verloren hat. »In der Stadt nimmt man zu«, sagt er, »und wenn man nach Hause fährt, nimmt man wieder ab.«

Kabila will noch eine Runde schlafen, aber kaum hat er sich zurückgezogen, stellen sich die ersten Besucher ein und hämmern unverschämt an seine Tür. Sie lassen sich im Wohnzimmer nieder, greifen nach den Zeitungen, die ich aus Lubumbashi mitgebracht habe, und lesen erstaunt, daß Kakudji nicht mehr Gouverneur von Katanga ist und daß der kongolesische Franc kommt. »Habt ihr das nicht gewußt?« Woher sollten sie es wissen, sie haben keinen Kontakt mit dem Rest des Landes, es gibt keinen Lokalfunk, und die Sendungen aus Lubumbashi oder Kinshasa können sie nicht empfangen. Alles, was sie über den Kongo wissen, erfahren sie durch ausländische Sender. »Und von Reisenden wie euch natürlich.«

Eine Cousine von Kabila ist mit einer Bekannten angerückt, um für uns zu kochen, und als ich aus der Dusche komme, stehen Kaffee, Tee und Reisbrei mit Erdnüssen auf dem Tisch. Wir essen im mittleren Zimmer, und Kabila sieht sich zufrieden um. »Eine richtige Familie sind wir geworden, findest du nicht? Was würde passieren, wenn das noch länger so ginge?« Aber er hofft, seine Arbeit in einigen Tagen abschließen zu können. Ich werde hierbleiben und mich nach weiteren Reisemöglichkeiten umsehen, vielleicht kann ich in das Dorf Ankoro, aus dem der Präsident stammt.

Ich finde Kabila immer netter. Seine Art, mit den Menschen aus seiner Heimatregion umzugehen, gefällt mir. In seiner Position könnte er auch autoritär auftreten – so oft habe ich erlebt, wie kongolesische Stadtbewohner im Landesinneren zu Tyrannen werden –, aber er behandelt einfache Leute mit Respekt und nimmt sich so zurück, daß er sie mühelos zum Reden bringt. »*C'est vrai, ça* – ach, tatsächlich?« Er beugt sich zu ihnen, ein schüchternes, ungläubiges Lächeln erscheint auf seinem Gesicht, und schon legen sie los – es wirkt immer.

Nach dem Frühstück nimmt er mich mit zu Ildephonse, dem ANR-Mann, den wir in der Nacht kurz gesehen haben. Beide sind um die Dreißig und kennen sich aus ihrer Studienzeit in Lubumbashi. Ildephonse wohnt in einem spärlich möblierten Haus mit Sperrholzplatten anstelle von Fenstern. Er trägt ein T-Shirt der Straßenbaufirma Swanepoel mit der Aufschrift *Projet présidentiel: Lubumbashi-Kolwezi* – Präsidentenprojekt Lubumbashi-Kolwezi. »Doch, doch«, sagt er, »eine Delegation von Swanepoel war vor kurzem hier und hat versprochen, demnächst mit den Arbeiten anzufangen.«

Ildephonse ist ungeheuer freundlich, aber ich bin auf der Hut – der kongolesische Sicherheitsdienst ist eine verrottete Einrichtung, die alle Übel der Mobutu-Zeit übernommen hat. Selbst gut ausgebildete Kader werden in den Mühlen dieser

Organisation zu willigen Dienern des Bösen. Kabila zufolge verdankt Ildephonse seinen Posten seiner Freundschaft mit Georges, dem ANR-Chef von Lubumbashi. Das verheißt nichts Gutes – Georges ist in Lubumbashi für seine Gewalttätigkeit bekannt.

Beide spielen wir unsere Rollen. Ich erzähle ihm, daß ich Schriftstellerin bin, daß ich seit der Befreiung durch den Kongo reise und die Gelegenheit, mit Kabila ins Landesinnere zu fahren, mit beiden Händen ergriffen habe. Ildephonse hört höflich zu. Er verbürge sich für meine Sicherheit, sagt er, und wolle in jedem Moment wissen, ob es mir gutgehe, wo ich sei und mit wem ich Kontakt hätte. Wenn er eine zweite Matratze besäße, würde er mir ein Zimmer in seinem Haus anbieten. »Das wäre das beste, dann könnte ich mich richtig um dich kümmern.« Ich danke ihm für das Angebot, und auch Kabila nickt treuherzig.

Zu Hause ist das Wohnzimmer inzwischen voller Besucher, und ich ziehe auf die Barza um, die zur Straße hinausgeht. Als ich mich gerade mit drei Schülern von Kabilas Schule unterhalte, fällt mein Blick auf den Soldaten von heute nacht. Schwankend kommt er näher. Er ist noch immer – oder schon wieder – betrunken und blafft die Schüler an: »Was habt ihr bei der Weißen zu suchen!« Drohend baut er sich vor mir auf. »So, und jetzt sag mir mal, was du hier willst.«

Durch die unverkennbare Stimme dieses Störenfriedes alarmiert, erscheint Kabila auf der Terrasse. »Wir waren bei der ANR«, sagt er trocken, »wir haben dir keine Rechenschaft abzulegen.«

»Aber die ANR schickt mich doch!«

»Welche ANR?« fragt Kabila eiskalt.

»Wie – welche ANR? Gibt's denn zwei?«

Auch der Pfarrer von Kiolo ist auf den Lärm hin herausgekommen. »Was soll das, die Leute hier zu belästigen!« Sanft schiebt er mich nach drinnen, und kurz darauf kommt auch Kabila schmunzelnd herein. »So, den sind wir erst mal los, der hat begriffen, daß bei uns nichts zu holen ist.« Er grinst den Pfarrer an, der so wütend war, daß er dem Mann schon zu

Leibe rücken wollte. Sie hätten keine Angst vor den Soldaten, sagen sie, sie seien hier zu Hause, sie ließen sich nicht aufhetzen. »Und was glaubst du, woher dieser undisziplinierte Soldat kommt?« Kabila lacht triumphierend. »Aus der Kasai-Provinz natürlich!«

Wie Mitwaba war auch Manono einmal ein belebtes Bergbaustädtchen, das alle Annehmlichkeiten des kolonialen Lebens kannte. Die Führungskräfte von Géomines, der Gesellschaft, die die Zinnmine ausbeutete, wohnten in geräumigen Villen an schattigen Mango-Alleen. Es gab eine Brauerei und eine Limonadenfabrik, ein Krankenhaus und eine Schule für Weiße, eine katholische und eine protestantische Mission, ein Postamt und einen Flugplatz. Das Freizeitzentrum von Géomines hatte ein Stadion, ein Kino und ein Restaurant.

Die Reste all dieser Einrichtungen liegen da und dort in der Landschaft verstreut. Das Postamt existiert noch; ein Sprachvandale hat die letzten Buchstaben auf dem Schild *Postes-Posterijen* weggekratzt. Von dem schönen Flugplatzgebäude steht nur noch die Fassade, die demontierten Maschinen der Brauerei sind von Unkraut überwuchert.

Kabila will, daß ich nach seiner Abreise in ein Haus von Congoétain umziehe. Die Vorstellung, ganz allein in so einem Spukhaus zu wohnen, schreckt mich, lieber würde ich mich bei einer Familie in der Cité einquartieren, aber Kabila meint, es wäre den Leuten peinlich, einer Weißen ihre armseligen Lebensbedingungen zuzumuten.

Am Abend machen wir einen Antrittsbesuch bei Twité, dem Direktor von Congoétain. Er wohnt mit seiner Frau in einer dieser Villen, in denen alles zu groß ist für das kleine Leben, das sich darin abspielt. »Ich bin hier geboren«, sagt er. »Als ich 1950 weggegangen bin, war Manono ein kleines Lubumbashi, aber jetzt... Wir haben nicht mal fließendes Wasser, und leider kann ich Ihnen kein Bier anbieten, denn das bekommt man hier weit und breit nicht.« Er drückt auf eine Klingel, und ein Diener bringt eine Karaffe mit Limonade. Das knallrote Zeug kommt aus einem Plastikbeutel und schmeckt künstlich.

Twité hat in Lüttich Soziologie und Betriebswirtschaft studiert. Nach meinem Eindruck ist er ein Mann, mit dem ich unter normalen Umständen einigen Gesprächsstoff hätte, aber wir befinden uns in Manono, und er hat offensichtlich Angst. Wer bin ich, und was mache ich hier? Ein Haus von Congoétain kann ich für zehn Dollar pro Nacht beziehen, es stehen genug leer, er wird sofort eines für mich herrichten lassen, aber auf meine Frage, ob ich die Mine besichtigen kann, verschließt sich sein Gesicht. »Ohne Genehmigung des Wirtschaftsministeriums oder des Gouverneurs geht das leider nicht.«

Er beklagt sich darüber, daß die Hilfe aus dem Westen auf sich warten läßt. »Warum wird die Verletzung der Menschenrechte so streng bestraft – den Durchschnittskongolesen trifft doch keine Schuld? Und warum verhält sich Belgien so zurückhaltend, hat es schon vergessen, daß es durch den Kongo groß geworden ist?« Doch er ist guter Hoffnung, daß die Mine eines Tages wieder in Betrieb genommen wird. »Neulich hat ein indischer Industrieller eigens ein Flugzeug gechartert, um sie zu besichtigen«, sagt er vorsichtig. »Jetzt warten wir, was sich daraus ergibt.« Dann schaut er unbehaglich von mir zu Kabila, als hätte er zuviel gesagt. Daß Kabila mich hier zurücklassen wird, beunruhigt ihn. »In der Gegend hier kann man hoffnungslos festsitzen«, warnt er mich. Daß mir nichts mehr Freude machen würde, als in einem Städtchen wie diesem hängenzubleiben, behalte ich für mich.

Draußen unterzieht er den Jeep einer eingehenden Inspektion. Ob wir damit bis von Lubumbashi gekommen seien? Wie er so auf der Treppe steht, als wir losfahren, wirkt er schrecklich einsam. Studiert zu haben und dann als Bewacher eines kolonialen Zinnmuseums in diesem entlegenen Winkel zu landen! Der ängstliche Ausdruck in seinen Augen – woran liegt es nur, daß mir Manono wie eine besetzte Stadt vorkommt und seine Bewohner wie Gefangene?

Kabila ist froh, daß ich Ankoro nicht erwähnt habe, denn das hätte nur Argwohn geweckt. Er geht davon aus, daß ich schon morgen umziehe, aber ich protestiere heftig: Ich bleibe bei den anderen, bis sie abreisen. »Wir sind doch jetzt eine Familie?«

»Ich dachte, da hast du's bequemer…«

»Bequemer! In einem leeren Haus!«

Kabila ist in aller Frühe zu einer Versammlung seiner Pygmäenschule gegangen. Im Hof sitzen die Frauen und kochen – mit ihren Pagnes, die sie sich gegen die Morgenkälte um die Schultern gelegt haben, sehen sie aus wie große Vögel. Mein Vorrat an Kaffee, Tee, Zucker und Milchpulver ist gestern bei Tisch so geplündert worden, daß ich alles in meinem Zimmer versteckt habe, denn ich weiß nicht, wie lange ich noch unterwegs bin, und in den armseligen Läden in der Stadt wird es solche Luxusartikel nicht geben.

Ich bin wieder in einem Land der Knappheit, in dem alles, was ich mitgebracht habe, gierige Blicke auf sich zieht. Gestern hat Oiseau mich um einen Zahnstocher gebeten, und als ich ihm das Döschen hinhielt, nahm er gleich mehrere. Die Frauen im Hof haben ihre Sprößlinge mitgebracht, und einer ihrer Söhne erklärt, daß er meine Schuhe und meinen Gürtel »braucht«. Seine Mutter sagt nichts dazu und hört sich schweigend an, wie ich ihn zurechtweise. Als ich in dem mittleren Zimmer, wo ich eine Steckdose entdeckt habe, meine Haare föhne, kommt alles angelaufen, um zuzuschauen. Eine der Frauen hat zwar in der Berufsschule von solchen Apparaten gehört, aber noch nie einen gesehen. Ein Stuhl, ein Föhn, ein Spiegel – es ist, als hätte ich einen Frisiersalon eröffnet.

Das vordere Zimmer ist voller Besucher. Viele von ihnen sind Abbés und Pfarrer, wie man hört; Geistliches schwirrt durchs Zimmer – *Herr Pfarrer, Evangelisierung, vierzehnhundert Seelen* –, und ich komme mir vor wie bei meiner Großmutter, wenn mein Onkel und seine Konfratres zu Besuch waren. Einer der Abbés ist eigens meinetwegen gekommen, er will die Foniefrequenz von Rom wissen. Die Foniefrequenz von Rom! Ich weiß weder die Frequenz, noch wozu sie gut sein soll, aber der Abbé ist ehrlich erstaunt, daß ich dieses Wissen nicht parat habe.

Auf der Barza stehen zwei Jungen mit einer dicken Mappe unterm Arm. Sie wollen ein Pygmäenprojekt bei mir einreichen und lassen sich keineswegs abschrecken, als ich sage, daß ich mich in der Welt der NGOs nicht auskenne. Sie haben ihren Vorschlag in englischer Sprache abgefaßt – ob ich ihn durchsehen könne? Andere lernen ebenfalls Englisch und wollen ihre Kenntnisse an mir ausprobieren. Sie fragen, ob ich englische Bücher dabeihabe, ob ich ihnen Brieffreunde besorgen kann.

Die meisten Besucher möchten Kabila sprechen, und da er nicht da ist, nehmen sie Platz und sehen sich um, wer ihnen sonst weiterhelfen könnte. Sie haben Zeit in Hülle und Fülle und allerhand Pläne, die schon etwas angestaubt waren, jetzt aber aufpoliert und mit neuen Enthusiasmus präsentiert werden. Pfarrer Ngoy verhandelt mit einem Mann, der Bilder verkauft – touristische Landschaften mit Zebras, tropischen Bäumen und kleinen Dörfern aus vergangenen Zeiten, die hier nirgends mehr zu finden sind.

Dann kommt Espérance herein. Sie habe gehört, daß eine Weiße in der Stadt ist, und wolle mich unbedingt sehen, denn als sie klein war, hätten viele Weiße in Manono gewohnt, sie sehne sich nach dieser Zeit zurück und hoffe so sehr, daß sie wiederkommen würden. Sie redet und lacht, und ihre Fröhlichkeit heitert alle auf, als hätte man in dem dunklen Wohnzimmer eine Lampe angeknipst. Espérance hat ein *foyer* geleitet, ein soziales Zentrum für Frauen in Malemba Nkulu, einer kleinen Stadt am Kongo südlich von Manono. Eines Tages kam Kommandant Kasongo auf der Durchreise dorthin. Er sah sie, sagte »Die Frau muß ich haben« und bat sie, nach Manono zu kommen. Sie fuhr mit dem Schiff bis Muyumba, wo er sie mit seinem Jeep abholte. Seitdem ist sie wieder in Manono und will hier ebenfalls ein Foyer aufmachen. Kasongo ist vor vier Wochen nach Kinshasa gefahren, aber sie erwartet ihn demnächst zurück.

Das alles erzählt sie mit ihrer Tasche auf dem Schoß, denn sie ist auf dem Weg zum Markt. »Ich hatte Angst, dich zu verpassen, deshalb bin ich vorher hier vorbeigekommen.« Sie strahlt eine solche Tatkraft aus, ihr Ton ist so leicht inmitten all der schwermütigen Besucher mit ihren Fragen und Erwartungen – am liebsten würde ich gleich mit ihr auf den Markt und zu dem Haus gehen, in dem Kasongo sie untergebracht hat. Aber gerade ist Kabilas Jeep draußen vorgefahren. Man hat ihn aus seiner Versammlung geholt; der *administrateur du territoire* – der Gebietsverwalter – will, daß er sich mit seiner Besucherin bei ihm meldet.

Ganz Manono starrt mich an, als ich im Stadtzentrum aus dem Jeep steige. Die Leute, die im Wartezimmer des Administrateurs aus und ein gehen, grüßen sich respektvoll mit *Monsieur le secrétaire* – Herr Sekretär, *monsieur le coordinateur* – Herr Koordinator, *monsieur le dirécole* – Herr Rektor; die Titel schwirren nur so durch die Luft. Der Administrateur ist jung und überaus förmlich. Er fragt nach meinen »Ausweisen« – als hätte ich mehrere – und studiert wie ein Zollbeamter meinen Paß. Das also ist einer jener Männer, auf die Kabila seine Hoffnung setzt, um den dahinsiechenden ländlichen Gebieten neues Leben einzuhauchen. Alle Bewerber für den Posten mußten eine Prüfung ablegen. Die Fragen betrafen vor allem die Geschichte der AFDL: Wann wurden die Verträge von Lemera unterzeichnet? An welchem Tag wurde Kisangani befreit?

Der Administrateur nennt meine Ankunft ein »Problem« und will wissen, ob ich aus politischen Gründen hier sei. Ob ich eine Kamera dabeihätte? Dann müsse ich mich mit dem *office du tourisme* – dem Fremdenverkehrsamt – in Verbindung setzen. Auch das noch! Ein Jahr lang habe ich es geschafft, diese allgegenwärtigen Nervensägen zu meiden, aber jetzt, da sie mich am Wickel haben, gehen sie aufs Ganze.

»Kopf hoch«, sagt Kabila, als wir wieder draußen sind, »gleich ist es vorbei.« Das Office du tourisme ist im selben Gebäude untergebracht, gegenüber dem *office du transport*, dem Verkehrsamt. Allmählich siegt meine Neugier über meinen Ärger: Was wird in diesen Büros passieren? Der junge Mann vom Fremdenverkehrsamt teilt mir mit, daß ich für anderthalb Millionen Zaïre eine Genehmigung für das Fotografieren touristischer Sehenswürdigkeiten einholen muß.

»Touristische Sehenswürdigkeiten? Zum Beispiel?«

»Der Flugplatz, das Postamt und dieses Gebäude beispielsweise.«

»Ich habe nicht vor, öffentliche Gebäude zu fotografieren«, sage ich. »Normalerweise fotografiere ich nur Leute, zu Hause, in ihrem Hof.«

»Aha, dann müssen sie eine Genehmigung bei unserem Amt für Kunst und Kultur beantragen.«

Er zeigt mir eine handgeschriebene Liste der Beträge, die Touristen pro Tag zu zahlen haben, um sich im Kongo aufhalten zu dürfen. Er scheint sich jedoch darüber im klaren zu sein, daß diese Tarife in Zeiten ohne Tourismus nicht gelten, und schließlich fragt er mich, ob ich ihm nicht ein Fahrrad kaufen möchte.

»Ein Fahrrad! Ich brauche selbst ein Fahrrad!« Der junge Mann tut mir leid. Wie lange er wohl kein Gehalt mehr bekommen hat, wann er wohl zuletzt einen Touristen gesehen hat? Sein Kollege vom Verkehrsamt schaut herein. »Worin besteht Ihre Arbeit eigentlich?« frage ich ihn; ich muß an die drei Autos denken, die im letzten halben Jahr nach Manono gekommen sind. Er antwortet vollkommen ernst: Er kontrolliere alle ankommenden Fahrzeuge sowie den Straßenzustand und erstatte seinem Chef in Kalemie Bericht.

»Da wir schon mal unterwegs sind«, beschließt Kabila, »können wir auch gleich beim Chef der AFDL vorbeischauen, bevor der erfährt, daß du da bist, und sich übergangen fühlt.«

Wieder zu Hause, falle ich erschöpft auf mein Strohlager. All die Papiertiger in ihren Büros, all die Sekretärinnen, Koordinatoren und Direktoren wirbeln noch in meinem Kopf herum. Später treffe ich die anderen im Wohnzimmer an, unter einer Lampe, die immer wieder ausgeht – der letzte Atemzug des Elektrizitätswerks von Manono. Wir sitzen so behaglich zusammen wie in den fünfziger Jahren bei meiner Großmutter, die abends im Schein eines Ewigen Lichts, in dem ein kleines rotes Kreuz glühte, stundenlang für die Toten betete.

Die Versammlung der Pygmäenschule hat Kabila geschockt.

Die Atmosphäre sei schrecklich gewesen, ein erbitterter Krieg gegen den nicht-autochthonen Koordinator wüte dort. Die anderen sind empört, daß er es gewagt hat, den inkompetenten Rektor zu entlassen. »Sie sagen, es sei kein Kunststück, jemanden aus Manono zu vertreiben, er wäre nicht der erste, der die Flucht ergreift, und ansonsten würden sie schon Mittel und Wege finden, ihn verschwinden zu lassen. Wenn sie so weitermachen, kann es passieren, daß wir das Projekt einstellen, aber so weit denkt hier niemand.«

Kabila erscheint mir plötzlich so vernünftig, so anders als am ersten Morgen im Auto, als er auf die Kasaier schimpfte. »Die Leute hier können einfach keine Fehler zugeben«, sagt er. »Für die sind immer die anderen schuld.« Doch die Engstirnigkeit, die er hier erlebt, ist letzten Endes eine Folge des Tribalismus, den Kyungu propagiert hat: In Lubumbashi haßt man die Kasaier, in Manono die Nicht-Autochthonen.

Oiseau kommt spät nach Hause. Er hat Säcke mit Erdnüssen gekauft, die er mit nach Lubumbashi nehmen will. Niemand hat hier Geld, sagt er, fünfzigtausend Zaïre sind schon ein stattlicher Betrag – in Lubumbashi gibt man die einem Bettler. Er ist froh, als Kabila die Abreise für morgen ankündigt. Beklemmend findet er es hier, und auch der Besuch bei seiner Familie ist nicht gut verlaufen. Er ist nicht einverstanden mit dem Erziehungsstil seines älteren Bruders und hatte einen Riesenkrach mit ihm. Er geht im Zimmer auf und ab, macht vor, wie sein Bruder sich aufbläst wie ein Frosch und brüllt los, genau wie mein jüngerer Bruder manchmal, wenn er nach Amsterdam kommt und erzählt, wie es in unserem Elternhaus zugeht. Ich werde ihn vermissen, merke ich plötzlich, und mir ist bange vor dem, was mich ohne die anderen erwartet.

Pfarrer Ngoy schenkt sich gelassen eine Tasse warmes Wasser ein – Tee und Kaffee sind alle. Gewissensbisse regen sich in mir, weil ich meine Vorräte versteckt habe, aber meine Sachen sind schon eingepackt, und der Fahrer hat sie gerade zum Auto gebracht. Ildephonse, der ANR-Mann, will mich alle achtundvierzig Stunden sehen, und so fahren wir auf dem Weg zu meiner neuen Unterkunft bei ihm vorbei. Doch er ist nicht zu Hause, und im Büro ist er auch noch nicht aufgetaucht. Schließlich sehen wir ihn auf seinem Motorrad vorbeiknattern und halten ihn an, um ihn zu begrüßen.

»Was für ein Dorf!« ruft der Fahrer später. » ANR, AFDL – was wollen die alle von dir?« Ich sehe ihn erstaunt an. Nach meinem Rundgang mit Kabila habe ich mich damit abgefunden, daß ich hier ohne ihr Wissen keinen Schritt tun kann. Daß mich ein Kongolese auf diesen ganzen Wahnsinn anspricht!

Das Haus, das Congoétain mir zur Verfügung stellt, hat geräumige Zimmer mit dunklen Möbeln, vergilbten Fünfziger-Jahre-Lampen und Stühlen mit bedruckten Stoffstücken darauf. In der rostigen Wanne im Badezimmer steht ein Plastikeimer. Die Böden riechen nach Seife, und in der Küche treffe ich den alten Bwanga an, den Boy, der einst zu dem Haus gehörte und jetzt von den Toten auferstanden ist, um mir zu dienen. Er ist spindeldürr und trägt ein graues T-Shirt und einen weißen Schlapphut. Als er mit einem Eimer Schmutzwasser in die Waschküche geht, sehe ich, daß er hinkt. Es gibt weder einen Gasherd im Haus noch Küchengeräte, Geschirr und Besteck. Was kann Bwanga da überhaupt tun? Aber er scheint sehr beschäftigt, er hinkt durch den Garten hinter dem Haus davon und kommt erst nach einer ganzen Weile mit einem überschwappenden Wassereimer auf dem Kopf zurück.

Ich packe meine Sachen aus, schiebe einen Tisch ans Wohnzimmerfenster und lege meine Bücher und Hefte darauf. Die Kahlheit des Hauses gefällt mir. Alles, was ich aufstelle, kommt dadurch besonders zur Geltung: mein Sony-Radio, mein Braun-Reisewecker.

Hupen auf der Straße – ein Landcruiser voller lachender Gesichter. Kabila hat dafür gesorgt, daß ich mittags bei Géraldine essen kann, der Direktionsassistentin von Congoétain, die am Ende der Straße wohnt. »Kommst du so zurecht?« Ein Schatten der Besorgnis gleitet über sein Gesicht. »Klar!« Dann sind sie weg.

Ich stehe verloren im Wohnzimmer. Was jetzt? Aber es dauert nur einen Moment. Da ist Géraldines Boy mit einer Thermoskanne, einem Tauchsieder und einer Pfanne, und da sind die beiden Militärs, die bei unserer Ankunft unser Gepäck durchsucht haben. Sie wollen sehen, ob alles in Ordnung ist, und teilen mir nebenbei mit, daß der betrunkene Soldat, der mich belästigt hat, im Militärgefängnis sitzt.

Draußen wartet der Bilderverkäufer von gestern. Auf den Haustürstufen hat er eine kleine Ausstellung aufgebaut. In der Stadt würde ich so eine lästige Fliege sofort verscheuchen, hier aber setze ich mich automatisch neben ihn. Bilder malen in einer solchen Umgebung – schon der Gedanke nötigt mir Respekt ab. Ein Mann, der mit seinem Hund unter einem dunkelvioletten Himmel in einem Boot fährt, eine Frau, die auf einem von düsteren Bäumen gesäumten Sandweg dem Horizont entgegengeht, zwei Zebras an einem dunklen Tümpel – die Bilder strahlen eine gewisse Einsamkeit aus. Ich betrachte sie eines nach dem anderen. Die Perspektive stimmt nicht immer, aber sie sind von einer traurigen Schönheit. Wo hat der Maler je so einen tiefblauen Himmel, solche Wattewolken gesehen?

Er malt auf »Kleider«, Stoffstücke, die er auf einen Rahmen aus schmalen Leisten spannt. Anderthalb Dollar hat Pfarrer Ngoy für das Stück bezahlt, und der alte Mann macht keinen Versuch, den Preis zu erhöhen. Ich nehme drei. Er stellt auch Plastikblumen und Teppiche her und fragt, ob ich Obst brauche; er holt es mit dem Fahrrad von einem fünfundvierzig Kilometer entfernten Ort. Ich hänge die Bilder an die Nägel, die da und dort aus der Wand stehen. Es dauert eine Weile, bis ich merke, woher der eigenartige Geruch kommt, der seitdem im Haus hängt.

In dem Baum vor Géraldines Haus baumelt eine leere Pakkung Stella-Zigaretten, zum Zeichen, daß es die hier zu kaufen gibt. »Reklame« nennt sie es. In ihrem Wohnzimmer hängt ein großes Foto von Kabila. Er sitzt an seinem Schreibtisch, die Brille in der Hand, und schaut forschend in die Kamera: der Präsident bei der Arbeit. Es ist ein schönes, intimes Bild, das beste, das ich bisher von ihm gesehen habe. Géraldine reagiert kaum, als ich mich dazu äußere. Vielleicht hat ihr Chef sie angewiesen, auf der Hut zu sein.

Es ist seltsam, wenn jemand von seiner imaginären Arbeit nach Hause kommt. Was soll man fragen: Wie war's? Ich weiß inzwischen, daß die Zinnvorkommen hier hinter den Erwartungen zurückbleiben und es gar nicht so sicher ist, daß sich Ausländer bereit finden werden, bei Congoétain zu investieren. Beim Essen frage ich vorsichtig, wie lange die Mitarbeiter nicht mehr bezahlt worden sind. Géraldine lächelt matt: »Ach, schon jahrelang nicht mehr.«

»Und trotzdem kommen sie zur Arbeit?«

»Was sollen sie sonst machen? Sie hoffen, daß sie den ausstehenden Lohn irgendwann bekommen. Und sie brauchen keine Miete und keine Strom- und Arztkosten zu bezahlen. Manchmal produzieren wir etwas, dann bekommen sie etwas zugeschoben.« Sie wägt jedes ihrer Worte ab – ich habe das Gefühl, daß meine Fragen ihr zusetzen, und bin froh, als das Essen vorbei ist.

Zu Hause sitzt ein junger Mann auf den Stufen und sagt mir, daß Monsieur Richard mich heute abend um sieben »braucht«. Richard ist der neue Direktor von IRIC, Interaid Relief International Congo, der Organisation, die das Krankenhaus und einige Schulen in der Umgebung betreibt; ich habe ihn schon in Lubumbashi kennengelernt. Er ist der einzige Weiße, der in Manono wohnt. Seine Vorgängerin war eine alte englische Dame, die sich auf einem Fahrrad herumfahren ließ; ihr verdanke ich es, daß mich die Kinder auf der Straße »Directrice« nennen.

Richard wohnt seit vier Wochen in einem Haus von Congoétain und hat es dort sehr viel komfortabler als ich. Der Tisch ist gedeckt, es gibt Huhn mit Süßkartoffeln und zum Nachtisch Bananentorte. »Neulich hat der Koch Windbeutel mit Schokoladencremefüllung gemacht – keine Ahnung, was da drin war, denn Schokolade hab ich nicht im Haus.«

Richard ist ein englischer Geschäftsmann im Ruhestand, der

in den vergangenen dreißig Jahren überwiegend in Afrika gelebt hat. Ein jovialer Mann mit angegrautem Haar, korpulent, das T-Shirt über der Tropenhose – der Typ, den man in Spionageromanen findet, der auf seinen Touren durch den Busch schrecklich schwitzt, sich aber durch nichts aus dem Feld schlagen läßt. Früher hat er drei Jahre in Goma gewohnt – er hat die letzten Jahre der Mobutu-Ära miterlebt. Er scheint mir keineswegs naiv zu sein, und doch habe ich bei unserer ersten Begegnung eine Begeisterung für das Kabila-Regime bei ihm gespürt, die sich bei jedem vernünftigen Beobachter aus dem Westen längst gelegt hat.

Auch jetzt fällt mir seine positive Einstellung zu den Neuen auf. »Alles ist leichter geworden als in der Mobutu-Zeit«, sagt er. »In den Ministerien in Kinshasa wird endlich gearbeitet, und die Behörden machen Ernst mit dem Kampf gegen die Korruption. Viele Ausländer denken, Kabila ist *a flash in the pan* – eine Eintagsfliege –, aber ich traue ihm mehr zu. Außenpolitisch hat er noch einiges zu lernen, aber Mandela wußte am Anfang auch nicht, daß man auf dem Weg nach Miami nicht einfach in Kuba vorbeischauen und Fidel Castro umarmen kann.« Ich glaube nicht, daß er es ernst meint. So reden Botschafter, deren Land besonders gute Beziehungen zu einem Regime aufbauen will.

Diese Region, meint Richard, habe eine große Zukunft, und seine Hilfsorganisation – die einzige weit und breit – stehe bei den Behörden im Mittelpunkt des Interesses. Die Versorgung des Krankenhaus von Ankoro mußte IRIC einstellen, weil die Straße zu schlecht ist und es keine Fähre über den Kongo mehr gibt. »Neulich hat mich der neue Gouverneur von Katanga gefragt, was meine Pläne für Ankoro sind. Als ich ihm sagte, daß ich nichts tun kann, solange keine Fähre da ist, meinte er: ›Aber Sie wissen doch, wer aus Ankoro kommt.‹ Da wird sich viel tun, hat er gesagt, Ankoro bekommt einen Flugplatz und ein Elektrizitätswerk, warum nicht auch eine Fähre? Er wußte, daß ich in Goma für die Amerikaner gearbeitet habe, und hat mich gebeten, meine alten Verbindungen zu aktivieren, um Geldgeber zu finden.«

Und damit ist Richard vollauf beschäftigt. Bis vor drei Jahren hat Congoétain die Wasserversorgung von Manono sichergestellt, vielleicht kann er die amerikanische Organisation USAID bewegen, diese Aufgabe zu übernehmen. Seine Frau ist Agrarexpertin, sie will hier in Kürze eine Landwirtschaftsschule aufbauen. »Kabila ist ein großer Verfechter der ländlichen Entwicklung, und wir wollen Gemüsesamen für das ganze Land produzieren.«

Richard spricht voller Enthusiasmus davon. Er erinnert mich an die Pioniere, die sich einst in Gbadolite niederließen, den Mönch, der unter der sengenden Äquatorsonne Kaninchen züchtete, die Bauunternehmer mit ihren Wahnsinnsprojekten. Fängt das alles wieder von vorn an?

Richard reist auf der Suche nach Unterstützung für seine Ideen ständig zwischen Manono, Lubumbashi und Kisangani hin und her und hat Kontakte in den höchsten Kreisen. Mich packt der Neid. Da oben planen diese Herren die Zukunft Manonos, und ich gelte als verdächtiger Eindringling!

Es ist spät, als Richard mich nach Hause bringt. Kinderstimmen schwirren durch die Luft – bei Vollmond dürfen die Kinder länger draußen spielen. Wir kommen an dem Haus vorbei, in dem Kabila wohnen soll, wenn er sich in Manono aufhält. Nachts ist es in grelles Licht getaucht. Wir spähen durch den Zaun. Die Wände sind weiß getüncht und mit blauen und gelben Streifen verziert, sogar die Regentonne vorn ist blau-gelb gestrichen. Eine Villa ohne fließendes Wasser mit einer Regentonne in den Farben der kongolesischen Flagge – hier ist man noch weit entfernt von den Präsidentenpalästen in Gbadolite, denke ich beruhigt.

Auf den Stufen vor meiner Haustür hat ein Wachmann Posten bezogen. Um sich wach zu halten, singt er die ganze Nacht, so daß auch ich kaum ein Auge zutun kann.

Um halb sechs weckt mich das rhythmische Stampfen von Stiefeln – Soldaten beim morgendlichen Exerzieren traben durch die Straße. Dann heult die Sirene von Congoétain, und ein weißer Peugeot hält vor dem Haus meines linken Nachbarn, des Personalchefs von Congoétain. Mein rechter Nachbar, der Kommandant von Manono, ist nach Lubumbashi gefahren, um den Sold für seine Soldaten zu holen; alles wartet ungeduldig auf seine Rückkehr. Er kann als einziger in Manono fernsehen, dank einer Satellitenschüssel auf dem Dach. Wenn er da ist, so hat Bwanga mir erzählt, drängen sich die Leute vor seinen Fenstern und schauen mit.

Ich stelle einen Eimer in die Badewanne und gieße das Wasser mit einem Plastikbecher über mich – die traditionelle Dusche in allen modernen Häusern im Landesinneren. Dann fülle ich warmes Wasser in die Thermoskanne, nehme Brot, Blue-Band-Margarine und Marmelade aus dem Fliegenschrank und setze mich an den Tisch.

Das Schloß an meiner Schlafzimmertür funktioniert nicht, und Bwanga hat zwei Arbeiter von Congoétain geholt, damit sie sich das »Problem« ansehen. Sie probieren eine ganze Weile herum, dann bauen sie das Schloß aus und nehmen es mit in die Werkstatt.

Richard kommt sich verabschieden – er fährt heute nach Lubumbashi. Sein Boy habe sich am Morgen seltsam benommen, erzählt er. Suchend sei er durchs Haus geschlichen, von Zimmer zu Zimmer; er dachte, »Madame« sei gestern eingetroffen, und fragte sich, wo ich abgeblieben war. Wir stehen vor der Haustür, und die Passanten verlangsamen ihren Schritt: zwei Weiße auf den Stufen einer Villa, ein Jeep vor dem Haus – ich stelle mir vor, wie sich das alte koloniale Karussell in ihrer Phantasie wieder zu drehen beginnt und sie blonde Kinder auf Dreirädern über den Gartenweg fahren sehen.

Hinter dem Haus jätet Bwanga eifrig Unkraut. Als er am Abend mit einem Bündel auf dem Kopf nach Hause geht, wird mir klar, daß es eigentlich sein Garten ist und daß er, wenn das Haus unbewohnt ist, das Obst mitnimmt.

Abbé Faustin, den ich durch Kabila kennengelernt habe, radelt vorbei. An seinem Lenker baumelt ein Radio, das ununterbrochen läuft. Er ist eine wandelnde Zeitung, jeder, der ihm begegnet fragt: »*Quelles nouvelles, monsieur l'abbé* – was gibt's Neues, Herr Pfarrer?«

Espérance kommt mich abholen, wir wollen zum Markt. Sie läßt sich in einen Sessel fallen, die Tasche auf dem Schoß, und sieht sich neugierig um. Diese bedruckten Vorhänge, sagt sie, wie gern würden die Frauen von Manono Pagnes daraus machen. Dann öffnet sie ihre Tasche, und ein gackerndes Huhn hüpft auf den Boden, flattert durchs Zimmer und läßt vor Schreck etwas fallen. Es stammt aus ihrem eigenen Hof, ein Willkommensgeschenk für mich. »Aber ich hab gar keine Küche!« Auf dem Weg zum Markt liefern wir das Huhn bei Géraldine ab.

Ein paar Straßen weiter sitzen Soldaten im Sand. Ein Kommandant hat eine Tafel an einen Baum gehängt und gibt ihnen Unterricht. Espérance lächelt. Seit sie mit Kasongo verheiratet ist, kennt sie das militärische Leben nur zu gut, denn er hat acht Soldaten bei ihr zurückgelassen. Sie biwakieren im Garten; vier von ihnen haben inzwischen eine Frau gefunden. »Kasongo hat einen Brautpreis von hundertdreißig Dollar für mich bezahlt«, sagt sie, »aber die jungen Soldaten leisten nur eine Anzahlung von höchstens dreißig Dollar, denn die Mädchen hier wollen nichts lieber als einen Soldaten heiraten.«

Im Stadtzentrum reihen sich armselige Läden mit Namen wie *Supermarket* und *Flash Alimentation* – Blitz Lebensmittel – aneinander. Reste von Schulbedarf – Kreide, Zeigestöcke, Hefte, Papier – liegen in den leeren, staubigen Regalen. Und da ist tatsächlich eine Bar, die allerdings geschlossen zu sein scheint. Was man dort wohl zu trinken bekommt, in einer Stadt ohne Bier und Limonade? Laut Espérance wird nur einheimischer Alkohol ausgeschenkt.

»Kann man hier am Wochenende irgendwo tanzen?«

»Ja, sicher, in der lutherischen Kirche.«

Espérance ist in Manono geboren, ihre Eltern wohnen in der Cité, aber sie hat jahrelang in Ankoro gelebt, und sie hat zwei Kinder von einem Abbé in Malemba Nkulu.

»Von einem Abbé?«

»Aber ja, hast du gedacht, Abbés können keine Kinder kriegen?«

»Was ist Ankoro eigentlich für ein Ort?« frage ich möglichst beiläufig.

»Ach, da gibt's nicht viel zu sagen. Hast du die Läden vorhin gesehen, mit all dem unverkäuflichen alten Kram? In Ankoro gibt es nicht einmal das.«

»Aber das soll sich ändern, heißt es.«

»Das heißt es, ja.«

Auf dem Markt begegnen wir der Frau von Kommandant Sadiki, die gebrauchte Kleider verkauft. Die beiden unterhalten sich über Sadiki, der demnächst mit dem Schiff in Muyumba ankommen soll, und über Kasongo, der noch immer nicht aus Kinshasa zurück ist.

»Wollen wir was für die Kinder kaufen?« Espérances Augen leuchten auf. »Gebäck oder so?« Gebäck, ja, danach fragen sie immer wieder. Auf einem kleinen Holztisch liegt ein Stapel viereckiger Kekse. Sie haben so lange in der Sonne gelegen, daß sie aussehen, als seien sie aus Pappe, und bestimmt haben sie den faden Seifengeschmack des Lagerhauses, aus dem sie kommen. Ich zögere, aber Espérance sagt, in ganz Manono gebe es kein besseres Gebäck, und verstaut sie zufrieden in ihrer Tasche, in der eben noch das Huhn saß.

Auf dem Rückweg kommen wir an dem imposanten Postamt vorbei. Die Türen stehen offen. »Was passiert da drin wohl?« frage ich. Espérance ist schon die Stufen hinaufgelaufen. Am Schalter sitzt ihr Freund Lucien, der uns enthusiastisch begrüßt. Er lächelt, als ich ihn frage, ob man in Manono einen Brief aufgeben kann, und zieht eine Schublade mit zaïrischen Briefmarken in allen Farben und Größen auf.

»Aber wie kommt der Brief von hier weg?«

»Jemand bringt ihn mit dem Fahrrad nach Mulongo, und von dort geht er mit dem Flugzeug der Protestanten nach Lubumbashi.« So ein Brief könne ein halbes oder ein ganzes Jahr unterwegs sein, aber es könne auch passieren, daß er überhaupt nicht ankomme. »Probier's doch einfach. Ein Päckchen kostet extra.«

Lucien hat ein Jahr in Toulouse gewohnt. Eine Ausländerin in Manono – die muß er sofort seiner Familie vorstellen. Kurz darauf sitzen wir in seinem Wohnzimmer, und seine Frau Mimi und seine Kinder – ein Zwillingspärchen – mustern mich neugierig. Mimis Haut ist hell; ihr Vater war Deutscher. Auch Belgier und Franzosen haben hier Kinder hinterlassen, sagt Lucien.

Er arbeitet zwar bei der Post, Geld verdient er jedoch mit einem Trockenfischhandel, und in guten Zeiten ist er Möbelschreiner. »Die rote Couchgarnitur, auf der ihr sitzt, hab ich selbst gemacht«, verkündet er stolz. Mit ein paar kräftigen Schlägen hat er den Staub abgeklopft. Sein Haus sieht aus, als wäre ein Wirbelsturm hindurchgefegt. »Das kommt daher, daß wir bei der Befreiung geplündert worden sind.« Aber das ist über ein Jahr her!

Die Sonne brennt gnadenlos auf uns herab, als wir weitergehen. Unter den Mangobäumen atmen wir erleichtert auf – wir sind fast zu Hause. Gegen Abend gehe ich zu Twité, dem Direktor von Congoétain, um mich für meine Unterkunft zu bedanken. Er schaut beunruhigt drein. »Alle fragen sich, was du hier willst«, sagt er. »Die Leute glauben, du bist Journalistin, und haben Angst vor dem, was du schreiben wirst.«

Wie erfreut Espérance und Lucien darüber sind, daß ich hier bin, behalte ich für mich – es würde wenig Eindruck auf ihn machen.

In den Sträuchern um Espérances Haus hängen Soldatenkleider zum Trocknen, drinnen läuft eine Kassette von Wenge Musica. Die Kinder sind nicht da, ich glaube, sie leben bei Espérance' Eltern. Sie hat noch in der Küche zu tun – gleich kommen auch Lucien und Mimi. Auf dem Sofa sitzt ihr Bruder, der morgen früh mit achtzig Kilo Trockenfisch nach Kongolo radeln will. Vier Tage wird er unterwegs sein, und er hofft drei Millionen Zaïre – zwanzig Dollar – zu verdienen.

Als wir mit Lucien und Mimi am Tisch sitzen, fährt draußen ein Motorrad vor. Espérance springt auf: Kommt Kasongo zurück? Doch dann umwölkt sich ihre Miene – es ist Ildephonse. Sie mag ihn nicht, hat sie mir erzählt – für die ANR zu arbeiten ist in ihren Augen ein »schlechter Beruf«. Neulich hat er Kasongo zum Essen eingeladen, und sie mußte zu Hause bleiben! Sie findet ihn hinterhältig, er behauptet, die Frauen von Manono gefallen ihm nicht, aber nachts geht er heimlich zu ihnen, und wer würde es wagen, ihn abzuweisen?

Ildephonse hat die Gesellschaft mit einem Blick erfaßt. Dann gleiten seine Augen über das Essen auf dem Tisch und bleiben an dem Palmwein hängen, den Espérance und ich auf dem Markt gekauft haben. Lucien und Mimi machen ihm Platz, Espérance stellt einen Teller vor ihn hin, aber er schiebt ihn weg – er will nicht mitessen.

»Ist was?« frage ich.

»Nein, wieso? Ich kam nur gerade vorbei und dachte, ich schau mal kurz rein. Ich hatte keine Ahnung, daß du hier bist.«

Er lügt – bestimmt hat er mich gesucht. Lucien ist freundlich zu ihm, und Espérance gibt sich alle Mühe, eine gute Gastgeberin zu sein, aber die Fröhlichkeit von eben ist dahin. Ich fühle mich bespitzelt, und es tut mir leid, daß ich meinen neuen Freunden diesen ungebetenen Gast aufgehalst habe.

Mit einem verstohlenen Blick auf die anderen sagt Ildephonse: »Ich sehe, du hast inzwischen alle Gesellschaftsschichten kennengelernt – wann willst du abreisen?«

Ich lache. »Keine Ahnung. Ich würde gern mit dem Schiff nach Bukama und von dort mit dem Zug nach Lubumbashi. Ich warte noch auf eine Mitfahrgelegenheit nach Muyumba.« Ich habe mich damit abgefunden, daß Ankoro verbotenes Terrain für mich ist – mit dieser Alternativroute bin ich auch zufrieden. Schon die Namen der Schiffe bringen mich ins Träumen. *Père Wasso* – Vater Wasso –, *Dieu m'a donné* – Gott hat mich geschenkt –; der Eigner der *Georges* soll die Karosserie seines alten Mercedes als Kapitänskajüte auf das Achterdeck geschweißt haben.

»Ich muß demnächst auch nach Lubumbashi«, sagt Ildephonse. »Kann ich dich dort besuchen? Dann unterhalten wir uns noch einmal in Ruhe über deine Reise.«

»Ich hab keine Ahnung, wann ich dort ankomme«, wehre ich ab. »Du weißt ja selbst, wie langsam man im Landesinneren vorankommt.«

»Und wie finde ich dich dort?« beharrt er. »In welchem Hotel wohnst du?«

Ich sage ihm, daß ich beim belgischen Konsul wohnen werde, daß er auf dem Konsulat nach mir fragen soll. Dann steht er auf und wünscht uns einen guten Abend.

»Der kommt sonst nie«, sagt Espérance argwöhnisch, als er weg ist, »jedenfalls nicht, wenn Kasongo nicht da ist. Verdrossen räumt sie den Tisch ab. »Warum wollte er nicht mitessen, hatte er Angst, vergiftet zu werden?« Auch der sonst so gelassene Lucien ist ganz aufgelöst. »Was ist eigentlich los in Manono?« fragt er verzweifelt. »Wir sind hier nicht mehr frei.«

Ich denke mir mein Teil zu Ildephonses Überraschungsbesuch. Es hat mir nicht gefallen, wie er auf den Palmwein geschielt hat – als wollte ich meine Freunde betrunken machen!

Espérance hat mir ein Fahrrad geliehen, und ich strample mit ihr durch die sandigen Straßen der Cité zu ihren Eltern. Ihr Kasongo scheint ein netter Kerl zu sein. Als sie letztes Mal zusammen in Lubumbashi waren, hat er eine Hose, ein Hemd und eine Baseballmütze für ihren Vater gekauft, und heute bringt sie ihm die Sachen. Ihre Eltern sind kleine, gebückte Leute, die in einem ärmlichen Backsteinhaus wohnen und Kasongos Geschenke offensichtlich gut gebrauchen können.

Sie erwarten mich schon; als Willkommensgruß liegen Palmzweige auf dem Tisch in dem winzigen Wohnzimmer, und so sitzen wir in der drückenden Hitze drinnen, während draußen eine angenehme Brise weht. Espérance' Mutter holt einen Topf unter dem Tisch hervor und nimmt den Deckel ab – der säuerliche Geruch von gärendem Palmwein zieht durch den Raum. Espérance füllt vier Gläser, und kaum haben wir einen Schluck getrunken, schenkt sie nach, wie es auch in den Bars in der Stadt üblich ist. Sie sprechen Kiluba untereinander; lachend und nickend sitzen sie im Halbdunkel und betrachten mich, und an der Tür drängt sich die halbe Straße. Jeder sucht einen Vorwand, um hereinzukommen und einen Blick auf die weiße Besucherin zu erhaschen.

Maniok, Süßkartoffeln und Papayas verschwinden in einem Eimer, alles für mich, und aus dem Hühnerstall wird ein Huhn geholt. Espérance bindet es auf ihren Gepäckträger, wo es die ganze Fahrt über kläglich piept, aber das macht überhaupt nichts, sagt sie, afrikanische Hühner sind das gewöhnt. Der Eimer hängt an meinem Lenker, und alle Augenblicke müssen wir absteigen, weil Espérance' Kette herausgesprungen ist. Als wir durch die schattigen Mango-Alleen radeln, kommt uns Ildephonse auf seinem blinkenden Motorrad entgegen. Er hält an, wirft einen kurzen Blick auf Espérance und kündigt mir seinen Besuch in fünf Minuten an.

Wir bringen die Eßwaren und das Huhn bei Géraldine vorbei, Espérance fährt davon, und ich schiebe mein Rad nach Hause. Bei den Jungen an der Ecke bleibe ich stehen und betrachte die erfindungsreichen kleinen Autos, die sie aus Strohhalmen, Streichhölzern und Dosen bauen, mit Limonen als Rädern. An einer Hauswand lehnt ein junger Mann, der mich mit halb geschlossenen Augen beobachtet. »Geh lieber nach Hause«, sagt er, »der Chef vom Sicherheitsdienst wartet auf dich.«

Ildephonse steht neben seinem Motorrad vor der Tür und macht keine Anstalten hereinzukommen. Er will wissen, wieviel Gepäck ich habe. »Viel«, sage ich, »warum?«

»Mein Chef in Lubumbashi will dich sehen.«

Mir bleibt das Herz stehen. Sein Chef ist Georges, der gewalttätige ANR-Boß von Lubumbashi, ein Halbbruder Kabilas. »Wieso?«

»Das fragt man seinen Chef nicht. Die Hierarchie ruft, das ist alles.« Ich müsse heute noch weg und könne unter keinen Umständen noch einmal in Manono übernachten.

»Aber warum denn, was hab ich denn verbrochen? Warum durfte ich gestern hier sein und heute nicht mehr, was ist denn passiert? Ich...« Fieberhaft suche ich nach einem Ausweg. Telefon gibt es hier nicht, man verständigt sich ausschließlich per Fonie, wie ich von Richard weiß. »Kann ich mal kurz mit deinem Chef sprechen?«

Ildephonse sieht mich mitleidig an. »Ich hab ihmversprochen, dich bei nächster Gelegenheit nach Lubumbashi zu schicken.«

Trotz allem muß ich lachen. »Und welche Gelegenheit wäre das?«

Ein Schulinspektor fährt am Nachmittag mit dem Motorrad nach Mulongo, sagt er, dort kann ich dann das Flugzeug der Protestanten nach Lubumbashi nehmen – Luciens virtueller Postweg, schießt es mir durch den Kopf.

Ich habe eine Stunde Zeit zum Packen und schicke Bwanga zu Géraldine, ein Buch holen, das ich ihr geliehen habe. Kurz darauf steht sie in meinem Zimmer. Wenn sie erschrocken ist, läßt sie es sich nicht anmerken. Vielleicht ist sie froh, daß jemand meinem beunruhigenden Besuch ein Ende macht, aber auch das weiß sie gut zu verbergen. Sie denkt vor allem praktisch, das hatte Kabila mir schon gesagt. Sie fragt, ob ich noch mehr Sachen bei irgendwelchen Leuten habe und was sie wem sagen soll. Ich gebe ihr eines der Bilder für ihre Tochter und die Zebras an dem dunklen Tümpel für Luciens und Mimis Zwillinge, den einsamen Jäger mit dem Hund nehme ich mit.

Beim Packen versuche ich nachzudenken. Ildephonses Auftauchen bei Espérance gestern abend – hatte sein Chef ihn geschickt, oder kam er aus eigenem Antrieb? Und was genau wollte er? Meine Adresse – natürlich, wie konnte ich so dumm sein und ihm sagen, daß ich beim Konsul wohnen werde! Das bedeutet natürlich, daß das belgische Konsulat mich nach Manono geschickt hat. Kaum hatte ich meine Adresse verraten, ging er. Er wußte genug. Aber wenn ich gelogen hätte, wäre das nicht genauso schlimm gewesen?

Als ich fertig bin, sitzen Géraldine und ich schweigend im Wohnzimmer. Bwanga hinkt hin und her, seinen verschlissenen weißen Hut auf dem Kopf, und flüstert kaum hörbar »*C'est dommage*… – schade.« Er war durch meine Anwesenheit sichtlich aufgelebt und hatte gerade angefangen, die Veranda hinter dem Haus für mich herzurichten.

Was wird Espérance sagen, wenn sie erfährt, daß ich abgeholt worden bin? Und Lucien und Mimi? Heute abend sollten wir bei ihnen essen – bestimmt kocht Mimi schon. Ich würde ihnen gern sagen, daß ich abreise, aber ich bin jetzt Persona non grata und möchte sie nicht noch weiter behelligen.

Ildephonse kommt mit einem Soldaten und dem Schulinspektor. Der Soldat kontrolliert mein Gepäck. Der Inspektor sagt, er könne es unmöglich mitnehmen, es passe nicht auf sein Motorrad. »Dann schicken wir es nach«, sagt Ildephonse kurz angebunden.

»Kommt nicht in Frage, ich brauche das Gepäck für meine Weiterreise, das lasse ich nicht hier.« Zum Glück springt Géraldine für mich in die Bresche – sie versuche schon seit vier Jahren nach Lubumbashi zu kommen, sie wisse, wie lange das dauern könne.

Mürrisch geht Ildephonse hinaus. Er spricht in sein Walkie-talkie und winkt mich dann heran. »Wenn du nicht mit dem Inspektor fahren willst, schicke ich dich mit einem Militärjeep nach Mulongo.«

»Ist mir recht.« Das klingt doch wesentlich komfortabler.

»Aber dann mußt du den Sprit bezahlen.«

Ach ja, weil ich ja unbedingt von hier wegwill! »Das versteh ich nicht«, sage ich. »Ihr bringt meine ganzen Pläne durcheinander, und jetzt soll ich auch noch für meine eigene Evakuierung aufkommen?«

Doch Ildephonse ist schon am Rechnen: zweihundert Kilometer hin und zurück über die schlechte Straße, das macht hundert Liter à hundertfünfzigtausend Zaïre. Unwillig höre ich zu. »So viel Geld hab ich nicht«, lüge ich. »Ich hab gerade genug für meine Schiffspassage dabei, und für mein Flugticket werde ich ja wohl auch noch was brauchen.«

Aus dem Walkie-talkie kommen heisere, fragende Stimmen. »Okay«, sagt Ildephonse, »dann melde ich das meinem Chef – daß du kein Geld hast.« Sein Gesicht hat jetzt einen verbissenen Ausdruck, und ich muß an das denken, was Richard über ihn gesagt hat: »Ildephonse ist nett – bis er beschließt, gemein zu werden.« Er will eine gute Figur machen und wird nicht zulassen, daß ich ihm dabei im Weg stehe.

»Die Hälfte könnte ich zahlen«, lenke ich ein.

»Du zwei Drittel, wir den Rest«, sagt er schroff.

Ich nehme die zehn Millionen Zaïre, die ich für meine Weiterreise aufgehoben hatte, aus meinen Rucksack. Als ich sie ihm gebe, wird mir klar, daß er mir etwas vorgelogen hat. Kein Jeep, und sei er noch so klapprig, braucht fünfzig Liter auf hundert Kilometer. Aber er hat das Geld schon eingesteckt und das Ergebnis seiner Transaktion per Walkie-talkie weitergemeldet. Es ist drei Uhr; in zwei Stunden werden mich die Soldaten abholen.

Ich bleibe allein mit Bwanga zurück. Er setzt sich auf die Haustürstufen und sieht mich so traurig an, daß ich mir selbst leid tue. »Du kannst auch nach Hause«, sage ich, es gibt ja nichts mehr zu tun.« Aber er bleibt bei mir, sagt er, er geht nicht, bevor ich abgereist bin.

Passanten schauen neugierig herein. Haben sie schon gehört, was hier los ist? Wie schnell macht so etwas in einer Stadt wie Manono die Runde? Espérance wollte ihr Rad holen, Lucien wollte uns abholen, wenn das Essen fertig ist – hat irgend jemand sie aufgefordert, sich von mir fernzuhalten? Was habe ich eigentlich verbrochen? Warum können Weiße wie Richard sich immer mit den Behörden arrangieren, und ich werde wie ein Paria behandelt?

Da kommt Espérance. Sie erstarrt, als sie mein Gepäck sieht. »Was …?« Sie setzt sich hin und weint wie ein Kind, dem man sein Spielzeug weggenommen hat. Hatte sie nicht gesagt, daß Ildephonse ein hinterhältiger Typ ist? Auch Lucien sinkt niedergeschlagen auf einen Stuhl, als er die Neuigkeit erfährt. »Das ist kein guter Ort hier«, sagt er nur immer wieder. Wir sitzen zusammen wie bei einer Totenwache. Meine düsteren Gedanken behalte ich lieber für mich, und da wir nun keine Pläne mehr für heute abend oder morgen machen können, gibt es kaum noch etwas zu sagen. Ich verteile meine Sardinen und meine Kekse – die brauche ich jetzt nicht mehr.

Gegen sieben kommt Ildephonse und sagt, daß es noch eine Weile dauert. Ich bin müde, und mir graut vor der nächtlichen Fahrt über die schlechte Straße. »Können wir nicht morgen früh fahren?« frage ich vorsichtig.

»Soldaten reisen zu jeder Tages- und Nachtzeit.«

Abbé Faustin, die wandelnde Zeitung von Manono, kommt klingelnd vorbeigeradelt, das Radio am Lenker. »Aha, Mission abgebrochen«, brummt er, »wie bei der UN-Kommission in Kinshasa.« Als er merkt, daß mir nicht der Sinn nach seinem Sarkasmus steht, schaltet er sein Radio wieder ein und verschwindet.

Der Nachtwächter ist gekommen, und ich bitte Bwanga inständig, nach Hause zu gehen. Widerstrebend verabschiedet er sich. »Geht ihr ruhig auch«, fordere ich Lucien und Espérance auf, »ich komm schon zurecht.«

Als ich Wasser zum Duschen aufsetzen will, sehe ich, daß die praktische Géraldine schon alle ihre Sachen mitgenommen hat. Sogar der Eimer ist aus dem Bad verschwunden.

Kurz nach Mitternacht fährt ein Jeep vor. Es ist ein Toyota Landcruiser wie der von Kabila. Hinten sitzt Ildephonse zwischen zwei Soldaten. »Ich habe beschlossen mitzufahren«, sagt er, »damit die Soldaten dir nicht dein Geld abnehmen.«

Der Jeep setzt sich mit einem Gestotter und Geknatter in Bewegung, daß ich mich frage, ob wir überhaupt bis ans Ende der Straße kommen. Alles rüttelt und schüttelt, die Windschutzscheibe ist gesprungen – eine Kugel? ein Stein? –, und ein penetranter Dieselgeruch hängt im Wagen. Ich sitze neben dem Fahrer. Er ist Raucher und bittet mich um Streichhölzer, er habe vergessen, welche mitzunehmen. Im Laufe der Nacht wollen meine Reisegenossen immer wieder irgend etwas von mir, so daß mir außer der Finanzierung auch noch die Logistik meiner Evakuierung obliegt.

Wenige Kilometer außerhalb der Stadt bleibt der Jeep liegen. Alle außer Ildephonse steigen aus. Unter dem Wagen hängt alles mögliche lose herab – sie werden nicht schlau daraus und machen Feuer, um besser zu sehen. »Habt ihr denn keine Taschenlampe?« Und schon verschwindet der Fahrer mit meiner Leselampe unter dem Auto.

Es wird kälter, und ich versuche das Fenster zu schließen, aber wie sich herausstellt, besteht es aus einer fest montierten

Kunststoffscheibe. Schwärme von Mücken fliegen herein. Ildephonse und die Soldaten schlafen, und auch ich nicke ab und zu ein, aber die Straße ist so schlecht, daß ich immer wieder mit dem Kopf an die Windschutzscheibe stoße. Der Dieselgeruch vermischt sich mit dem Geruch von ungewaschenen Soldatensocken. Ich habe Angst, bin aber auch neugierig. In Lubumbashi werde ich Georges kennenlernen, den berüchtigten ANR-Chef. Wird man mich am Flughafen festnehmen und in eine dunkle Gefängniszelle werfen, oder wird es nur ein Gespräch mit Georges geben? Ich habe mir nichts vorzuwerfen, meine Papiere sind in Ordnung, ich habe nichts Unrechtes getan, aber ich weiß, daß für die ANR die harmlosesten Dinge verdächtig sind.

Ein Kaninchen flitzt vor uns auf die sandige Straße. Der Fahrer greift nach dem Schaltknüppel und gibt Gas. Ich denke, er will dem Tier ausweichen, aber statt dessen nimmt er die Verfolgung auf. Die Soldaten werden wach und feuern ihn an. Das Kaninchen läuft im unbarmherzigen Licht der Scheinwerfer um sein Leben, und plötzlich ertönt ein dumpfer Schlag. Der Chauffeur nimmt den Fuß vom Gaspedal, aber wir fahren weiter. Erstaunt sehe ich ihn an. »*Permettez, madame, pardon* – tut mir leid, Madame«, sagt er, »*pas de freins* – keine Bremsen.« Als wir endlich zum Stehen kommen, springen die Soldaten aus dem Wagen, kommen aber mit leeren Händen zurück – das Kaninchen ist entkommen.

Durch das schnelle Fahren hat sich der Motor überhitzt, Dampf quillt unter der Motorhaube hervor, und als der Fahrer den Kühlerdeckel abschraubt, schießt eine kochende Fontäne in die Luft. Wasser haben die Soldaten nicht dabei, und so verschwindet der gesamte Inhalt meines Kanisters zischend in dem Behälter.

Ildephonse entpuppt sich als ein launischer, unsolidarischer Reisegenosse; kein einziges Mal steigt er aus und hilft schieben, wenn wir im lockeren Sand steckenbleiben. Die Soldaten sind zuvorkommend und sagen, »Madame« brauche sich nicht zu bemühen, wissen es aber sichtlich zu schätzen, daß ich helfe und durchaus nicht hinter ihnen zurückstehe, wenn es gilt, den Wagen wieder flottzumachen. Ich teile meine Bananen mit ihnen, und einer von ihnen sagt, ich hätte ihm gestern Glück gebracht: Nachdem er mein Gepäck kontrolliert habe, sei er von Géraldine zum Essen eingeladen worden.

Im ersten fahlen Morgenlicht tauchen in Pagnes gehüllte Dorfbewohner auf der Straße auf. Sie springen ins hohe Helmgras und schauen stumm zu uns her. Kurz vor Mulongo bleiben wir hoffnungslos stecken. »*Arrêtez-les* – schnappt sie euch«, sagt Ildephonse und zeigt auf die Leute. Zwanzig Mann graben den Jeep aus dem Sand; er selbst bleibt wie ein König darin sitzen.

Mulongo ist ärmer und staubiger als Manono, aber es liegt am Wasser, und sofort atme ich freier – erst jetzt merke ich, wie drückend es in Manono war. Wir fahren zur Residenz des *grand chef* – des Ortsvorstehers – auf dem Hügel. Ein Diener bittet uns, unter dem breiten Strohdach, unter dem der Chef gewöhnlich seine Palaver abhält, zu warten. Noch benommen vom Schlaf sitzen wir einander gegenüber und schauen auf den Kabambasee hinab.

Als der Grand chef, ein beleibter Mann in Anzug und Hut, aus seinem Fertighaus kommt, springen seine Leute auf und begrüßen ihn. Er gibt mir die Hand und sieht mich durch seine Brille freundlich an. Ildephonse erklärt ihm, daß der ANR-Chef in Lubumbashi mich sehen will, daß ich mit dem ersten Flug aus Mulongo abreisen werde und er mich bis dahin seiner Obhut anvertraue. Der Mann nickt – als echter Kongolese weiß er, wie diese Euphemismen zu verstehen sind.

Sein wohlwollender Blick versetzt mir einen Stich der Scham und Traurigkeit. Wie eine Gefangene stehe ich vor ihm. Wieviel angenehmer wäre es gewesen, ihn zu besuchen, wenn das Schiff nach Bukama hier anlegt: eine Weiße auf der Durchreise.

Der Grand chef besitzt ein Schiff, mit dem er Verpflegung für die Militärs transportiert. Flüsternd debattieren die Soldaten mit ihm über hundert Liter Diesel, die er der Armee schuldet, aber es kommt zu keiner Einigung. Es gibt hier kein Diesel sagt er. Ob er ihnen dann den Gegenwert in Maismehl geben könne? Aber auch Mehl ist in Mulongo nicht zu bekommen. Enttäuscht gehen die Soldaten zum Auto, wo Ildephonse schon wartet. Er will in ein Hotel und sich frisch machen.

»Das Flugzeug geht erst in ein paar Tagen«, sagt der Chef nachdenklich, als sie weg sind, »ich muß also eine Unterkunft für Sie finden. Ausländer wohnen normalerweise bei den Protestanten, aber die sind im Moment ausgebucht.« In Lubumbashi hatte ich einen Geschäftsmann aus Mulongo kennengelernt, der mir anbot, bei ihm zu übernachten, wenn ich auf der Fahrt mit dem Schiff hier Station machen würde. Aus meinem Halbschlaf taucht plötzlich sein Name auf. »Kennen Sie David Yolola?« Die Miene des Chefs hellt sich auf. Ja, natürlich, viele Durchreisende übernachten bei ihm. Er schickt sofort einen Boten zu ihm.

Ein Diener stellt Kaffee und Papaya mit Zitrone vor mich hin. »Nehmen Sie nichts?« Der Chef macht eine abwehrende Geste: Er darf in Gegenwart von Frauen nicht essen.

In seinem etwas affektierten Französisch unterhält er sich mit mir. Wie Twité, der Direktor von Congoétain, beklagt er sich über die Weigerung des Westens, den Kongo finanziell zu unterstützen. »Es gibt einfach zu wenig Anzeichen dafür, daß dieses Regime das Land aus der Sackgasse führen wird«, protestiere ich sanft. »Der Westen hat Mobutu jahrelang gestützt – jetzt will man denselben Fehler nicht noch einmal machen.« Ich werde rebellischer. »Warum sollten wir einem Regime helfen, das Leute aus dem Westen für Spione hält und sie aus dem Landesinneren herausholt, als wären es Kriminelle? Ich bin überall herumgereist, ich war in undemokratischen Ländern wie Rumänien, Syrien und dem Irak – nirgends hat man mich festgehalten, nur im Kongo, einem Land, das mir am Herzen liegt, mit dem ich mich verbunden fühle wie mit keinem anderen.«

Der Zorn wallt wie Gift in mir auf. Massaker in Hutu-Flüchtlingslagern, willkürliche Verhaftungen, militärische Schauprozesse – glauben die kongolesischen Würdenträger denn, sie kämen mit allem durch? »Ihr Land kann nicht erwarten, daß man ihm zu seinen eigenen Bedingungen hilft. Die Spielregeln bestimmt nun einmal der Geber. In Mali sagt man: Die empfangende Hand befindet sich immer in einer tieferen Position als die gebende.«

Doch der Grand chef läßt sich nicht beirren. »Der Westen muß Geduld und Verständnis haben«, sagt er, »und auch Sie müssen Verständnis haben. Ihre Papiere sind nicht in Ordnung, Sie haben Lubumbashi verlassen, ohne die ANR zu informieren, die ihnen doch nur beistehen will.«

Beistehen – besten Dank! »Sie wissen doch so gut wie ich«, ereifere ich mich, »daß mich die ANR endlos hätte warten lassen. Da wäre ich nie weitergekommen!« Das erlebe ich jetzt immerhin, denke ich trotzig, daß ich mich an diesem frühen Morgen mit dem Grand chef von Mulongo unterhalte, nach einer denkwürdigen Fahrt mit hungrigen Soldaten, die mit ihrem Jeep Kaninchen jagen – das kann mir keiner mehr nehmen.

Ein Toyota-Pick-up ist auf den Hof gefahren. Der Mann, der aussteigt, trägt einen Anzug von italienischem Schnitt. Es ist Pierre, ein Mitarbeiter des Grand chef. Mein Zimmer bei David Yolola sei bereit, verkündet er. Dankbar stehe ich auf. Der Geruch unserer nächtlichen Reise hängt in meinen Kleidern, ich fühle mich schwach und benommen. Ich bedanke mich für die Bewirtung und verspreche wiederzukommen, wenn ich mich ausgeruht habe.

David Yolola steht in der Tür seines großen Hauses, ein hochgewachsener, magerer Mann mit einem bescheidenen, fast verlegenen Lächeln. Er spricht nicht sehr gut Französisch, und sein Sohn Tshikala übersetzt seinen Willkommensgruß für mich. Ich betrete ein Wohnzimmer voller Erbauungssprüche und frommer Drucke und Ölbilder, denn Yolola ist nicht nur Geschäftsmann, sondern auch Prediger. Jesus mit der Dornenkrone auf dem blutenden Haupt, die Sintflut – das Leiden auf den Bildern scheint auch von Yololas ernstem Gesicht abzustrahlen. Im Gästezimmer hängt ein Porträt seines Vaters, der als Evangelist zu Fuß bis nach Sambia ging, um die Frohe Botschaft zu verkünden.

Yolola ist bereits über meine Situation informiert, wie ich an seinem reservierten, aber auch beschwichtigenden Ton merke. Seine Frau – ein breites Lächeln im runden, glänzenden Gesicht – eilt herbei, wischt sich die Hände an ihrem Pagne ab und umarmt mich. So viel Herzlichkeit – wieder wallt Selbstmitleid in mir auf, und fast kommen mir die Tränen. Ich bitte Tshikala, ihnen zu danken. Ich darf nicht bitter werden, ermahne ich mich, die Sache geht nur mich und die Behörden etwas an, alle anderen haben nichts damit zu tun.

Erst solle ich duschen, sagt Tshikala, dann essen wir. Ich öffne meinen Koffer, nehme Handtuch, Toilettentasche und Morgenrock heraus und lege frische Kleider auf einen Stuhl. Als ich zurückkomme, sitzen der Fahrer und die beiden Soldaten im Wohnzimmer, und meine Tür ist abgeschlossen. Ich rüttle an der Klinke, dann höre ich drinnen einen Stimme. Es ist Ildephonse, sagen die anderen, er zieht sich um. »In meinem Zimmer?«

Im Trainingsanzug kommt er heraus – im Auto sei das bequemer – und verstaut seine Sachen in seinem Rucksack. Ich ziehe mich an und werfe einen kurzen Blick auf meinen offenen Koffer – er wird doch nicht …? Aber da klopft er schon wieder an die Tür: Sie fahren los, sie wollen vor Einbruch der Dunkelheit in Manono sein.

Die Soldaten und der Fahrer bitten mich flüsternd um Geld für Zigaretten; ich begleite sie zum Auto und stecke ihnen etwas zu. Ildephonse sagt, ich bräuchte mir keine Sorgen zu machen, sein Bericht über mich sei nicht schlecht ausgefallen. »Georges ist ein netter Mann, du wirst sehen, ihr werdet bestimmt Freunde. Irgendwann kommst du wieder nach Manono, und bis dahin ist die Straße auch repariert.« Ich nicke – er redet, als hätte ich alle Zeit der Welt, als hätte der Kongo alle Zeit der Welt.

Sobald er weg ist, gehe ich in mein Zimmer und durchsuche systematisch mein Gepäck, zähle mein Geld, sehe meine Hefte durch. Mein Film, wo ist mein Film? Der Soldat, der in Manono mein Gepäck kontrollierte, untersuchte meine Kamera und fragte, ob ich Aufnahmen gemacht hätte. Ich murmelte irgend etwas, und er gab mir die Kamera zurück. Den Film in meinem Koffer übersah er. Wild klopfenden Herzen suche ich weiter. Der Film ist weg, und wer außer Ildephonse könnte ihn genommen habe?

Fotos von dem Prozeß in Lubumbashi, dem Gerichtsvorsitzenden, einer Pool-Party beim Konsul, und dann unsere Reise: Kabila und ich an einer kaputten Brücke, die ganze Gesellschaft am Morgen unserer Abreise aus Mitwaba, der Beifahrer in seinem Vogelnest. Fotos von Menschen, die ich vielleicht nie wiedersehen werde, von einer Reise, die ich nie wieder machen werde.

Warum hat Ildephonse den Film nicht beschlagnahmt, als ich dabei war, dann hätte ich ihn zurückverlangen können, aber so… Er wird niemals zugeben, daß er ihn aus meinem Koffer genommen hat. Sie suchen also eine Möglichkeit, mich anzuklagen.

Niedergeschlagen sitze ich mit Yolola und Tshikala am Tisch und erzähle ihnen von meiner Entdeckung. »Bisher war ich nicht nervös«, sage ich. »Ich wußte ja, daß ich nichts verbrochen habe, aber jetzt… Ildephonse hat gesagt, sein Chef und ich würden Freunde werden, ich würde nach Manono zurückkommen, und direkt davor hat er einen Film aus meinem Koffer gestohlen!« Wütend wische ich mir die Tränen ab. »Was soll ich nun glauben? Ich komme mir vor, als hätte man mich für vogelfrei erklärt.«

Yolola ist empört. Bischöfe und Gouverneure haben in meinem Zimmer geschlafen, noch nie hat jemand sein Haus entehrt und seine Gäste bestohlen. Aber dann meint er, ich müsse wieder so werden wie bei meiner Ankunft, alle hätten meine Ruhe bewundert, sogar der Ortsvorsteher. Tshikala übersetzt und sieht mich beklommen an.

»Es tut mir leid«, sage ich, »ich bin müde, da nehme ich alles zu schwer. Wenn ich geschlafen habe, geht's bestimmt wieder besser.«

Nach dem Essen ziehe ich die Vorhänge zu und falle in einen tiefen, traumlosen Schlaf.

Pierre bringt mich zu Bethany, einer protestantischen Krankenschwester, vermutlich in der Annahme, daß ich ein Bedürfnis nach weißer Gesellschaft habe, aber auch, weil ich bei ihr den Flug nach Lubumbashi buchen kann. Kaum habe ich den Fuß über die Schwelle gesetzt, bin ich nicht mehr in Mulongo, sondern auf dem australischen flachen Land. Die Luft im Zimmer ist muffig und abgestanden, und ich spüre, daß auch hier viel gebetet wird. Die rothaarige Bethany trägt einen Wickelrock, und ihre Haut ist bleich vom vielen Drinnensitzen.

Pierre stellt mich kurz vor und zieht sich dann zurück; er scheint nicht oft hierherzukommen. Ich dachte, er sei Geschäftsmann, aber Bethany sagt, er sei Pfleger im Krankenhaus. »Pierre?« frage ich verwirrt. »Er sieht so anders aus als die anderen. Der leichte Anzug, die glänzenden Schuhe – er wirkt wie jemand, der viel reist.«

»Das kommt daher, daß er vor kurzem auf Familienbesuch in Kinshasa war.« Bethany lächelt geheimnisvoll. Pierres jüngerer Bruder hat unter Kabila eine Blitzkarriere beim Sicherheitsdienst gemacht, und Pierre kam mit einem Toyota-Pickup und einem Koffer voller neuer Kleider aus der Hauptstadt zurück. »Nicht daß der Wagen so ein Segen für ihn wäre«, sagt Bethany, »denn er ist der einzige Kongolese in Mulongo, der ein Auto hat, und dadurch ist er zum Mädchen für alles geworden. Im Krankenhaus sieht man ihn kaum noch.« Jetzt verstehe ich, warum der Pick-up, der aus der Entfernung nagelneu aussieht, so schwer anspringt und sich so hart schaltet: Pierre ist vorher bestimmt noch nie Auto gefahren und lernt es durch die Praxis. Der Wagen hängt tief über dem Boden, und die Federung knarrt, als würde er ab und zu viel zu schwer beladen.

Ich erzähle Bethany von meinen Problemen mit der ANR. Sie wundert sich nicht – in den letzten Monaten hat der Sicherheitsdienst seine Kontrollen in der Gegend drastisch verstärkt. Das Flugzeug der protestantischen Mission darf nicht mehr ohne einen ANR-Mann an Bord starten, und demnächst werden sogar Fahrzeuge mit ANR-Begleitung unterwegs sein. »Der Mann vom Sicherheitsdienst in Manono hat einen Film aus meinem Koffer gestohlen«, sage ich. »Ich mache mir Sorgen um meine Notizen – könntet ihr die nicht dem Piloten mitgeben oder mit der Post verschicken?« Sie macht ein bedenkliches Gesicht, verspricht aber, mit den anderen darüber zu reden.

Es ist dunkel in den Straßen von Mulongo, als ich nach Hause gehe, und ich treffe Yolola und Tshikala beim Schein einer Kerze an. Habe ich heute morgen nicht Lichtschalter und Stecker gesehen? Yolola lächelt traurig. Die Batterien der Solarzellen, die er auf dem Dach hat anbringen lassen, müßten ausgetauscht werden, und der Generator geht nicht, weil kein Sprit mehr da ist. Und so ist es mit allem: Sein Lastwagen rostet im Hof vor sich hin, weil die Straßen zu schlecht sind, und er kommt immer seltener auf seine Plantage, weil er dort nicht erreichbar ist. Er bräuchte Walkie-talkies, damit könnte er die achtzehn Kilometer überbrücken.

Wer in dieser Gegend etwas erreicht hat, bekommt garantiert Probleme, sagt er. Während der Befreiung ist er nur knapp dem Tod entgangen, nicht weil er gegen die Befreiung war, sondern weil jeder die Gelegenheit nutzte, um alte Rechnungen zu begleichen.

»Aber warum hatten die Leute denn etwas gegen Sie?«

»Weil mein Vater hier regelmäßig Weiße empfängt«, antwortet Tshikala für ihn.

Doch auf die Weißen in Mulongo ist Yolola nicht gut zu sprechen. Der Arzt ist ständig verreist, jede Lieferung, die in Lubumbashi ankommt, will er persönlich nach Mulongo bringen, und so ist er nur selten im Krankenhaus anzutreffen. Und wenn er da ist, läßt er die Patienten oft warten und erledigt Dinge, die ohne weiteres andere erledigen könnten. Er vertraut seinem Personal nicht, will alles selbst machen. Das erinnert mich an den englischen Missionsarzt, von dem die Abbés in Mitwaba erzählt haben, den Mann, der alles abschließt, bevor er verreist. Die Distanz zwischen schwarz und weiß scheint hier seit der Unabhängigkeit keineswegs geringer geworden zu sein, der Paternalismus hält unvermindert an.

Um halb zehn bin ich wieder in meinem Zimmer. Es geht zur Straße hinaus, und als ich im Bett liege, höre ich in der Ferne Trommeln und Weinen. Bestimmt eine Totenwache. Fast klingt es, als käme das Trommeln von mehreren Seiten, als wären es mehrere Totenwachen. Und der Arzt steckt mit seinem Lastwagen zwischen Lubumbashi und Mulongo im Sand.

Ich verstehe meine Stimmungsschwankungen nicht. Nach dem Aufwachen bin ich ganz gelassen, aber beim Frühstück mit Yolola kriecht wieder die Angst in mir hoch. Er redet mir zu, Ruhe zu bewahren, und bittet mich, ihn in meinen Notizen nicht zu erwähnen. Es gebe in Lubumbashi viele, die ihn hassen und ihm nur zu gern eins auswischen würden.

»Es tut mir leid«, sage ich reumütig, »wenn mein Besuch Sie in Schwierigkeiten bringt…«

Aber er wehrt meine Entschuldigung ab – ich sei willkommen, der Grand chef habe mich ihm anvertraut, in seinem Haus sei ich sicher, und er werde für mich beten.

Als ich mit Tshikala durch die Straßen gehe, starren mich die Leute ungeniert an und rufen uns alles mögliche zu. Tshikala lacht verlegen und will nicht übersetzen, tut es auf mein Drängen dann aber doch: Sie wollen wissen, ob ich seine Frau sei. Dabei bin ich mehr als doppelt so alt wie er! Wir lachen – zwei Verschworene plötzlich. Tshikala ist ein anziehender junger Mann und in Gegenwart seines Vaters die Bescheidenheit in Person, aber ich habe schon gemerkt, daß er so seine eigenen Ansichten über das Geschehen hier hat. Er hat in Lubumbashi Politologie und Verwaltungswissenschaften studiert, doch vor einiger Zeit hat ihn sein Vater zurückgeholt – aus Geldmangel vielleicht. Ich kann mir vorstellen, daß er sich hier langweilt und habe den Eindruck, daß er ganz froh über meine Anwesenheit ist. Eine Weiße, die weinend in sein Leben tritt – so etwas hat er bestimmt noch nicht erlebt.

Es ist Markt in der Hauptstraße von Mulongo; auf beiden Seiten sind Stände aufgebaut, an denen Bügel mit gebrauchten Kleidern baumeln. Ich kann mich gar nicht satt sehen und genieße diese freien Stunden, diesen Vollstreckungsaufschub in vollen Zügen. Tshikala bringt mir bei, wie ich die Leute grüßen muß, was unseren Spaziergang durch Mulongo sehr viel angenehmer macht. Die Kiluba-Grüße klingen wie Entengeschnatter. »*Wako, wako!*« heißt willkommen, auf »*Wako mapo?*« antwortet man »*Eo moi!*«.

Wir gehen den Hügel zum Grand chef hinauf, der unter seinem Strohdach mit einer Gruppe von Dorfältesten palavert. Yolola hat mir geraten, ihm den Diebstahl meines Films zu melden, er müsse wissen, was in seinem Amtsbereich vor sich geht. Nachdenklich hört er zu. Ein typischer Fall von *excès de zèle* – Übereifer –, sagt er, Ildephonse wolle vor seinem Chef gut dastehen.

»Was glauben Sie, was er mit dem Film macht?«

»In Manono wird es ja wohl kein Fotolabor geben.« Seine wachen Augen hinter den Brillengläsern lachen. »Wahrscheinlich macht er ihn auf und hält ihn gegen die Sonne. Oder er gibt ihn dem ANR-Mann aus dem nächstbesten Flugzeug mit, das in Manono landet.« Ich habe das Gefühl, er findet das alles ganz normal und hätte gern, daß ich es ebenfalls normal finde. Und vielleicht sollte ich das auch tun.

Haben verschiedene Völker ein unterschiedliches Rechtsempfinden? Mit dieser Frage bin ich heute morgen aufgewacht, und seitdem geht sie mir nicht mehr aus dem Kopf. Ich dachte immer, es sei nicht so, aber allmählich bin ich mir nicht mehr sicher. Die Ergebenheit, mit der Yolola und der Grand chef die Übergriffe ihrer Behörden hinnehmen…

Wir unterhalten uns noch eine Weile über dies und jenes, dann setzen Tshikala und ich unseren Spaziergang fort. Ein Bekannter von Yolola, der am anderen Ende von Mulongo wohnt, hat ein Kind verloren – Tshikala muß ihm sein Beileid aussprechen. Wir überqueren die Hauptstraße und gelangen in einen ruhigeren Teil des Dorfes: Hütten, deren Höfe von niedrigen, schütteren Hecken umgeben sind. »Diese gestutzten Hecken«, sagt Tshikala, »das ist ein Befehl von Mzee – früher waren sie viel höher.« Die Menschen hier leben mehr draußen als drinnen, und alle beklagen sich. Sie sitzen in ihrem eigenen Hof wie auf dem Präsentierteller und haben keine Privatsphäre mehr.

Ich muß an den Kahlschlag am Boulevard Lumumba in Kinshasa denken – ein Rebellenreflex, wie Kivilu es nannte. *Wer aus dem Wald kommt, hat Angst, irgendwann aus dem Wald bedroht zu werden.* Auch kurz nach der Unabhängigkeit, so las ich heute morgen im Buch einer Missionarsfrau, wurden in Mulongo die Hecken geschnitten: Die Menschen hatten Angst, die Geister der Toten und der Schlangen könnten ebenfalls unabhängig werden.

»Und warum wollte Mzee, daß die Hecken gestutzt werden?«

»Ich weiß es nicht. Vielleicht um den Mineralienschmuggel zu bekämpfen.«

»Den Mineralienschmuggel!« Ich muß lachen. Das ist eine Sache, die bei allen Kongolesen tief sitzt: Sie glauben, jeder ist nur darauf aus, sich mit dem Reichtum, den der Boden ihres Landes birgt, davonzumachen.

»Wie gesagt, ich weiß es nicht. Das wird jedenfalls behauptet«, sagt Tshikala pikiert.

Wir kommen an einer Gruppe Kinder vorbei, die im Gänsemarsch einen schmalen Weg entlanggehen, jedes mit einem Stapel Backsteine auf dem Kopf. »Wo gehen die hin?«

»Der Rektor der Schule baut ein Haus, und auf diese Weise zahlen die Kinder das Schulgeld.«

Manchmal schämen sich die Menschen im Landesinneren für die Dinge, die ein Ausländer zu sehen bekommt, aber Tshikalas Ton ist in keiner Weise defensiv, und ich bin ihm dankbar dafür.

Dann kommen wir auf seinen Vater zu sprechen. »Mein Vater hat Angst«, sagt er plötzlich heftig. »Die Rechtlosigkeit, die hier herrscht – jeden Moment kann es auch ihn treffen. Dem Grand chef hat man kürzlich vorgeworfen, er würde über Mulongo herrschen wie der Präsident von Zaïre, er würde Leichen ausgraben und sie nach Südafrika verkaufen. Alles nur Neid, weil er studiert hat, ein moderner Mann ist und gute Kontakte zu Leuten aus dem Westen hat.«

Es sprudelt nur so aus ihm hervor, seine bisherige Zurückhaltung ist wie weggeblasen. So unerwartet kommt dieser Umschwung, daß ich ihn schon beruhigen will, aber er ist nicht mehr zu bremsen. Unter dem vorigen Regime habe es wenigstens noch politische Parteien gegeben, endlich hätten die Kongolesen sich diese Freiheit erobert, aber jetzt… All diese Errungenschaften seien von den Neuen einfach weggefegt worden. Fünfzehn Jahre Gefängnis für Olenghankoy, damit wolle man ihn doch nur von der Straße fernhalten und zugleich andere entmutigen. »Alle fürchten, daß der neue Präsident schlimmer ist als der alte.«

Ich bin froh, daß hier jemand Dampf abläßt, daß die Angst, die ich um mich herum spüre und die wie ein Floh vom alten Regime auf das neue übergesprungen ist, endlich beim Namen genannt wird. Aber ich mache mir auch Sorgen um Tshikala. »Du paßt hoffentlich auf, zu wem du so etwas sagst.«

Er schnaubt. »Keine Sorge, ich weiß schon, woran ich mich zu halten habe.«

»Danke, daß du mich ins Vertrauen gezogen hast.« Seine Züge haben sich wieder geglättet. Wir nähern uns der Hütte, in der vor einigen Tagen das Kind gestorben ist. Der Vater sitzt vor dem Eingang auf einer Matte. Kaum betreten wir den Hof, verschwinden die Frauen nach drinnen. Wir folgen ihnen. Zu meiner Verwunderung beginnt Tshikala laut zu jammern, zu schluchzen und zu schniefen. Die Frauen brechen in ein langgezogenes Wehklagen aus, wie die Trauernden, die ich nachts höre.

So plötzlich, wie es begonnen hat, endet es wieder. Tshikala steht auf und winkt mich hinaus, und dann sitzen wir bei dem Vater und seinen Kindern auf der Matte. Acht waren es einmal, jetzt sind es nur noch vier. Er schaut nach gegenüber, wo jemand predigt, von Trommeln aufgepeitscht, von tanzenden, singenden Menschen umgeben. Die Frau dort ist gestern im Krankenhaus gestorben, sagt er mit dumpfer Stimme. Sie war hochschwanger, und das Kind ist in ihrem Bauch geblieben, doch die lokalen Bräuche verbieten es, eine Mutter zusammen mit ihrem Kind zu begraben, sonst stirbt ein Familienmitglied in nächster Zeit auf die gleiche Art.

Die Familie der Frau wollte das Kind im Krankenhaus herausholen lassen, aber das Personal weigerte sich, und sie mußten die Leiche so mit nach Hause nehmen. Ein Medizinmann ist bereit, sie aufzuschneiden, aber er will zwei Ziegen und zwei Millionen Zaïre dafür haben. Woher soll die Familie das nehmen? Die Frau war nicht offiziell verheiratet, der Vater des Kindes hatte nicht einmal eine Anzahlung auf den Brautpreis geleistet, und jetzt fordern ihre Eltern auch noch die volle Summe. Doch der Vater läßt nichts von sich hören, und unterdessen bläht sich der Leichnam in der stickigen Hitze der Hütte auf. Während unser Gastgeber erzählt, läßt er das Haus gegenüber keinen Moment aus den Augen. Ein Kummer lindert hier den anderen.

Schweigend gehen wir nach Hause. Ich muß an den protestantischen Arzt denken, der mit seinem Lastwagen liegengeblieben ist. Hätte es weniger Todesfälle gegeben, wenn er dagewesen wäre? Aber Tshikala meint, viele Leute konsultierten sowohl Medizinmänner als auch Ärzte und kämen oft zu spät ins Krankenhaus. Nach meinem Eindruck hat er ebensoviel Distanz zu diesen dörflichen Dingen wie ich. Solange er in Mulongo ist, tut er, was von ihm als Mitglied der Familie Yolola erwartet wird, er macht Beileidsbesuche und weint, wie es sich gehört, aber lieber wäre er wieder in Lubumbashi.

Auf der Hauptstraße herrscht viel Betrieb. Schwerbeladene Radler fahren laut klingelnd vorbei, und da ist auch Pierres Toyota. »Die *Dieu m'a donné* ist eingelaufen«, ruft er durchs offene Fenster. »Willst du sie sehen?« Er ist schon ein paarmal hin- und hergefahren, denn Kommandant Sadiki und der Sohn des Grand chef waren an Bord. »Jetzt muß ich nur noch eine chinesische Getreidemühle und ein paar Fässer Sprit für Yolola holen«, sagt er und hält mir die Tür auf. Er scheint sich ganz gelassen mit seiner Rolle als Laufbursche abzufinden.

Unterwegs kommen uns noch mehr Radfahrer entgegen, die mit ihrer Fracht ins Zentrum unterwegs sind. Sie winken uns zu – es ist ein Freudentag für Mulongo, wenn ein Schiff anlegt, sagt Pierre. Und dann stehe ich vor dem Schiff, mit dem ich gefahren wäre, wenn die Götter mir gnädiger gewesen wären. Es ist ein ramponierter alter Kahn, eine kleinere Ausgabe desjenigen, mit dem die Flüchtlinge nach Mbandaka gebracht wurden. Der Laderaum dient als Gepäckaufbewahrung, die Passagiere reisen auf dem Deck, schutzlos den Mücken und der Sonne ausgesetzt.

Vorige Woche ist ein Schiff gesunken, sagt Pierre, zwei Kinder sind ertrunken, und ein Kaufmann, der in Bukama Kühe verkauft und Waren im Wert von tausend Dollar an Bord hatte, hat alles verloren.

Als ich nach Hause komme, wartet im Hof ein schmächtiges Männchen auf mich: der ANR-Chef von Mulongo. Er sei auf Dienstreise im vierzig Kilometer entfernten Malemba Nkulu gewesen, deshalb komme er erst jetzt. Das Rad, mit dem er die Strecke zurückgelegt hat, lehnt an einem Baum. Ich vermute, daß ich seinen Besuch allein seiner Neugier zu verdanken habe, und antworte routiniert auf seine Fragen, was ich hier wolle und ob ich eine Reisegenehmigung hätte. Als ich ihm sage, daß mein Interesse für den Kongo mehr soziologischer als politischer Natur sei, holt er einen Zettel aus der Tasche und notiert sich das, nicht ohne orthographische Probleme: *socéologue.*

»Ja, ja, der Kongo ist ein geheimnisvolles Land«, sinniert er.

»Wieso?«

»Waren Sie nicht in den Wildparks im Osten? Da gibt es riesige Tiere: Elefanten, Nilpferde …«

Ein Stück entfernt sitzt Yolola auf einer Bank und beobachtet uns. Ich werfe ihm einen verzweifelten Blick zu, aber er nickt beruhigend. Der ANR-Mann ist aufgestanden – er weiß genug. Er dankt mir für meine Mitarbeit und steigt auf sein Rad. Was soll ich bloß tun, wenn ich in Lubumbashi einem solchen Trottel in die Hände falle?

Bethany hat mich zum Essen eingeladen. Den ganzen Tag war ich ruhig, abgelenkt durch alles, was ich um mich herum sah, beschützt von der sanften Hand der Familie Yolola, doch als ich gegen Abend meine Notizhefte einpacke und zu Bethany gehe, beschleicht mich wieder die Angst vor dem, was mich morgen erwartet.

Während wir Brot mit Käse und Marmite-Hefepaste essen, sagt Bethany mir, daß die Protestanten meine Notizen leider nicht mitnehmen können. Mir fällt das Herz in die Hose, aber ich versuche mir meine Enttäuschung nicht anmerken zu lassen. Wir unterhalten uns über das Krankenhaus, und ich erzähle ihr von der verstorbenen Frau, die nicht mit ihrem Kind begraben werden darf. Bethany weiß nichts von diesem Brauch, und auch den Grand chef und Yolola scheint sie kaum zu kennen; fast kommt es mir vor, als seien mir die Verhältnisse hier nach wenigen Tagen vertrauter als ihr nach Jahren.

Der Nachtwächter klopft an die Tür: Draußen steht jemand, der mich abholen will. Es ist Tshikala. »Wo warst du denn die ganze Zeit?« fragt er. Wie ich einfach hätte weggehen und so lange ausbleiben können, ohne ihm etwas davon zu sagen? »Bethany hat mich schon gestern eingeladen«, sage ich fast entschuldigend. »Hatte ich dir das nicht gesagt?«

Die Notizbücher glühen in meinem Rucksack. Kann ich es wagen, Tshikala ins Vertrauen zu ziehen? Gestern wäre ich gar nicht auf die Idee gekommen, aber nach seinem überraschenden Ausbruch heute nachmittag – er ist reifer, als sein junges Gesicht vermuten läßt.

»Ich würde dich gern was fragen«, sage ich. »Seit Ildephonse meinen Film gestohlen hat, weiß ich nicht mehr, was mich in Lubumbashi erwartet. Vielleicht werden meine Notizen beschlagnahmt – du verstehst sicher, daß ich sie lieber nicht bei mir habe, wenn ich dort ankomme.« Ich gestehe ihm, daß die Protestanten sie nicht befördern wollen. »Ich sollte dich nicht damit belasten, ich weiß, aber ich hab keine Ahnung, an wen ich mich sonst wenden könnte.«

Sie sind schon verpackt, ich brauche nur noch die Adresse irgendeines Bekannten in Lubumbashi daraufzuschreiben – Tshikala oder ein Freund von ihm könnte das Päckchen in ein paar Wochen, wenn man mich längst vergessen hat, zum Flugplatz bringen. Ich rede und rede, bis er mich unterbricht. »Ich hab schon verstanden«, sagt er. »Ich mach's.«

Dann sind wir zu Hause, ich liege im Bett, und wieder wiegt mich eine Totenwache in den Schlaf.

Mein Koffer ist gepackt, ich habe meine letzten Lebensmittelvorräte verteilt und Tshikala Geld für das Versenden meiner Hefte gegeben. Als Pierre vorfährt, ruft Yolola seine Frau. Mit gesenktem Kopf, gefalteten Händen und geschlossenen Augen stehen wir um den Tisch. Yolola wünscht mir, daß ich wohlbehalten in Lubumbashi ankomme und mir dort nichts Böses widerfährt. Jesus wird mir beistehen, sagt er, so wie er Thomas beigestanden hat, obwohl der nicht an ihn glaubte.

Der Flugplatz ist eine holprige Graspiste, an der Zuschauer zusammengeströmt sind wie zu einer Freilichtvorstellung. Und das ist es auch: Sogar ich bin beeindruckt von der Eleganz, mit der die Cessna zur Landung ansetzt und die beiden federleichten Vogelfüße den Boden berühren – alle applaudieren. Der ANR-Mann von gestern ist auch da und zieht sich mit seinem Kollegen, der aus dem Flugzeug steigt, sofort zurück. Sie versuchen gar nicht erst zu verbergen, daß sie über mich reden.

Einer meiner Mitpassagiere ist der Sohn des Grand chef, der zum Polizeichef von Kipushi ernannt worden ist. Ich muß fünfzig Dollar mehr für mein Ticket zahlen als die anderen. »Weil du reicher bist«, sagt er, als ich eine Bemerkung darüber mache.

»Wer sagt, daß ich reicher bin?« frage ich ärgerlich.

Er zeigt auf die beiden Ringe an meinen Fingern. »Du bist die einzige hier, die Gold trägt.« Sie sind von meiner Großmutter – ich trage sie, seit ich achtzehn bin.

»Die sind fast ein Jahrhundert alt«, begehre ich auf, »die bedeuten nicht Reichtum, sondern Nostalgie.«

Mein Gepäck verschwindet hinten, meinen Rucksack mit dem Allernötigsten nehme ich auf den Schoß – den gebe ich nicht aus der Hand, unter keinen Umständen.

Vor dem Flughafengebäude von Lubumbashi stehen Würdenträger in steifen Anzügen und ein ganzer Schwarm kräftiger Mamans in identischen AFDL-Pagnes. Sie bilden das Empfangskomitée für Mzee Kabila, der jeden Moment eintreffen kann. Ein junger Mann kommt lächelnd auf mich zu. »Der Konsul erwartet Sie«, sagt er augenzwinkernd und führt mich in den VIP-Room.

Kaum sitze ich dem Konsul gegenüber, fällt die Anspannung von mir ab – ich bin in guten Händen. Vor einigen Tagen hat man ihm telefonisch mitgeteilt, daß ich »administrative Probleme« hätte. »Immer noch besser als Gesundheitsprobleme, nicht wahr?« sagt er.

Da ist mein Gepäck. Natürlich könne der Konsul es mitnehmen, sagt der ANR-Mann. Jetzt bereue ich es, daß ich meine Notizen in Mulongo zurückgelassen habe. Ein Mann vom Sicherheitsdienst fährt mich zum ANR-Büro. Im Wartezimmer gehen Männer in Lederjacken ein und aus. Manche grüßen mich; sie kennen mich von dem Prozeß her. Irgendwo läuft ein Fernseher – ein Fußballspiel, den Geräuschen nach zu schließen. Jemand fragt mich, was ich hier wolle. Ob ich eine schriftliche Vorladung hätte, ob ich die vorzeigen könne? »Eine schriftliche Vorladung? Ich bin mit einer Militäreskorte aus dem Landesinneren geholt worden!«

Niemand weiß über meinen Fall Bescheid, und Georges, der ANR-Chef, ist nirgends zu sehen; er ist vollauf mit der Ankunft seines Halbbruders beschäftigt. Immer mehr Bedienstete verschwinden in dem Zimmer mit den Fußballgeräuschen und kommen nicht wieder zum Vorschein. Nach der ersten Erleichterung bekomme ich wieder Angst: Es ging Georges offenbar nur darum, mich aus dem Landesinneren zu holen. Von jetzt an habe ich wohl ein inoffizielles Reiseverbot.

Ein Mitarbeiter von Georges, der mich schließlich in sein Büro bittet, bestätigt meine Vermutung. Das Landesinnere des Kongo sei noch nicht soweit, daß man dort herumreisen könne, sagt er, ein Ausländer wecke nur Angst und Mißtrauen, die Leute fragten sich, ob er nicht ein Spion sei. Soldaten könnten meine Anwesenheit falsch auffassen und mich erschießen. Die Kongolesen müßten auf ausländische Besucher erst vorbereitet werden. Wenn ich in ein oder zwei Jahren wiederkommen wolle, werde die ANR mich auf jeden Fall unterstützen.

»Aber ich brauche keine Hilfe! Ich bin ein Jahr lang ohne Unterstützung im Kongo herumgereist! Ich habe mich in Manono sicher gefühlt, der einzige Soldat, der mich belästigt hat, ist im Gefängnis gelandet, die Leute haben sich gefreut, mich zu sehen, sie …«

Er lacht mitleidig. »Nicht alle haben sich gefreut, Sie zu sehen. Wir haben da ganz andere Informationen.« Also ist Ildephonse' Bericht doch nicht so gut ausgefallen.

»Kann ich nicht Ihren Chef sprechen und ihm erklären, was ich hier mache?«

»Meinen Chef?« Wieder lacht er. »Der würde Sie nicht verstehen.«

»Und wenn ich wieder reisen will?«

»Wohin?«

»Mit dem Zug nach Kalemie zum Beispiel.«

»Zu welchem Zweck?«

Wie soll ich das einem ANR-Mann erklären? Das Gespräch scheint ihn allmählich zu ermüden. »Sehen Sie, was ich meine? Wenn Sie einen Betrieb hätten, würden wir Sie verstehen, aber einfach so herumzufahren … Begreifen Sie nicht, daß das Argwohn weckt?«

»Aber ich habe in dieses Land investiert, ich …«

»Investiert, sagen Sie?« Seine Augen leuchten auf. »In was, wenn ich fragen darf?«

»Sorry, so hab ich's nicht gemeint.« Mir fällt nichts mehr ein. Ich bin in den Netzen der ANR gelandet, die Tür zum Landesinneren ist zugefallen, Georges' Auge wird mir in Katanga überallhin folgen.

Niedergeschlagen verlasse ich das Gebäude. Asphaltstraßen, hupende Autos, flanierende Leute, was habe ich hier verloren? Ich bin frei, aber was habe ich von dieser Art Freiheit?

Warten auf die Barbaren

Kinshasa

ICH SCHLAFE in einem Himmelbett, frühstücke mit Cornflakes, Toast und Nesquik und laufe einsam durch die Straßen von Lubumbashi. Ich mag nicht hiersein, ich habe mir meine Sporen noch nicht verdient. Mitten in der Vorstellung ist der Film gerissen, und ich weiß nicht, wie ich ihn wieder zum Laufen bringen kann.

»Schade«, sagt mein früherer Reisegefährte Kabila, als er hört, was mir passiert ist. Er selbst ist inzwischen mit anderen Dingen beschäftigt. Er hat ein Stipendium bekommen, mit dem er zwei Jahre in Genf studieren kann, und rechnet hin und her, denn die Schweiz ist ein teures Land, und er will so viel wie möglich sparen, also wird er nebenher irgendeinen Handel betreiben müssen.

Besorgt warte ich auf meine Hefte. Sie kommen wohlbehalten an, gleichzeitig mit einem Brief von Tshikala, in dem er schildert, wieviel Mühe es ihn gekostet hat, sie abzuschicken. Der ANR-Mann ahnte, für wen sie bestimmt waren, und drohte sie zu öffnen, so daß Tshikala endlos verhandeln und den Mann mit einer Million Zaïre beschwichtigen mußte. Auch Espérance schreibt mir. Ildephonse hat sie nach meiner Abreise tagelang belästigt; er war überzeugt, ich hätte ihr Geld gegeben, und wollte einfach nicht glauben, daß es nicht so war. Dann kommen keine Berichte mehr aus dem Landesinneren, und ich bin wieder auf mein trauriges Los einer Schiffbrüchigen zurückgeworfen.

Es ist fast fünf, die Leute kommen von der Arbeit und flanieren im weichen Nachmittagslicht über die Boulevards. Eine Gruppe junger Männer geht an mir vorbei. Einer von ihnen verlangsamt seinen Schritt und sieht mich fragend an. Woher kenne ich ihn nur? Dann fällt es mir ein: Es ist Jean-Jacques; während des Prozesses gegen Masasu, Olenghankoy und Z'Ahidi Ngoma habe ihn einmal abends im Hotel Karavia gesehen. Er war einer der vier Beisitzer des Militärgerichts, der jüngste – in Zivil wirkt er noch jünger. Er ist groß und feingliedrig, unverkennbar ein Tutsi.

Freudig überrascht geben wir uns die Hand. Wir gehen ein Stück zusammen und unterhalten uns über dies und jenes, über Masasu und Olenghankoy unter anderem, die wieder im Gefängnis von Bulowo sitzen.

Einige Tage später ziehe ich ins Stadtzentrum um, und von da an sehe ich Jean-Jacques öfter. Er scheint nicht viel zu tun zu haben. Er ist ein Munyamulenge-Soldat aus Uvira, den es nach der Befreiung hierher verschlagen hat, er versteht einiges von militärischen Dingen, aber das Zivilleben ist ihm völlig fremd. Ein serbischer Journalist, der die Banyamulenge während des Befreiungskrieges erlebt hat, sagte mir einmal, daß sie ihn an die Gebirgsbewohner von Montenegro erinnern: Sie schauten auf die Menschen im Tal herab, wüßten nichts von deren Lebensgewohnheiten und stünden deshalb abseits, wenn sie mit ihnen zu tun hätten.

Jean-Jacques kommt nie allein zu unseren Verabredungen, immer ist ein Kollege dabei, mit dem er sich in einer Sprache unterhält, die er nicht Kinyarwanda, sondern Kinyamulenge nennt. Einmal nehme ich die beiden mit in den Zoo von Lubumbashi, eine traurige Angelegenheit: einen verhutzelten Affen gibt es dort, ein paar trübselige Vögel und ein uraltes Krokodil, das so still daliegt, daß es kaum von einem Stück Holz zu unterscheiden ist. Doch Jean-Jacques und sein Kollege sind begeistert: Warum sie nicht schon früher hiergewesen seien, warum ich meine Kamera nicht mitgebracht hätte, um sie im Bild zu verewigen!

Jean-Jacques seinerseits nimmt mich mit zu einer Messe, auf der sich alle Betriebe von Lubumbashi präsentieren, vor allem aber das Hotel- und Gaststättengewerbe. Dort merke ich, wie viele ruandische und Banyamulenge-Soldaten in der Stadt sind. Immer wieder bleiben sie stehen, um sich ausgiebig zu umarmen und auf die Schultern zu klopfen, als hätten sie Schreckliches hinter sich und seien froh, noch am Leben zu sein.

Jean-Jacques wohnt schräg gegenüber von Kabila, wie sich herausstellt, hinter einer fröhlich bemalten Bretterbude, die den Friseursalon Mak beherbergt. Sie kennen sich flüchtig, doch nachdem ich Kabila einmal mit Jean-Jacques zusammen besucht habe, vertraut mir seine Frau Wivine an, daß sie ihn nicht mag. Ihr Bruder habe sich um einen bestimmten Posten in der Armee beworben, aber Jean-Jacques habe hintenherum dafür gesorgt, daß einer seiner »Brüder« die Stelle bekam, ein Tutsi. Die Tutsi klebten zusammen wie die Kletten, sie kümmerten sich nicht um andere und benähmen sich wie Angehörige einer Sekte. Später habe Jean-Jacques sich dumm gestellt und sich freundlich lächelnd auf ihre Freundschaft als Nachbarn berufen.

In den Fernsehnachrichten erscheint der riesige Kopf des Präsidenten. James Kabare, den ruandischen Oberbefehlshaber der Armee, hat er bereits entlassen, jetzt dankt er den ruandischen Soldaten für ihre Unterstützung und fordert sie auf, nach Hause zurückzukehren. Das wird ihn populär machen, denn genau das wollen die Kongolesen. Aber warum bespricht er das nicht mit der ruandischen Regierung? Es klingt so drohend, als wollte er die Kongolesen auffordern, dafür zu sorgen, daß die Ruander auch wirklich gehen. Vor dem Hintergrund der herrschenden Verwirrung über ruandische und kongolesische Tutsi ist das wie eine Kriegserklärung an alle Tutsi.

Was Jean-Jacques wohl dazu sagt? Ich bin mit ihm verabredet, aber er erscheint nicht, und ich wage nicht, zu ihm zu gehen. Ein paar Tage später kommt er zu mir: Er habe einen Malariaanfall gehabt. Ich glaube ihm nicht. Er ist allein und in Zivil, aber auf der anderen Straßenseite steht sein Bodyguard, wie meine kongolesischen Hausgenossen mir später erzählen. Kabilas Rede treffe nicht auf ihn zu, sagt er, aber er habe gestern sein Testament gemacht und ich, seine »große Schwester«, käme auch darin vor.

Für den Abend habe ich die Studenten, die ich während des Prozesses gegen Masasu, Olenghankoy und Z'Ahidi Ngoma kennengelernt habe, in ein Café in der Stadt eingeladen. Jean-Jacques ist begeistert, als ich ihn frage, ob er auch kommen will, und findet sich auf die Minute pünktlich ein. Die anderen geben sich Mühe, ihn ins Gespräch einzubeziehen, aber eine Bekannte aus der Kasai-Provinz sieht ihn mißtrauisch an. »Was macht der hier, wieso ist der noch nicht weg?«

»Weg? Wohin?«

»Nach Ruanda natürlich!«

»Jean-Jacques kommt nicht aus Ruanda, er ist in Uvira geboren, er ist Kongolese, genau wie du.«

Sie lacht höhnisch. »Pfff... Der soll erst mal nach Ruanda gehen, dann sehen wir schon, wo er herkommt.«

»Wie kannst du als Kasaierin so reden, nach allem, was die Katanger euch angetan haben!«

Sie zuckt die Schultern und wendet den Blick ab, wie Christine, wenn sie der Meinung ist, daß ich von einer Sache keine Ahnung habe.

Spät in der Nacht landen wir in einer Discothek. Beim Tanzen sehe ich, daß Jean-Jacques Soldatenstiefel unter seinen Zivilkleidern trägt.

Am nächsten Tag ist die Stadt voller Gerüchte. Ein Bekannter aus der Kivu-Region bekommt Besuch von zwei Banyamulenge-Soldaten. Man hat ihnen ihr Telecel weggenommen, und jetzt sollen sie auch noch entwaffnet werden – sie haben Angst und suchen Unterstützung bei ihren Freunden aus dem Osten, die sie besser kennen als die Katanger. Nach außen hin scheint jedoch alles in Ordnung, Kabila wird zu einem Gipfelgespräch mit mehreren afrikanischen Staatsoberhäuptern wieder in Lubumbashi erwartet, die Straßen werden gefegt, aber bis zum Abend habe ich eine Menge alarmierende Meldungen gehört und erkenne mit einiger Verspätung, daß nichts in Ordnung ist. Die Städte Goma und Bukavu im Osten sind von Rebellen eingenommen worden, Außenminister Bizima Karaha und Minister ohne Portefeuille Déogratias Bugera, die beiden bekanntesten Tutsi-Politiker, sind aus Kinshasa geflohen, und auch andere Tutsi-Zivilisten setzen nach Brazzaville über.

Spät am Abend ruft Jean-Jacques an. Er spricht so schnell und undeutlich, daß ich ihn kaum verstehe. Man habe in seiner Abwesenheit seine Wohnung durchsucht und seine Waffen und seinen Bodyguard mitgenommen. Man wolle ihn »nach Hause« schicken, aber er sei Kongolese, er habe in Ruanda nichts verloren. Im Moment sei er mit einigen Banyamulenge-Soldaten, die sich weigerten, ihre Waffen abzuliefern, in der Wohnung eines Kommandanten. Einige von ihnen hätten Frau und Kinder, die könnten sie doch nicht schutzlos zurücklassen? Das Haus sei umstellt, er habe keine Ahnung, was passieren werde. »Könnte der belgische Konsul nicht etwas für uns tun?«

Im Hintergrund höre ich Stimmen, Rufe und dann unterdrückte Laute. »Jean-Jacques?« Keine Antwort – er hat den Hörer danebengelegt. Dann ist er wieder da. Er hat einen Zettel geholt, um die Telefonnummer des Konsuls aufzuschreiben. Am Morgen hat er noch mit einem Munyamulenge-Kollegen in Kinshasa telefoniert: In der vergangenen Nacht ist im Lager Tshatshi geschossen worden, und alle Banyamulenge-Soldaten sind in den Busch geflüchtet. Er nennt den Ort, doch ich verstehe ihn kaum. Er will reden, denke ich, aber eigentlich auch wieder nicht.

Dann fragt er mich nach meinen Eindrücken von unserem Abend mit den Studenten. »Ich fange noch an, Studenten zu mögen«, sagt er.

»Darfst du das denn nicht?«

»Das ist gefährlich für einen Soldaten.« Er hat meinen beunruhigten Ton bemerkt. »Keine Angst, wir Militärs sind einiges gewöhnt. Aber wir machen uns Sorgen um die Zivilisten.« Er verspricht, mich anzurufen, wenn etwas passiert, auch mitten in der Nacht.

Ich versuche zu schlafen, sehe aber ständig Jean-Jacques vor mir, wie er mit seinen glänzenden Soldatenstiefeln *kotcho-kotcho* tanzt, einen Nachfolger des Ndombolo. Sein schlaksiger Körper eignet sich nicht für solche Tänze, aber es war anrührend, ihn auf der Tanzfläche zu sehen – einen Moment lang war er kein Außenstehender mehr.

Jean-Jacques ruft nicht wieder an, und was in der Stille um ihn herum zu hören ist, wird immer besorgniserregender. An der Universität sind Banyamulenge-Studenten verhaftet worden – sie sollen die Rebellen unterstützt haben –, und auch anderswo in der Stadt werden Tutsi-Zivilisten belästigt, inhaftiert und geschlagen.

»Die Ruander wollten alle hohen Posten besetzen«, sagt Kabilas Frau Wivine, »deshalb hat Präsident Kabila sie weggeschickt.« Vor kurzem seien dreißig neu ausgebildete katangische Offiziere von ruandischen Soldaten umgebracht worden, erzählt sie, und Soldaten, die befördert werden sollten, seien einer nach dem anderen an Durchfall gestorben, weil die Ruander ihnen Waschpulver unters Essen gemischt hätten. Solche Meldungen lassen sich nicht überprüfen, aber sie nähren und legitimieren den Haß, sie machen jeden Tutsi zu einem Paria. Nach den Kasaiern sind jetzt die Tutsi die Feinde der Katanger: Sie nehmen ihnen die Arbeit weg, sie trachten ihnen nach dem Leben.

Eines Abends wird in der Stadt geschossen. Nach all dem Geflüster, den Gerüchten und Halbwahrheiten ist es fast eine Erleichterung: Endlich passiert etwas. Ich bin bei Freunden eingeladen, und nach dem Essen schleichen wir uns auf die Straße hinaus. Leute rennen in alle Richtungen und tauschen hastig Informationen aus. Einige Soldaten schießen in die Luft, und weiter vorn ist ein Feuergefecht im Gange. Auf dem verlassenen Boulevard kommt ein klappriges Taxi angefahren, dessen Fahrer bereit ist, mich nach Hause zu bringen.

Am nächsten Morgen erfahren wir, daß die Wohnung des Kommandanten, in der sich die Banyamulenge-Soldaten versammelt hatten, überfallen worden ist; keiner der Soldaten hat überlebt. Manche sagen, nur einige seien getötet worden, die übrigen seien entkommen. Der Nachtwächter des Nachbarhauses hat zwei Soldaten über den Zaun springen und blutend im Garten zusammenbrechen sehen. Einem Bekannten zufolge liegen in Decken gehüllte Leichen vor dem Haus.

Kabila empfängt mich mit einem breiten Grinsen. »Dein Freund ist tot.«

»Wie kannst du nur so gefühllos reagieren?« Ich bin geschockt. »Vorige Woche hat Jean-Jacques noch hier auf dem Sofa gesessen!«

Aber er zeigt keinen Funken Mitleid. »Jean-Jacques sah jung und unschuldig aus«, sagt Wivine, »aber er war ein schlechter Mensch, ein sehr schlechter Mensch.« Vor ein paar Monaten habe vor dem Militärgericht ein Prozeß gegen einen katangischen Soldaten stattgefunden, der während der Befreiung durch ein Versehen einige ruandische Soldaten getötet hatte. Jean-Jacques sei ganz wild darauf gewesen, daß er zum Tod verurteilt wurde. »Das hat natürlich niemand vergessen.«

Ich würde gern zu dem Unglücksort gehen, aber meine Bewegungsfreiheit ist eingeschränkt – eine Weiße bleibt nicht unbemerkt. Als ich aus Kabilas Haus komme, steht ein Pickup vor dem Friseursalon Mak. Soldaten tragen Sachen aus Jean-Jacques' Haus ins Auto. Ich gehe langsamer, wage aber kaum hinzuschauen. Letzte Woche stand Jean-Jacques noch dort und spähte über die Straße. Er langweilte sich, glaube ich, manchmal hatte er schon mittags getrunken. Er gehörte nicht dazu, sosehr er sich auch bemühte, das vor mir zu verbergen. Als wir uns nach dem Besuch im Zoo um sechs verabschiedeten, bat er mich um Geld für ein Bier. Jetzt bereue ich es, daß ich nein gesagt, daß ich im Zoo kein Foto von ihm gemacht, daß ich seine schmale, kühle Hand zurückgewiesen habe, als wir abends einmal im Auto durch die Stadt fuhren.

Jetzt, da er nicht mehr da ist, vertieft sich das Geheimnis um seine Person. Was weiß ich eigentlich von ihm? Er war mit dem Bischof von Uvira verwandt, und er hatte einen Zwillingsbruder, an dem er sehr hing, den er aber seit elf Jahren nicht mehr gesehen hatte. Er war in religiösen Gemeinschaften aufgewachsen, und auch die Armee war eine Gemeinschaft, wenn auch von anderer Art. Wie war er in das alles hineingeraten? Er wollte es mir irgendwann erzählen – damals dachten wir noch, wir hätten unbegrenzt Zeit. Ich kannte ihn kaum, aber ich trauere um ihn, weil niemand sonst um ihn trauert, weil die anderen nur an die Habseligkeiten denken, die er hinterlassen hat, an den Posten, der durch seinen Tod frei geworden ist.

Eines Nachmittags, als ich im Stadtzentrum bin, leeren sich die Straßen plötzlich, und die Menschen suchen Schutz unter den Arkaden. Ein älterer Mann zieht mich weg und zeigt auf die andere Straßenseite, wo Soldaten der Militärpolizei mit der Waffe im Anschlag ein Haus umstellt haben und über das Dach des Nachbarhauses einzudringen versuchen. »Ruander«, flüstern die Zuschauer, und zu mir: »Vorsicht, die können schießen!« Das Haus scheint leerzustehen, die Fensterläden sind geschlossen. Nachdem sich eine ganze Weile nichts getan hat, ziehen die Soldaten ab und die Umstehenden gehen enttäuscht weiter.

Dann findet eine »Demonstration des Zorns« statt. »*Tuer! Tuer!* – Töten! Töten!« rufen die mit Stöcken, Backsteinen, Eisenstangen und Holzpistolen bewaffneten Demonstranten. Sie führen Särge mit dem Namen des ruandischen Vizepräsidenten Kagame und Transparente mit der Aufschrift »Krieg gegen die Ruander«, aber auch »Krieg gegen die Tutsi« mit sich.

Ich stehe am Straßenrand, eine Weiße, die sofort auffällt. »Die Belgier heulen mit dem Feind!« ruft mir jemand zu. Plötzlich entsteht Unruhe unter den Demonstranten, und ein paar junge Männer gehen mit erhobenen Backsteinen auf einen Mann los, der wie ein Tutsi aussieht – er nimmt die Beine in die Hand und kann entkommen. Später höre ich, daß ein Mulatte, der seit Jahr und Tag auf der Straße Geld wechselt, von Demonstranten gelyncht worden ist.

Ein Luba-Bekannter, der mich begleitet hat, kennt die Atmosphäre von früheren Demonstrationen gegen die Kasaier. Es seien die gleichen Leute wie damals, sagt er; sie würden in der Cité aufgelesen und ließen sich für alles einspannen. Ich bin froh, daß ich einen Beschützer habe, der den Schreihälsen Kontra gibt und mich am Arm wegzieht, wenn es brenzlig wird, denn niemand versucht die Demonstranten zu beruhigen, im Gegenteil: Die Regierung selbst hat diese Leute auf die Straße geschickt.

Später hält der Gouverneur von Katanga eine Fernsehansprache, ein unscheinbarer, kleiner Mann, der bis vor kurzem in Südafrika bei einer Bank gearbeitet hat – er weiß noch nicht, was für eine Miene er in einer solch ernsten Situation aufsetzen muß. Er liest den Text ab, und man merkt, daß es nicht seine eigenen Worte sind, aber sie sind deswegen nicht weniger hart. Das Volk müsse ein Auge auf die Ruander und ihresgleichen haben, denn für diese Giftschlangen sei im Kongo kein Platz mehr. Dieses kleine Volk bilde sich ein, von einem anderen Planeten zu kommen. Er ruft Zivilisten auf, zur Volksmiliz zu gehen, appelliert an alle Kongolesen, verdächtige Vorgänge zu melden, und fordert sie auf, Kollaborateure unter ihren Brüdern zu denunzieren.

Das Kartenhaus der afrikanischen Solidarität ist endgültig eingestürzt, Diffamierungen hallen durch den Äther. Kagame beschuldigt Kabila, zehntausend Hutu-Soldaten für den Kampf gegen Ruanda ausgebildet zu haben, im Kongo wiederum wird behauptet, Gefangene aus dem Osten würden in ruandische Konzentrationslager gebracht. Der Tutsi-Politiker Bizima Karaha hält sich bei den Rebellen in Goma auf und sagt, das kongolesische Volk sei gegen Kabila, weil er Vetternwirtschaft betreibe: Seinen Cousin habe er zum Außenminister gemacht, einen Stammesbruder zum Gouverneur der Zentralbank, seinen Schwager zum Oberbefehlshaber der Armee.

Lastwagen mit kampfbereiten Mitgliedern der Volksmiliz fahren durch die Stadt, Studenten stürmen das Don-Bosco-Krankenhaus, in das Masasu – der bei der Gelegenheit wieder als Munyamulenge bezeichnet wird – mit Austrocknungserscheinungen eingeliefert worden ist: Sie wollen ihn lynchen. Manche behaupten, er sei bereits tot, aber von einem Arzt, den ich kenne, erfahre ich, daß er gut bewacht wird und sich rasch erholt.

Ich muß hier weg, ich muß nach Kinshasa, aber irgend etwas hält mich noch. Jeden Tag komme ich am Friseursalon Mak vorbei. Seit der Pick-up Jean-Jacques' Sachen abgeholt hat, regt sich dort nichts mehr. Doch dann sehe ich eines Tages Soldaten aus dem Haus kommen und in Richtung Hafen schlendern, redend und lachend – wie früher.

Am nächsten Tag fliege ich nach Kinshasa. Ich komme mir feige vor, weiß aber nicht recht, warum. Was hätte ich für Jean-Jacques tun können? Als er mich anrief, war er schon verurteilt. Es ist ein langer Flug mit einer Zwischenlandung in der Diamantenstadt Mbuji Mayi. Der Steward holt mich nach vorn und bietet mir ein Glas Champagner an, und dann noch eines. Der Alkohol bricht meinen Widerstand. Trauer, Reue, Ärger – alles wallt gleichzeitig in mir auf.

Es kommt mir vor wie ein Déjà-vu-Erlebnis, als ich wieder mit Christine und Guido im Wohnzimmer sitze. So haben wir auch nach meiner Ankunft vor einem Jahr zusammengesessen, Guido in Shorts und T-Shirt, Christine in Pagne und Schlappen, begierig auf die Fernsehberichte, während draußen dunkle Gefahren die Stadt bedrohten.

Seit die Rebellen in Goma ein Flugzeug entführt und eine Luftbrücke zum Militärlager Kitona westlich von Kinshasa eingerichtet haben, ist der Krieg beängstigend nahe gerückt. Die Lebensmittelpreise schnellen in die Höhe, und Christine denkt daran, ihren Laden zu schließen, denn wer kauft in diesen unsicheren Zeiten schon Stoffe! Dem französischen Sender RFI zufolge rücken die Rebellen vor und sind nur noch fünfundvierzig Kilometer entfernt, aber Christine und ihre Freundinnen glauben es nicht, für sie gilt nur, was Mzee sagt.

Meine katangische Schwester – ich freue mich, sie wiederzusehen, aber ich bin auf der Hut, denn sie strahlt die katangische Wärme aus. Wenn Mzee sie zu den Waffen ruft, sagt sie, dann geht sie. Guido liegt auf dem Sofa und wirft mir einen seiner Blicke zu. Er war nie ein fanatischer Kabila-Anhänger, aber was jetzt passiert, gefällt ihm ganz und gar nicht. Rebellion! Pfff… ein ruandischer Racheakt sei es, nicht mehr und nicht weniger. Die Rebellen in Kitona werden von dem entlassenen ruandischen Oberbefehlshaber James Kabare angeführt, und die einzige Stimme, die man aus dem Osten hört, ist die von Bizima Karaha. Wie oft muß dieses Land eigentlich noch befreit werden, damit die Ruander endlich zufrieden sind?

Am Abend erfahren wir, wer der neue Anführer der Rebellen ist: Arthur Z'Ahidi Ngoma. Er hat Kabila natürlich einiges vorzuwerfen, aber ob ein so unabhängig denkender Mann sich auf die Dauer den Launen seiner ruandischen Herren beugen wird, bezweifle ich.

Im Fernsehen herrscht Krieg. Neben Kabilas Kopf erscheint der Text: »Sind wir bereit, die Herausforderung eines Frosches anzunehmen, der einen Elefanten fressen will?« Ruanda mag eine Million Soldaten aufbieten, sagt Kabila auf einer Pressekonferenz, es vermag nichts gegen den Kongo, der zehn Million mobilisieren kann. Er werde den Krieg nach Kigali tragen, behauptet er, und die Tutsi zu einem Volk machen, das in Ewigkeit über den Erdball irren werde.

Sein süffisantes Lächeln, seine Bravour, die Theatralik, mit der seine Minister in Uniform über den Bildschirm paradieren – das alles strahlt eine ungeheure Trägheit aus. Sie agieren nicht, sie reagieren, genau wie Mobutu, als er vor zwei Jahren aus dem Osten angegriffen wurde. Seltsam, daß Kabila in so kurzer Zeit in die gleiche Position gezwungen wurde.

Nach der morgendlichen Kälte und der klaren, blauen Luft in Lubumbashi ist der Himmel über Kinshasa milchweiß, die Hitze feucht und drückend. Chauffeur José fährt jetzt den Kühlwagen, den er nach langem Hin und Her aus dem Hafen von Matadi losgeeist hat, aber er hat Ersatz besorgt. Auch Jean kommt aus N'Djili, und als wir in unserem grauen Suzuki-Jeep mit den Elefantenohren durch die Stadt fahren, scheint es mir bald, als wäre ich mit einem jüngeren Bruder von José unterwegs.

Am Stadion kommen uns Lastwagen voller grölender Rekruten entgegen. Sie wirken ebenso aufgepeitscht wie die Demonstranten in Lubumbashi und ebenso ineffektiv. Am Boulevard des dreißigsten Juni liegen große Felsbrocken auf dem Mittelstreifen. »Was ist denn hier los?«

»Die sollen verhindern, daß die Rebellen mit ihren Flugzeugen auf dem Boulevard landen«, sagt Jean, ohne eine Miene zu verziehen.

»Im Ernst?«

Jean erklärt mir, weshalb nach Ansicht der Bewohner von N'Djili der Krieg wieder aufgeflammt ist. Einige Tage nachdem Kabila seinem ruandischen Stabschef für seine Dienste gedankt hatte, suchte Kabare ihn auf, um sich von ihm zu verabschieden. Er ließ seine Waffen am ersten militärischen Kontrollpunkt zurück und ging weiter. Kabilas katangische Garden waren jedoch mißtrauisch und bestanden darauf, ihn zu durchsuchen. Er protestierte, und bald wußten sie auch, warum: Er hatte einen Revolver mit Schalldämpfer bei sich.

Ich höre die Geschichte in mehreren Varianten, aber der Tenor ist immer derselbe, und immer ist es dieser Verrat, durch den sich Mzee gezwungen sah, die Ruander öffentlich aufzufordern, das Land zu verlassen. Die heldenhafte Rolle, die dabei den Soldaten der Präsidentengarde zugedacht ist, verweist auf die Überzeugung der Katanger, daß sie den Ruandern ohne weiteres gewachsen sind und sie mühelos ersetzen können.

Ich lasse Jean mit meinem Transistorradio und meinen Zeitungen am Eingang des Rundfunkgebäudes zurück. Die Wachen sind verstärkt worden. Mißtrauische Militärs studieren meinen Paß, doch als sie sehen, daß ich Belgierin bin, nicken sie zufrieden. Diesmal sind Amerikaner und Franzosen die Prügelknaben: Sie sollen zusammen mit Ruanda und Uganda beschlossen haben, daß Kabila verschwinden muß.

Am Aufzug werden harmlose Gespräche geführt, aber in den Fluren stehen die Leute wie Verschwörer zusammen. Zizis Tür ist offen. Er lehnt am Fenster und winkt mich geheimnisvoll heran. Unten fährt eine Militärkolonne mit gepanzerten Fahrzeugen und Jeeps vorbei. Der Präsident? Schwer zu sagen – eine beeindruckende, aber auch ein wenig komische Parade von nirgendwo nach nirgendwo. Zizi sieht mich lachend an. »Ein bißchen folkloristisch, was?«

Vier Monate war ich weg, und während ich Zizi von meinen katangischen Erlebnissen erzähle, gewinnen sie Perspektive und Bedeutung. Es wundert ihn nicht, daß man mich aus Manono herausgeholt hat; für Gbadolite brauchten Besucher damals auch eine besondere Erlaubnis. »Als Mobutu an die Macht kam, hatte er kein Modell, er mußte alles neu entwickeln, aber Kabila hat ein fertiges System vorgefunden, er brauchte es nur zu übernehmen.« Auch Manono will einen eigenen Fernsehsender, sagt er, wie Gbadolite damals.

Ich erzähle ihm von Jean-Jacques. »Die Lässigkeit, mit der Kabila mir gesagt hat, daß er tot ist – so kannte ich die Kongolesen gar nicht, so… gefühllos.«

»Das sind hysterische Zeiten«, seufzt er. »Hast du die Pressekonferenz gestern im Fernsehen gesehen? Immer wenn Kabila auf die Ruander geschimpft hat, haben die Journalisten im Saal applaudiert. Die Bösewichte sind zur Zeit leicht auszumachen, man erkennt sie sofort an ihrer Physiognomie. Wer sich jetzt nicht patriotisch verhält, wird in der Stunde des Sieges der große Abwesende sein, daher die Einigkeit. Die jüngeren Mitglieder von Tshisekedis UDPS haben sich in Scharen zum Militärdienst gemeldet, natürlich in der Hoffnung, daß Kabila ihre Partei später mitregieren läßt.«

Die Kongolesen wissen nicht mehr, woran sie sind, sagt er. Letztes Jahr rief Mobutu sie zum Haß gegen die Tutsi auf, dann kam Kabila mit der Botschaft, daß sie die Tutsi lieben müßten, und ein Jahr später erklärt derselbe Kabila, den Tutsi sei nicht zu trauen. »Und jetzt sieht es so aus, als stünden sie wieder vor der Tür.«

Wir bleiben nicht lange allein. Im Rundfunk ist dazu aufgerufen worden, patriotische Lieder zu komponieren, und die Leute kommen mit ihren Kassetten. *Papa Miracle* heißt die Hommage an Kabila, die ein junger Mann komponiert hat. Zizi hört sie sich an, gibt seinen Kommentar dazu. New Police, die Band der Police Nationale, hat ein Stück über die Massaker der Rebellen im Osten geschrieben. Zizi runzelt die Stirn. »Swingt das nicht ein bißchen zu sehr? Sollte es nicht etwas martialischer klingen? Sonst denken die Leute noch, im Kongo wird nur getanzt!« Als der Polizist weg ist, lacht er: Er ist im Rundfunkgebäude bekannt dafür, daß er kein Liebhaber der Nationalhymne Ndombolo ist. Er hört in diesen Tagen lieber Jacques Brel.

Erstaunt habe ich ihn beobachtet. »Womit ihr euch beschäftigt! Propagandalieder!«

»Tja, es ist nun mal Krieg. Selbst Gott steht vor einem Dilemma: Die Kardinäle von Kinshasa und Kigali haben ihn beide um Beistand für ihr Volk gebeten – auf wen soll er jetzt hören?

Eine Gruppe Journalisten sitzt im Café des Hotels Inter. Sie wollen in die Provinz Unterkongo, bekommen aber keine Genehmigung und bestellen sich erst einmal noch einen Cappuccino. Ich esse mit dem niederländischen Botschafter Racké Himbeertorte. Letztes Jahr, erzählt er, kurz vor Mobutus Sturz, rief Ministerpräsident Likulia alle europäischen Repräsentanten zusammen und versicherte ihnen, daß die Lage unter Kontrolle sei. Er war so betrunken, daß er mitten im Gespräch einschlief. Und vor einigen Tagen versuchte ein sturzbetrunkener Außenminister Kakudji Racké davon zu überzeugen, daß alles in Ordnung sei.

Als ich am Aufzug warte, geht im Flur das Licht aus. »Inga«, scherzt jemand, »die Rebellen haben Inga eingenommen.« Alles lacht. Das gewaltige Wasserkraftwerk von Inga, das Kinshasa mit Strom versorgt, liegt in der Provinz Unterkongo, auf dem Weg von Kitona zur Hauptstadt – eine absurde Vorstellung, daß eine Rebellengruppe diesen strategischen Punkt, der inzwischen doch die reinste Festung sein muß, erobert haben soll.

Dank dem Generator funktionieren die Aufzüge noch, aber im Flur oben ist es dunkel. »Was ist los?« fragt Mukendi als ich hereinkomme – gerade ist sein Fernseher ausgegangen.

»Inga ist gefallen.«

»Was!«

»Kleiner Scherz – das haben die Leute unten am Lift gesagt.«

Mukendis Frau ist aus Frankreich gekommen, und auch sein jüngerer Bruder ist da. Alle wirken besorgt. Die Katanger seien nicht besonders helle, sagt Mukendi, sie hätten zu spät gemerkt, daß sie von den Ruandern betrogen worden seien, und jetzt schlügen sie wie wild um sich. Mord, persönliche Beleidigung, Brutalität ohne Rücksicht auf die Folgen, das seien typisch katangische Züge.

»Wir müssen die Ruander umbringen« ruft sein Bruder, »die bringen uns doch auch um! Im Osten errichten die Tutsi Straßensperren aus den Eingeweiden ermordeter Kongolesen.«

Mir klingen die Ohren. Straßensperren aus Eingeweiden – wo hat er das nur her! Funktioniert die Verbindung zwischen Kinshasa und dem Osten etwa, weiß jemand, was im Moment dort geschieht? Merkt er nicht, daß es sich um Kriegspropaganda handelt, und ist es zu einem solchen Zeitpunkt nicht besonders wichtig, zwischen Dichtung und Wahrheit zu unterscheiden? Im Nu sind wir mitten in einer hitzigen Debatte, aber er verbeißt sich nur noch mehr in seinen Standpunkt.

»Wir müssen die Tutsi umbringen. Warte nur, bis wir Kigali bombardieren!«

»Wie kann ein Luba nur so etwas sagen«, protestiere ich. »Ihr seid doch selbst von Ausrottung bedroht.«

»Das ist was anderes: Kasaier und Katanger sind Kongolesen, aber die Ruander sind Ausländer.«

Als ich wieder zur Besinnung komme, sind Mukendi und seine Frau weg. Ich finde ihn unten; er konnte die Diskussion nicht länger mit anhören. Daß sein eigener Bruder so redet – dabei ist er mit einer Ausländerin verheiratet! Müde schüttelt er den Kopf. »Aber das ist es natürlich gerade: Weil er mit einer Ausländerin verheiratet ist, fühlt er sich gefährdet, deshalb schreit er noch lauter als die anderen.« Viele Ausländer verlassen die Stadt. Sie werden registriert, und ihre Aufenthaltsgenehmigung wird für ungültig erklärt – die brauchen nicht wiederzukommen.

Wir gehen zusammen hinaus. Mukendi schaut die Einfahrt hinunter. Der Strom ist noch nicht wieder da, er macht sich Sorgen wegen heute abend und hat seine Frau losgeschickt, Kerzen kaufen.

Zu Hause gibt es weder Strom noch Wasser, und das Gerücht, daß Inga gefallen sei, verstärkt sich. Wir waschen uns mit kaltem Regenwasser und sitzen bei Kerzenlicht im Wohnzimmer. Auch Brazzaville am anderen Ufer ist in Dunkel gehüllt, und jetzt wird die Atmosphäre düster und bedrohlich. Wie lange kann eine Stadt mit sechs Millionen Einwohnern ohne Strom und Wasser auskommen? Und wie bleiben wir ohne Inlandsrundfunk und -fernsehen über die Ereignisse auf dem laufenden? In den ausländischen Sendern ist bereits von Hungersnot und einer drohenden Cholera-Epidemie die Rede.

Von Christines Begeisterung für Kabila ist nichts mehr übrig. »Wenn das stimmt, wenn er Inga wirklich verloren hat – was für ein Trottel ist er dann!« Doch gleich darauf meint sie, er solle doch den Zivilisten Waffen geben, wenn seine Soldaten das Land nicht verteidigen könnten. Heute hat sie gesehen, wie ein Soldat einen Koffer gekauft hat, und er war nicht der einzige. Was hat das zu bedeuten, denken sie an Flucht? Sie fühlt sich im Stich gelassen und schimpft auf die Franzosen – die würden dahinterstecken, die ganze Stadt rede davon. Erst als eine Freundin mit der Nachricht anruft, die Rebellen würden die Elektrizität morgen wieder anstellen, beruhigt sie sich.

Das Drinnensitzen bedrückt mich, aber wo soll ich hin? Jean ist schon weg, und der Boulevard ist ausgestorben. Nach einer Weile halte ich es nicht mehr aus und gehe mit meiner Taschenlampe zehn Straßen weiter zu Bondos Sekretär Kivilu. Ich war schon einmal dort: eine fensterlose Wohnung hinter einem Lagerhaus, einer von Bondos zahlreichen Immobilien. Ich finde es nicht gleich, und ich weiß auch, warum: Es ist weiß gestrichen worden, und an der Fassade steht in großen blauen Lettern *Police Nationale*. Bondo wird es an den Staat abgetreten haben, um mit dem neuen Regime ins reine zu kommen.

Kivilu wohnt noch hinter dem Gebäude, aber er ist nicht da. Ein Todesfall im Hause Bondo – er ist zur Totenwache gegangen. Die Wachen mustern mich neugierig und beginnen auf mich einzureden. Ich habe es heute schon einmal bemerkt: Die

Bedrohung, die über uns allen hängt, läßt die Dagebliebenen enger zusammenrücken. Ob ich nicht wegsollte, fragen sie, ob ich keine Angst hätte; viele Ausländer würden die Stadt verlassen. »Als Kinshasa letztes Jahr belagert wurde, war ich nicht hier«, sage ich. »Das hab ich mir nie verziehen. Und jetzt soll ich weg?«

Als wir auf Inga zu sprechen kommen, beginnen sie zu flüstern. »Inga ist nicht gefallen, glauben Sie's uns!«

»Aber was ist dann passiert?«

»Wir haben den Strom absichtlich abgestellt, weil wir heute nacht im Dunkeln alle Tutsi umbringen.«

Im schwachen Schein meiner Taschenlampe schaue ich in sein junges Gesicht. »Ihr seid also auch zu Mördern geworden.« Aber es stimmt nicht, was sie sagen, sie haben nur Angst und versuchen sich Mut zu machen, wie die Minister, die heute nachmittag in Uniform durch die Gänge des Inter geschlichen sind.

Zu Hause überprüfe ich die Vorräte, die ich, ohne groß darüber nachzudenken, das vergangene Jahr über angelegt habe: Konserven, die ich von einem belgischen Bekannten übernommen habe, der das Land verlassen hat, hochproteinhaltige Kekse, die ich als Souvenir aus Mbandaka mitgebracht habe, Cracker, Wasserreinigungstabletten, Kerzen, Batterien – mit dem Trockenbrennstoff von Séraphin kann ich sogar kochen. Die Äußerung eines Journalisten heute nachmittag im Hotel Inter geht mir im Kopf herum. »Wir hören den ganzen Tag die verrücktesten, widersprüchlichsten Nachrichten, aber eins haben sie alle gemeinsam: Sie zeigen, daß es schlecht steht.«

Beim Frühstück erfahren wir von einem Anrufer, daß Kabila nach Lubumbashi abgereist ist. Christine weint fast vor Wut. Kinshasa in einem solchen Augenblick zu verlassen! Sie schimpft erst auf die Ruander, die einen von seinem Volk geliebten Präsidenten zwingen, in seine Heimatregion auszuweichen, dann auf den Präsidenten selbst. »Wenn er die Abspaltung von Katanga ausruft, werden die Leute hier sagen, ich muß nach Lubumbashi zurück – aber ich fühle mich hier zu Hause!«

Einen Moment lang halte ich noch den Mund, dann sage ich es doch: »Das ist genau das, was ihr mit den kongolesischen Tutsi macht: Die haben sich hier auch eingewöhnt, und jetzt wollt ihr, daß sie nach Ruanda zurückgehen. Und dann die Kasaier, die in Katanga aufgewachsen und in Massen vertrieben worden sind …«

Christine sieht mich böse an. »Komische Argumente bringst du – das ist doch was ganz anderes!«

Ich sollte sie nicht quälen, aber ich tue es doch. »All der Haß, Kongolesen gegen Tutsi, Katanger gegen Kasaier … Irgendwann kommt das wie ein Bumerang zurück.«

»Hoffentlich passiert euch in Belgien auch mal so was«, schnaubt sie, »dann weißt du, wie das ist.«

»Den Kampf haben wir doch schon hinter uns, und wir haben die Konsequenzen daraus gezogen.«

Als Guido hereinkommt, verstumme ich beschämt – was rege ich mich auf, ich weiß doch, daß diese Diskussionen zu nichts führen. Aber ich bin auch aufgewühlt, merke ich, die Stadt beginnt auch mir die Luft abzuschnüren.

Guido muß Einkäufe machen, und ich fahre mit. Trinkwasserflaschen brauchen wir und Holzkohle zum Kochen. Unterwegs halte ich unwillkürlich nach weißen Autofahrern Ausschau. Gestern ist die letzte Sabena-Maschine nach Brüssel abgeflogen, und das gesamte Bodenpersonal ist über die Gangway an Bord gegangen. Das Sabena-Büro am Boulevard ist geschlossen, wer hiergeblieben ist, kann nicht mehr weg. Die Ausländer, die bei Botschaften und Hilfsorganisationen arbeiten, befinden sich in Phase zwei: keine unnötigen Reisen.

Die Zeitungsverkäufer, die sonst an jeder Ampel ihre Zeitungen durch die offenen Autofenster werfen, sind verschwunden. Da und dort hält ein Junge ohne viel Überzeugung die Zeitungen der vergangenen Woche hoch. Wir fahren durch die ganze Stadt, aber auch die Mamans, die gewöhnlich mit großen Säcken Holzkohle an der Straße stehen, sind wie vom Erdboden verschluckt. Reihenweise Frauen mit Plastikwannen voll Wasser auf dem Kopf kommen vom Kongo herauf. »Die Energie, die hier verlorengeht...«, sagt Guido bestürzt. »Da fällt die Stadt natürlich sofort.«

Das Trinkwasser wird inzwischen auch ausverkauft sein, meint er. Wir passieren einen geschlossenen Laden nach dem anderen, dann wird Guido nach langem Reden bei einem Supermarkt im Zentrum eingelassen. Sein Telecel liegt noch im Wagen, und aus einem Impuls heraus rufe ich meine Eltern an. Sie werden sich Sorgen machen, und wenn kein Strom da ist, können wir bald auch nicht mehr telefonieren. Zu meiner Überraschung hält mein Vater mir eine Standpauke. Was, ich bin noch nicht abgereist? Alle haben doch das Land verlassen! Der belgische Außenminister hat gesagt, wer jetzt noch nicht weg sei, dürfe nicht glauben, daß er evakuiert werde. Mein Vater verfolgt das Geschehen im Fernsehen und hält sich für bestens informiert, und das wäre ich auch, wenn ich nach Hause käme, meint er, viel besser als in dieser Stadt ohne Wasser und Strom.

Während er redet, sehe ich einen weißen Kunden durch eine Seitentür in den Supermarkt schlüpfen. Der ist also auch noch nicht weg. In einiger Entfernung hängt ein Transparent über der Straße, das ein Extrakonzert von Wenge Musica ankündigt: *Wenge sous couvre-feu* – Wenge unter Ausgangssperre! »Aber, Papa, ich bin doch hier nicht allein, hier leben sechs Millionen Kongolesen!«

Da kommt Guido. Er gibt mir durch ein Zeichen zu verstehen, daß alles in Ordnung ist. Ein Angestellter schiebt einen Einkaufswagen mit Trinkwasserkästen heran und lädt sie in den Jeep. Guido sorgt dafür, daß sie von außen nicht zu sehen sind. Ob ich die jungen Männer nicht bemerkt hätte, die überall an den Straßenecken herumlungern? Die lauern auf Beute. Er hat zwei Plünderungen mitgemacht, er kennt die Anzeichen. Wenn sie ihn mit dem Wasser durch sein Tor fahren sehen, wissen sie sofort, wo sie hinmüssen. Bald gibt es in den dichtbevölkerten Cités von Kingasani und N'Djili nichts mehr zu essen und zu trinken, dann ziehen die Menschen ins Zentrum, wo noch etwas zu holen ist.

»Und unterwegs kommen sie durch Limete«, sage ich.

»Genau.«

Unser Haus am Boulevard Lumumba wirkt plötzlich so gefährdet. Wie würde es sein, wenn Horden Hungriger darüber herfallen? Ein Dammbruch – man wird verschlungen, egal, was man tut. Als die Mobutu-Soldaten letztes Mal eindrangen, war Christine allein zu Hause. Als erstes erschossen sie den Hund. Sie hat es mir so oft erzählt, aber erst jetzt sehe ich sie wimmernd im Zimmer stehen, erst jetzt begreife ich, wovor sie Angst hatte. Solche Angst, daß sie sich in die Hose machte. Es rann unter ihrem Pagne hervor auf den Boden – sie schämte sich, flehte die Soldaten weinend an, ihr zu verzeihen. Und es wirkte: Sie wichen bestürzt zurück und begnügten sich mit den Sachen, die sie erbeutet hatten.

Papa Jacques zieht das Tor hinter uns zu und schaut durch den Spion. Ständig klopft jemand an, Bekannte, Nachbarn, Verwandte von Christine kommen mit Plastikeimern und bitten um Wasser. In der Speisekammer inspiziert Guido den Inhalt der Tiefkühltruhe. Wenn der Stromausfall anhält, wird er alles verteilen müssen. Eine Seele von Mensch, denke ich plötzlich – ich selbst bin nur darauf bedacht, so viele Lebensmittel wie möglich zu horten, und betrachte die Besucher, die mit unserem Regenwasser abziehen, mit scheelen Blicken.

Noch immer schwirren Spekulationen über den Fall von Inga durch die Stadt. Der Kommandant von Inga soll sich ergeben haben, nachdem seine Leute zwei Tage nichts mehr zu essen bekommen hatten; die Soldaten in Unterkongo sollen keine Lust zum Kämpfen haben und sich die Hand reichen, sie seien schließlich alle Kongolesen; Kabila soll in einem letzten Versuch, das Ruder herumzuwerfen, seinen Sohn Joseph zum Oberbefehlshaber der Armee ernannt haben – sein Schwager hat sich als eine unglückliche Wahl erwiesen. Joseph ließ sich daraufhin vor lauter Freude vollaufen, statt eine Kriegsstrategie auszuarbeiten. In den letzten Wochen hatte er immer wieder getönt, er werde Ruanda angreifen, und darüber vergessen, Kinshasa vor den vorrückenden Rebellen zu schützen.

Chauffeur Jean will nicht glauben, daß Inga gefallen ist. Die Rebellen in Kitona seien in den Busch geflohen, weil sie bei den kongolesischen Soldaten keinerlei Unterstützung gefunden hätten. Wie sonst sei es zu erklären, daß Lastwagenfahrer, die aus der Hafenstadt Matadi kommen, keinerlei Probleme hätten? Als es am Nachmittag wieder Strom gibt, sieht er mich triumphierend an: Also doch eine ganz normale Panne. Ich ärgere mich über seine Blindheit, aber als ich das Zucken um seinen Mund sehe, werde ich nachsichtiger. Er klammert sich an jeden Strohhalm.

In den nächsten Tagen wird jeder zum Elektrizitätsexperten. Inga soll doch gefallen sein, Kinshasa soll zeitweise Strom aus dem Wasserkraftwerk im nahen Zongo beziehen. Nein, nein, wissen andere, die Kapazität von Zongo reiche für Kinshasa nicht aus. Im Rundfunk wird gegen die ausländischen Medien gewettert, die den Fall von Inga bestätigt haben: Sie führten einen Gerüchtekrieg, heißt es, um die Bevölkerung von Kinshasa zu demoralisieren.

Armeefahrzeuge kurven ziellos durch die Stadt, Soldaten laufen mit Radios am Ohr herum. Sind das die selbstbewußten Kadogos, die voriges Jahr in die Stadt einmarschiert sind? Damals waren sie Rädchen in einer mächtigen Maschinerie; jetzt, da das Land in Gefahr ist, da die Maschinerie Defekte aufweist, sind sie wieder zu hilflosen Kindern mit einem zu schweren Gewehr über der Schulter geworden.

Mit Mzee Laurent-Désiré Kabila wird die Hoffnung auf Leben wiedergeboren. Die blinkenden neuen Tafeln an der Straße, von denen Kabila majestätisch auf uns herabblickt, scheinen schon jetzt der Vergangenheit anzugehören, sie wirken deplaziert, ein typischer Fall von katangischem Übermut. Ob die Neuen besser sind? Was wissen wir eigentlich von ihnen?

Kivilu ist nicht in seinem Büro. Bondos älteste Tochter ist gestorben, wie ich erfahre, sie soll am Nachmittag begraben werden. Aids – Kivilu hatte mir schon gesagt, daß sie irgendwo in der Stadt in einem kleinen Zimmer im Sterben lag. Ich gehe auf gut Glück zu Bondo. Die Villa im schicken Mont Fleuri ist nicht schwer zu finden, denn im weiten Umkreis parken Autos und um das Haus selbst hat sich eine große Menschenmenge versammelt. Zögernd gehe ich mit den Trauernden hinein.

In der Mitte des marmornen Wohnzimmers steht ein Sarg mit gläsernem Deckel, in dem die Tote, wie eine Märchenfee in einer Wolke von weißem Tüll aufgebahrt, liegt. Die Leute nehmen Abschied, teils stumm, teils weinend, tanzend und singend. Ein Mann nimmt seine Brille ab und trocknet seine Tränen: Bondos Sohn, der frühere Gouverneur von Kinshasa. Teure Parfüms, aufwendige Pagnes, Markenkleidung – die Mobutisten, die geblieben oder nach einigem Zögern zurückgekommen sind, haben sich hier versammelt.

Bondo sitzt mit roten Augen auf dem Sofa und greift nach der Hand seiner Frau. Ich habe ihn seit unserer Begegnung im Hotel Inter nicht mehr gesehen, und mir fällt auf, wie zerfurcht sein Gesicht jetzt ist. Das Mobiliar in seinem Haus scheint intakt, und auch die Kupferskulptur im Flur erkenne ich wieder; die hat Masasu nicht angerührt. Wie sich die Zeiten ändern! Noch letztes Jahr hat Masasu hier Feste gefeiert, während Bondo und seine Frau im Hotel Inter ihre Wunden leckten. Inzwischen schmachtet Masasu im Gefängnis, und die beiden wohnen wieder in ihrem Haus. Und jetzt droht sich das Blatt von neuem zu wenden. Haben sie Angst vor dem, was kommen wird, vor einer erneuten Abrechnung, oder sehnen sie die Neuen herbei? Hartnäckigen Gerüchten zufolge haben sich mehrere Ex-Mobutisten bei den Rebellen in Goma gemeldet.

Kivilu ist nicht da, und auch sonst sehe ich keine bekannten Gesichter. Fragende Blicke streifen mich, und plötzlich komme ich mir vor wie ein Voyeur. Draußen hat die Blaskapelle La Confiance – Vertrauen – angefangen zu schmettern, und ich nutze den Trubel, um hinauszuschlüpfen und in meinem knatternden Suzuki-Jeep davonzufahren, bevor sich der Trauerzug aus blinkenden Mercedeswagen den Hügel hinab in Bewegung setzt.

In Kitona sollen vier Flugzeugladungen mit Rebellen und Lebensmitteln aus Goma gelandet sein. Nach den strategischen

Punkten Inga, Muanda und Banana soll auch Matadi gefallen sein. An einer Straßensperre auf dem Weg von Kinshasa nach Matadi sollen die Regierungstruppen auf Soldaten schießen, die von der Front flüchten wollen. »Sie werden sozusagen ins Feld zurückgeschossen«, sagt Guido. Wenn die Straßensperre fällt, sind die Rebellen in Kinshasa. Andere behaupten steif und fest, Matadi sei nicht erobert worden. »Wieso – gibt es etwa zwei Matadis?« brummt ein Portier im Hotel Inter. Er wünscht, die Rebellen wären schon da und alles wäre vorbei – nichts ist schlimmer als diese Ungewißheit. Die Typen, die letztes Jahr kurz vor der Befreiung durchs Hotel strichen, sind wieder aufgetaucht. Sind es Informanten der Rebellen? Niemand weiß es.

Mehrere Botschaften haben Sonderflüge für Ausländer organisiert, die das Land verlassen wollen. Guido, der bei einer Botschaft arbeitet, möchte, daß auch Christine weggeht, bevor die Rebellen einmarschieren und die Abrechnung mit den Katangern beginnt. Aber sie will nichts davon wissen, will nicht einmal erwägen, nach Lubumbashi auszuweichen. Zur Not taucht sie bei einer Freundin in der Cité unter.

Wir sind beide zu Hause, als Guido anruft. Heute abend geht ein Flugzeug nach Gabun – es ist Christines letzte Chance, von hier wegzukommen. Ich kann mir Guidos Besorgnis vorstellen. Den ganzen Tag bekommt er panische Anrufe von Leuten, die wegwollen, die Liste wird immer länger, wie kann er nach dem, was bei der letzten Plünderung beinahe passiert wäre, seine Frau hierlassen?

»Aber ich will nicht weg! Was soll ich denn in Belgien, bei diesen Rassisten!« Christine holt einen Koffer aus dem Schlafzimmerschrank und wirft ihn aufs Bett. Mit den beiden Flechten im Haar wirkt sie mädchenhaft und fast übermütig – wie Pippi Langstrumpf. Störrisch wirft sie Kleider in den Koffer, besinnt sich, holt einige wieder heraus. Was sie nicht mitnimmt, kann gestohlen werden. Einen Moment steht sie unschlüssig vor ihren Parfümflakons, dann steckt sie mir zwei zu. »Bewahr die für mich auf, die gönn ich den Plünderern nicht.«

Auf der Fahrt zum Flughafen weint sie. Sie hat einen belgischen Paß – jetzt wird man ihre Aufenthaltserlaubnis für ungültig erklären, und sie kann nicht mehr zurück, dabei will sie gar nicht weg! Auch Guido ist angespannt. Er, der sonst immer so konziliant ist, faucht auf dem Parkplatz einen Polizisten an und muß mit auf die Wache. »Ich bleibe hier«, sagt Christine, »du siehst doch, daß ich nicht wegsoll.«

Ich rolle ihren Koffer ins Flughafengebäude und werde unterwegs angepöbelt: »Ja, geh nur! Abhauen – das ist alles, was ihr könnt!« Als Guido bleich vor Aufregung wieder zu uns stößt und die Formalitäten für Christine erledigt, bekommt auch er die eine oder andere höhnische Bemerkung ab. Ich halte mich zurück und freue mich insgeheim: Niemand ahnt, daß wir Bleichgesichter hierbleiben!

Ein belgischer Bekannter, der im Hotel Memling wohnt, meint, ich müsse aus Limete weg. Die Zugangswege zum Stadtzentrum bräuchten nur abgesperrt zu werden, und ich säße in der Falle. Er hat mir eine andere Unterkunft besorgt, auf dem Gelände der Textilfabrik Utexafrica. Ich war einmal dort – komfortable Häuser am Kongo, mit Tennisplatz und einem Café-Restaurant, in dem die weißen Bewohner abends zusammensitzen. Wenn das Tor zu dem Gelände zufällt, ist Afrika weit weg. »Aber das ist doch eine Art Evakuierung!« protestiere ich.

Er sieht mich besorgt an. »Du machst mir angst, weil du keine Angst zu kennen scheinst.« Ich weiß, worauf er anspielt – meine unbesonnene Tour nach Brazzaville damals fand er unmöglich. Für einen Koffer mit Kleidern sein Leben aufs Spiel zu setzen! »Angst ist ein Gradmesser«, sagt er. »Wer keine Angst kennt, empfängt keine Signale, wenn es wirklich gefährlich wird.«

Ich danke ihm für das Angebot und verspreche anzurufen, wenn es soweit ist.

»Aber warte nicht zu lange, inzwischen müßtest du ja wissen, wie schnell sich hier alles ändern kann.«

Auch Guido macht sich Sorgen. Heute sind Lastwagen mit jungen Rekruten über den Boulevard gefahren; sie kamen von ihren ersten Exerzierübungen im Stadion und sahen ziemlich wild aus. Guido als Ex-Militär wird schon mit ihnen fertig, aber er will nicht, daß so eine Bande das Haus stürmt, wenn ich da bin.

Am Abend ruft mein Bekannter an. »Wo bist du?« fragt er gehetzt. »Noch in Limete!« Es klingt vorwurfsvoll. »Das ist das letzte Mal, daß ich dir zu helfen versuche!« Ich weiß genau, was mit ihm los ist: Das Memling ist voll von Journalisten, die sich gegenseitig aufstacheln; es ist die reinste Psychose. Anderswo mag es noch ruhig sein, im Memling hat der Krieg schon begonnen.

Am nächsten Morgen höre ich im Radio, daß Kabila vorhat, Waffen an sein Volk zu verteilen. Im Nu liegt mein Koffer auf dem Bett, und ich fange an zu packen. Wie damals in Brazzaville überlege ich endlos: Was nehme ich mit, was lasse ich hier? Was ist, wenn das Haus geplündert wird? Was ist, wenn Utexafrica gestürmt wird oder ich zu guter Letzt doch noch evakuiert werde?

Jean ist nicht erschienen. Ist die Falle zugeschnappt? Gerade jetzt, wo ich mich entschlossen habe umzuziehen – mein Bekannter wird sich ins Fäustchen lachen! Dann kommt Jean doch noch, es ist nichts passiert, er hat nur einen Gottesdienst besucht, der länger gedauert hat. Er hat José getroffen, der mir ausrichten läßt, daß Bois Noir ermordet worden ist.

»Bois Noir, ermordet!«

»Er war mit irgendwelchem Zeug nach Brazzaville unterwegs und ist Dieben in die Hände gefallen.« Mehr hat José nicht erzählt.

Leichtsinnig – war Bois Noir leichtsinnig? Kannte er keine Angst, wie mein belgischer Bekannter es ausdrückt, oder gehörte der Tod einfach zu den Risiken seines Metiers? Dann hätten wir voriges Jahr, als wir zusammen über den Kongo fuhren, auch umkommen können. Ich sehe ihn wieder im halbdunklen Souterrain vor mir stehen, die Kleider, die ich ihm gegeben hatte, unterm Arm, fünfzehn Dollar in der Tasche. Unterwegs war er manchmal ängstlicher gewesen als ich, aber jetzt hatte er wieder alles unter Kontrolle. Ich bin sicher, er hätte ja gesagt, wenn ich ihm vorgeschlagen hätte, am nächsten Tag noch einmal hinüberzufahren.

Es ist unangenehm still in den Straßen. Mein Vater hatte recht: Alle sind weg. Jean ist düster gestimmt. Tagelang wollte er nicht glauben, daß die Rebellen in Unterkongo mehr sind als vierhundert in die Enge getriebene Ruander; jetzt dringt der Verrat der kongolesischen Armee allmählich zu ihm durch. Letztes Jahr hat alles ungeduldig auf die Befreier gewartet, sagt er, aber kein einziger Kinois hat Bedarf daran, jetzt schon wieder befreit zu werden. Kabila hatte kaum Zeit, zu zeigen, was er kann, und schon muß er wieder verschwinden. Wer sind die da oben eigentlich, daß sie glauben, sie können bestimmen, wer Präsident dieses Landes zu sein hat!

Das Foufou brodelte auf dem Feuer, klagte sein alter Nachbar, es war fast fertig, dann goß jemand einen Eimer Wasser darüber – wie lange wird es noch dauern, bis die Kongolesen endlich essen können? »Das ist ein Coup der Mobutisten«, sagt Jean bitter. »Die wollen wieder an die Macht. Aber das läßt sich das Volk nicht gefallen, denn die Mobutisten sind keine Nationalisten, sondern Geschäftsleute; Regieren ist für sie eine Möglichkeit, Kapital anzusammeln. Sie haben nichts für das Land getan, sie haben sich nur die Taschen gefüllt.« Der libysche Präsident Gaddhafi besitze wenigstens keine Häuser in Europa wie alle Minister Mobutus. »Was hat ein Mann wie Z'Ahidi Ngoma uns schon zu bieten? Er hat nicht einmal ein eigenes Haus in Kinshasa, also muß er wieder auf Diebestour gehen. Kabila hatte wenigstens Geld, sonst hätte er seine Rebellion nicht all die Jahre finanzieren können.«

Ein hellblaues Tor, Wachmänner in marineblauer Utexafrica-Uniform. »Zivile Wachmänner«, konstatiert Jean beifällig, »die sind besser als militärische; unsere Militärs gehen abends als Kabila-Soldaten ins Bett und stehen morgens als Rebellen wieder auf. Nein, mit diesen Autoreverse-Soldaten ist man seines Lebens nicht sicher.«

Brave Bürgerhäuser mit gepflegten Gärten und kurzgeschorenem Rasen – unser lärmender Suzuki mit seinem geflickten Dach fällt in dieser sterilen Umgebung aus dem Rahmen. Schweigend steuert Jean auf die Villa zu, die man uns genannt hat, biegt in den Kiesweg ein und hält vor der Tür. Wird er nicht meinen, ich soll sehen, wo ich bleibe, wenn ich mich in dieses windstille Paradies zurückziehe?

Mit einem unbehaglichen Gefühl gehe ich hinein. Geblümte Vorhänge, unpersönliche Möbel und Bilder – wie eine Suite im Hotel Inter. Hinter dem Haus ist ein Swimmingpool; die Terrasse geht auf den Kongo hinaus. Der Tisch ist für vier Personen gedeckt. André, der französische Direktor von Utex, hat sich ebenfalls hierher zurückgezogen, und sein Boy bereitet in der Küche ein Geschäftsessen zu. Er zeigt mir mein Zimmer.

Ich werfe meinen Koffer aufs Bett und fange an auszupacken. Meine Hefte und Bücher auf den kleinen Schreibtisch, die Kleider an Bügeln in den Schrank, den Wecker neben das Bett, und in der Einfahrt steht ein Auto, das mich von alldem wegbringt – was will ich mehr? Ich rufe meinen Bekannten im Memling an und bedanke mich für meine neue Unterkunft.

Die französische Botschaft in Kinshasa gibt über Rundfunk bekannt, daß auf dem Schiff nach Brazzaville noch fünfzig Plätze frei sind. Alle Ausländer, die die Stadt verlassen wollen, sollen sich melden – es ist ihre letzte Chance. Klopfenden Herzens höre ich zu. Das war's dann also: Sie gehen weg, aber ich bin noch da. Diesmal befinde ich mich auf der richtigen Seite.

Endlich gibt der Informationsminister zu, daß Inga gefallen ist. Jean ist außer sich, denn auf dieses Eingeständnis folgt das Gerücht, Soldaten würden das Lager Tshatshi mit Matratzen auf dem Kopf verlassen. »Unsere Soldaten – Weiber! Warum gibt uns Kabila keine Waffen? Wir wüßten schon, wie wir dem kongolesischen Volk Respekt verschaffen!« Doch Kabila ist wieder nach Lubumbashi abgereist, und diesmal soll er vorher die Bank leergeräumt haben.

Während der ganzen Fahrt nach N'Djili ist Jean am Schimpfen. Er tut mir leid, so wie Christine mir leid getan hat, als ihr dämmerte, daß sie verraten worden ist. Er sagt zwar, er will eine Waffe, um sein Land zu verteidigen, aber gleichzeitig kutschiert er eine verabscheuungswürdige Weiße durch die Stadt.

In der Cité von N'Djili fährt ein prunkvoll aufgemachter, mit bunten Luftballons geschmückter Wagen der Staatlichen Lotterie im Schrittempo durch die Straßen, beladen mit Stereoanlagen und anderen Gewinnen, die von einer krächzenden Megaphonstimme ausgerufen werden. Auf einem staubigen Platz spielen junge Männer im Profi-Outfit vor einem johlenden Publikum Fußball. Ich traue meinen Augen nicht: all das geht weiter, als wäre nichts geschehen!

Cheri Cherin ist zum Glück da. Vor meiner Abreise nach Katanga hatte ich ihn um Remakes einiger seiner klassischen Parodien gebeten: Mobutu als König der Tiere, umgeben von Anhängern in Gestalt scheußlicher Bestien; Mobutu als gefällter Baum, zu Grabe getragen von seinem verdrossenen Volk. Angesichts der unsicheren Lage, habe ich mir heute morgen überlegt, sollte ich die Bilder vernünftigerweise abholen.

Cherin hat das Porträt des Gouverneurs inzwischen mit Kakudji übermalt, dem stellvertretenden Vorsitzenden der AFDL, aber auch hier scheint sich eine unendliche Geschichte anzubahnen. »Die AFDL hat kein Geld«, seufzt er, »und wenn sie welches hat, will sie es nicht für Kunst ausgeben.«

»Die haben jetzt anderes im Kopf.«

»Ja, das sagen alle, aber was genau?«

»Hörst du nicht Radio?«

Sein Radio ist kaputt, aber N'Djili schwirrt von Gerüchten, Kinshasa stehe kurz davor, den Rebellen in die Hände zu fallen. Vor ein paar Tagen sah Cherin einen Weißen nach dem anderen zum Flughafen fahren, und letzte Nacht wurde er von einer Patrouille angehalten – bei Dunkelheit solle er lieber zu Hause bleiben, meinten die Soldaten, sonst könnte man ihn für einen Rebellen halten. Doch kaum fängt er an, sich Sorgen zu machen, trifft er wieder jemanden, der gerade aus Matadi kommt und behauptet, dort keine Rebellen gesehen zu haben.

Er legt mir die Hand auf den Arm und zieht mich weg von den Neugierigen in seinem Hof. »Was ist eigentlich los?« Aufmerksam hört er sich meinen Bericht an. Ich bin ins Stadtzentrum umgezogen und wohne nicht mehr in Limete? Oh, oh, dann muß es schlimm stehen. »Du brauchst nur mal in die Lobby des Memling zu gehen«, sage ich, »dann bist du sofort auf dem laufenden.«

Ein Nachbar kommt in den Hof. »Was macht ihr denn für trübsinnige Gesichter?« Als Cherin ihm sagt, was er gerade von mir gehört hat, muß der Mann lachen. »Das ist doch alles Propaganda!«

Im Auto sitzt Jean mit dem Ohr am Radio. Wir laden die Bilder ein und fahren los. »Gibt's was Neues?« frage ich. Er nickt. »Was denn?«

»Clinton hat gestanden.«

Ich denke, er scherzt, und platze los, aber er bleibt todernst. Die Kongolesen haben die Monica-Lewinsky-Affäre mit wachsender Verwunderung verfolgt. Daß der Präsident des mächtigsten Landes der Welt nicht einmal eine Geliebte haben darf!

Die Dämmerung bricht an. Es gibt zwar keine offizielle Ausgangssperre, aber wenn kein Strom da ist, wirken die Boulevards um diese Zeit unheimlich. Was mein Freund Riva wohl an einem solchen Abend in der Cité treibt? »Laß uns kurz nach Matonge fahren«, sage ich zu Jean.

Riva sitzt wie immer mit seinen Freunden vor dem Haus. Unser lärmender Einzug in die Straße wird mit Applaus bedacht. »Wir wollten gerade was trinken gehen«, sagt Riva. »Kommst du mit?« Ab zehn versperrt ein Container die Zufahrt zum Utexafrica-Gelände; wenn ich zu spät komme… »Dann kannst du ja hier übernachten!« Ich lache. »Okay, aber nur kurz.«

Eine Freundin von Riva fragt, ob Jean sie nach dem nahen Victoire bringen kann, von wo sie mit dem Sammeltaxi nach Hause fahren will. »Bis Victoire, ja, aber nicht weiter«, flüstere ich Jean zu, als er losfährt.

Die Kneipe, in der Riva und seine Freunde jeden Abend zusammensitzen, ist in Dunkel gehüllt, das Bier ist lauwarm, aber das scheint niemanden zu stören. Sie haben ihren Stammplatz auf der Terrasse, die zur Straße hinausgeht, und wenn Passanten ihre Stimmen hören, kommen sie heran und setzen sich dazu.

Alle am Tisch sind bestens über die Situation informiert, aber das tut der allgemeinen Fröhlichkeit keinen Abbruch. Kabila wirft den Ruandern vor, daß sie nicht mehr nach Hause wollen, nachdem sie vom kongolesischen Honig gekostet haben, wie sie sagen, aber wer hat sie denn von diesem Honig kosten lassen? Kabila selbst! Was diese Leute einstecken können! Ich bewundere das, und zugleich beunruhigt es mich. Was um Himmels willen soll geschehen, wenn sie aktiv werden? »Wenn Kabila Waffen verteilt, stell ich mich sofort an«, hat Riva einen Mann im Bus sagen hören. »Und der erste, den ich über den Haufen schieße, ist der Liebhaber meiner Frau!«

Hinter den Fenstern der amerikanischen Botschaft liegen Sandsäcke, und auch an der englischen Botschaft hat Riva Lastwagen mit Sandsäcken vorfahren sehen – man weiß dort also, daß Schlimmes bevorsteht. Aber auch wenn die Rebellen siegen, wird ihnen das nicht viel nützen. Sie haben alle gegen sich, denn sie sind entweder Tutsi oder Mobutisten. »Die Amerikaner werden die Probleme in unserem Land nie verstehen«, sagt jemand. »Die schlüpfen nur in unseren Kopf, aber nicht in unsere Pantoffeln.«

»Die Tutsi müssen zurück«, meint Riva, »in diesem Land ist kein Platz mehr für sie.« Daß es auch kongolesische Tutsi gibt, will er nicht gelten lassen.

»Ich versteh dich nicht«, sage ich. »Was ist denn mit den Yeke, die im vorigen Jahrhundert aus Tansania gekommen sind – warum fragt nie jemand, ob sie Kongolesen sind?«

»Wo leben die?«

»In Katanga.«

»Die müssen auch weg«, grinst er.

Wir haben Jean erklärt, wo wir sind, und mit einem Ohr horche ich auf das Geknatter des Suzuki, aber es bleibt still in der Straße. Besorgt schaue ich auf die Uhr. »Wo bleibt Jean nur?« Victoire ist keine fünf Minuten entfernt; selbst wenn er in einen Stau geraten ist, müßte er längst hiersein. Er wird doch nicht nach Ngaba gefahren sein, wo die Frau wohnt? Wenn wirklich die ersten Infiltranten aus Unterkongo die Stadttore erreicht haben, dann kann er ihnen dort in die Hände fallen.

Und das geliehene Auto, das geliehene Telecel von Christine im Handschuhfach – wie konnte ich Jean nur an einem solchen Abend allein in die Cité schicken! Cheri Cherins Bilder hinten im Wagen kommen mir in den Sinn, und jetzt bricht mir der Angstschweiß erst richtig aus. Was wird ein mobutistischer Rebell an einer Straßensperre denken, wenn er zwei frisch bemalte Leinwände findet, auf denen der Ex-Präsident als König der Tiere und als jämmerlich gefällter Baum dargestellt ist?

Die Gespräche gehen an mir vorbei, ich habe keine Ruhe mehr, mir dröhnt der Kopf von meinen Katastrophenszenarien. Ich bin geliefert und Jean gleich mit. Meine Bekannten, die jetzt wohlbehalten in ihren verbarrikadierten Häusern sitzen, werden sich ins Fäustchen lachen, wenn sie hören, wie ich mich in die Nesseln gesetzt habe, weil ich abends in die Cité gefahren bin, als wäre alles in bester Ordnung. Dona, der Kraftprotz der Tischrunde, macht einen Erkundungsgang durch die Umgebung, kommt aber unverrichteter Dinge zurück. Mir bleibt nichts anderes übrig, als zu warten, und unterdessen rücken die Zeiger meiner Uhr auf zehn vor – dann wird der Container vor das Utex-Tor geschoben.

Das Telecel im Auto – aber natürlich, ich kann ja die Nummer anrufen und Jean fragen, wo er bleibt! Vorausgesetzt, er kann mit dem Apparat umgehen. »Hat jemand ein Telecel?« Riva lacht. Was ich glaubte, wo ich sei? In Matonge falle der Strom zur Zeit so oft aus, daß selbst glückliche Telecel-Besitzer ständig leere Akkus hätten.

Nie zuvor hat mir das Geknatter des Suzuki so lieblich in den Ohren geklungen wie an diesem Abend. Jean, das Telecel, meine Bilder – alles ist wieder da. »Wo warst du denn um Himmels willen?« frage ich beim Einsteigen. »Du warst über zwei Stunden weg! Ich hab mir Sorgen gemacht – wenn die Rebellen dich angehalten hätten!«

»Die Rebellen sind in der Stadt«, sagt er trocken. Diese Mitteilung läßt mich verstummen. »Sie waren am Kreisverkehr von Ngaba, deshalb komme ich so spät.« Das totale Chaos habe dort geherrscht, es hieß, die Rebellen hätten den Leiter eines Polizeireviers getötet – der Verkehr sei völlig zum Erliegen gekommen.

»Was hast du denn in Ngaba gemacht?«

»Es war so voll in Victoire«, gesteht er zögernd, »da hat die Frau gesagt, ich ...«

»Ich hatte dich doch gebeten, nicht weiter als bis Victoire zu fahren!«

»Aber sie hat gesagt ...«

»Sie, sie – wir kennen sie doch gar nicht! Arbeitest du etwa für sie?«

Er schweigt schuldbewußt. Eine Waffe will er, um gegen die Rebellen zu kämpfen, denke ich wütend, und dann kann er sich nicht mal gegen eine Frau wehren, die bis vor die Haustür gefahren werden will!

Die Nachschubroute Matadi-Kinshasa ist jetzt eindeutig blockiert, die Lebensmittel werden knapper, immer mehr Güter kommen aus Brazzaville. Manchmal gibt es tagelang keinen Strom, und niemand weiß genau, warum; ebensowenig verstehen wir, weshalb dann plötzlich wieder Strom da ist. Sind die Rebellen gnädig gestimmt? Werden wir von Zongo versorgt? Haben die Regierungstruppen Inga zurückerobert? Wenn die Lichter wieder angehen, atmet alles erleichtert auf und ruft, der Krieg sei vorbei, im Dunkeln denkt jeder wieder an die Rebellen. Nur die Kerzenverkäufer beten, daß der Stromausfall ewig dauern möge.

»Belgien läßt uns nicht fallen«, erklärt Jean am Morgen. »Wer sagt das?« »Unabhängige Quellen.« Unabhängige Quellen, natürlich! Ich zögere, mein Radio und meine Zeitungen bei Jean im Auto zu lassen, denn seine Manipulierbarkeit kennt keine Grenzen. Am Nachmittag steht er wutschnaubend neben dem Jeep und ruft: »Ich hasse die Westler!« Gerade hat er gelesen, daß die USA, Frankreich und Belgien das Tutsi-Komplott gegen den Kongo unterstützen.

Ich lege ihm ans Herz, dafür zu sorgen, daß der Wagen immer vollgetankt ist, doch er reagiert störrisch – wir hätten doch keine Benzinkrise? »Noch nicht, aber bald.« Er scheint wenig überzeugt. »Überleg doch mal«, sage ich, »woher kommt denn das Benzin?«

»Aus Libyen oder dem Irak.«

»Und wie kommt es ins Land?«

»Über den Hafen von Matadi.«

»Also!«

So hat er es noch gar nicht gesehen. Doch dann sagt er, stur wie immer, es kämen nach wie vor Autos aus Unterkongo, wenn auch weniger und nur im Konvoi, denn es gebe viele Plünderer an der Strecke.

Ich wundere mich, wie langsam er auf alles reagiert. Wenn ich morgens ins Auto steige, den Kopf voll von den drohenden Katastrophen, die die internationalen Medien auf uns herabbeschwören, treffe ich einen vollkommen unterkühlten Jean an. Er macht sich keine Gedanken darüber, was passieren könnte, er läßt sich von der Ereignissen treiben – das hat er vermutlich durch die Krisen der vergangenen Jahre gelernt, und allmählich kann ich dieser Haltung einiges abgewinnen, denn von all den Prophezeiungen, mit denen die Medien mich verrückt machen, bestätigt sich keine einzige.

Während die Rebellen im Osten mühelos eine Stadt nach der anderen erobern und auch in Unterkongo auf wenig Widerstand zu stoßen scheinen, rüstet sich Kinshasa auf seine Weise für den großen Kampf. Jean meint, alle westlichen Botschaften sollten gestürmt werden, weil die dort beschäftigten Tutsi-Zivilisten ja wohl mit dem Feind in Verbindung stünden. Um die französische Botschaft ist die Lage angespannt. Gegenüber, vor dem Hotel Memling, stehen Demonstranten. Sie halten die Deckel der Satellitentelefone vor den Fenstern der oberen Etagen für Waffen und wollen in das Gebäude. Der Korrespondent des französischen Senders RFI ist untergetaucht, nachdem sein Bild in den Fernsehnachrichten zu sehen war und eine Lokalzeitung fünfhundert Dollar auf seine rechte Hand ausgesetzt hat.

Der Manager des Inter versichert einem besorgten Bekannten am Telefon, daß das Hotel über genügend Lebensmittelvorräte verfüge und notfalls *outside catering* organisieren könne. Am nächsten Tag bekommt er Besuch vom Sicherheitsdienst und wird beschuldigt, Lebensmittel an die Rebellen liefern zu wollen. Eines Abends, als die Stadt in tiefem Dunkel liegt, fordern Soldaten den englischen Botschafter auf, seine Gartenbeleuchtung, dann die Lampen im Haus und schließlich auch seinen Generator abzuschalten – er sende den Rebellen Signale.

Eines stillen Sonntag morgens steige ich nach einer Verabredung auf dem Boulevard des dreißigsten Juni neben Jean ins Auto und führe ein Telefongespräch. Plötzlich stürmen zwei Muskelpakete vom Sicherheitsdienst auf mich zu. Was ich da zu telefonieren hätte, in einem Auto, das unter einem Baum parke? Sie reißen mir meinen Paß aus der Hand und wollen wissen, wo ich wohne und wie lange ich schon hier sei. Ich verhielte mich hochverdächtig, es wimmele in der Stadt von Infiltranten, und die Rebellen setzten dafür vorzugsweise Frauen ein, ja, ja, auch weiße. Wir beschwichtigen die beiden, und sie vertrauen uns an, daß ihnen jede Sicherheit genommen sei, seit Kabilas Soldaten in Kitona massenhaft übergelaufen sind: Die Rebellen seien bereits unter ihnen, nur hießen sie im Moment noch Regierungssoldaten.

An einer Kreuzung laufe ich Omasombo über den Weg, einem Bekannten, der an der Universität von Kinshasa Politologie lehrt. Feingliedrige Gestalt, scharfer Blick – der geborene Beobachter, empfindlich wie ein Seismograph für die Stimmungsschwankungen der Kinois. Er erinnert mich an Kis vor seinem religiösen Wahn. Ein englischer und ein amerikanischer Journalist kamen vor kurzem in die Universität, um sich ein Bild von den Meinungen der Studenten zu machen, erzählt er. Sie wären beinahe verprügelt worden, und zu seiner Verwunderung fanden seine Kollegen das ganz in Ordnung. Getarnte Franzosen seien sie gewesen, hieß es, Handlanger der Rebellen. Als Omasombo protestierte, sagte jemand, er solle besser den Mund halten, sonst werde er selbst Probleme bekommen.

Botschafter Racké hat seine Residenz gegen ein Zimmer im Hotel Inter eingetauscht und verkehrt seitdem mit der halben Regierung. Kabinettschef Yerodia hat bereits im Hotel gewohnt, andere in Häusern von Mobutisten, die sie Hals über Kopf verlassen haben. »Warum gehen die Ausländer alle weg?« fragten sie Racké bei seiner Ankunft ängstlich. »Wird das etwa ein Atomkrieg?«

Was diese Herren beschäftigt! Ein westlicher Journalist, der Frauen beim Wasserholen am Kongo fotografierte, wurde verhaftet und in einen Raum gebracht, in dem der Kabinettschef und der Informationsminister an einem Tisch saßen. Gewichtig zogen sie den Film heraus und hielten ihn gegen das Licht, als könnte sie so die Bilder sehen.

Und währenddessen droht die Stadt den Rebellen in die Hände zu fallen!

»Barbaren« werden die Ruander im Radio genannt, und wie die Dorfbewohner in Coetzees *Warten auf die Barbaren* geraten wir nach und nach in den Bann unserer unsichtbaren Belagerer. Ein Hubschrauber, der über die Stadt hinwegfliegt, kann schon ein Vorbote sein. Im Rundfunk werden die Kinois vor Rebellen gewarnt, die sich als Schwachsinnige, Penner oder Pousse-pousseurs tarnen. Auch schmutzige oder erschöpfte Männer seien verdächtig. Fremde Stadtviertel solle man nach Möglichkeit meiden, denn der Rebell ist jetzt »der andere«, derjenige, den die Leute nicht kennen.

Manchmal sieht es aus, als hätten die Rundfunkberichte recht und es gäbe tatsächlich mehr Verrückte als früher. Sie laufen mitten auf der Straße, halbnackt und gegen den Verkehrsstrom, oder sie sitzen mit ihren staubigen Dreadlocks und ihren verlotterten Habseligkeiten am Boulevard, wenn jedermann längst nach Hause gegangen ist. Aber natürlich fallen sie nur mehr auf, weil die anderen sich nicht mehr blicken lassen. Wir selbst haben uns verändert, nicht sie. Sie hören nicht Radio, sie kümmern sich nicht um die Ausgangssperre, sie sind als einzige sie selbst geblieben.

Nach einer Weile schleicht sich die Spannung in meinen Körper ein. Ich spüre einen unangenehmen Druck auf der

Brust, wenn ich durch die Stadt fahre, und auch die Magenkrämpfe meiner unbehaglichen Teenagerzeit sind wieder da. Abends bin ich todmüde, ohne zu wissen, wovon. Mein Aktionsradius wird immer kleiner, und seit den bangen Stunden in Matonge bleibe ich abends lieber zu Hause. Nichts ist spannender, als zu sehen, wie die hohen Herren, die sich im Hotel Inter verschanzt haben, das Volk im Fernsehen aufzuhetzen versuchen. Ein berühmter kongolesischer Ringkämpfer schneidet einer Ziege die Kehle durch, fängt das Blut in einem Becher auf, trinkt ihn aus und sagt in die Kamera: »Dasselbe machen wir mit den Rebellen.« *An die Kongolesen im Würgegriff der Ruander* heißt es auf dem Textband unter den Fernsehbildern. *Bewahrt Ruhe, diesmal wird der Tutsi-Feind vertrieben.*

Kabinettschef Yerodia hat zu seiner x-ten Pressekonferenz geladen. Ist er betrunken, müde, benommen vom Rauch seiner dicken Havanna? Er wirkt, als halte er einen inneren Monolog: Seine Augen sind geschlossen, er lacht über seine eigenen Witze und verhöhnt die Journalisten, die internationale Gemeinschaft, aber vor allem den »Feind«, den er bald mit einer Giftschlange, bald mit Unkraut vergleicht, das vertilgt werden müsse. Der stets aufmerksame Racké hat gesehen, daß er unter seinem modischen Westenanzug Gucci-Stiefel trägt, und nennt ihn daraufhin *chef du cabaret* statt *chef du cabinet*. Den ausländischen Journalisten wird schlecht von seinen rassistischen Reden, die einheimische Presse freut sich darüber. Ein beruhigender Gedanke, daß viele Menschen in der Cité keinen Strom haben und seine Einakter nicht sehen können.

Kitona ist von Regierungstruppen bombardiert worden, und auch Inga soll angegriffen worden sein. »Sie haben die Rebellen Gespenster genannt«, sagt die kongolesische Interviewerin zum Informationsminister. »Heißt das, Sie haben Gespenster bombardiert?«

Plötzlich reißt der deprimierende milchweiße Himmel, der seit Wochen über Kinshasa hängt, auf. Die Länder der SADC, der South African Development Community, wollen Kabila helfen! Jeder faßt wieder Mut und breitet sein Wissen aus: Es handle sich um einen Krieg zwischen Bantu und Niloten, der auf kongolesischem Boden ausgetragen werde; die Länder südlich des Kongo fürchteten den Imperialismus der Tutsi ebenso und hätten sich deshalb entschlossen, dem Vormarsch Kagames und Musevenis Einhalt zu gebieten.

Hundertfünfzig zimbabwische Soldaten sind auf dem Flughafen N'Djili gelandet. Hundertfünfzig! Die ganze Stadt hallt davon wider. Von der kongolesischen Armee redet niemand mehr. Ein angolanischer General befehligt den Flughafen, und es sollen noch mehr angolanische Soldaten kommen, denn seit Präsident Dos Santos herausgefunden hat, daß die Rebellen mit seinem Erzfeind Savimbi zusammenarbeiten, hat er sich auf Kabilas Seite geschlagen. Auf einer Pressekonferenz verbreitet sich Yerodia so ausgiebig über die Unterstützung durch ausländische Truppen, daß ein kongolesischer Offizier im Saal ihn ungehalten zur Ordnung ruft.

Daß Kisangani, die drittgrößte Stadt des Landes, den Rebellen in die Hände gefallen ist, scheint niemanden zu kümmern. Wichtiger ist, was mit Inga passiert, denn in Unterkongo sollen die Rebellen Terrain verlieren. Ein strategischer Rückzug, wie Z'Ahidi Ngoma es nennt. Auch er hat also angefangen zu lügen.

Ich sitze mit Utex-Direktor André beim Frühstück auf der Terrasse, als das dumpfe Donnern von Mörsern ertönt. Im selben Moment fangen unsere Telecels an zu klingeln. Guido ist schon bei der Arbeit und kann nicht mehr nach Hause zurück, weil die Soldaten in der ganzen Stadt Straßensperren errichtet haben und alle Telecels und Walkie-talkies beschlagnahmen. Ein französischer Journalist ruft aus dem Memling an und berichtet, daß auf dem Flughafengelände gekämpft wird. Die Landebahn soll bombardiert und so schwer beschädigt worden sein, daß Kabila auf keinen Fall mehr flüchten kann.

Die Schlacht um die Hauptstadt hat begonnen, und alles scheint am Telefon zu hängen, denn bald sind die Leitungen überlastet. In der Ferne herrscht Krieg, doch um uns herum zwitschern Vögel, und an dem niedrigen Zaun des Gästehauses laufen Mamans vorbei, man hört Kindergeschrei und Hühnergegacker. Andrés Boy ist zum ersten Mal seit acht Jahren nicht erschienen, und auch Jean bleibt aus. Die Rebellen sollen Kinshasa umrundet haben und über die ärmeren Viertel einmarschieren.

»Was machen wir jetzt?« frage ich André.

»Wir stellen den Generator an und kochen noch mal Kaffee.«

Doch dann bekommt er einen Anruf aus der Fabrik und hat es plötzlich eilig. In den vergangenen Wochen ist er mehrmals vom Sicherheitsdienst vorgeladen worden. Utex liefert Uniformen an die Regierungstruppen und wurde beschuldigt, nachts heimlich Uniformen für die Rebellen herzustellen. Immer wenn André glaubt, die Wogen geglättet zu haben, branden sie wieder auf. Er seufzt. »Ist es vielleicht meine Schuld, daß Kabilas Soldaten überlaufen und dann in unseren Uniformen auf der Seite der Rebellen kämpfen?«

Als der Boy endlich kommt, berichtet er, daß ihm ein paar verstörte Männer begegnet seien, die ihn nach dem Weg zum Flughafen gefragt hätten. Müde, schmutzig und hungrig hätten sie ausgesehen, genau wie im Radio beschrieben.

Vom Kongo her ist das Dröhnen eines Hubschraubers zu hören. Die französischen Truppen, die in Brazzaville stationiert sind, wollen demonstrieren, daß sie bereit sind, Ausländer zu evakuieren, falls die Lage eskaliert. Wenn ich mir vorstelle, daß Nicolas letztes Jahr in seinem Entwicklungshelferturm am anderen Ufer in genau der gleichen Situation war wie ich jetzt!

Mein französischer Bekannter ruft wieder an: Er hat unter großen Schwierigkeiten den Weg vom Memling zum Inter zurückgelegt und ist todmüde vom Verhandeln mit unwilligen Soldaten. Er wünscht, er wäre in Paris, dort ist man bestimmt besser über die Ereignisse hier informiert. Außer einem gereizten Artikel über mangelnde Höflichkeit an den Straßensperren gibt es nichts zu schreiben. Auch Guido ruft an. Er hat es nach Hause geschafft und steht am Eßzimmerfenster: Auf dem Boulevard marschieren Rekruten mit roten Stirnbändern vorbei.

In meinem Zimmer höre ich Radio. *Debout Congolais*, eine Sondersendung der AFDL, ruft die Bewohner der Viertel Kingasani und Masina auf, wachsam zu sein und die Rebellen in Kühlräumen und den Lagerräumen von Bäckereien zu suchen, überall, wo sie sich verstecken können. Die ausländischen Rundfunksender verbreiteten Lügen, heißt es, man solle nur den Lokalfunk hören, nur auf den sei Verlaß. Als hätte der uns in den vergangenen Wochen so gut informiert!

Ein aufmerksamer Zuhörer ruft an. Die *Mamans légumes* – die Gemüsefrauen –, die am Stadtrand Gemüse anbauen, müsse man besonders scharf im Auge behalten, sie seien Handlanger der Rebellen, denn die hätten Hunger und die Frauen verkauften ihnen etwas zu essen. Es werde höchste Zeit, daß die Behörden sich darum kümmerten.

Dabei sind die Rebellen längst in der Stadt!

Der Zorn richtet sich hier stets gegen die Nachhut, nie gegen den Aggressor selbst. Da jagen sie wehrlose Frauen, die am Stadtrand Gemüse anbauen, das trauen sie sich, aber die Rebellen zurückschlagen – dafür müssen sie Ausländer anheuern. Zimbabwische und angolanische Soldaten verteidigen den Flughafen und die Grenze zu Brazzaville, und auch Namibia will Truppen entsenden, heißt es.

Als ich ins Bad gehe, höre ich ein seltsames Geräusch. Am Ende des dunklen Flurs, eine Silhouette gegen das Licht von draußen, lädt ein Junge sein Gewehr durch. Ein Regierungssoldat? Ein Rebell? Er trägt eine Art Zorro-Cape. Was soll ich tun, die Hände hochheben wie im Kino? Ruhig redend gehe ich auf ihn zu. Im Wohnzimmer finde ich zehn weitere Soldaten vor, alle in Plastik-Regenumhängen. Verschwitzt stehen sie da, ein wenig hilflos, wie Jungen, die es nicht gewöhnt sind, sich in gepflegten Räumen aufzuhalten.

Wo das Depot sei, wollen sie wissen. »Welches Depot?« Einer von ihnen, offenbar ihr Kommandant, ergreift das Wort: Soeben sei gemeldet worden, daß ein Hubschrauber ein Paket über unserem Garten abgeworfen habe.

Während er redet, geht das dumpfe Dröhnen von Granateinschlägen in der Ferne unvermindert weiter.

Ich rufe nach dem Boy, der weiß bestimmt, ob es hier so etwas wie ein Depot gibt. Sie folgen ihm in die Küche, sind aber schnell wieder da. Ich bin zwar schon zehn Tage hier, aber der Kommandant behauptet steif und fest, ich sei eben erst gekommen, und zwar um das Satellitentelefon, das der Hubschrauber abgeworfen hat, in Empfang zu nehmen. Ich schlage vor, André anzurufen, vielleicht kann der ihnen weiterhelfen.

Wir warten draußen auf den Stufen. Ich blicke auf den Kongo hinab – natürlich, sie sind vom Ufer heraufgekommen, deshalb sind sie so verschwitzt. Das Gelände ist weniger gut bewacht, als ich dachte.

Einer der Kadogos holt ein braunes Päckchen mit Patronen aus der Tasche, breitet sie auf der Treppe aus, zählt sie und verstaut sie wieder – ein Kind, das seine Murmeln zählt. Seine Kameraden haben ihre Reservemagazine mit braunem Klebeband an ihren Waffen befestigt. Plötzlich bin ich froh, daß sie hier sind und nicht dort, wo die Granaten einschlagen – sie wären verloren.

»Ist euch nicht warm in euren Umhängen?«

»Doch, und wie!«

»Warum zieht ihr sie dann nicht aus?«

André hatte erwartet, mich völlig aufgelöst anzutreffen, und wundert sich, als er mich auf der obersten Stufe sitzen sieht, mit den Kadogos plaudernd wie eine Mutter mit ihren Kindern.

Die Utex-Arbeiter, denen es gelungen ist, durch die Straßensperren zu kommen, erzählen, daß in der Cité Rebellen verbrannt werden. Wie die Mobutisten kurz nach der Befreiung bekommen sie einen Autoreifen um den Hals, und eine johlende Menge schaut zu, wie sie in Flammen aufgehen. »Kopf und Schwanz der Schlange sind abgeschlagen«, sagt Yerodia auf einer Pressekonferenz, »jetzt ist der Leib dran.«

Jean erscheint auch am nächsten Tag nicht, und ich versuche mich mit meinem Los als Bleichgesicht abzufinden: Eine Meute, die Rebellen lyncht, wird keine weißen Zeugen gebrauchen können. Die Berichte der Journalisten im Memling stimmen nicht eben optimistisch: Die Soldaten an den Straßensperren haben Hunger, und gegen Abend sind sie betrunken und verlangen Geld, um weitertrinken zu können. Botschafter Racké gerät am Hafen an eine Straßensperre von Zivilisten, die von einer Frau mit einem riesigen Busen angeführt werden. Sie schwenkt ein Küchenmesser, befiehlt dem Weißen in dem schwarzen Mercedes mit dem komischen Wimpel auszusteigen und läßt ihn durchsuchen. Ein französischer Kameramann filmt Soldaten, die einen vermeintlichen Rebellen auf einer Brücke anhalten, ihn ins Wasser werfen und dann auf ihn schießen. Am Abend gehen die Bilder um die ganze Welt.

Am dritten Tag halte ich es nicht mehr aus und lasse mich von einem Utex-Fahrer zum Hotel Inter bringen. Die Straßen sind leer und nach zwei Tagen der Vernachlässigung voller Unrat, Plastiktüten und Papierfetzen trudeln wie Steppenhexen über den Asphalt. Die Soldaten an den Straßensperren öffnen den Kofferraum, inspizieren den Rücksitz und bedeuten mir, mein Telecel abzuliefern, das auf dem Armaturenbrett liegt. Befehl von Mzee, sagen sie, niemand dürfe mit einem Telefon herumfahren. Als ich mich weigere, verlangen sie fünfzig Dollar. Lachend rede ich mich heraus. Soviel ist Mzees Wort also wert: fünfzig Dollar. Die Soldaten tragen ihre Jacken linksherum, um sich von den Rebellen zu unterscheiden. Als ob die nicht dasselbe tun könnten! Aber solcherlei Logik ist längst untergegangen.

Zehn Meter weiter kommt die nächste Straßensperre. Ich habe mein Telecel versteckt und blicke in zwei blutunterlaufene Augen. Erschöpfung, Alkohol, Angst – schwer zu sagen, was überwiegt. »Wir sind schon kontrolliert worden«, sage ich munter. Den Soldaten kümmert das nicht, er schlendert am Wagen entlang, öffnet den Kofferraum und wirft einen Blick auf den Rücksitz, fragt mit unbewegter Miene, ob ich einen Revolver bei mir hätte, und klopft aufs Autodach, zum

Zeichen, daß wir weiterfahren können. Herr über zehn Meter Asphalt zu sein – was für ein Gefühl mag das sein?

Mukendi hat noch seine Staatskarosse mit den getönten Scheiben, fiel mir heute morgen ein, ideal, um an einem solchen Tag durch die Stadt zu fahren. Er lacht nachsichtig, als ich meine Bitte vorbringe – gerade wollte er seinen Cousin mit dem Chauffeur auf Erkundungstour schicken.

Die Soldaten werden sofort etwas entgegenkommender, wenn Mukendis Cousin ihnen sagt, daß der Wagen Mzee gehört. Neugierig strecken sie den Kopf herein: »Wie kühl es da drin ist!« Und dann sitzt auch noch eine »Maman mundele« darin – arbeitet Mzee neuerdings etwa mit Weißen zusammen?

An der Ecke der Straße, in der Kabila wohnt, steht ein gepanzertes Fahrzeug. Soldaten in improvisierten Uniformen besetzen die Barrikade weiter vorn: ein kaputter Plastikstuhl, der mitten auf der Straße liegt. Als würde dahinter nicht der Präsident der Republik residieren, sondern ein belagerter Warlord! Die Rolle des Widerstandshelden gefällt Kabila bedeutend besser als die des Präsidenten – er reist durch die ganze Region, um sich Unterstützung zu sichern, und im Fernsehen strahlt er eine durch und durch zynische Selbstsicherheit aus. Im Moment hat er die Kongolesen auf seiner Seite, weil er als einziger die nationale Einheit verkörpert, aber was hat er ihnen eigentlich gebracht? Der Krieg ist sein Biotop; ich werde den Gedanken nicht los, daß er sein Volk als Geisel hält.

In der Hafengegend herrscht eine unheilschwangere Atmosphäre. Die Straßensperren bestehen aus Bierkästen, manchmal nur aus einigen leeren Bierflaschen, aber wehe dem, der es wagt, so eine Flasche zu umfahren. In den Lagerhäusern am Hafen gibt es noch Lebensmittel, und in den Straßen drücken sich Leute herum, die den Weg kennen, die wissen, wo Mehlsäcke und Palmölfässer lagern und wie man an sie herankommt. Eine Maman, die der ganzen Stadt die Stirn geboten hat, um hierherzukommen, wird von Soldaten weggejagt, aber ein paar Straßen weiter sehe ich sie wieder, diesmal in Begleitung eines Pousse-pousseurs, der einen Karren mit zwei Mehlsäcken schiebt. Die Menschen in der Cité hungern, und Hunderte von Bois Noirs müssen damit beschäftigt sein, diesen Hunger zu stillen, so wie letztes Jahr, als es unmöglich schien, nach Brazzaville zu gelangen, und es doch irgendwo einen kleinen Hafen gab, in dem mehr Betrieb herrschte denn je.

Auf dem Boulevard des dreißigsten Juni steht ein ausgebranntes Auto, und da und dort sehen wir schwarze Rußflecken auf dem Asphalt. Da seien Verrückte verbrannt worden, weiß der Chauffeur, die sich seit Jahren auf dem Boulevard herumgetrieben hätten; man habe sie für Rebellen gehalten. Er weiß noch viel mehr, und auch Mukendis Cousin hat einiges zu berichten. Der ruandische Oberbefehlshaber Kabare soll verhaftet worden sein, und man soll ihm den Arm abgehackt haben; die Rebellen sollen gefälschte Dollar bei sich haben; Mobutus Sohn Kongolo soll wieder in Brazzaville sein.

Wir fahren Richtung Flughafen. Das Donnern der Granateinschläge, das seit einigen Tagen ständig zu hören ist, verstärkt sich. Flüchtlinge mit ihren Habseligkeiten auf dem Kopf drängen sich an den Barrikaden. Der Reihe nach werden sie durchsucht, so daß die Schlangen immer länger werden und auch wir immer länger warten müssen. Wir steigen aus, stellen uns in den Schatten und schauen zu. Kleine Märkte sind um die Straßensperren herum entstanden, auf denen es Öllampen, Kerzen, Beignets, Papayas und Ananas zu kaufen gibt. Flüsternd tauschen die Leute Neuigkeiten aus. Soldaten sollen im Haar einer Frau eine Handgranate gefunden haben und drohen jetzt, allen Frauen die Zöpfe abzuschneiden. Eine Frau soll in dem Tuch, mit dem sie sich ihr Baby auf den Rücken gebunden hatte, eine Bombe versteckt haben, um das Hotel Inter in die Luft zu sprengen. Weiter vorn sollen Soldaten mit ihren Bajonetten wieder Leggings und enge Hosen aufschlitzen.

An dem Rondell mit dem halbfertigen Standbild Lumumbas, neuerdings Diebesrondell genannt, weil sich dort so viel

Gesindel herumtreibt, werden die jungen Obstbäume, die eine frühere Fällaktion überlebt haben, gnadenlos umgehauen. Weiter kommen wir nicht – dahinter ist es gefährlich, sagen die Soldaten, ob wir nicht sehen, daß Leute von dort flüchten? Eine Rebellengruppe soll sich in der Brotfabrik von Kingasani versteckt haben, die jetzt bombardiert zu werden droht.

Ein Bekannter hat mir den Schlüssel zu einem Zimmer im Hotel Inter gegeben, und kurz vor Beginn der Ausgangssperre sitze ich mit Racké am Swimmingpool. Es ist ein spannender Moment: Alle, die jetzt nicht gehen, werden den Abend miteinander verbringen. Beim Diner auf der überdachten Terrasse entsteht eine verwirrende Nähe zwischen Menschen, die eigentlich Gegner, jetzt aber zum Zusammensein verurteilt sind. Kabinettschef Yerodia, der tagsüber gegen Presse und Diplomaten wettert, nickt ihnen liebenswürdig zu und macht höfliche Konversation mit seinem Vorgänger Mukendi. Der Gouverneur der Zentralbank sitzt mit seiner Familie am Tisch, der Minister für Menschenrechte eilt einem Mitarbeiter des Internationalen Roten Kreuzes zu Hilfe, der in der Pizzeria von einem Soldaten belästigt wird. Nur Innenminister Kakudji ist nicht da – er fühlt sich seit Kriegsausbruch nicht wohl und ist nach Belgien abgedampft.

Hier wird eine neue Flasche Wein entkorkt, dort die soundsovielte Havanna angezündet. Ich muß an die ersten Tage nach der Befreiung letztes Jahr denken, als sich auch alles im Inter versammelt hatte. Es scheint, als würden solche Länder in Krisenzeiten von Luxushotels aus regiert. Und währenddessen sind die Kongolesen in der Cité allen möglichen Gefahren ausgesetzt! Die Frau, die einem Pousse-pousseur in den unsicheren Straßen am Hafen den Weg gezeigt hat, die Flüchtlinge aus Kingasani mit ihren Matratzen auf dem Kopf – wo mögen sie die Nacht verbringen?

Heute morgen wurde bei der Offiziersmesse neben dem Gästehaus von Utex in die Luft geschossen: Die Regierungstruppen feierten die Rückeroberung von Inga. Sind ihre Waffen denn dazu da, daß man damit in die Luft schießt, wenn ausländische Truppen eine Stadt zurückerobern, die durch die Unfähigkeit der kongolesischen Armee den Rebellen in die Hände gefallen ist? Worauf sind sie eigentlich so stolz? Gerät ein Land, das seine Kriege von ausländischen Truppen führen läßt, nicht in immer größere Abhängigkeit? Die angolanischen Soldaten sollen sich in Matadi sofort ans Plündern und Vergewaltigen gemacht haben, und soeben ist Kalemie, die größte Stadt Katangas, von den Rebellen erobert worden.

Ich bin düster gestimmt an diesem Abend, kein einziger Politiker in diesem Land flößt mir Vertrauen ein. Ich glaube nicht an die Rebellen, ich glaube nicht, daß Z'Ahidi Ngoma die Probleme des Kongo dadurch lösen kann, daß er die Ruander um Hilfe bittet, aber ebensowenig glaube ich an die Minister, die sich in einem Hotel verstecken, während ihr Volk in den dunklen Cités gegen die Rebellen kämpft. Doch die Herren, die hier im gedämpften Licht des Restaurants zusammensitzen, sind glänzender Laune und schenken sich noch ein Glas ein. Die Unterstützung der SADC-Länder beginnt Früchte zu tragen: Das Blatt hat sich gewendet, es sieht so aus, als würde die Hauptstadt nicht fallen.

Am sechsten Tag taucht das Utex-Personal endlich wieder auf. Jeder ist an diesem Morgen ein Held, ein Überlebender des großen Dramas, jeder hat etwas zu erzählen. Bei einem hat ein Geschoß ein Brett durchschlagen, der andere ist nachts aus seinem Haus geflüchtet und hat an der nächsten Straßensperre geschlafen. Sie sind überrascht, ihren Chef auf freiem Fuß anzutreffen. In der Cité hieß es, André sei verhaftet worden, weil er Informationen an die Rebellen geliefert habe; ein Hubschrauber habe ein Satellitentelefon in seinem Garten abgeworfen, damit er mit dem Feind kommunizieren könne; die Weiße, die eigens gekommen sei, um zu erklären, wie das Telefon funktioniert, sei ebenfalls verhaftet worden.

Und dann ist auch Jean wieder da. Die Lage habe sich noch nicht normalisiert, sagt er, er habe mit vier verschiedenen Bussen fahren und ein ganzes Stück zu Fuß gehen müssen, um hierherzukommen. Aber alles krieche aus den Löchern hervor und ziehe los, um zu sehen, was anderswo in der Stadt passiert ist. Es gebe nicht mehr so viele Straßensperren, und die Soldaten seien nicht mehr nervös. In Katanga rücken die Rebellen auf Manono vor, aber den Kampf um Kinshasa und Unterkongo haben sie offensichtlich verloren.

Jean befand sich im Zentrum des Geschehens und ist vom Nimbus des Frontkämpfers umgeben. Nicht die Soldaten hätten die Stadt verteidigt, sondern das Volk, sagt er. Die ganze Nacht hätten junge Leute in der Cité getrommelt und Autoreifen verbrannt, um den Rebellen zu demonstrieren, daß sie wach sind. Zum Glück seien die Rebellen über die Cités von Masina und N'Djili in die Stadt gekommen und nicht über die Hügel des Nobelviertels Binza, denn die ängstlichen Würmer, die dort wohnten, wären schnell in die Erde gekrochen, statt auf die Straße zu gehen.

»Was habt ihr denn in der ganzen Zeit gegessen?« frage ich. »Irgendwann müssen euch doch die Lebensmittel ausgegangen sein.«

»Ach«, sagt er großspurig, »du weißt doch, daß in der Cité jeder mit irgend etwas handelt. Reis, Mehl, Trockenfisch – wir tauschen untereinander.«

Die Rebellen waren müde, ihre Kleider zerrissen, sie hatten Hunger – einer trug einen erschöpften Kameraden auf dem Rücken durch die Straßen. Sie dachten, man würde sie willkommen heißen; mit einem so kühlen Empfang hatten sie nicht gerechnet.

»Warum habt ihr sie verbrannt?«

»Weil wir wütend waren! Zwei Wochen hatten wir keinen Strom, unsere Kinder sind in den Krankenhäusern gestorben, Lebensmittel sind in den Kühlhäusern verfault, die Preise sind in die Höhe geschnellt, und wir hatten keine Waffen, um uns zu verteidigen! Ja, wir haben Rebellen getötet, aber erst, nachdem sie uns moralisch und materiell getötet hatten.« Daß die *banoko* – die Onkel, wie die Belgier genannt werden – zurückkommen, würden die Leute zur Not akzeptieren, sagt er, aber daß die Ruander das Land kolonisieren, das komme nicht in Frage. Offenbar hat er mitbekommen, wie empört das

Ausland auf die Anti-Tutsi-Stimmung unter den Kinois reagiert hat, denn er fügt hinzu: »Aber wenn wir unsere Angreifer töten, bezeichnet uns die internationale Gemeinschaft als Massenmörder!«

Im Schrittempo fahren wir durch die Stadt. Es herrscht wenig Verkehr in den Straßen, die meisten Kinois gehen zu Fuß. Es gibt noch immer keinen Strom, die Tankstellen sind geschlossen, und der öffentliche Nahverkehr kommt nur mühsam wieder in Gang. Ein Lastwagen voller Menschen kriecht über den Boulevard. Noch nie habe ich so viele Menschen auf einer Ladefläche zusammengepfercht gesehen, noch nie habe ich so viele an den Seiten hängen sehen.

Trauben von Menschen stehen an den Bushaltestellen. Der eisige Blick in ihren Augen – was haben die Zeitungen in den vergangenen Wochen nicht alles über die weißen Handlanger der Rebellen geschrieben, was hat man im Radio nicht alles gehört, und das erste, was sie sehen, als sie wieder auf die Straße gehen, ist eine Weiße, die in einem Jeep vorbeifährt, während sie selbst zu Hunderten auf den Bus warten! Ich weiß gar nicht, wohin ich schauen soll.

Am Aufzug des Rundfunkgebäudes geht es lebhafter zu denn je. Viele Mitarbeiter waren tagelang untergetaucht und erzählen jetzt aufgeregt von ihren Erlebnissen. Zizi freut sich, mich zu sehen – er hatte von dem Gerücht, André sei verhaftet worden, gehört und schon befürchtet, mir sei Ähnliches widerfahren. In seinem Büro herrscht Hochbetrieb, der Besucherstrom reißt nicht ab. Fünf Tage – es ist wie ein ganzes Leben. Nie zuvor ist der Krieg so nahe gerückt, nie zuvor waren sie so sehr auf sich selbst gestellt, ohne Strom, ohne Musik in den Straßen, ohne verläßliche Soldaten, die sie vor den Rebellen hätten schützen können. Jetzt ist es vorbei, und die Geschichten sprudeln nur so hervor.

Ein Holzkohleverkäufer, der gegen Abend schmutzig und verschwitzt nach Hause ging, wäre beinahe von einer wütenden Menge gelyncht worden – wenn er sich nicht schnell wasche, würde er auf dem Scheiterhaufen landen, riefen die

Leute. Ein Verrückter in Limete konnte mit knapper Not entkommen, weil Kinder riefen: »Nein! Nein, das ist Joseph, den kennen wir!«

Die Rebellen waren wie Schauspieler, die vertrauensvoll die Bühne betraten, aber den falschen Text einstudiert hatten: Nichts, was sie sagten, kam an. Ein Mann fand in seinem Haus acht ausgehungerte Rebellen vor. Er mischte ihnen ein Schlafmittel unters Essen und rief die Polizei. Meist aber weigerten sich die Kinois, Rebellen auszuliefern, und bestraften sie selbst. In der Nähe von Zizis Haus stritten sich Polizei und Anwohner um zwei Rebellen; die Polizisten waren gezwungen, ihnen einen zu überlassen.

»Kabilas Verein hat keine Ideologie«, sagt Zizi. »Letztes Jahr haben sie Hutu getötet, jetzt mußten die Tutsi dran glauben.« Yerodias Hetzreden auf seinen Pressekonferenzen haben ihn mit Abscheu erfüllt. »Er hat in Kabilas Namen gesprochen, aber letztlich doch auch in unserem!« Der Haß gegen die Tutsi und die Angst vor ihnen haben den Kinois die Hemmungen genommen, aber vielleicht haben sie hauptsächlich Soldaten aus der Äquatorprovinz getötet: arme Kerle, frühere Mobutu-Soldaten, die in Kitona schlecht behandelt wurden und hofften, die neue Rebellion würde Gerechtigkeit bringen. Auf dem entbehrungsreichen Marsch, den sie hinter sich hatten, waren sie so abgemagert, daß sie wie Tutsi aussahen.

Ich selbst habe keinen einzigen Toten gesehen, aber durch die Berichte, die ich höre, stehen sie aus der Asche auf. Sie erwachen wieder zum Leben, diese traurigen Gestalten mit ihren hölzernen Bewegungen, und die Flammen beleuchten ihre fassungslosen Mienen. Ich sehe den makabren Ingrimm in den Gesichtern ihrer Peiniger, höre die aufgeregten Stimmen rings um die Scheiterhaufen. Schon kursiert auch der erste Witz: Ein Mann kommt an einem gerösteten Rebellen vorbei und fragt, ob es ein Ruander ist. »Aber sicher!« Worauf er Geld aus der Tasche holt und sagt: »Dann schneidet ein Stück für mich ab.«

Ich finde Omasombo in seinem Wohnzimmer. In den letzten Tagen ist er unaufhörlich durch die Straßen der Cité gelaufen, bis er den schrecklichen Geruch von verbranntem Fleisch gar nicht mehr aus der Nase bekam. »Die Kinois haben töten gelernt«, sagt er, »und man fragt sich, ob sie es je wieder verlernen werden.« Junge Leute machten Jagd auf Rebellen, die Geld hatten, die eine Armbanduhr oder eine Goldkette trugen. Jeder wollte sich seinen Rebellen schnappen, und was er in dessen Taschen fand, betrachtete er als wohlverdiente Gefahrenprämie. »Das Geld hat den Patriotismus geweckt. Kein Rebell ist mit seinem Geld verbrannt worden, verlaß dich drauf.«

Die Herzlosigkeit der Menschen überraschte ihn. »Ha, er will wegrennen!« schrien sie, wenn ein Bein durch die Hitze hochschnellte. Manchmal wendeten sie einen Rebellen wie ein Barbecue oder zerrten ihn aus der Waagerechten hoch, damit er besser brannte. Der eine hatte einen Stock im Gesäß, ein anderer einen Stock unterm Arm, als würde er in die Schlacht ziehen. Ein Kind hielt ein Stück Papier an eine schwelende Leiche, bis es Feuer fing, ein Mann lief mit dem verkohlten Arm eines Rebellen in einer Hand und einer Chikwangue in der anderen herum. Bewohner der Cité hielten vor der Tür ihres Hauses Totenwache, in der Nganda gegenüber wurde Bier getrunken, und mitten auf der Straße wurde ein Rebell verbrannt. Ab und zu kamen Leute von beiden Straßenseiten heran, um das Feuer anzufachen.

Während ich bei Omasombo sitze, steigt mir beißender Rauch in die Nase, und meine Augen fangen an zu tränen. Im Hof hat jemand einen Stuhl kleingehackt und verbrennt ihn – Holzkohle ist in der ganzen Stadt nicht mehr zu finden.

Ein Lastwagen des Roten Kreuzes fährt langsam über den Boulevard zum Flughafen und sammelt die in Decken gehüllten Leichen ein, die am Straßenrand liegen. Von Kugeln durchsiebte Reklametafeln, ein gepanzertes Fahrzeug, Einschüsse in den Hauswänden – Anwohner wandern durch die Straßen und sehen sich die Schäden an. Anderswo in der Stadt wird der Krieg schon zu einer Geschichte, hier aber ist er noch deutlich zu spüren. Gegenüber von Cheri Cherin haben Polizisten ein Haus gestürmt. Was suchen sie – Waffen, einen vergessenen Rebellen? Alle schauen zu, so wie die Kinois es zu tun pflegen: ungeniert, stumm, fast drohend. Als die Polizei weg ist, fangen die Spekulationen an.

Cheri Cherin sitzt in seiner Tür. Er lacht geheimnisvoll, und sein Gesicht zeigt den gleichen gewieften Ausdruck wie das von Jean, als ich ihn wiedersah. Sein Informationsdefizit hat er mehr als wettgemacht, denn der Krieg hat sich direkt vor seinen Augen abgespielt.

In dem Eukalyptuswäldchen am Boulevard lagen eines Morgens an die achthundert Rebellen unter den Bäumen, erzählt er, und aßen, was die Mamans an den Kiosken ihnen verkauften. Sie sagten, sie seien gekommen, um die Kinois von dem »Hinkefuß« zu erlösen, wie sie Kabila nannten; um zwei werde es aus sein mit ihm. Sie seien auf dem Weg zum Flughafen, denn dort werde um drei ein Flugzeug mit neuer Munition landen. Danach werde der Strom wieder angestellt.

»Hast du sie gesehen?« frage ich. »Hast du mit ihnen geredet?«

»Na, klar! Alle sind hingerannt!« Sie waren nicht aggressiv, sie schossen nicht, obwohl sie Gewehre und Panzerabwehrgranaten hatten. Sie wollten niemandem weh tun, sagten sie. »Wovon wollt ihr uns eigentlich befreien?« fragten die Leute. »Von unserem Elend? Das haben eure Vorgänger auch versprochen, aber das ist gründlich schiefgegangen.«

Als die Rebellen weiterzogen, liefen ihnen die Leute nach. Die Soldaten schossen in die Luft, um sie abzuschrecken, aber die Kinois warteten, bis sie keine Munition mehr hatten, und machten sie dann fertig. »Wenn man einen Rebellen zu fassen bekam, dann war ein Autoreifen schnell gefunden.« Nein, Mitleid hatte Cherin nicht mit ihnen, auch nicht, wenn Hunde sich mit ihren Leichen davonmachten.

Ich habe gezögert, Kis aufzusuchen, weil ich die Auswirkungen des Krieges auf seinen verwirrten Geist fürchtete, aber da ich nun bald abreise, komme ich um einen Besuch bei meinem kranken Bruder nicht mehr herum. Er ist noch dünner geworden, sieht jedoch besser aus und schwitzt auch nicht mehr so stark. Seine Obsessionen aber schüttet er mit unverminderter Heftigkeit über mir aus.

Seine Prophezeiung, Kabila werde sich nur drei Monate halten, dann werde er, Kis, Ministerpräsident werden, hat sich nicht erfüllt, aber keine Sorge, die Sache sei in Arbeit. »Die Amerikaner haben diesen Krieg bis ins Detail vorbereitet«, sagt er, »aber jetzt können sie sich nicht freuen, weil ihre Botschaften in Kenia und Tansania gerade in die Luft geflogen sind.« Und natürlich habe ihnen auch der Absturz einer Swissair-Maschine über Kanada die Suppe versalzen.

Wir sitzen in einem Terrassencafé in der Cité. Kis trinkt gierig sein Bier und ißt Erdnüsse und hartgekochte Eier, die wir fliegenden Händlern abgekauft haben, in einem Sitz auf. Er ist völlig pleite aus dem Krieg hervorgegangen und hat beschlossen, seine Bücher zu verkaufen, obwohl er sie nur zum Altpapierwert los wird, die Lenin-Biographie ausgenommen, die er in Erwartung eines interessierten Kunden in einer Plastiktüte mit sich herumträgt. Ab und zu liest er ein wenig darin.

Mindestens achtzig Flüchtlinge aus Kingasani haben im Haus seines Vaters logiert; morgens mußte er über sie hinwegsteigen, um hinauszukommen. Tagsüber lief er durch die ganze Stadt und sah und hörte sich um. Bestimmte Straßen wurden von Rebellen kontrolliert, anderswo hatten Zivilisten das Heft in die Hand genommen und durchsuchten jeden Soldaten, der vorbeikam, denn es konnte ja ein Rebell sein. »Rebellen, die gegen Rebellen kämpfen – da versteht man, daß die Leute allmählich nicht mehr wissen, woran sie sind.«

Kabila habe an Popularität gewonnen, sagt er, aber an Autorität verloren. Die Menschen würden zu ihm sagen: Unser Haus stand in Flammen, wir haben das Feuer gelöscht, aber wer hat es eigentlich gelegt? Dein Ex-Parteisekretär, dein Außenminister – was hast du überhaupt noch hier zu suchen? Und auch Kabilas Militärs werde man nicht mehr respektieren. Die Studenten hätten auf dem Campus eine Menge Rebellen getötet und wollten nächstes Jahr keine Studiengebühren zahlen, weil sie der Armee die Arbeit abgenommen hätten.

Kis könnte noch stundenlang so reden, aber ich bin nach den Aufregungen der letzten Tage unruhig und bleibe lieber in Bewegung. Nachdem wir ihn zu Hause abgesetzt haben, sieht Jean mich von der Seite an. »Dieser Freund von dir, kommt der nicht aus Unterkongo?«

»Ja. Wieso?«

»Die haben da viele Fetische, von denen man verrückt wird.« Er ist überzeugt, daß Kis einmal versucht hat, ein Vermögen anzusammeln, es aber nicht geschafft hat, worauf sich ein Dämon in seinem Kopf eingenistet hat.

Die Kinois tanzen in den Straßen: Der Strom ist wieder da! In Matonge ertönt Musik, und das Bier ist wieder kalt. Die ersten grünen Mangos aus Unterkongo sind eingetroffen, und man könnte meinen, der Krieg sei vorbei, wenn sich der Osten des Landes nicht in Rebellenhand befände. »So sind wir Kongolesen«, sagt Jean. »Egal, was passiert ist – kaum haben wir wieder zu essen und zu trinken, vergessen wir's.«

Hilfsgüter aus Belgien und Italien kommen ins Land, und derselbe Yerodia, der vor ein paar Tagen noch auf die westlichen Botschafter geschimpft hat, ist für die Koordination zuständig. Die Niederlande erhalten die Erlaubnis, eine Luftbrücke für Hilfsgüter von Kinshasa nach Matadi einzurichten – als sei das eine besondere Gunst. »Wir haben inzwischen alle Aufgaben der Regierung übernommen«, sagt Botschafter Racké. Der neue Industrieminister hat ihn angerufen, der x-te Minister, der bei der niederländischen Hilfe für den Kongo mitmischen will. Als Racké ihn darauf hinwies, daß er nur mit den Instanzen Kontakt aufgenommen habe, die ein unmittelbares Interesse an der Hilfe hätten, antwortete der Minister, das habe er auch, ein ganz besonderes sogar. Der neue Außenminister erinnerte Racké an das Versprechen der Europäischen Union, die kongolesischen Wahlen zu finanzieren. Ob Europa das Geld nicht sofort herausrücken könne? Kabilas

Popularität sei im Steigen, da empfehle es sich vielleicht, die Wahlen jetzt gleich abzuhalten.

Die Sabena nimmt ihre Flüge nach Kinshasa wieder auf. André braucht dringend Ruhe, und Utex bucht uns beide für denselben Nachtflug. Am Nachmittag vor meiner Abreise lade ich meine Freunde in Guidos Haus ein. Zizi kommt früher als die anderen und geht als erster wieder – er braucht Stunden, um nach Hause zu kommen. Riva trägt eine Yerodia-Weste und prophezeit, daß diese Mode in Kinshasa Furore machen wird. Kis verkündet, daß er für das Präsidentenamt kandidieren wird, und Omasombo fragt, ob wir schon das Neueste gehört hätten: Auf einer Konferenz im südafrikanischen Durban soll Kabila zugegeben haben, daß die Tutsi bei ihrem Marsch auf Kinshasa Massaker unter den Hutu-Flüchtlingen angerichtet haben. »Was für ein Zauberlehrling«, sagt er, »bei der erstbesten Gelegenheit gibt er seine Geheimnisse preis! Nein, dann doch lieber Mobutu und Konsorten, das waren wenigstens richtige Zauberer, die haben Lumumba gemeinsam beseitigt, und keiner hat je verraten, was damals eigentlich genau passiert ist.«

Kis hat interessiert zugehört. »Du mußt mein Außenminister werden«, sagt er.

Kivilu gibt sich alle Mühe dazuzugehören, aber er fällt doch ziemlich aus dem Rahmen. Wenn ich mit ihm allein bin, merke ich das nicht, aber hier spürt man, daß er nach wie vor in mobutistischen Kreisen verkehrt.

Cheri Cherin erscheint in einem schimmernden schwarzen Smoking mit Fliege – als würde ich ihn mitnehmen! Er hat fünfzehn Briefe dabei, aber keine Umschläge – ich werde ja wohl welche haben. Emsig macht er sich ans Adressenschreiben. Ich schaue ihm über die Schulter: die Briefe gehen an Kunstmäzene in Brüssel, Paris und sogar in Japan. Er hat seinen künstlerischen Berater mitgebracht, ein kleines Männchen, das ihn auf jeden Empfang begleitet und alle naselang nach draußen verschwindet, um zu pinkeln. »Der ist das Biertrinken nicht gewöhnt«, konstatiert Riva.

»Nein, nein«, sagt Kis, »so klein wie der ist, steigt ihm das Bier sofort in den Kopf!«

Guido kommt nach Hause, zieht seine Bürosachen aus und gesellt sich in Shorts und T-Shirt zu uns. Cherin klebt seine Umschläge zu und erzählt, daß er den Titel seines unverkäuflichen Bildes von den Menschen, die letztes Jahr aus Brazzaville geflohen sind, übermalt hat. *Die Flüchtlinge von Kingasani* heißt es jetzt, und er ist guter Hoffnung, daß eine neue Tour zu potentiellen Kunden von Erfolg gekrönt sein wird. Die AFDL hat er aufgegeben; kein einziges Bild hat er an sie verkauft. Und jetzt hat er durch den Krieg auch noch seine *veste chocolat* – seine schokoladenbraune Weste – verloren!

Es ist ein typisches Cheri-Cherin-Drama, das er mit dem gebührenden Ernst erzählt. Vor einiger Zeit wurde er bei einer internationalen Organisation vorstellig, in der Hoffnung, einen Auftrag an Land zu ziehen. Er hatte für den Anlaß eigens seine schicke Veste chocolat angezogen, die er bei einem Hausierer gekauft hatte. Am Tor hielt ihn ein Wachmann an. Die Weste gehöre ihm, behauptete er, sie sei vor kurzem aus seinem Haus gestohlen worden. Er schleppte Cherin aufs Polizeirevier, und nach langem Hin und Her landete die Weste in Erwartung einer gütlichen Einigung auf Masinas Schreibtisch. Nach der Belagerung Kinshasas eilte Cherin sofort zu Masina, doch das Befürchtete war eingetreten: Das Polizeirevier war geplündert worden, und die Veste chocolat war verschwunden.

Über dem Gelächter höre ich, wie Papa Jacques das Tor öffnet. André ist gekommen. Niemand macht Anstalten zu gehen, alle winken mir von der Tür aus nach, als seien sie hier zu Hause.

André hat einen schweren Tag hinter sich. Die Spannung hängt so spürbar in dem klimatisierten Wagen, daß ich mich fast für meine Hochstimmung schäme. Während der ganzen Fahrt zum Flughafen läßt André Dampf ab. Es gebe kaum Dollar in der Stadt, Hunderttausende brauche er, aber er habe nicht einmal fünfzigtausend auftreiben können. Die Kongolesen seien ja vielleicht zufrieden mit Kabila, aber für die Ausländer sei der Mann eine Katastrophe. Soeben habe er den Diamantenhandel verstaatlicht, eine verhängnisvolle Maßnahme, die alle Diamantenhändler in die Flucht schlagen werde.

Einer der Militärs, mit denen er wegen der angeblichen Lieferung von Uniformen an die Rebellen im Clinch lag, rief ihn gestern an. Er habe einen Todesfall in der Familie, ob André ihm nicht ein paar Säcke Reis besorgen könne? Als wären sie durch ihren Konflikt Freunde geworden! Und zwischendurch beschlagnahmten sie auch noch sein Satellitentelefon. »Welche Reichweite hat das Gerät?« wollte der Kommandant wissen, als handelte es sich um ein Walkie-talkie. André tat so, als verstünde er nicht, was der Mann meinte, worauf ihn der anblaffte: »Antworten Sie! Ich habe Ihnen eine präzise Frage gestellt!«

»Ich sitze in einem Auto, das auf einen Abgrund zurast«, seufzt André, »und ich kann nicht raus.«

Ich höre zu, aber seine düstere Stimmung berührt mich nicht. Das warme Bad aus Gesprächen und Gelächter, dem ich eben entstiegen bin, prickelt noch in meinen Gliedern, ich bin noch bei Cheri Cherin und seiner Veste chocolat. Ich schaue aus dem Fenster. Ein Bündel Kleider liegt am Boulevard – eine Jacke, eine Hose: eine Uniform, die jemand hastig ausgezogen hat. Wie hat mich dieser Anblick bei meiner Ankunft letztes Jahr verwirrt: ein Deserteur in Unterwäsche! Jetzt weiß ich, daß ein Kongolese in Zivil in dieser Uniform gesteckt hat. Ein Autoreverse.

Glossar

Abacost	ausgeschrieben: *à bas le costume* (nieder mit dem Anzug); Anzug im Mao-Look
AFDL	Alliance des Forces Démocratiques pour la Libération du Congo (Allianz der demokratischen Kräfte zur Befreiung des Kongo)
ANR	Agence Nationale de Renseignements (Nationaler Nachrichtendienst); Nachrichtendienst der Mobutu-Zeit
APR	Armée patriotique ruandaise (Ruandische patriotische Armee; ruandische Regierungsarmee)
ba-	(Lingala) pluralbildende Vorsilbe
Banyamulenge	Volk der Mulenge, Pluralform; Bezeichnung für die Tutsi in Süd-Kivu
ba-organisme	Hilfsorganisationen
barza	überdachte Terrasse
chembe-chembe	(Swahili) wörtlich: Basis-Basis; AFDL-Organisation für politische Bildung in Betrieben und staatlichen Institutionen
chikwangue	stabförmig in Blätter gerollte Maniokpaste
CICR	Comité International de la Croix Rouge (Komitee des Internationalen Roten Kreuzes)
cité	schwarzes Wohnviertel
DSP	Division Spéciale Présidentielle; Mobutus Präsidentengarde
FAR	Forces Armées Rwandaises (Ruandische Streitkräfte); die ruandische Regierungsarmee
Fonie	Funkverbindung, vorwiegend im kongolesischen Landesinneren
foufou	Teiggericht aus Mais und Maniok
FPR	Front patriotique ruandais (Ruandische patriotische Front; von Tutsi beherrschte Partei, die 1994 in Ruanda die Macht übernahm)
gri-gri	Amulett, Fetisch (Mehrzahl: gris-gris)
kadogo	wörtlich: Kleiner; Kindersoldat

Kiluba	Sprache der Lubakat
Kinois	Einwohner der Hauptstadt Kinshasa
Kinyarwanda	Sprache der Ruander
lotoko	starkes alkoholisches Getränk aus Mais oder Maniok, auch *cinq cents* (fünfhundert) genannt
Lubakat	Volksstamm Kabilas, Abkürzung von: Luba aus Katanga
Mayi Mayi	(Swahili) wörtlich: Wasser Wasser; mythenumwobene Rebellen im Osten des Kongo, an denen Geschosse wie Wasser abgleiten sollen
MPR	Mouvement Populaire de la Révolution (Revolutionäre Volksbewegung); Einheitspartei unter Mobutu
MSF	Médecins Sans Frontières (Ärzte ohne Grenzen)
mu-	singularbildende Vorsilbe
mundele	(Lingala) Weiße
Munyamulenge	Einwohner von Mulenge, Singularform
mzee	(Swahili) weiser alter Mann
nganda	Kneipe
NGO	Non-governmental organization (Nichtregierungsorganisation)
pagne	bedruckter Stoff oder daraus gefertigtes Kleidungsstück
pousse-pousseur	wörtlich: Schieb-Schieber; Transporteur, der einen Handkarren (*pousse-pousse*) schiebt
RFI	Radio France Internationale; internationaler französischer Rundfunksender
SADC	Southern African Development Community (Entwicklungsgemeinschaft des südlichen Afrika)
telecel	Mobiltelefon der Firma Telecel
Tshiluba	Sprache der Luba in der Kasai-Region
UDPS	Union pour la Démocratie et le Progrès Social (Union für Demokratie und sozialen Fortschritt); Oppositionspartei von Etienne Tshisekedi
UFERI	Union des Fédéralistes et des Républicains Indépendants (Union der unabhängigen Föderalisten und Republikaner)
UNHCR	United Nations High Commissioner for Refugees; Flüchtlingshilfswerk der Vereinten Nationen
wa-	(Swahili) pluralbildende Vorsilbe

SERIE PIPER

Lieve Joris

Das schwarze Herz Afrikas

Meine erste Reise in den Kongo. Aus dem Niederländischen von Barbara Heller. 300 Seiten und mit einem farbigen Bildteil. Serie Piper

Als junge Reisereporterin reist Lieve Joris Mitte der achtziger Jahre zum ersten Mal nach Schwarzafrika. Ihr einzigartiger Bericht über die Schönheiten und Skurrilitäten eines uns so fremden Landes steht am Beginn einer Faszination, die bis heute anhält. Ohne zu verklären, zeichnet sie das lebendige und atmosphärische Porträt eines Volkes, in dem Kolonialmacht und Diktatur ihre Spuren hinterlassen haben.

»Ein wunderbares Buch, welches das Land in einem Licht zeigt, wie es die politische Berichterstattung nicht vermag.«
Neue Zürcher Zeitung

05/1693/01/L

Lieve Joris

Die Tore von Damaskus

Eine arabische Reise. Aus dem Niederländischen von Barbara Heller. 301 Seiten. Serie Piper

Wie ein Roman liest sich die Geschichte der jungen syrischen Soziologin Hala, die mit ihrer Tochter Asma allein in Damaskus lebt. Zwölf Jahre zuvor hatte die Geheimpolizei bei einer Razzia Halas Wohnung gestürmt und ihren Mann Ahmed verhaftet – er war Marxist. Halas Leben wird nun bestimmt von der konservativen Familie ihres Mannes, der wechselhaften Tagespolitik und ihrem eigenen Wunsch nach einem selbständigen, unabhängigen Leben. Lieve Joris begleitet sie auf ihren Fahrten kreuz und quer durchs Land, wo sich karge Wüstenlandschaften und üppige Oasen abwechseln, modernste Großstädte und kleine Dörfer. Hinter dieser farbenprächtigen Welt verbirgt sich jedoch Halas Lebenstragödie, denn längst hat sie aufgehört, ihren Mann zu lieben. Nun aber steht eine Amnestie bevor und damit auch die Rückkehr von Ahmed …

05/1071/01/R